交通工程教学指导分委员会"十三五"规划教材
交通版高等学校交通工程专业规划教材

JIAOTONG FANGZHEN SHIYAN JIAOCHENG
交 通 仿 真 实 验 教 程
（第 2 版）

刘博航　安桂江　**主编**
　　　　　李克平　**主审**

人民交通出版社股份有限公司
China Communications Press Co.,Ltd.

内容提要

本书在第1版内容的基础上进行扩展与更新，共分10章，主要内容包括VISSIM仿真基础、十字信号交叉口、检测器设置与参数评价、非机动车与行人、城市干道信号协调及公交优先、立交桥、环形交叉口和三维场景制作等，基本涵盖了常见的道路交通元素，能够解决一般的道路交通仿真问题。在章节编排上充分考虑到知识的可读性与可接受性，在初学者容易出问题的地方给予及时提示。

本书可供高等院校交通类专业师生使用，也可供交通仿真从业人员参考。

图书在版编目(CIP)数据

交通仿真实验教程 / 刘博航，安桂江主编. —2版
. —北京：人民交通出版社股份有限公司，2015.8
ISBN 978-7-114-12444-0

Ⅰ. ①交… Ⅱ. ①刘… ②安… Ⅲ. ①交通工程-仿真—实验—高等学校—教材 Ⅳ. ①U491-33

中国版本图书馆CIP数据核字(2015)第192376号

交通工程教学指导分委员会"十三五"规划教材
交通版高等学校交通工程专业规划教材

书　　名：	交通仿真实验教程（第2版）
著 作 者：	刘博航　安桂江
责任编辑：	郭红蕊　李　娜
出版发行：	人民交通出版社股份有限公司
地　　址：	(100011)北京市朝阳区安定门外外馆斜街3号
网　　址：	http://www.ccpcl.com.cn
销售电话：	(010)59757973
总 经 销：	人民交通出版社股份有限公司发行部
经　　销：	各地新华书店
印　　刷：	北京市密东印刷有限公司
开　　本：	787×1092　1/16
印　　张：	17.5
字　　数：	391千
版　　次：	2012年8月　第1版 2015年8月　第2版
印　　次：	2024年7月　第2版　第8次印刷　累计第10次印刷
书　　号：	ISBN 978-7-114-12444-0
印　　数：	22001~24000册
定　　价：	39.00元

(有印刷、装订质量问题的图书由本公司负责调换)

交通版高等学校交通工程专业规划教材编审委员会

主 任 委 员：徐建闽（华南理工大学）
副主任委员：马健霄（南京林业大学）
　　　　　　王明生（石家庄铁道大学）
　　　　　　王建军（长安大学）
　　　　　　吴　芳（兰州交通大学）
　　　　　　李淑庆（重庆交通大学）
　　　　　　张卫华（合肥工业大学）
　　　　　　陈　峻（东南大学）
委　　　员：马昌喜（兰州交通大学）
　　　　　　王卫杰（南京工业大学）
　　　　　　龙科军（长沙理工大学）
　　　　　　朱成明（河南理工大学）
　　　　　　刘廷新（山东交通学院）
　　　　　　刘博航（石家庄铁道大学）
　　　　　　杜胜品（武汉科技大学）
　　　　　　郑长江（河海大学）
　　　　　　胡启洲（南京理工大学）
　　　　　　常玉林（江苏大学）
　　　　　　梁国华（长安大学）
　　　　　　蒋阳升（西南交通大学）
　　　　　　蒋惠园（武汉理工大学）
　　　　　　韩宝睿（南京林业大学）
　　　　　　靳　露（山东科技大学）
秘　书　长：张征宇（人民交通出版社股份有限公司）

（按姓氏笔画排序）

序

有学者说:交通系统是一种复杂的巨系统;不少问题看起来简单,而实际上很复杂。

究其原因,我的认识就是,城市交通既是由我们每个人的活动所构成,似乎是司空见惯,人人皆知的。但是要把交通的全貌,或其根源、因果、各种因素的相互关系说清楚,是极其不易的。

认知交通现象和规律,一种基本的办法就是观察,这也是我们做交通研究的基础。将观察所得的交通现象和规律提炼成数学模型,是我们很多交通研究人员和广大学生撰写论文的主要工作。但是由于交通问题的随机性、动态性和多因素的强耦合性,给理论分析研究带来极大的困难,须对问题做大幅度的简化,才能运用现有数学工具来处理。这种情况带来的问题是,分析结果往往与实际有很大的距离,影响其说服力和可操作性。

城市交通系统的数字仿真技术,给我们的交通研究提供了一个极好的平台,使我们的研究能更贴近实际,并且理论研究的结果可以进行仿真验证,拉近了研究和实践的距离,大大提高了理论研究的可操作性。

VISSIM 是世界范围内应用最广泛的微观交通仿真系统,引入中国已经有 10 多年时间了,在教学实验和工程应用过程中逐步获得了业内同行的认可与好评,但是目前尚没有一本较为系统的指导书对相关的实际应用提供帮助。

刘博航等编写的这本《交通仿真实验教程》,以 VISSIM 为对象,并以 5 年课堂教学实践为基础,重点讲解交通仿真系统的实际应用,非常细致,显著区别于其他交通仿真方面的书籍,更适合于高校交通专业师生和交通行业从业者作为学习和使用该仿真软件的入门指导书。

该书的出版对于交通仿真技术的普及应用是一件十分有益的事情。但是该仿真系统非常庞大,功能繁多,不易在初次编写出版的指导书中完全覆盖,且软件每年都会有新版本,所以期待本书也能够不断更新。

李克平

2012 年 5 月 8 日于同济大学

第2版 前言

交通仿真技术近年来飞速发展,已经成为高等院校交通类专业、交通规划设计单位的重要工具之一。《交通仿真实验教程》自2012年8月出版以来,已于2013年12月进行了第2次印刷。本次编写用较大篇幅增加了三维效果制作的相关内容,并对前两次印刷中发现的问题进行了系统改进,所以作为第2版进行出版。

本书定位。目前国内交通仿真类书籍大致可以分为3类。第1类以介绍交通仿真理论为主,这类书籍学术和理论水平较高,主要面对交通仿真的专业学者和研究人员,但对于只将交通仿真系统作为重要工具的广大交通从业者并不十分适合。第2类是介绍主流交通仿真系统的基本应用,自2012年8月本书第1次印刷出版,填补国内交通仿真实验类教材空白以来,陆续也有同行出版了类似的交通仿真系统实验操作类书籍,这类书籍适合开设交通工程或相近专业的学校选为实验教材,培养学生交通仿真的基本技能。第3类是介绍交通仿真的高级应用,这类书籍一般假设读者已经掌握了交通仿真的基本原理和基本操作技能,着重从交通仿真方案设计、参数标定和方案评价等方面进行介绍。本书属于第2类,以交通仿真系统的初学者为主要读者对象,以业内常见的交通仿真软件VISSIM为依托,主要介绍交通仿真系统的实际操作与应用。

本书第1版的出版发行情况。据2015年6月4日上午当当网的数据显示,交通仿真类教材在售共计13本,在这类书籍总计477条好评中,《交通仿真实验教程》的好评数独占213条,约占总数的45%。在京东网上的交通仿真类书籍中,总计在售12本,好评总数87条,《交通仿真实验教程》的好评数独占41条,约占总数的47%。《交通仿真实验教程》以操作步骤详尽,提供丰富全面的学习资料和实时的读者互动平台而独具特色,已经成为国内交通仿真教学中读者喜爱的诸多教材之一。

本书主要内容。本书共分10章,主要内容分别为基础知识、十字信号交叉口仿真、仿真评价、机非混行仿真、城市干道仿真、立交仿真、环岛仿真和三维效果制作,基本涵盖了常见的道路交通元素,能够解决一般的道路交通仿真问题。本次修订旨在结合笔者在交通行业从业并应用交通仿真软件VISSIM十多年的相关心得,为读者提供一本面向交通仿真系统初学者的书籍,帮助初学者快速掌握相关技巧,并为有一定经验的从业人员答疑解惑。

本次再版增加了较多的三维制作内容。为了适应交通仿真的发展趋势,在本版中,笔者特意用比较大的篇幅编写了关于三维效果制作的具体步骤,详细阐述了3种制作方法(请扫"辅助视频")。每种方法各有优缺点,具体应用时,可

辅助视频

根据任务的缓急、精度的要求、拥有软件平台的情况和对其他软件平台的熟悉程度进行选用。此部分参考了柳祖鹏、李宝峰、张清华和张勇刚等老师的相关论文,并参考了网络上的一些学习资料,在此一并表示谢意。

本书特色。**1. 权威**。早年跟随德国卡尔斯鲁尔大学 Wiedemann 教授研究交通仿真理论和技术并将 VISSIM 仿真软件带入中国的同济大学教授、博士生导师李克平教授给予本书很高评价,并亲自担任本书主审。**2. 历经多次教学实践**。本书初稿原为石家庄铁道大学《交通模拟与仿真》课程内部讲义,第 1 次出版前就经历了 5 学年 12 次教学实践,作者积累了丰富的教学经验。在章节编排上充分考虑到知识的可读性与可接受性,在学生容易出问题的地方给予及时提示。**3. 成书前进行可读性测试**。本书在定稿前由石家庄铁道大学选修本门课程的同学配合,进行可读性测试,80% 以上的同学可独立完成书中所有案例。**4. 目标读者明确,实用性强**。本书目标读者不再是交通仿真理论研究人员和软件开发人员,而是 VISSIM5. x 版初学者和使用者,供在校交通工程专业本科学生和硕士研究生自学或实验使用。不系统讲解交通仿真理论,而主要讲解交通仿真软件 VISSIM 的实际应用。**5. 详尽**。详细写出相关操作步骤,配有丰富图片说明,使读者按照本书步骤就可完成相关案例操作。关键步骤配有"提示",都是在课堂上学生学习时容易出现问题的地方。**6. 配备工程文件**。随书配有每一个关键步骤完成后的工程文件,练习者可打开工程文件进行查看,与自己的操作进行比对。也可在此文件的基础上直接进行有针对性的练习。**7. 配备丰富的教学资料**。目前教授同一门课的不同学校教师分别制作多媒体课件等教学资料,产生大量的低等级重复性劳动,占用了教师宝贵的教学和科研时间。在"互联网+"时代,技术上已经能够做到信息的快速共享,因此人民交通出版社股份有限公司已经对本书进行了数字化建设工作,包括 PPT 课件、教学计划模板、教案模板、网络示范课、课后习题等,近期将与广大读者见面,任课教师也可以通过本书读者 QQ 群向作者索取部分相关资料。**8. 工程案例紧扣实际**。编写过程中与石家庄市城乡规划设计院、三门峡市公路局等单位合作,所有案例均有实际工程背景。**9. 作者写作经验成熟**。本书姊妹篇《交通规划软件实验教程 TransCAD4. x》已出版并获得成功,作者积累了成熟的写作经验。**10. 两大平台依托**。石家庄铁道大学是河北省重点骨干大学,建有覆盖交通运输一级学科的博士点和博士后流动站,本书撰写依托省级教学示范中心——石家庄铁道大学交通运输工程实验中心、省级重点实验室——河北省交通安全与控制重点实验室,这两个平台为本书提供技术和人才支撑。**11. 新增内容成熟**。本书第 2 版修改和添加的内容受到石家庄铁道大学研究生院研究生课程建设项目的资助,已经在石家庄铁道大学教学中多次实践和改进,内容已经较为成熟。

本书的编写人员。本书由李克平主审,编者为刘博航、安桂江、张通、隽海民、任其亮、张亚平、李龙、陈队永和朱庆瑞,编写分工为:第 1 章由刘博航(石家庄铁道大学)编写,第 2 章由张通(三门峡市公路局)编写,第 3 章由安桂江(石家庄市城乡规划设计院)编写,第 4 章由隽海民(大连市城市规划设计研究院)编写,第 5 章由任其亮(重庆交通大学)编写,第 6 章由张亚平(哈尔滨工业大学)编写,第 7 章、第 8 章由李龙(石家庄市城乡规划设计院)编写,第 9 章由陈队永(石家庄铁道大学)编写,第 10 章由朱庆瑞(石家庄铁道大学)编写。

参加本书其他工作的人员。参加第 1 版书稿校对、插图和多媒体课件制作等工作的研究生有李舜、薛超、曹辉剑、赵自然、赵李萍、孙东冶和闫全文,石家庄铁道大学交通工程专业

08级城市交通方向全体同学参加了可读性测试。参加第2版书稿校对、插图和多媒体课件制作等工作的研究生有张世杰、朱宏扬、叶洁、闫广强、薛丹丹和臧同义,石家庄铁道大学2014级选修《交通模拟与仿真》课程的全体研究生同学参加了可读性测试。在有些章节编写时,规划设计一线单位仅提供了较为简单的工程文件和案例说明,同学们进行了大量插图绘制和工程文件步骤分解等工作。在书稿校对阶段,每章都经过了5~10遍的精心校对,同学们有3、4个月的时间和我一起经常工作到晚上11点。这里要特别感谢同学们,你们辛苦了。"逢山开新路,遇水架高桥",每当早晨嘹亮的军号在校园响起,我们就能感觉到中国人民解放军铁道兵部队不惧一切艰难险阻,勇往直前的拼搏精神,它激励着铁大师生永远向前。虽然石家庄铁道大学目前已经发展成为多学科的综合性地方高校,但新时期的铁大人"不坠青云志,永驻奋斗心",志在四方,铁色长存!

本书的资料与交流。本书的工程文件和PPT可在人民交通出版社网站(http://www.ccpress.com.cn)下载(请扫"资源地址1",搜索本书书名),也可到作者的个人网站(http://www.traffic001.com)下载(请扫"资源地址2");免费的5.x学生版可向PTV公司申请,也可发信至jtfzsyjc@163.com与作者联系;为帮助老师和同学在学习操作前复习交通仿真的基本知识,本书制作了"导言"的PPT和示范课(请扫"教学录像"),欢迎下载;配合本书内容,编写团队制作了基于V3D的中国主要交通标志模型(请扫"资源地址3"下载),可以直接作为三维模型插入到交通仿真文件中;本书读者QQ群为交通仿真实验教程群261698548(请扫"资源地址4"),同时欢迎高校交通仿真教师加入高校交通仿真教师群233876540(请扫"资源地址5")。

资源地址1　　资源地址2　　教学录像　　资源地址3　　资源地址4　　资源地址5

本书将不断进行动态改进。一部精品教材必然要经过不断发现问题、改进问题的完善过程,本书以开放的姿态,虚心接受大家的意见和建议。本书在交通仿真实验教程群中设置动态的勘误公告,及时发现和实时纠正存在的问题,对大家提出的意见和建议,作者会虚心接受并不断改进,努力做好书籍的修订和再版工作。在本次再版中,特别感谢武汉科技大学柳祖鹏老师提出的宝贵建议。作者希望以周星驰做电影、周鸿祎做"360安全卫士"表现出的精益求精的执着精神,通过持续不懈的努力,打造持久的中国交通仿真学习品牌。

《交通规划》一书正在紧张地编写中。由于《交通仿真实验教程》的出色表现,受人民交通出版社股份有限公司邀请,本系列教材中的《交通规划》也正由本课题组主持编写,预计在2015年年底与读者见面。《交通规划》将沿袭《交通仿真实验教程》细致、详尽和配套资料丰富的风格,重视和突出实用性,以沙河市综合交通规划资料为主要依托,为读者提供完整的规划流程和数据链条,同时提供可重复、可操作和连续的TransCAD工程文件,为读者提供接近规划实战的体验。同时考虑到实际教学需要,提供PPT、教学实施计划和教案等模板,尽编者的能力减少教师共性的重复工作(如需下载本课题组编写的TransCAD入门教程,请扫"PDF教程")。

PDF教程

《交通仿真实验高级教程》编写条件已经成熟,会在适当的时机出版。《交通仿真实验教程》出版后,许多读者通过各种渠道向作者表示,是否可以继续编写一本较为深入的高级交通仿真类教程,经过多年的技术积累,这个条件已经基本成熟。作者近年与石家庄市规划设计院、石家庄市政设计院有限责任公司、中国建筑科学研究院、中铁隧道院、大连市城市规划设计研究院以及河北电视台等单位展开了友好的合作,承担了较多的技术服务项目,包括石家庄市中山路改造工程交通仿真分析、赞皇县东环畸形交叉口交通仿真分析、石家庄万达商业广场周边交通仿真改善分析、石家庄市二环快速路农机街口出入口交通仿真改善分析等;先后主研了河北省《公路交通仿真技术流程》、《公路交通仿真技术标准》等纵向课题,积累了多项由仿真方案需求分析、现场资料调查、基础仿真制作、模型校准与误差分析、三维效果制作、优化方案仿真制作等步骤组成的经典案例,建立了交通仿真高级案例库(请扫上页"资源地址1",搜索"交通仿真实验教程案例资源"),并已经应用于石家庄铁道大学交通专业研究生的交通仿真教学工作中。但由于本课题组目前正全力编写《交通规划》一书,暂无较多时间对上述内容进行细致整理,《交通仿真实验高级教程》会尽快在适当的时机出版。

本书入选交通工程教学指导分委员会"十三五"规划教材并已经根据专家意见进行完善。2017年4月,本书入选交通工程教学指导分委员会"十三五"规划教材。根据专家提出的宝贵修改意见,为进一步加强交通仿真通用知识的学习,增加了"交通仿真导言"一课。同时考虑到本书已经有10个章节,再增加纸质书的章节可能会增加印刷和物流各种成本,所以新增加的章节以数字化内容体现,详见262页本书配套数字教学资源中的第4个资源"交通仿真导言示范课"。

感谢石家庄铁道大学杨绍普副校长、陈进杰副校长在本书写作过程中给予的指导,感谢原交通运输学院王明生院长、张学军书记、牛学勤副院长、周亮副院长给予的帮助和宝贵建议,感谢金龙院长、杨春燕书记、崔亮副院长、王兴举副院长给予的关心。感谢我的导师裴玉龙教授,您七年的教诲,严谨的治学态度将让我受益终生。感谢尊敬的王炜教授、王哲人教授、王殿海教授、帅斌教授、刘正林教授、过秀成教授、关宏志教授、安实教授、刘建新教授、朱顺应教授、刘寒冰教授、吴中教授、张亚平教授、陈昆山教授、陈学武教授、杨忠振教授、陈洪仁教授、邵春福教授、杨晓光教授、陈艳艳教授、邵毅明教授、赵胜川教授、高自友教授、徐建闽教授、贾洪飞教授、常玉林教授、黄晓明教授、靳文舟教授、裴建中教授、翟婉明教授、谭忆秋教授(以姓氏笔画为序)等前辈和兄长的帮助和关爱。博航不才,愿为中国交通事业尽自己的一份力量。

刘博航
2015.7.1

第1版前言

近年来,交通仿真技术飞速发展,已经成为高等院校交通类专业、交通规划设计单位的重要工具之一。然而,目前为数不多的几种交通仿真类书籍都着重介绍仿真系统原理,对交通从业者主要关心的实际应用介绍较少。这类书籍虽学术和理论水平较高,读者群主要为专门研究交通仿真的学者和研究生,但对于只将交通仿真作为使用工具的广大交通从业者并不十分适合。

本书以交通仿真使用者为主要读者对象,以业内常见的交通仿真软件 VISSIM 为依托,主要介绍交通仿真的实际应用;旨在结合笔者在交通行业工作并应用交通仿真软件 VISSIM 十余年的相关心得,编写一本面向交通仿真系统使用者的书籍;希望能帮助初学者快速掌握相关技巧,为有一定经验的从业人员答疑解惑。

本书共分 7 章,主要内容分别为基础知识、十字信号交叉口仿真、仿真评价、机非混行仿真、城市干道仿真、立交仿真和环岛仿真,基本涵盖了常见的道路交通元素,能够解决一般的道路交通仿真问题。

本书有以下特点:(1)权威。早年跟随德国卡尔斯鲁尔大学 Wiedemann 教授研究交通仿真理论和技术并将 VISSIM 仿真软件带入中国的同济大学教授、博士生导师李克平教授给予本书很高评价,并亲自担任本书主审。(2)历经多次教学实践。本书稿原为石家庄铁道大学《交通系统仿真》课程内部讲义,经历 5 学年 12 次教学实践,作者积累了丰富的教学经验。在章节编排上充分考虑到知识的可读性与可接受性,在学生容易出问题的地方给予及时提示。(3)成书前进行可读性测试。本书在最后定稿前经过 100 名本科同学自学测试,80% 以上的同学可独立完成书中所有案例。(4)目标读者明确,实用性强。本书目标读者不再是交通仿真理论研究人员和软件开发人员,而是 VISSIM5.x 版使用者,供在校交通工程专业本、硕学生自学或实验使用。不系统讲解交通仿真理论,而主要讲解交通仿真软件 VISSIM 的实际应用。(5)详尽。详细写出相关操作步骤,配有丰富图片说明,使读者按照本书步骤就可完成相关案例操作。关键步骤配有"提示",都是在课堂上学生学习时容易出现问题的地方。(6)配套资料完备。随书配有每一个关键步骤完成后的工程文件,练习者可打开数据进行查看,与自己的操作进行比对。也可在此文件的基础上直接进行有针对性的练习。同时为了便于教师组织实验教学,每一章配有 PPT 课件。(7)编写过程中与三门峡市公路局、石家庄规划设计院等单位合作,所有案例均有实际工程背景,能给出详细相关数据,供读者参考学习。(8)本书姊妹篇《交通规划软件实验教程 TransCAD4.x》已出版并获得成功,作者积累了成熟的写作经验。(9)本书撰写依托省级教学示范中心——石家庄铁道大学交通运输工程实验中心,省级重点实验室——河北省交通安全与控制重点实验室,这两个平台可为本书提供技术和人才支撑。

本书由李克平主审,编者为刘博航、张通、安桂江、隽海民、任其亮、张亚平和李龙,分工为:第1章由刘博航(石家庄铁道大学)编写,第2章由张通(三门峡市公路局)编写,第3章由安桂江(石家庄市规划设计院)编写,第4章由隽海民(大连市城市规划设计研究院)编写,第5章由任其亮(重庆交通大学)编写,第6章由张亚平(哈尔滨工业大学)编写,第7章由李龙(石家庄市规划设计院)编写。有部分研究生参加了书稿校对及插图和多媒体课件制作等工作,他们分别为李舜、薛超、曹辉剑、赵自然、赵李萍、孙东冶和闫全文。石家庄铁道大学交通工程专业08级城市交通方向全体同学参加了可读性测试。全书由刘博航、张通统稿。

本书的工程文件和教学PPT可在人民交通出版社网站(http://www.ccpress.com.cn)下载,也可到作者的个人网站 http://www.traffic001.net 下载;免费的 VISSIM5.x 学生版可向PTV公司申请,也可发电子邮件至 jtfzsyjc@163.com 与作者联系;本书读者QQ群为交通仿真实验教程群(QQ号:261698548),同时欢迎高等院校从事交通仿真教学研究的老师加入高校交通仿真教师群(QQ号:233876540);本书在中国交通技术论坛中的交通规划、模拟软件使用栏目中设置回答问题贴,每周定期回答提问。作者希望通过持续不懈的努力,打造持久的中国交通仿真学习品牌。

感谢石家庄铁道大学杨绍普副校长、陈进杰副校长在本书写作过程中给予的指导,感谢交通运输学院王明生院长、张学军书记、牛学勤副院长、周亮副院长给予的帮助和宝贵建议。感谢我的导师裴玉龙教授,您七年的教诲,严谨的治学态度将让我受益终生。感谢尊敬的王炜教授、王哲人教授、王景升教授、王殿海教授、史峰教授、帅斌教授、刘正林教授、过秀成教授、关宏志教授、安实教授、刘建新教授、朱顺应教授、孙振军教授、刘寒冰教授、吴中教授、张永忠教授、陈红教授、陈昆山教授、陈学武教授、杨忠振教授、陈洪仁教授、邵春福教授、杨晓光教授、陈艳艳教授、邵毅明教授、胡明伟教授、赵胜川教授、高自友教授、徐建闽教授、贾洪飞教授、常玉林教授、黄晓明教授、靳文舟教授、裴建中教授、谭忆秋教授、翟婉明教授(以姓氏笔画为序)等前辈和兄长的帮助和关爱。博航不才,愿为中国交通事业尽自己的一份力量。

刘博航

2012.3.30

目 录

第1章 VISSIM 仿真基础 ·· 1
1.1 VISSIM 界面认识 ·· 1
1.2 实现基本路段仿真 ·· 2
1.3 设置行程时间检测器 ··· 7
1.4 道路的连接和路径决策 ·· 10
1.5 冲突区的设置 ·· 16

第2章 十字信号交叉口 ··· 19
2.1 了解熟悉基础数据 ·· 19
2.2 新建文件与导入底图 ··· 22
2.3 东西进口及对应出口交通仿真 ·· 26
2.4 南北进口及对应出口交通仿真 ·· 33
2.5 交通信号及让行规则设置 ··· 39

第3章 检测器设置与参数评价 ·· 52
3.1 新建文件与导入底图 ··· 52
3.2 常用检测器设置与评价 ·· 52
3.3 改变车速分布与车辆构成 ··· 73
3.4 改变交叉口控制方式 ··· 77

第4章 非机动车与行人 ··· 85
4.1 了解熟悉基础数据 ·· 85
4.2 新建文件与导入底图 ··· 89
4.3 创建行人车辆构成 ·· 89
4.4 交叉口东进口方向过街行人仿真 ··· 91
4.5 交叉口其他方向过街行人仿真 ·· 97
4.6 创建非机动车车辆构成 ·· 100
4.7 交叉口东进口方向非机动车仿真 ··· 100

4.8	交叉口其他方向非机动车仿真	107
4.9	优化交叉口信号配时设置	114

第5章 城市干道信号协调及公交优先 115

5.1	了解熟悉基础数据	115
5.2	新建文件与导入底图	119
5.3	城市干道两相邻交叉口道路仿真系统的建立	122
5.4	干道信号协调	134
5.5	无公交专用道情况下创建公交站点和公交线路	143
5.6	有公交专用道情况下创建公交站点和公交线路	146

第6章 立交桥 151

6.1	了解熟悉基础数据	151
6.2	新建文件与导入底图	154
6.3	设置立交桥主路	155
6.4	设置立交桥匝道	165

第7章 环形交叉口 178

7.1	了解熟悉基础数据	178
7.2	新建文件与导入底图	179
7.3	创建进出口车道	180
7.4	环岛内路段设置	181
7.5	添加流量并设置车流运行规则	185

第8章 单独应用VISSIM实现简单三维场景制作 188

8.1	三维场景创建方法特点比较	188
8.2	新建文件与导入底图	189
8.3	路网基本显示效果属性设置	189
8.4	路网基本显示效果设置	192
8.5	设置基本标线及分隔带	201
8.6	设置导向箭头及人行横道	204
8.7	设置3D信号灯模型	208

第9章 快速实现简单三维场景制作 215

9.1	新建文件	215
9.2	CAD基础图的绘制	215
9.3	CAD基础图的美化	227
9.4	添加简单的三维场景	234

第10章 较复杂三维场景制作 ··· 239
- 10.1 新建文件 ··· 239
- 10.2 补充 CAD 工程文件 ··· 239
- 10.3 3D 静态模型加工 ··· 240
- 10.4 颜色设置与格式转化 ··· 246
- 10.5 构建较复杂的三维场景 ··· 248
- 10.6 制作禁止停车标牌 ··· 252
- 10.7 制作限速标牌 ··· 258

附录 本书配套数字教学资源 ··· 262

参考文献 ··· 264

第1章　VISSIM仿真基础

辅助视频

【实验目的】　掌握交通仿真系统VISSIM基本功能的使用。

【实验原理】　交通仿真是对现实交通情况的模拟,基本会涉及道路、车辆、交通运行规则和交通评价等问题。本章以基本路段、出口匝道和平交路口为例,练习这些基本的交通仿真操作。本章知识点:(1)VISSIM界面认识。(2)实现基本路段仿真。(3)设置行程时间检测器。(4)道路的连接和路径决策。(5)冲突区的设置。

【难点提示】　(1)道路连接。(2)路径决策。(3)检测器设置。

1.1　VISSIM界面认识

打开交通仿真系统VISSIM后,会出现如图1-1-1所示界面,主要包括菜单栏、工具栏、状态栏和视图区。

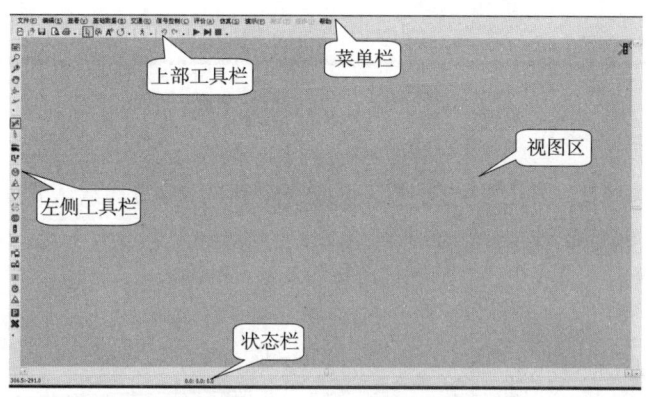

图1-1-1　VISSIM界面

①在VISSIM的操作过程中,需要多次利用"左侧工具栏"中的按钮切换编辑状态。
②上部"菜单栏"包含主要的基本操作和设置,其内容和用法与常用的其他软件类似。
③在"视图区"可进行路网的编辑和设置。
④"状态栏"用于显示在操作过程中软件的提示信息。
⑤"上部工具栏"主要包含常用的快捷命令。

提示:将鼠标移动到某个工具按钮上时,系统会提示出按钮的名称。

1.2 实现基本路段仿真

教学录像

(1) 更改语言环境(可选)

打开交通仿真系统 VISSIM,如果界面是英文版,可以将软件应用语言改为中文,具体操作方法如下:

①在菜单栏中依次选择"View"→"Options"。

②在弹出的"Display Options"对话框中选择"Language & Units"标签,在"Language"下拉列表中选择"Chinese",点击"OK",完成语言切换,如图1-2-1所示。

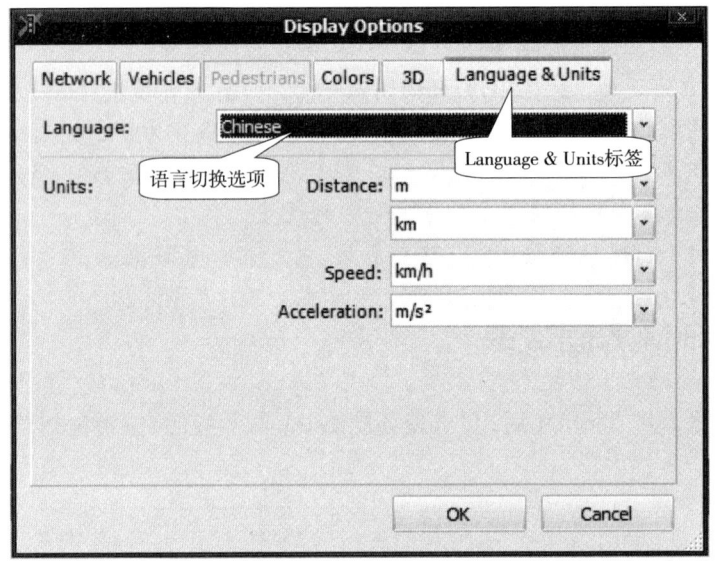

图 1-2-1 语言切换界面

(2) 新建文件

在菜单栏中依次选择"文件"→"新建",生成一个新的文件,其默认界面如图1-2-2所示。

图 1-2-2 VISSIM 默认界面

提示：在每次打开 VISSIM 时默认生成新文件，由于本书操作程序为 5.30 学生版，安装在 D 盘，所以其默认存储路径为 D:\Program Files\PTV_Uni \VISSIM530\Examples。

（3）编辑基本路段

①单击左侧工具栏中的"路段&连接器"按钮，切换到路段编辑状态。此时"路段&连接器"按钮凸显，如图 1-2-2 所示。

②将鼠标移至视图区，在视图区内左侧区域任意一点按住鼠标右键，确定道路起点，不要放开，平行向右移动鼠标，同时观察界面下方状态栏中路段长度数据（默认单位为 m），在此数据为 300m 左右时放开鼠标右键。

提示①：状态栏中第 1 组数据表示鼠标所处的坐标，第 2 组数据表示所画路段长度，第 3 组显示当前编辑状态。

提示②：VISSIM 系统所画的路段是有方向的，所以路段的起点、终点的位置不能混淆。

③此时弹出"路段属性"对话框，如图 1-2-3 所示，将"车道数"改为 3，"行为类型"选择"1:市区（机动化）"，其他保持默认设置，点击"确定"按钮完成基本路段道路设置，单击左侧工具栏的"显示整个路网"按钮，如图 1-2-4 所示。

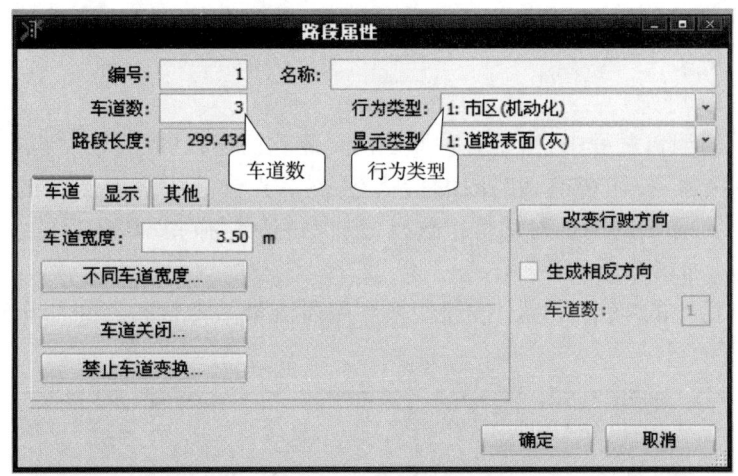

图 1-2-3　路段属性设置

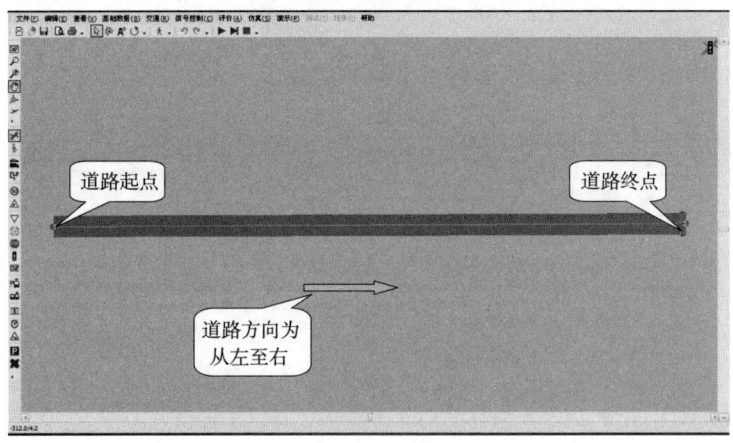

图 1-2-4　路段编辑完成

提示①：运用"显示整个路网"按钮，可以将所画的路网满布在整个视图区内。

提示②：如果对路段的位置不满意，可以按住"Shift"键的同时用鼠标左键拖动路段。

提示③：如果需要改变路段的起点或者终点位置，可以单击选中路段后，用鼠标左键拖动路段起点或者终点以改变其位置。

提示④：如需要改变路段的属性，比如"行为类型"、"车道数"、"车道宽度"等，可在路段编辑状态下，双击路段，弹出图1-2-3所示对话框，进行操作。

④在菜单栏中依次选择"文件"→"保存"，在保存对话框的右上方点击"创建新文件夹"，在D盘新建"VISSIM"文件夹，在"VISSIM"文件夹中创建"01"文件夹，将文件保存在新建的"01"文件夹中，命名为"01"。

提示①：由于VISSIM中的部分功能不支持中文，所以文件命名和存储路径都应尽量避免中文，且不要存放在桌面上。

提示②：如果由于操作习惯等因素已对文件进行了保存，可在菜单栏中依次选择"文件"→"另存为"，保存到新建的文件夹中。

提示③：本章所存文件路径为全书统一，即在D盘VISSIM文件夹下，"01"文件夹存储第1章工程文件，"02"文件夹存储第2章工程文件，以此类推。为与本书保持一致，建议在操作时创建相同的文件夹。

（4）删除路段（可选）

如果在路段的编辑过程中，由于各种原因需要删除已存在的路段，可以在左侧工具栏中点击"路段&连接器"按钮切换到路段编辑状态，然后点击选中需要删除的路段，使用键盘上的"Delete"键，在弹出的确认对话框中选择"删除"，达到删除路段的目的。

（5）为路段添加车流量

①单击工具栏中的"车辆输入"按钮切换到路段流量编辑状态，此时"车辆输入"按钮凸显，如图1-2-5所示。

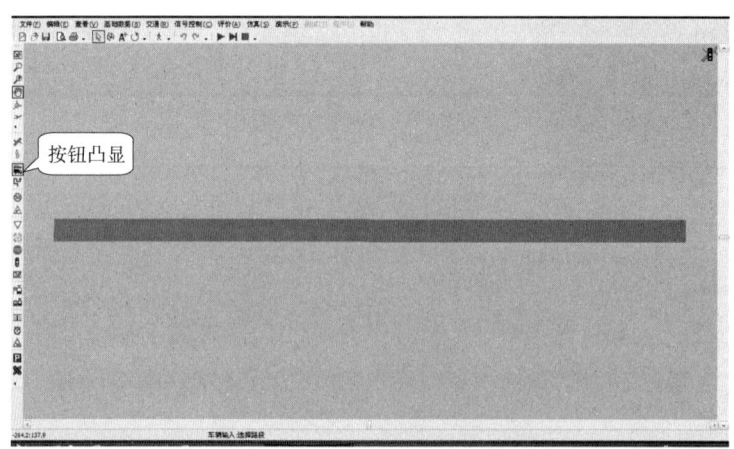

图1-2-5 进入车辆输入状态

提示：只有进入流量编辑状态，才能对路段上的车流量等参数进行编辑。

②双击路段，弹出如图1-2-6所示的"车辆输入"对话框，将"0~3600"一栏中的流量改为1500，"车辆构成"一栏选择"1：默认"，其他不变，点击"确定"完成对路段的车流量输入。

此时路段起点将出现黑色线段如图 1-2-7 所示,表示路段已完成流量设置。

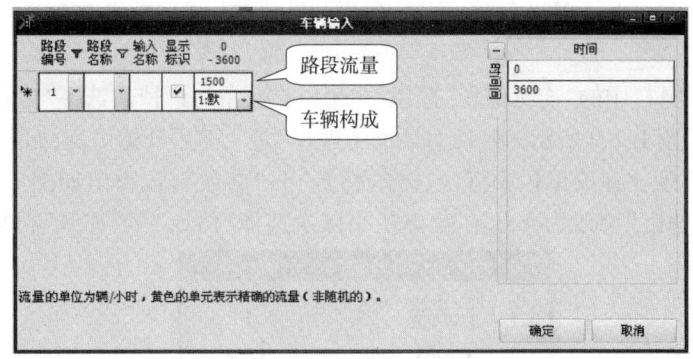

图 1-2-6　车辆输入对话框

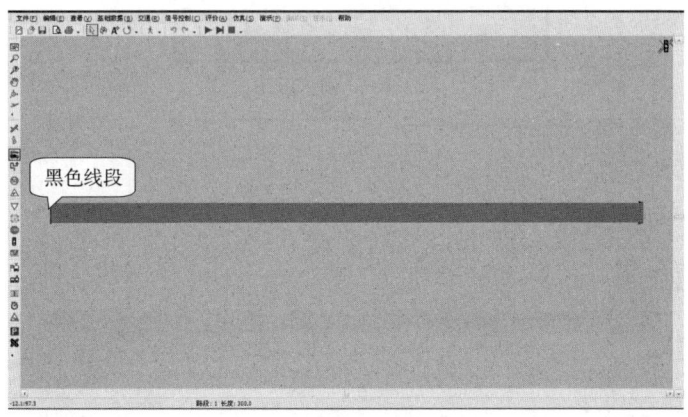

图 1-2-7　车流量输入完成

提示①:如果需要改动路段上的车流量,可在车辆输入状态下双击路段,弹出图 1-2-6 所示"车辆输入"对话框进行修改。

提示②:如果需要删除路段上的车流量,可在车辆输入状态下用鼠标双击路段,弹出如图 1-2-6 所示"车辆输入"对话框,将鼠标移至需要删除的车流量信息前的小三角上右击鼠标,弹出如图 1-2-8 所示的菜单,点击"删除",删除车流,最后点击"确定",在弹出的提示对话框中选择"OK",完成路段车流量的删除。

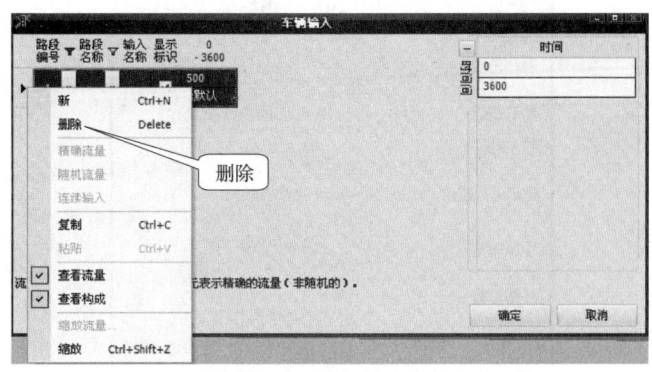

图 1-2-8　车辆输入对话框

提示③:系统默认的交通组成是98%的小汽车和2%的大车。交通组成可根据需要修改,本章不深入讨论。由于翻译原因,交通组成在 VISSIM 中文版中被翻译为"车辆构成"。

(6)进行仿真

①单击上部工具栏中的"连续仿真"按钮(也可以在菜单栏中依次选择"仿真"→"连续")。

②在弹出的如图1-2-9所示的确认对话框中选择"是",随后开始仿真,如图1-2-10所示。

③修改仿真速度。在菜单栏中依次选择"仿真"→"参数",在弹出如图1-2-11所示的对话框中将"仿真运行速度"修改为4.0,在菜单栏中依次选择"仿真"→"连续",再次运行仿真。

图1-2-9 确认保存

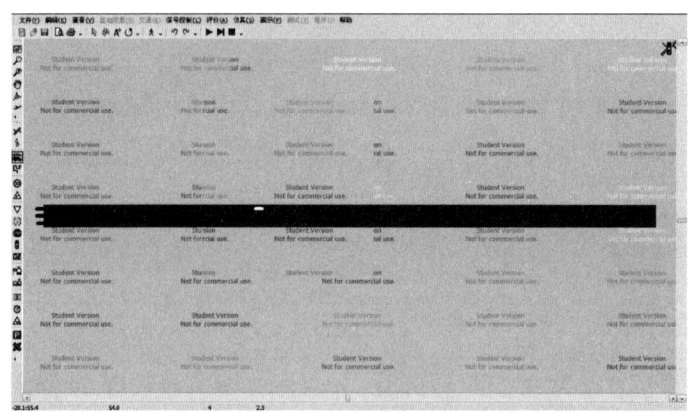

图1-2-10 仿真效果

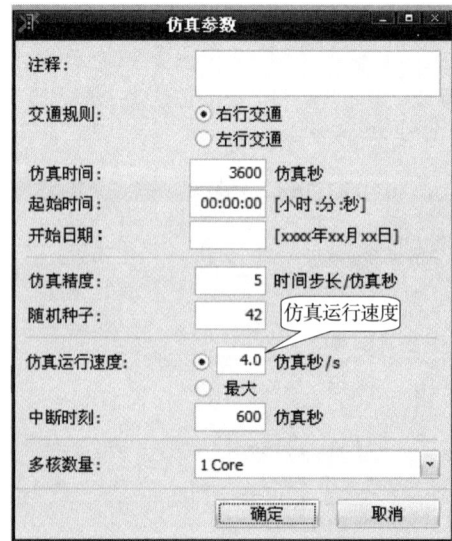

图1-2-11 修改仿真参数

提示①:仿真运行主要有两种目的:一种是获得仿真生成的各种交通参数,评价仿真方案的效果,此时可以将"仿真运行速度"设定为最大,以便以最快的速度获得仿真评价参数;另一种是为了观察仿真效果,此时可将"仿真运行速度"调至较低,如本实验修改为4.0,以便于观察车辆的运行规律。

提示②:VISSIM5.3版有时在仿真至最后1s时停顿不前,此时可在菜单栏中依次选择"仿真"→"连续",使仿真继续进行,以结束仿真过程。

(7)缩放和平移(可选)

①如果窗口大小不合适,可单击左侧工具栏中的"缩放"按钮切换到缩放状态,在视图区滚动鼠标滚轮改变视图区所显示的区域大小。

②可单击左侧工具栏中的手形"面板"按钮切换到平移路网状态,改变视图窗口所在位置。

提示:直接按住鼠标滚轮拖动,也可以起到与②一样的效果。

(8)基本路段3D仿真

①在菜单栏中依次选择"查看"→"3D模式",仿真界面进入立体视图,开始仿真后可看到3D的仿真动画如图1-2-12所示。

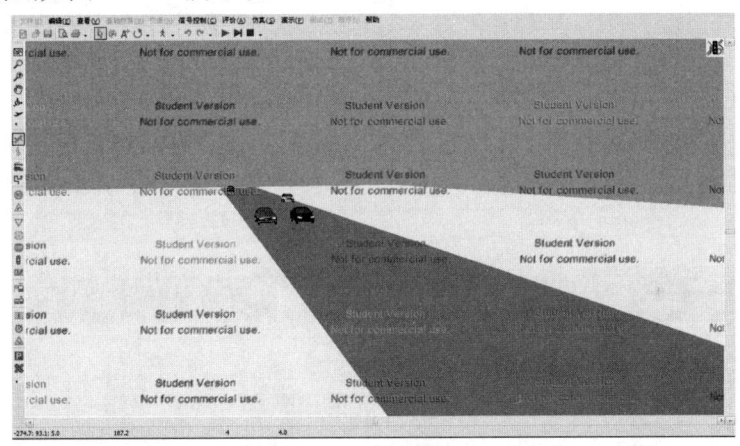

图1-2-12 3D模式效果

②单击左侧工具栏中的"旋转"按钮,即可利用旋转按钮查看不同角度视野下的运行效果。在视图区中按住左键不放左右拖动,可使得视野旋转,利用鼠标滚轮可实现画面的放大和缩小。

③在菜单栏中依次选择"查看"→"3D模式",将"3D模式"前的对钩取消,界面回到平面仿真模式。

④单击上部工具栏中的"停止仿真"按钮(也可以在菜单栏中依次选择"仿真"→"停止"),停止仿真。

1.3 设置行程时间检测器

(1)设置检测器

①单击左侧工具栏中"行程时间"按钮,切换到行程时间设置状态。

②单击选中路段,选中后右键单击路段上某一点(应靠近路段起点一些),设置检测器起点,完成后会出现红色线段表示检测器起点设置成功,如图1-3-1所示。

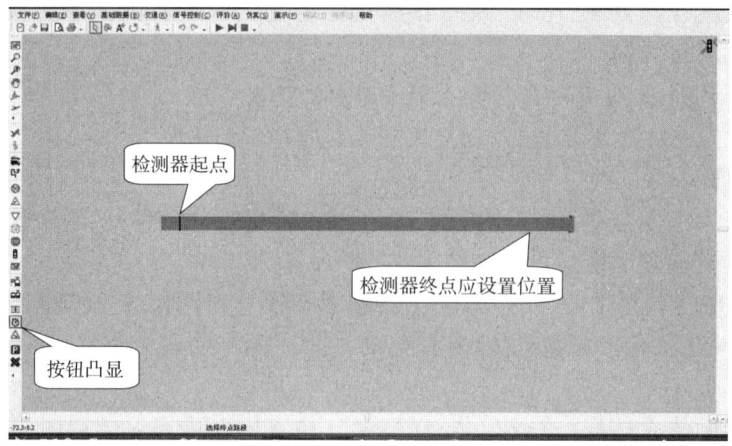

图1-3-1　设置检测器起点

③单击选中主路路段,选中后右键单击选择主路路段上某一点(应靠近路段终点一些),设置检测器终点。

④弹出如图1-3-2所示的"创建行程时间检测"对话框,不做任何修改,点击"确定"完成检测器终点的设置,完成后终点处会出现绿色线段表示检测器设置成功,如图1-3-3所示。

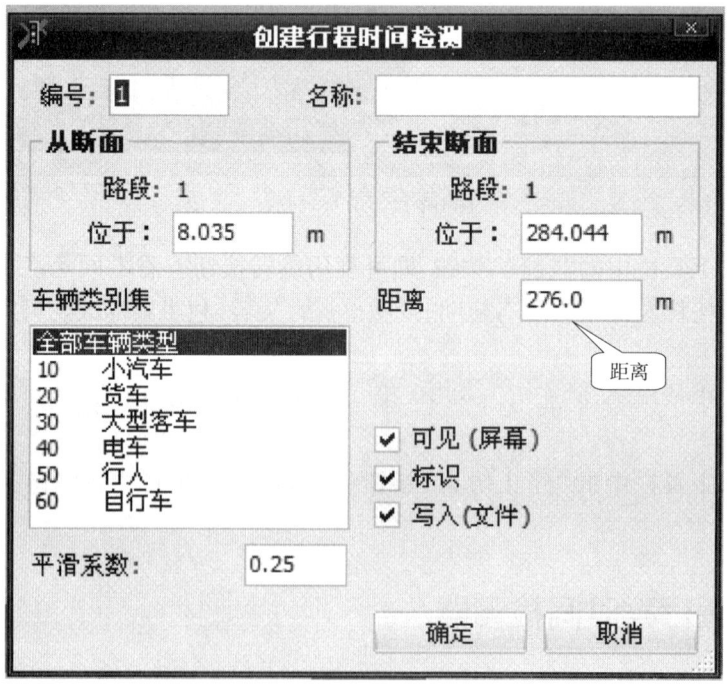

图1-3-2　创建行程时间检测

提示①:如果"创建行程时间检测"对话框中"距离"一项为空,则检测器起点和终点之间不存在连续的路段,这可能是由于路段之间没有使用连接器连接,或是起点和终点的位置存在问题(如方向相反)。

提示②:在设置行程时间检测区段时,起始和终止断面之间应有足够的距离来进行结果的计算。车辆穿越起终点断面时所花费的一小段时间间隔,不会被计算在行程时间中。

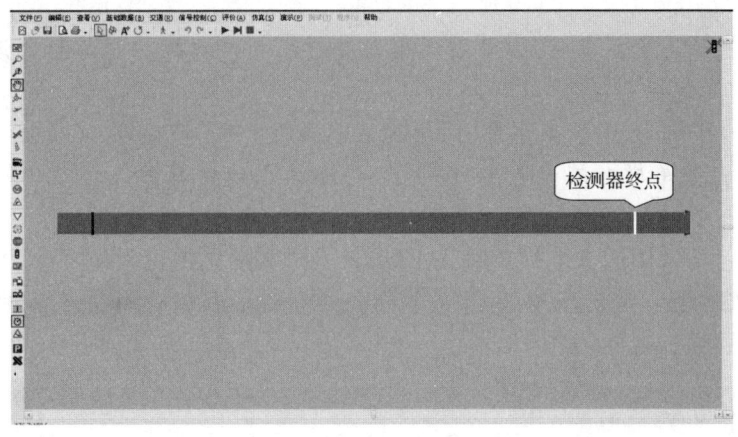

图 1-3-3　设置检测器终点

(2)评价结果输出

①在菜单栏中依次选择"评价"→"文件",弹出"评价(文件)"对话框。在此可进行评价结果的输出设置,选中希望得到的仿真指标,就可在完成仿真后得到相应的数据结果。

②本次实验仅希望得到行程时间的仿真结果,故选中"车辆"标签里的"行程时间"复选框,如图 1-3-4 所示,其他不做任何修改,点击"确定"完成评价结果的参数设置。

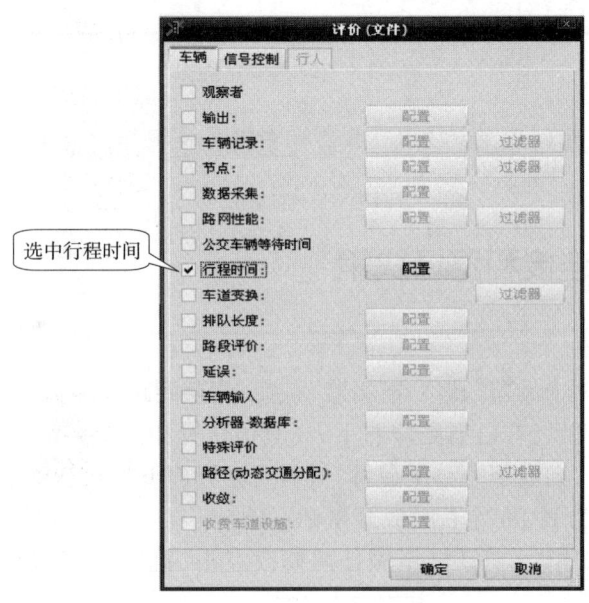

图 1-3-4　评价(文件)对话框

提示：还可以对"行程时间"进行相应的"配置"。本章只引入交通仿真评价的基本概念，更多内容请参考本书第3章。

（3）运行仿真并查看结果

①运行仿真，此时会弹出确认保存对话框，点击"确定"保存。

②在菜单栏中依次选择"仿真"→"参数"，在弹出如图1-2-11所示的对话框中将"仿真运行速度"选为"最大"。

提示①：在进行下次仿真时，如需要观察仿真过程可再次将仿真运行速度修改，否则会一直按照最大速度运行。

提示②：由于系统设置等多种原因，仿真可能会在599s时暂停，不能点击"停止仿真"按钮，此时需要在菜单栏中依次选择"仿真"→"连续"，使仿真继续运行，以得到所需评价数据。

③在仿真结束后，用记事本打开"D:\VISSIM\01"文件夹内后缀为".rsz"的文件，将最后一排的第二个数字记录下来，该数字代表车辆在检测器起点和检测器终点间的平均行程时间，如图1-3-5所示。

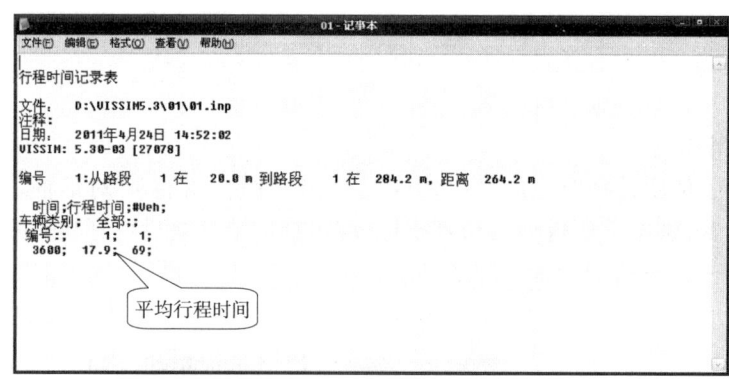

图1-3-5　检测器输出结果

提示：可以在行程时间设置状态下，用鼠标左键将检测器起点处的红色线段拖离路段，来删除检测器。

1.4　道路的连接和路径决策

（1）添加出口匝道

①单击左侧工具栏中的"路段&连接器"按钮，切换到路段编辑状态。

②将鼠标移至视图区，在已有路段右下方（具体位置如图1-4-1所示）按住鼠标右键，确定匝道起点，不要放开，向右下方移动鼠标，同时观察界面下方状态栏中路段长度数据（默认单位为m），在此数据为100m左右时放开鼠标右键。

③对弹出的"路段属性"对话框不做任何修改点击"确定"，完成出口匝道路段的编辑，如图1-4-1所示。

提示：注意路段方向。

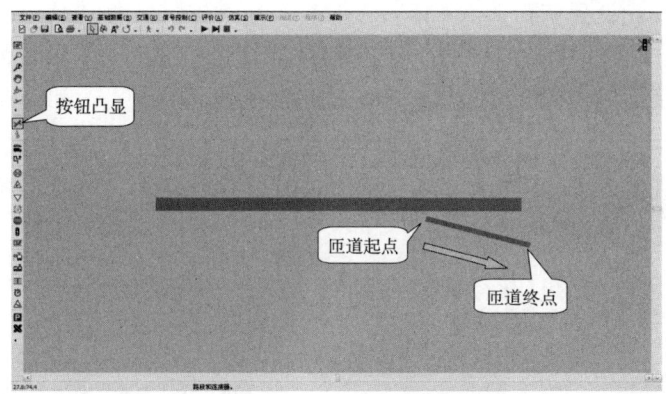

图 1-4-1　出口匝道路段

(2)连接匝道

①将鼠标移至主路路段中部,右击鼠标后不放,向右下方拖拽至匝道路段上,此时出现一条由鼠标右击处到匝道的连接线,放开鼠标。

②弹出如图 1-4-2 所示"连接器"对话框,在"从路段"选项中选择"车道 1",在"到路段"选项中选择"车道 1"。选中"样条曲线"前的复选框,在"点数"一栏中输入 5,其他不做任何修改,点击"确定",完成两个路段间连接器的设置。

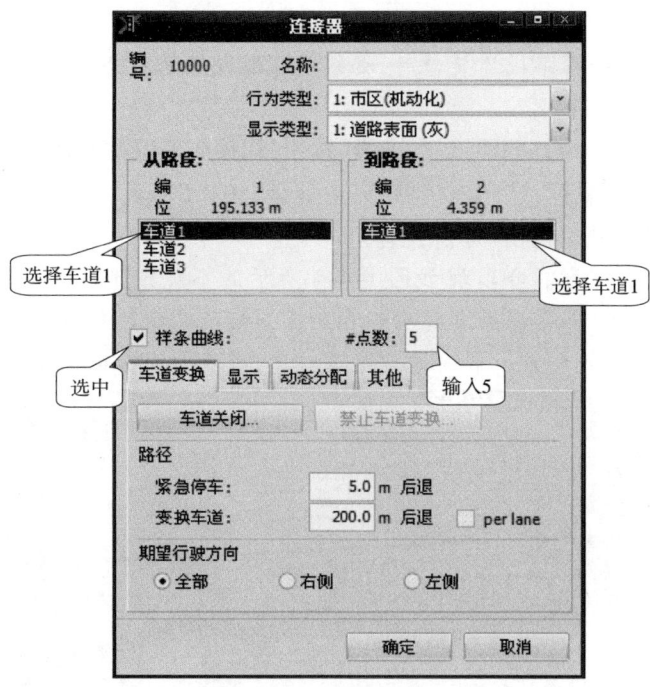

图 1-4-2　连接器对话框

提示①:"从路段"选项中车道编号为沿车流方向从右到左依次递增,分别为 1、2、3,"到路段"中的选项表示出口匝道,由于出口匝道为单车道,所以只有车道 1。

提示②:当"样条曲线"被选中时,可以通过改变点数的大小将连接器设置成曲线,点数越多曲线越平滑,一般设置范围为 5～15。

③匝道连接完成后如图 1-4-3 所示,此时连接器在选中状态,两个黑点表示连接器的起终点,箭头指示连接器的方向。

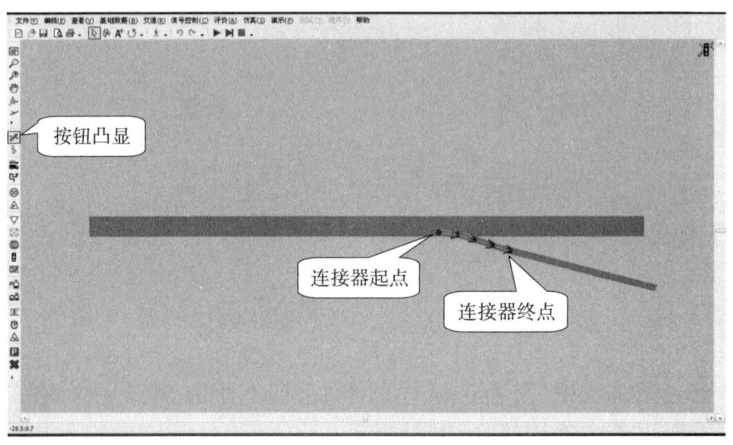

图 1-4-3　连接器完成

提示①:连接器必须起始于主路路段上,终止于出口匝道路段上,如果画完后弹出的不是"连接器"对话框,而是"路段属性"对话框,则说明连接器的起点或终点没有落在路段上,则选择对话框中的"取消"按钮,重画该连接器。

提示②:在添加和编辑路段连接器时,必须是在路段编辑状态下。

（3）删除连接器(可选)

①单击左侧工具栏中的"路段 & 连接器"按钮,切换到路段编辑状态。

②在连接器上单击鼠标,选中连接器,点击键盘上的"Delete"键,会弹出确定删除该连接器的对话框,选择"删除",即完成删除操作。

提示:创建连接器时可能会出现如图 1-4-4 所示的不规则形状,这说明连接器有错误。导致其发生的原因如下:连接器的方向可能和所要连接的两条路段的方向不一致,或连接器连接的两条路段的方向不一致。此时应删除连接器,查找并更改问题后重新连接。

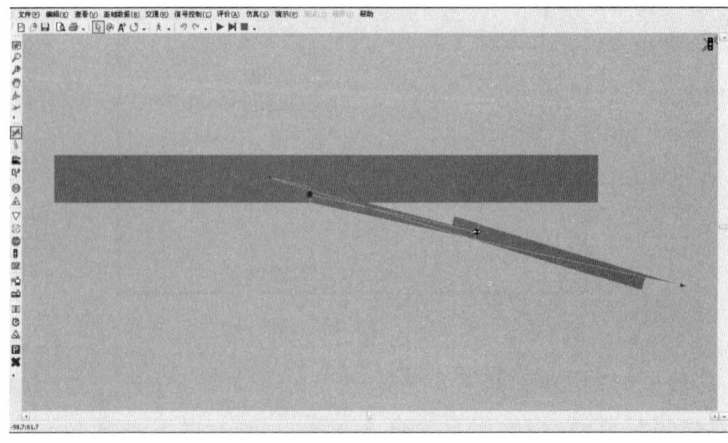

图 1-4-4　连接器设置错误

(4)运行仿真
①单击上部工具栏中的"连续仿真"按钮(也可以在菜单栏中依次选择"仿真"→"连续")。
②在弹出的确认保存对话框中选择"是",随后开始仿真,如图1-4-5所示。

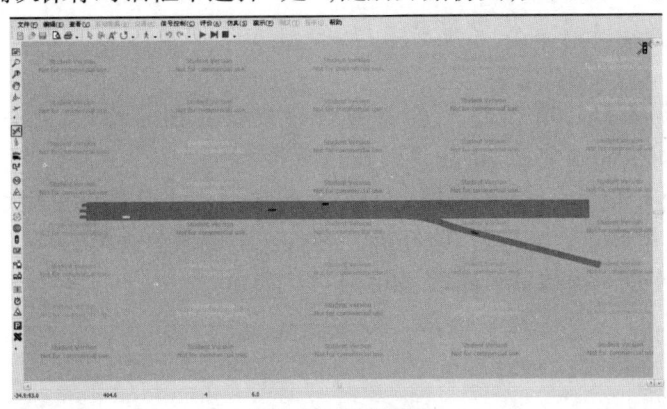

图1-4-5 仿真效果

③可以参照1.2节中的步骤(6)~(8),对仿真的效果和仿真模式进行调节。

提示:此时可以发现有部分车辆是从出口匝道通过,其比例是随机的,如果需要控制其比例则需要进行路径决策设置,具体操作见步骤(5)中内容。

(5)添加路径决策

路径决策功能用于将一条路段上的交通流量按照预定的比例分配到下游的两个或两个以上的路段上去,前提是下游的各条路段和本路段必须是连通的。如本章实验主路路段上有一个出口匝道,进行路径决策设置后要使得主路上游的车流量有20%通过出口匝道流出路网,而剩下的80%则通过主路流出路网。

①单击上部工具栏中的"停止仿真"按钮(也可以在菜单栏中依次选择"仿真"→"停止"),停止仿真。

②单击左侧工具栏中的"路径"按钮,切换到路径决策编辑状态。

③单击选中路网中的水平主路路段后,在此路段上靠近起点处点击鼠标右键,设置车流的路径决策点,弹出"创建路径决策点"对话框,不做任何修改点击"确定",完成路径决策点的设置,此时在路径决策点的位置出现红色线段,如图1-4-6所示。

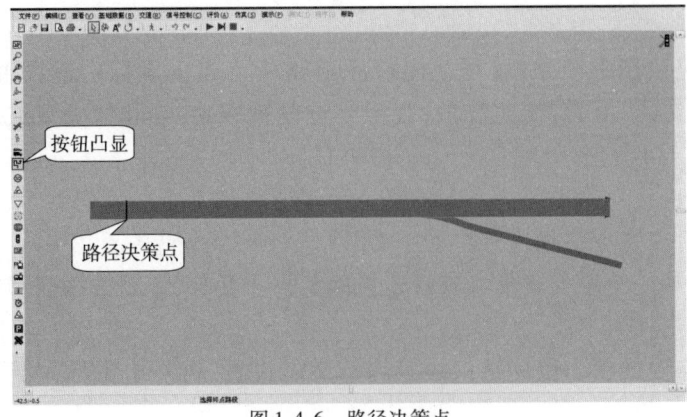

图1-4-6 路径决策点

提示①：路径决策点的位置最好离出口匝道起点尽可能远一些，否则车辆到达决策点得到路径决策信息后，可能因为没有足够距离调整行驶状态而发生不按照决策信息行驶的情况。

提示②：如果路径决策点位置需要改动，可放大视图后用鼠标左键拖动红色线段来调整。

提示③：如需删除路径决策点，可直接将红色线段拖拽出路段，在弹出的确认对话框中选择"删除"。如果无法拖动，请将视图放大后再操作。

④设置完路径决策点后，单击选中主路路段，选中后在主路路段上匝道起点右侧点击鼠标右键设置路径决策终点。完成后，路径决策终点处出现绿色线段，表示终点设置成功。同时，决策点和决策终点间出现黄色路段，如图1-4-7所示。

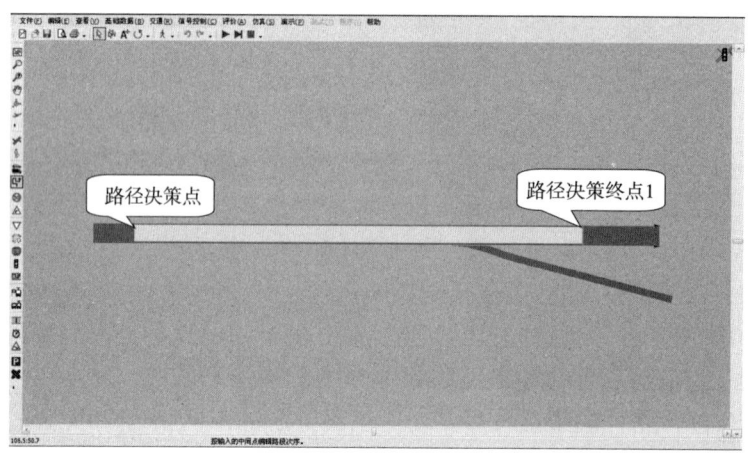

图1-4-7　路径决策终点1

提示①：路径决策终点必须在匝道起点右侧，如设置在了左侧，可用鼠标拖动其至匝道接入点右侧。

提示②：完成路径决策点设置后，到完成路径决策终点设置前，鼠标不可以随意点击，否则会导致路径决策点失效。如因误操作导致以上错误，则在路径决策状态下，点击如图1-4-7所示的"路径决策点"，使其重新激活（激活标志为颜色变为鲜红色），继续进行路径决策终点的设置。

⑤单击匝道路段选中该路段，再在出口匝道路段上点击鼠标右键设置路径决策终点。完成后，路径决策终点处出现绿色线段，表示终点设置成功。同时，决策点和决策终点间出现黄色路段，如图1-4-8所示。

提示①：路径决策的作用是将一条道路上的车流分流到多个不同的下游路段上去，一个路径决策点可以对应多个路径决策终点。

提示②：完成第一个路径决策终点后不能随意点击鼠标，否则会因误操作退出路径决策过程。

⑥在视图区空白处单击鼠标结束决策终点2的设置，再双击鼠标左键结束本次路径决策过程的设置。

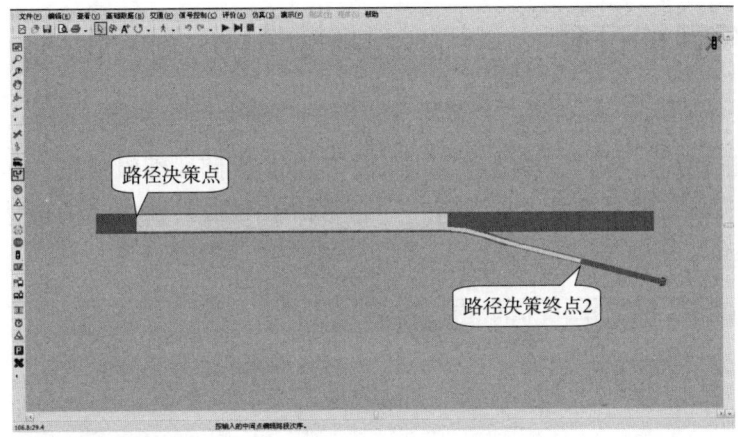

图1-4-8 路径决策终点2

⑦在视图区空白处点击左键后再点击右键,此时会弹出如图1-4-9所示"路径"对话框。

提示: 一个路径决策点对应一个"决策编号",一个路径决策终点对应一个"路径编号"。图1-4-9表示本次实验设置了一个路径决策点,其对应了两个路径决策终点,图1-4-9中第1路径正在被选中,对应如图1-4-7中所示的路径。

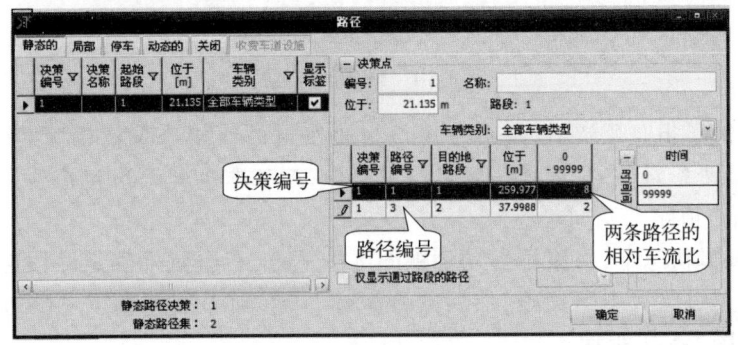

图1-4-9 路径决策编辑

⑧选中如图1-4-9阴影所示的第1决策的第1路径,在相对车流比一项设置为8,将第1决策的第2路径设置为2,其他不做任何更改,完成第1决策的流量分配。

提示: 此步骤说明从"路径决策点"经过的车流,分别流经"路径决策终点1"和"路径决策终点2"的比例为8:2。

(6)运行仿真

①单击上部工具栏中的"连续仿真"按钮(也可以在菜单栏中依次选择"仿真"→"连续")。

②在弹出的确认保存对话框中选择"是",随后开始仿真。

③可以参照1.2节中的步骤(6)~(8),对仿真的效果和仿真模式进行调节。

④结束仿真。如仿真长时间未结束,在菜单栏中依次选择"仿真"→"停止",结束仿真。

1.5 冲突区的设置

（1）删除出口匝道

①单击左侧工具栏中的"路段＆连接器"按钮，切换到路段编辑状态。

②单击选中匝道，使用键盘上的"Delete"键删除出口匝道，在弹出的确认对话框中选择"删除"，此时连接主路与出口匝道的连接器也被删除掉了，如图1-5-1所示。

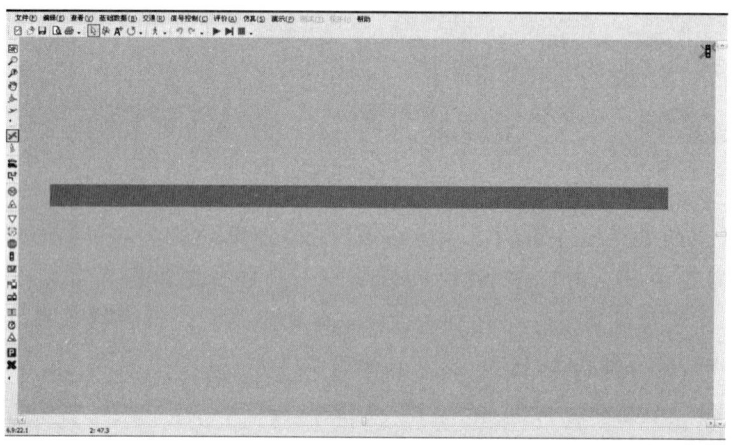

图1-5-1 删除出口匝道

提示： 当删除了出口匝道时，连接主路与出口匝道的连接器也被删除掉了，这是由于连接器是用来连接两条路段的，如果一条路段被删除，连接器也就无法存在了。

（2）添加相交道路

①在路段编辑状态下，将鼠标移动到视图区中下方，右击鼠标确定路段起点，不要放开，竖直向上拖动，越过已有主路路段，然后放开鼠标右键，画一条垂直于主路方向并且与主路相交的路段，如图1-5-2所示。

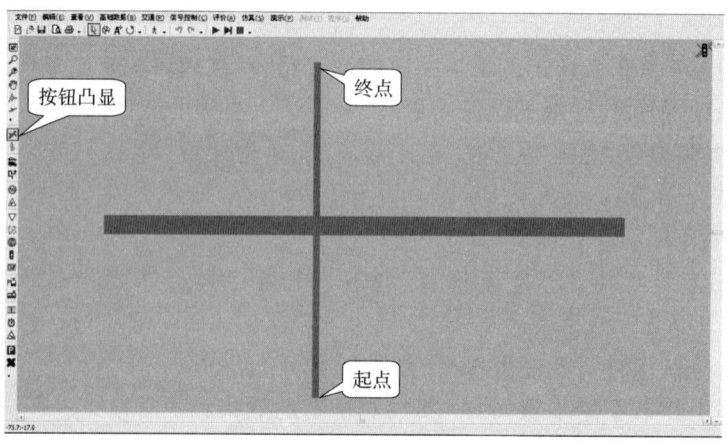

图1-5-2 添加相交路段

提示:此时两条路段形成一个交汇点,这代表现实中的交叉口,本次实验将用设置冲突区的方法仿真这个交汇点。

②在弹出的"路段属性"对话框中不做任何改动,点击"确定"。

(3)添加相交道路流量

①单击左侧工具栏中的"车辆输入"按钮,切换到路段流量编辑状态。

②双击新添加路段,弹出如图1-5-3所示的"车辆输入"对话框,将"0~3600"一栏中的流量改为800,"车辆构成"一栏选择"1:默认",其他不变,点击"确定"完成对路段的车流量输入。此时路段起点将出现黑色线段,表示该路段已完成流量设置,如图1-5-4所示。

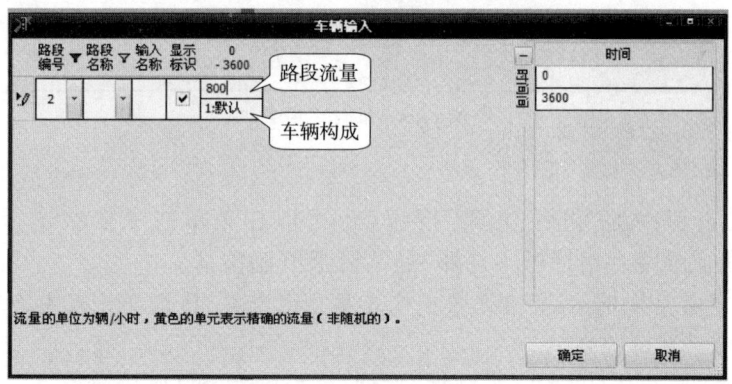

图1-5-3 车辆输入对话框

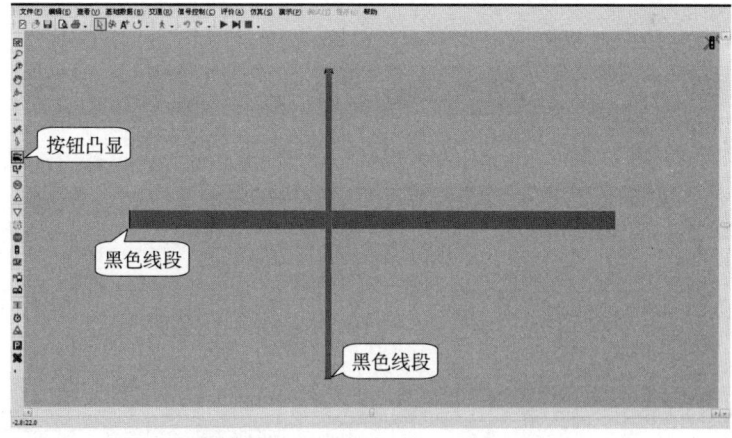

图1-5-4 为路段添加车流量

(4)设置冲突区

①单击左侧工具栏中的"冲突区域集"按钮,切换到冲突区编辑状态。

②单击选中两条路段交汇处,选中后点击右键设置冲突区让行规则,选择竖直的单车道路段为主路让行(水平路段为绿色,竖直路段为红色),如图1-5-5所示。

提示:绿色代表有优先权;红色代表无优先权;双红色表示每个方向的车辆都需要"看见"对方来车,确认安全后可以通过;双黄色表示该冲突区域非激活。

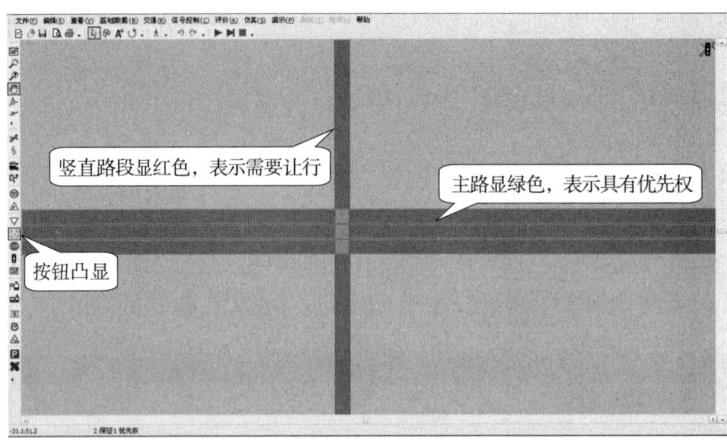

图 1-5-5 冲突区设置

（5）仿真查看

单击上部工具栏中的"连续仿真"按钮（也可以在菜单栏中依次选择"仿真"→"连续"）。在弹出的确认保存对话框中选择"是"，随后开始仿真。

提示：仔细观察会发现，当竖直路段上有车要通过交叉口时，会让行主路车辆。

（6）删除冲突区（可选）

①单击左侧工具栏中的"冲突区域集"按钮，切换到冲突区编辑状态。

②在空白处点击鼠标右键，弹出"冲突区域集"对话框。

③在图 1-5-6 所示小三角处点击鼠标右键，在弹出的菜单栏中选择"删除"，即可删除该冲突区。

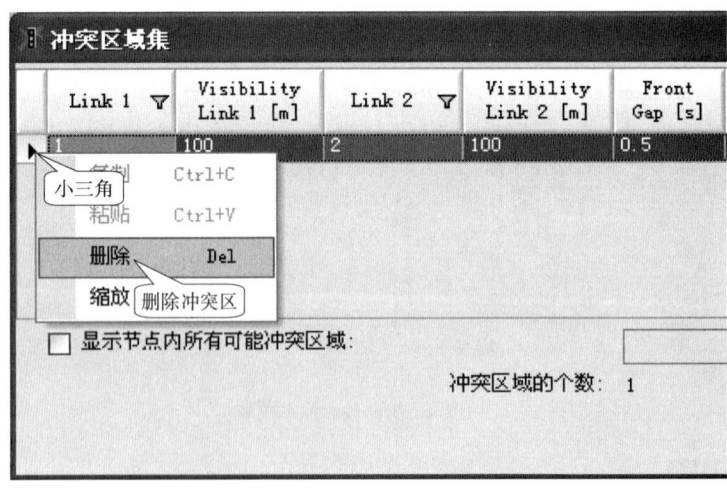

图 1-5-6 删除冲突区

第2章 十字信号交叉口

辅助视频

【实验目的】 掌握十字信号交叉口处车道组设置、流量输入、交通流路径决策及交通信号控制等仿真操作的方法和技巧。

【实验原理】 平面交叉口是交通系统中最常见的元素之一,对它的仿真应包括道路、车辆和交通管控措施等,并存在一些相关的操作技巧。本章以一个实际的十字信号交叉口为例,练习在交通仿真系统 VISSIM 中设置平面交叉口的方法。主要步骤包括:(1)新建文件与导入底图。(2)东西进口及对应出口交通仿真。(3)南北进口及对应出口交通仿真。(4)交通信号及让行规则设置。

【新增知识点】 (1)底图的导入。(2)交叉口专用车道和混行车道的设置方法和技巧。(3)交通信号设置。(4)交叉口冲突区让行规则设置。

【难点提示】 交通信号设置。

2.1 了解熟悉基础数据

①本章应用 VISSIM 仿真一个信号交叉口,底图如图 2-1-1 所示。图中涉及的基本道路如表 2-1-1 所示。本章选用主干路与支路相交的交叉口,是为同时体现混行车道和专用车道(左转车道、直行车道和右转车道)不同的仿真方法。其中,南、北进口为混行车道,东、西进口车流量较大,在路口渠化为不同类型的专用车道,即左转车道、直行车道和右转车道。车辆在东、西进口车道线为虚线时可以自由换道,所以可用一个车道组仿真,在实线时不可随意换道,所以分别用 3 个车道组仿真。相对于一个特定的交叉口而言,进入交叉口的车道为进口车道,离开交叉口的车道为出口车道。车辆以越过停车线为进入交叉口的标志。标识机动车道的有边线、中线和车道线。交叉口内有供行人安全过街的人行横道。

交叉口基本要素说明　　　　表2-1-1

编号	名　称	含　　义
1	混行车道	同时承担多个交通流向(左转、右转和直行等)的车道,如图 2-1-1 中"北进口混行车道"所示
2	左转车道	在车流进入交叉口前,如果左转车辆较多,必须开辟一条或多条专供左转车辆通行的车道,如图 2-1-1 中"东进口左转车道"所示

续上表

编号	名称	含义
3	直行车道	在车流进入交叉口前,如果直行车辆较多,必须开辟一条或多条专供直行车辆通行的车道,如图2-1-1中"东进口直行车道"所示
4	右转车道	在车流进入交叉口前,如果右转车辆较多,必须开辟一条或多条专供右转车辆通行的车道,如图2-1-1中"东进口右转车道"所示
5	出口车道	供交叉口内车辆驶离交叉口的车道,如图2-1-1中"西出口车道"和"北出口车道"所示
6	停车线	车辆进入交叉口前遇到当红灯亮起时,车辆必须在该线前等绿灯,如图2-1-1中"东进口停车线"和"北进口停车线"所示
7	机动车道边线	用于分隔机动车道和绿化带或非机动车道的标线,一般为实线,如图2-1-1中"机动车道边线"所示
8	机动车道中线	在道路中间用于分隔相向而行的车流的标线,如图2-1-1中"机动车道中线"所示
9	车道线	在路段中,用于分隔同向的各个车道虚线和实线,如图2-1-1中"车道线"所示
10	人行横道	用于提供行人安全过街的标线,如图2-1-1中"人行横道"所示
11	可变道车道	当路段为非单车道,在路段渠化之前车辆可以在车道之间自由变道,车道间的车道线为虚线,此时路段称为"可变道车道"

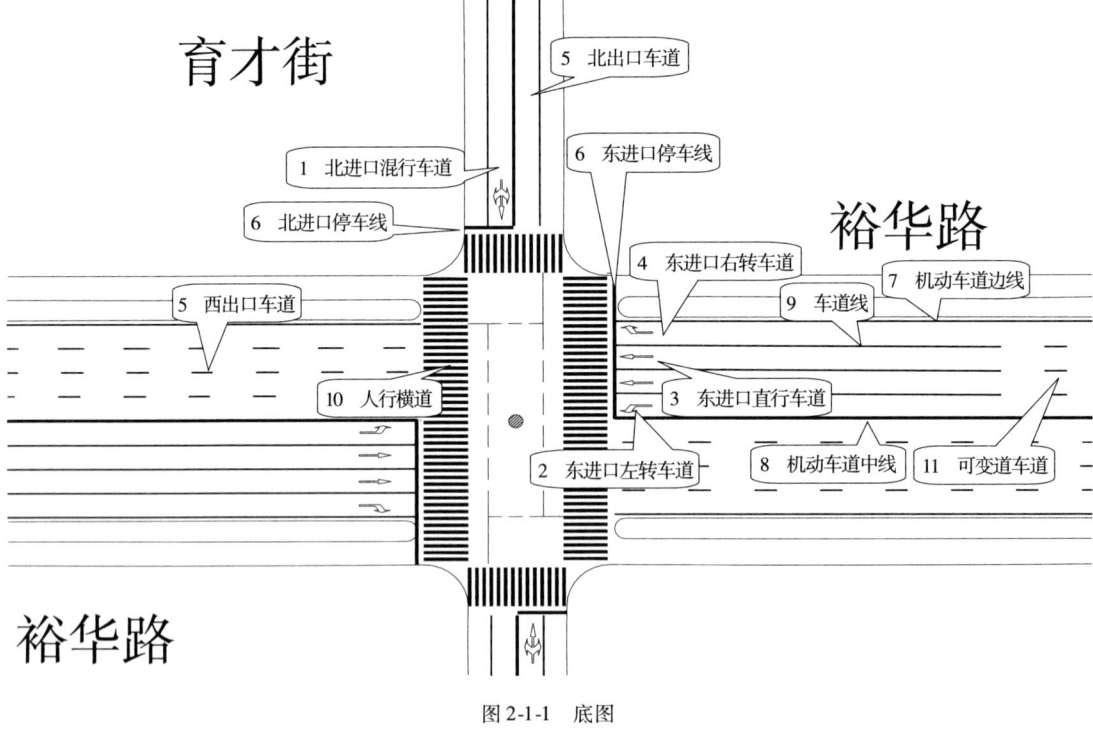

图2-1-1 底图

提示:由于本章内容比第1章复杂,所以在车道组设置和交通流路径决策时应注意规范命名,以便修改和查询。

②道路和交通流数据如表2-1-2所示,信号配时数据如表2-1-3所示,道路和连接器的命名分别如表2-1-4和表2-1-5所示。

道路交通基础数据   表2-1-2

方向			车道数(条)	单车道宽度(m)	交通流量(v/h)	交通流量合计(v/h)
东	进口	左转	1	3.5	120	1375
		直行	2	3.5	1155	
		右转	1	3.5	100	
	出口		4	3.5	—	—
南	进口	左转	1	3.5	50	400
		直行			200	
		右转			150	
	出口		1	3.5	—	—
西	进口	左转	1	3.5	100	1268
		直行	2	3.5	1023	
		右转	1	3.5	145	
	出口		4	3.5	—	—
北	进口	左转	1	3.5	50	400
		直行			200	
		右转			150	
	出口		1	3.5	—	—

裕华路与育才街交叉口信号配时方案(单位:s)   表2-1-3

编号	项目	相位1 裕华路直行+右转	相位2 裕华路左转	相位3 育才街通行
1	周期	92	92	92
2	相位时长	52	20	20
3	绿灯时长	49	17	17
4	黄灯时长	3	3	3
5	红灯时长	40	72	72

进出口道命名规则   表2-1-4

车道类型	路段	名称	路段	名称
进口车道	东进口左转车道	东进左	西进口左转车道	西进左
	东进口直行车道	东进直	西进口直行车道	西进直
	东进口右转车道	东进右	西进口右转车道	西进右
	北进口混行车道	北进混	南进口混行车道	南进混
出口车道	东出口车道	东出口	西出口车道	西出口
	北出口车道	北出口	南出口车道	南出口

进出口道连接器命名规则   表 2-1-5

出口道 进口道	东出口车道	西出口车道	南出口车道	北出口车道
东进口左转车道	—	—	东左连	—
东进口直行车道	—	东直连	—	—
东进口右转车道	—	—	—	东右连
西进口左转车道	—	—	—	西左连
西进口直行车道	西直连	—	—	—
西进口右转车道	—	—	西右连	—
南进口混行车道	南右连	南左连	—	南直连
北进口混行车道	北左连	北右连	北直连	—

提示:"—"表示该进出口道没有路段连接。

2.2 新建文件与导入底图

底图导入是本章新接触的一个概念,即需要较精确仿真一个交叉口时,先导入一个图片,再依照该图片进行车道、人行道等的设置。

(1)新建文件

①建立"D:\VISSIM\02"文件夹。

②将需要导入的底图文件"01.JPG"拷贝到①中新建的"02"文件夹内。

提示:因为在每次打开 VISSIM 工程文件时,都需要再次导入底图,若不将底图与 VISSIM 工程文件保存在同一目录下,工程文件移动至其他位置后可能会无法加载底图。

③通过开始"菜单"→"程序"→"PTV_Uni"(或直接从桌面图标打开),选择 VISSIM 打开交通仿真系统。

(2)加载底图

①在菜单栏中依次选择"查看"→"背景"→"编辑",如图 2-2-1 所示。

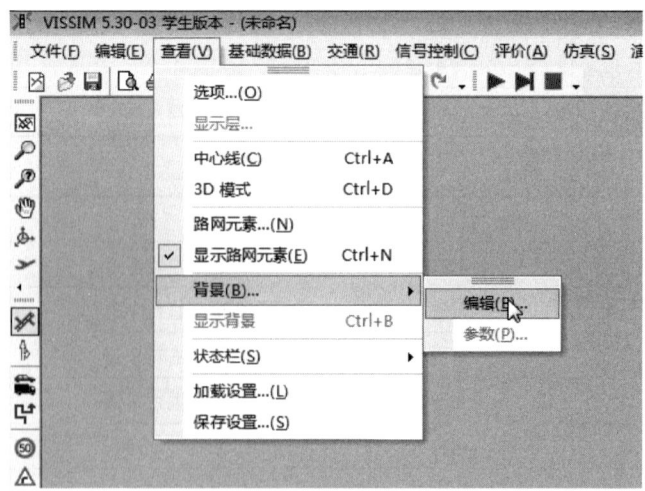

图 2-2-1　导入底图

提示：建立一个精确的十字信号交叉口 VISSIM 模型的必要条件是，至少有一张具有比例尺的、反映现实路网的背景图片。

②读取底图文件。在弹出的"背景选择"对话框中，点击"读取"按钮，如图 2-2-2 所示，然后依次选择"D：\VISSIM\02"路径下的目标底图文件"01.JPG"。

③此时图片文件"01.JPG"在对话框中的"背景文件"列表框中可以查看到，如图 2-2-3 所示，点击对话框中的"关闭"按钮完成底图的加载。

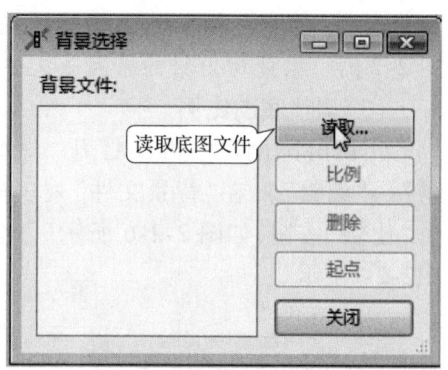

图 2-2-2　读取底图文件

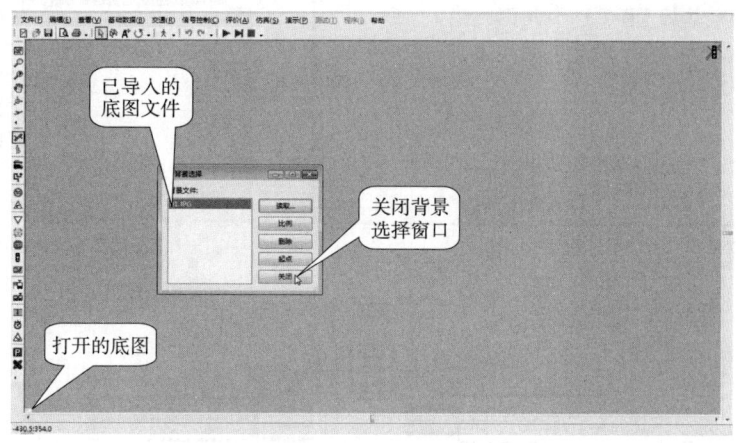

图 2-2-3　底图导入完成

提示：由于导入图片的比例并未设置，导入的底图会位于视图区的左下角处，如图 2-2-3 所示。

④在左侧工具栏中单击"显示整个路网"按钮，将底图满布于视图区，如图 2-2-4 所示。

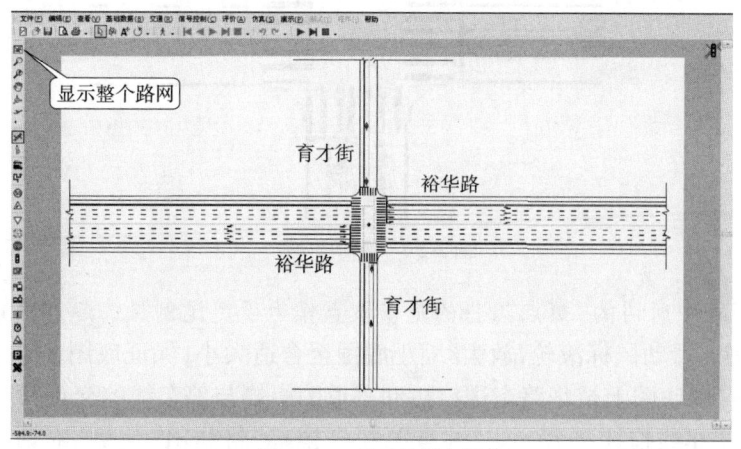

图 2-2-4　显示整幅底图

提示：VISSIM 能显示众多的图片格式，包括位图和矢量图。如果不支持要打开的图片文件类型,或文件名与文件路径之一中含有中文字符,VISSIM 将显示错误消息窗口。如图 2-2-5 所示,此时出错的原因是文件名和文件路径中含有中文字符。

(3)调整底图比例

①调出比例尺。再次打开"背景选择"对话框(在菜单栏中依次选择"查看"→"背景"→"编辑"),在"背景文件"列表框中选择需要设置比例的文件,在背景选择窗口中点击"比例"按钮,如图 2-2-6 所示。此时,鼠标指针变成一把尺,尺的左上角为"热点",如图 2-2-7 所示。

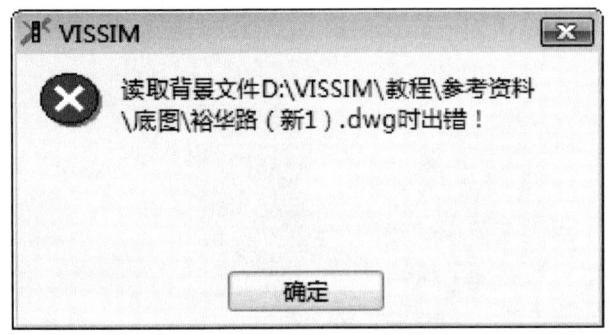
图 2-2-5 读取不匹配的图片格式

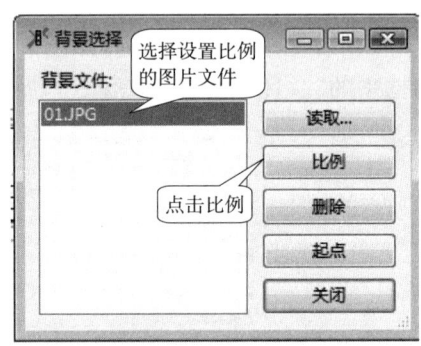
图 2-2-6 调出比例尺

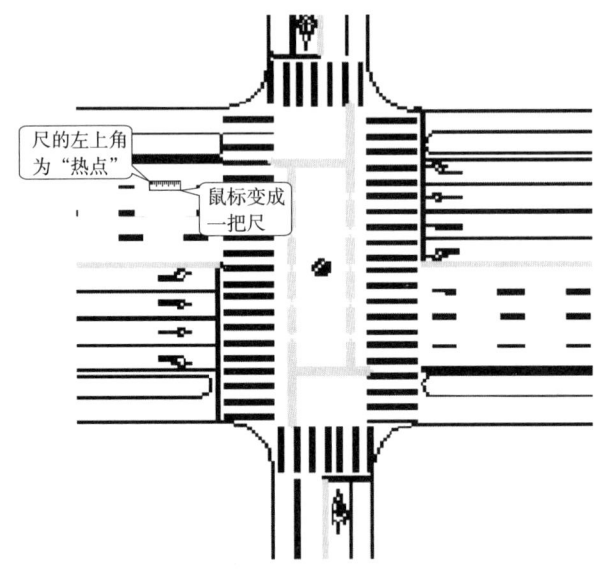
图 2-2-7 激活比例尺

提示:VISSIM 中所谓的"热点",指的是以该点作为设定比例尺的起点位置。

②调整比例。滑动鼠标滚轮,放大/缩小底图至合适大小,保证底图上车道线明显可见。如图 2-2-8 所示,以底图上裕华路东进口机动车道的南侧与停车线的交点为"起点",按住鼠标左键不放,沿停车线拖拽至另一侧"终点",松开鼠标,将弹出"比例"对话框,输入鼠标移动距离的实际尺寸,本底图的实际距离为 4 车道,每车道宽 3.5m,所以填入 14,然后在"比例"对话框中点击"确定"按钮,完成底图的比例设置。

提示①：如底图显示过大或过小，可点击左侧工具栏中的"显示整个路网"，将底图满布视图窗口后再通过"缩放"功能定位于东进口。

提示②：为了保证标定的精确性，所以将底图放大，在选择标定距离时可尽量选择较大的距离，尽量选择特征明显的起终点，以便减少标定过程中产生的误差。

提示③：滑动鼠标滚轮将底图放大，可按住滚轮中键不放，此时鼠标变为小手，移动鼠标调整底图位置。

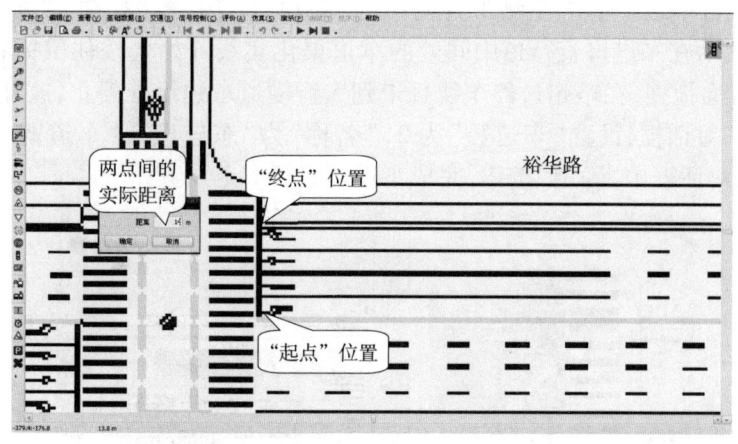

图 2-2-8　标定底图

(4) 保存工程文件及底图配置文件

①保存工程文件。在菜单栏中依次选择"文件"→"保存"，将新建的 VISSIM 工程文件保存在"D：\VISSIM\02"的文件夹下，工程文件命名为"02"。点击"保存"按钮，VISSIM 将会弹出一个确认对话框，如图 2-2-9 所示，点击"确定"按钮，完成 VISSIM 工程文件的保存。

②保存底图配置文件。在菜单栏中依次选择"查看"→"背景"→"参数"，打开"背景参数"对话框，点击"保存"按钮，保存背景图片的当前比例和原始信息，如图 2-2-10 所示，最后点击"关闭"按钮，完成底图配置文件保存。

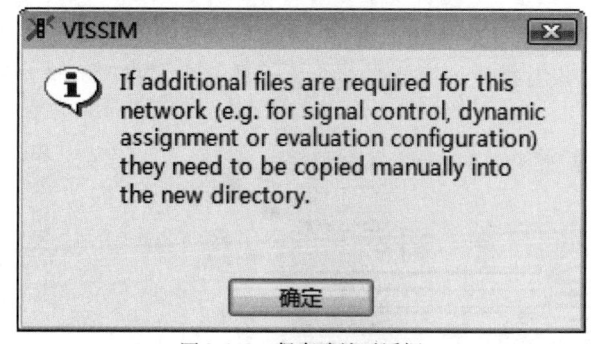

图 2-2-9　保存确认对话框

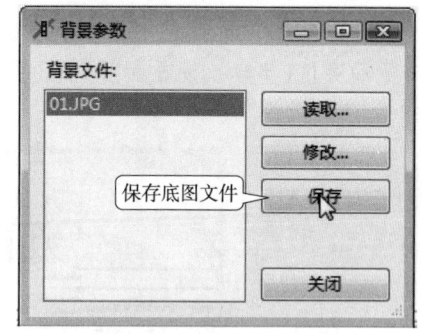

图 2-2-10　背景参数对话框

提示①：该过程将生成一个后缀为".bgr"的参数文件，当再次加载同一背景图片时，请确认背景图片文件与相应的后缀为".bgr"参数文件在同一目录下。

提示②：完成底图导入后，务必保存工程文件和底图，否则在仿真时会出现车辆无法进入路网的现象。

2.3 东西进口及对应出口交通仿真

东西进口由于车流量较大,在进口处均为专用车道,通过本节的操作,练习平面交叉口专用车道的设置方法。

(1) 东进口直行仿真

①东进口直行车道。单击左侧工具栏中的"路段 & 连接器"按钮,切换到路段编辑状态,如图 2-3-1 所示在东进口直行道中间处的车道渠化实线开始处按住鼠标右键不放,沿车道线向停车线方向拖拽,在略超过停车线且未到人行横道东边缘处停止,放开鼠标。此时将弹出"路段属性"对话框,设置"车道数"为 2,"名称"为"东进直","车道宽度"保持默认值 3.50 不变,点击对话框中"确定"按钮,完成东进口直行车道设置。

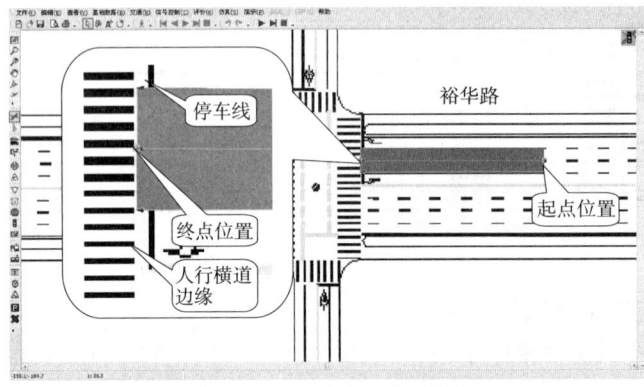

图 2-3-1 设置东进口直行车道

提示①:VISSIM 软件中路段是有方向的,一定要按实际车流方向设置。

提示②:一定要将终点设置在略超过停车线且未到人行横道处。略超过停车线是为了保证在停车线处设置交通信号时其所处道路组件为单一路段,而不是路段与连接器的重叠处。而保证停车线处只有单一道路组件情况较简单,不易出错(不建议设置如图 2-3-2 所示);不到人行道是为了减少冲突区的设置,这样只需设置人行横道与连接器的冲突区,而无需设置直行道路与人行横道的冲突区(不建议设置如图 2-3-3 所示),人行横道内容会在第 4 章涉及。本章中所有进口道均遵循此原则。

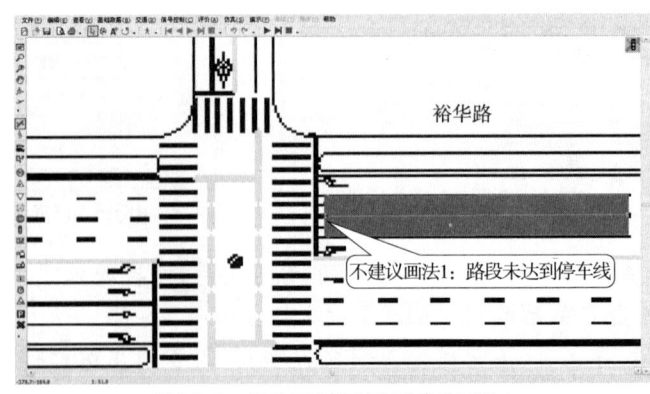

图 2-3-2 东进口直行车道不建议画法 1

提示③：如果道路位置设置不理想，可参阅第 1 章有关"基本路段设置"的内容进行调整，也可删除重新设置。

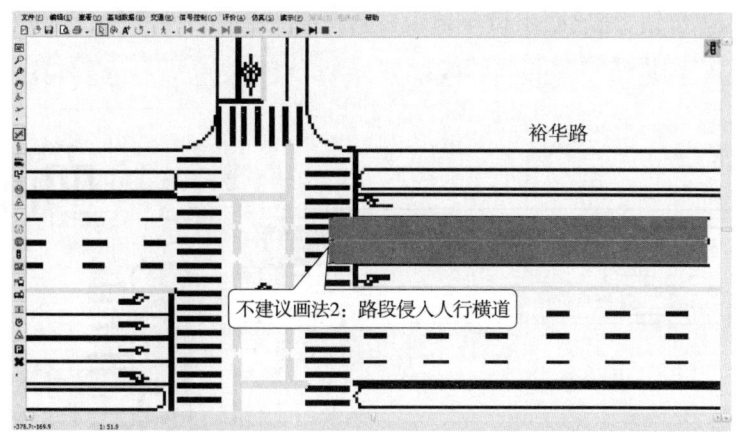

图 2-3-3　东进口直行车道不建议画法 2

②东进口直行车道车流量输入。单击左侧工具栏中的"车辆输入"按钮，切换到路段流量编辑状态。双击东进口直行车道，在弹出的"车辆输入"对话框中，将"0～3600"一栏中的流量改为 1155，"车辆构成"一栏选择"1：默认"，其他不变，点击"确定"按钮完成对路段的车流量输入，如图 2-3-4 所示。

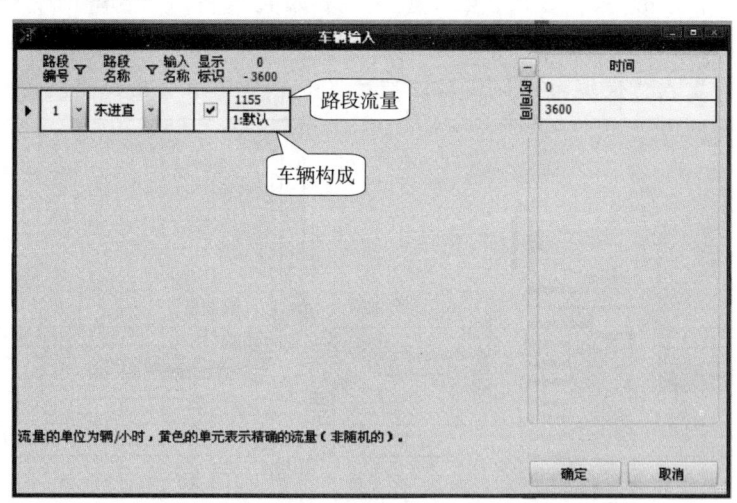

图 2-3-4　设置东进口直行车流量

提示：VISSIM 中的"车辆构成"指交通组成，默认交通组成是 98% 小车和 2% 的大车。

③运行仿真查看设置效果。在菜单栏中依次选择"仿真"→"参数"，在弹出的"仿真参数"对话框中将"仿真运行速度"改为 5，单击上部工具栏中的"连续仿真"按钮（也可以在菜单栏中依次选择"仿真"→"连续"），查看运行效果。可看到车辆从所画路段起点产生，消失在路段终点。

④设置西出口车道。单击左侧工具栏中的"路段 & 连接器"按钮，切换到路段编辑状态，如图 2-3-5 所示，以交叉口西侧人行横道的西侧边缘以西一小段距离为起点，点击鼠标右

键不放,沿西出口4条车道的中线,向西水平拖拽一定距离后放开鼠标,此时将弹出"路段属性"对话框,设置"车道数"为4,"名称"为"西出口","车道宽度"保持默认值3.50不变,点击对话框中"确定"按钮,完成西出口车道设置。

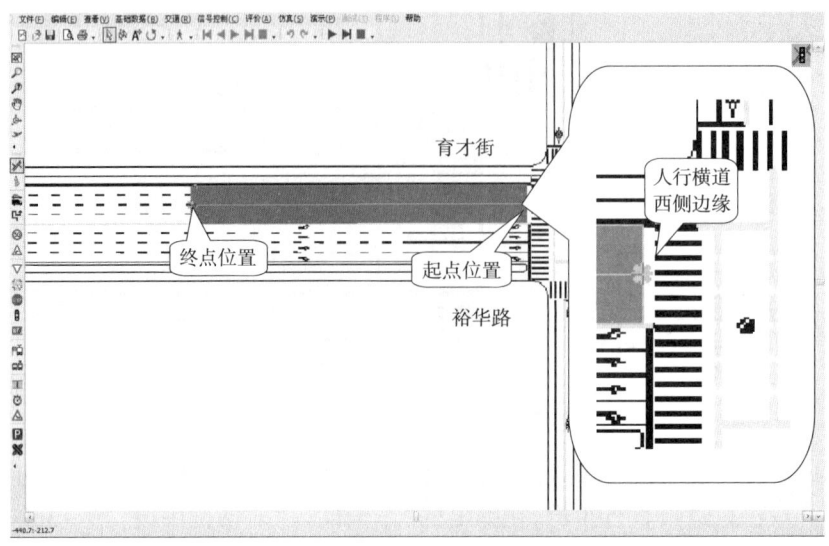

图 2-3-5　添加西出口路段

提示:出口路段长度没有要求,但起点不能侵入人行横道(不建议设置如图 2-3-6 所示),这也是为了减少冲突区的设置,这样在进行行人仿真时只需设置人行横道与连接器的冲突区,而无需设置人行横道与出口道路的冲突区。本章中所有出口道均遵循此原则。

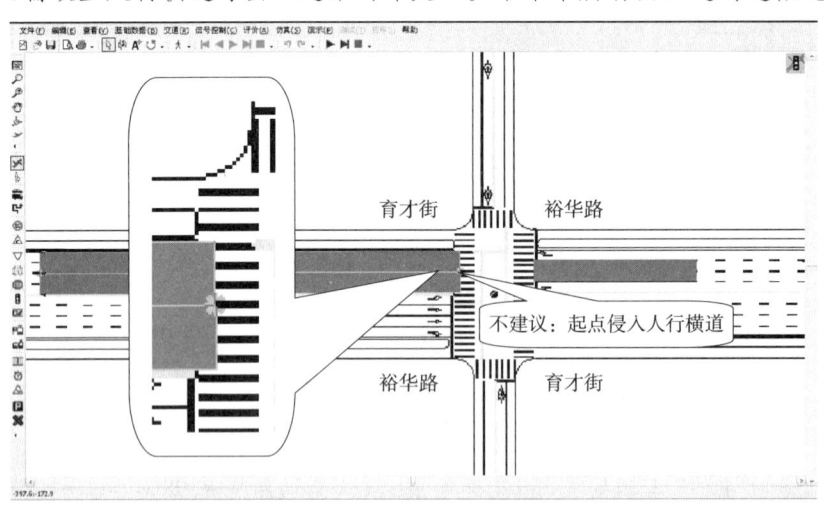

图 2-3-6　西出口车道不建议画法

⑤连接路段。如图 2-3-7 所示,单击选中车道"东进直",选中后鼠标右击"东进直"终点处不放向左拖拽至路段"西出口"起点处,放开鼠标,弹出"连接器"对话框,如图 2-3-8 所示,连接器"名称"改为"东直连",在"从路段"选项中选择"车道1"和"车道2",在"到路段"选项中选择"车道2"和"车道3"(按"Ctrl"键可进行多选操作)。其他不做任何修改,点击"确定"按钮,完成东进口与西出口两个路段间连接器的设置。

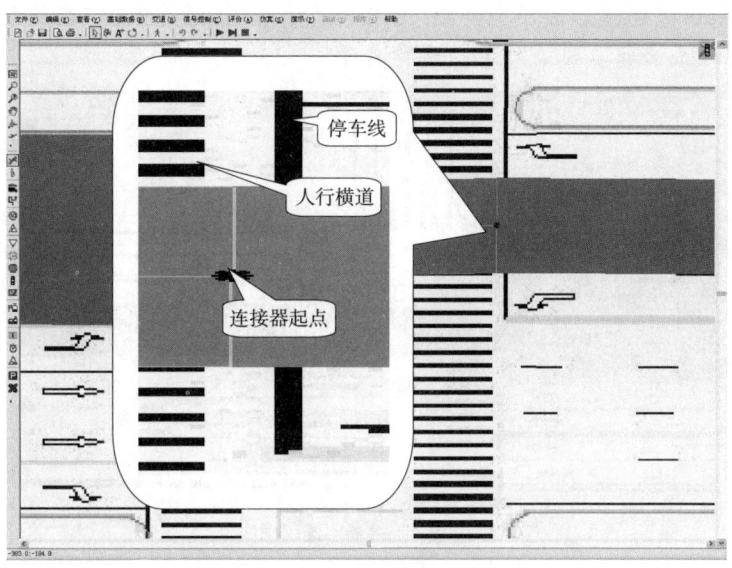

图 2-3-7 连接器东直连

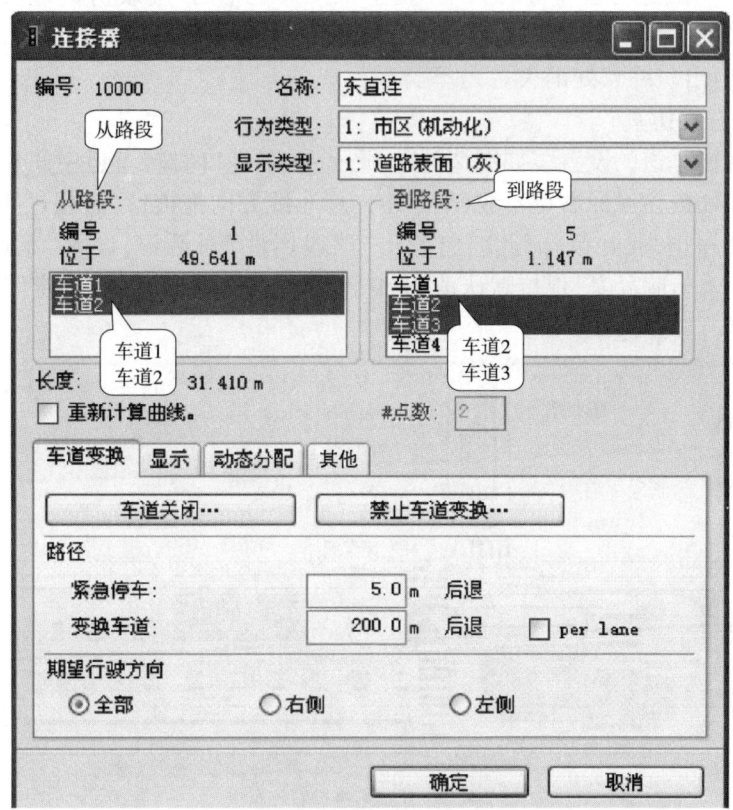

图 2-3-8 连接器对话框

提示①：连接器起点应在东进口停车线西侧和人行横道东侧（不建议设置如图 2-3-9 所示）。

提示②：如果画完连接器后没有弹出"连接器"对话框，而是弹出"路段属性"对话框，则说明连接器的起点或者终点没有在相应的路段上。

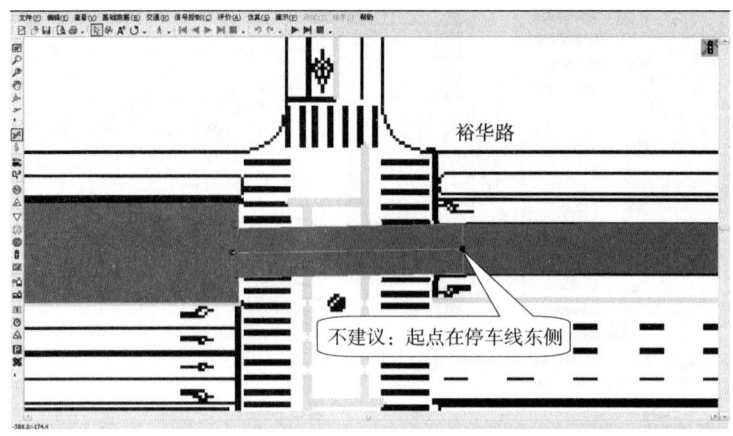

图2-3-9　连接器不建议画法

⑥运行仿真查看设置效果。在菜单栏中依次选择"仿真"→"参数"，在弹出的"仿真参数"对话框中将"仿真运行速度"改为5，单击上部工具栏中的"连续仿真"按钮(在菜单栏中依次选择"仿真"→"连续")，查看运行效果。可看见车辆从东进口直行路段产生，经连接器驶入西出口，在西出口终点处消失。

(2) 东进口右转仿真

①东进口右转车道的设置。如图2-3-10所示，在东进口右转车道中间从东进口机动车道渠化实线开始处按住鼠标右键不放，沿车道向停车线方向拖拽，在略超过停车线且未到达人行横道边缘处停止，放开鼠标，此时将弹出"路段属性"对话框，设置"车道数"为1，"名称"为"东进右"，"车道宽度"保持默认值3.50不变。点击对话框中"确定"按钮，完成东进口右转车道设置。

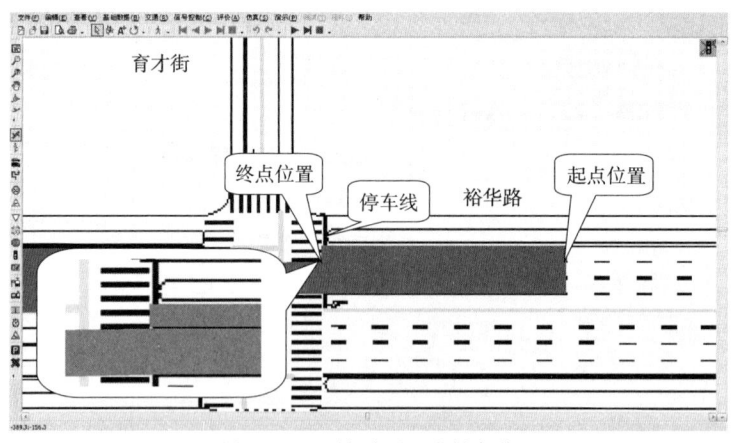

图2-3-10　添加东进口右转车道

提示：一定要将终点设置在略超过停车线且未到人行横道处，原因同本节(1)的步骤①中提示②，本章中所有进口道都遵循此规则。

②参照本节步骤(1)中②所示方法，根据表2-1-2中数据为东进口右转车道"东进右"添

加车流量100并仿真。

③北出口车道的设置。与西出口车道设置方法和要求类似,单击左侧工具栏中的"路段 & 连接器"按钮,切换到路段编辑状态。如图2-3-11所示,以交叉口北侧人行横道北侧以北约0.5m处,为北出口车道起点,在该点按住鼠标右键不放,向北拖拽一定距离后放开鼠标,此时将弹出"路段属性"对话框,设置"车道数"为1,"名称"为"北出口","车道宽度"保持默认值3.50不变。点击对话框中"确定"按钮,完成北出口车道设置。

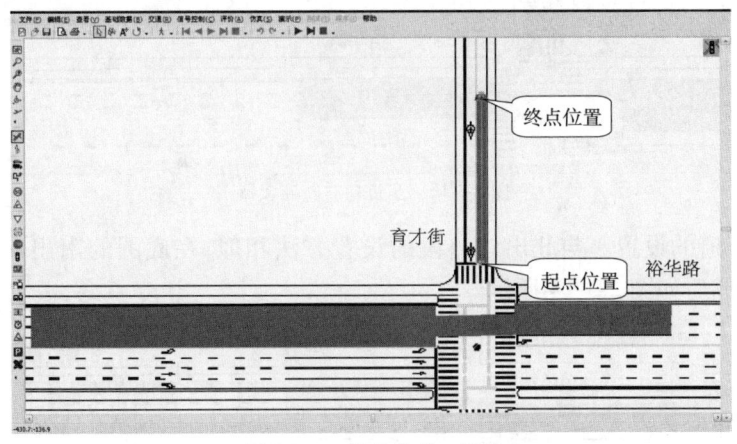

图2-3-11 设置北出口车道

提示: 出口道起点不能紧靠人行横道边缘,必须留有一定距离,本章中所有出口道均遵循此原则。

④连接路段。单击选中路段"东进右",选中后,鼠标右击"东进右"终点处不放拖拽至路段"北出口"起点处,放开鼠标,弹出"连接器"对话框,将连接器"名称"改为"东右连",在"从路段"选项中选择"车道1",在"到路段"选项中选择"车道1",选中"样条曲线"复选框并设置其"点数"为8,其他不做任何修改,点击"确定"按钮,如图2-3-12所示,完成东进口与北出口两个路段间连接器的设置,如图2-3-13所示。

提示①: 交叉口所有路段连接器设置要点相同,参照东进口直行连接器的设置方法。

提示②: "样条曲线"选中后,则根据所连接的两条路段的走向自行将连接器设置成曲线,其曲线的平滑程度与"点数"有关,"点数"越大,曲线越平滑。

⑤运行仿真,查看设置效果。

(3)东进口左转仿真

①东进口左转车道的设置。与东进口右转和直行车道相似,在底图的东进口左转专用车道上画一条左转车道,"车道数"为1,"名称"为"东进左","车道宽度"为3.50,同样其终点需要略超出停车线。

②参照本节步骤(1)中②所示方法,根据表2-1-2中数据为东进口左转车道添加车流量并进行仿真。

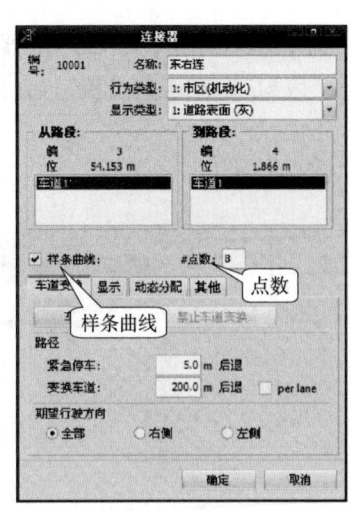

图2-3-12 连接器属性

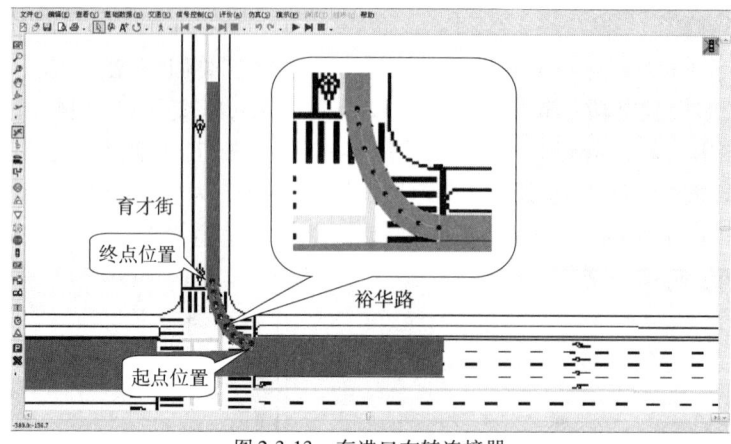

图 2-3-13　东进口右转连接器

③南出口车道的设置。与北出口路段的设置方法相似,在底图的南出口车道上画一条南出口路段,完成后如图 2-3-14 所示。

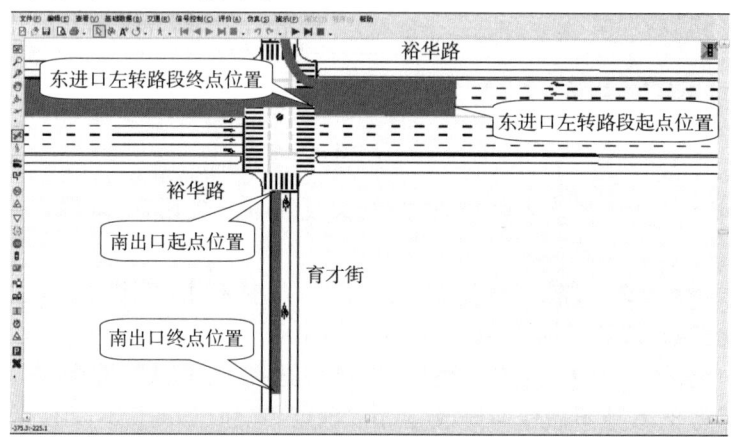

图 2-3-14　东进口左转及南出口车道

④参照东进口右转连接器的设置方法和注意事项,进行东进口左转连接器的设置。"名称"改为"东左连",设置"样条曲线"和"点数",如图 2-3-15 所示,点击"确定"完成连接器设置。

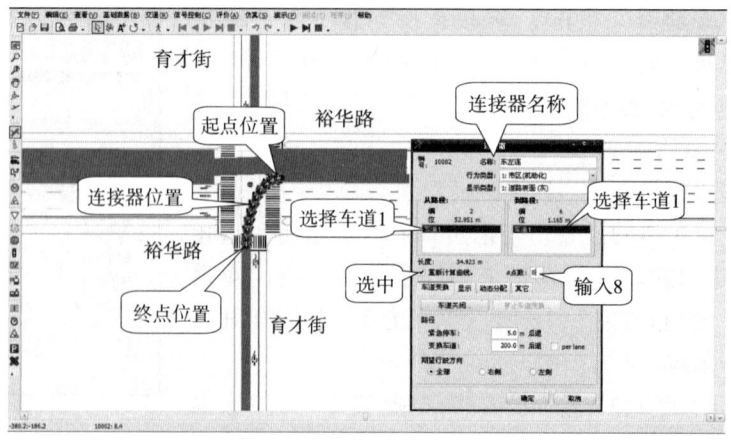

图 2-3-15　东进口道与南出口道连接

⑤运行仿真,查看设置效果。

(4)西进口仿真

西进口的仿真方法和步骤与东进口类似。根据2.1中所列路段各信息表,参照步骤(1)~(3)中所描述的方法添加西进口各方向仿真。

①添加西进口直行车道"西进直",东出口车道"东出口",连接器"西直连",并参照表2-1-2为"西进直"添加流量,最后进行仿真。

②添加西进口左转车道"西进左",连接器"西左连",并参照表2-1-2为"西进左"添加流量,最后进行仿真。

提示:南、北向的出口车道已经存在,不用重复设置。

③添加西进口右转车道"西进右",连接器"西右连",并参照表2-1-2为"西进右"添加流量,最后进行仿真。

④完成后,如图2-3-16所示。

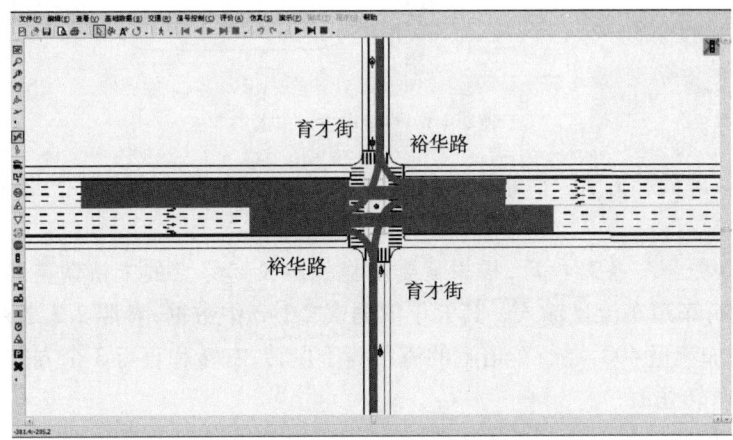

图2-3-16　东西进口路段设置完成

2.4　南北进口及对应出口交通仿真

南进口车道为混行车道,同一车道同时承担着左、直和右3个方向的车流,所以南进口车道同时与东出口、西出口和北出口3个方向的出口车道相连,混行车道上的流量等于左转、直行和右转3个方向流量之和。仿真中利用"路径决策"将混行车道上的流量按照实际的左转、直行和右转车辆的比例分配到各个不同的方向上去。南进口车道的终点同东西进口道一样也要略超过停车线但不侵入人行横道。并且南进口混行车道应该有足够长度,如果路段过短,可能会产生两个问题:一是会导致路径决策失效,车辆在通过路径决策点时得到路径分配信息后由于没有足够的时间进行转向准备而无法执行路径决策设置;二是交通信号失效,车辆产生后距离停车线过短无法安全停车,便直接越过停车线驶入交叉口。北进口原理与南进口相同。

(1)南进口车道及流量设置

①设置南进口混行车道。单击左侧工具栏中的"路段 & 连接器"按钮,切换到路段编辑

状态。如图2-4-1所示,从底图上南进口人行横道以南一定距离处(约100m),按住鼠标右键不放,沿车道向停车线方向拖拽,在略超过停车线停止,放开鼠标。此时,将弹出"路段属性"对话框,设置"车道数"为1,"名称"为"南进混","车道宽度"保持默认值3.50不变。点击对话框中"确定"按钮,完成南进口混行车道设置。

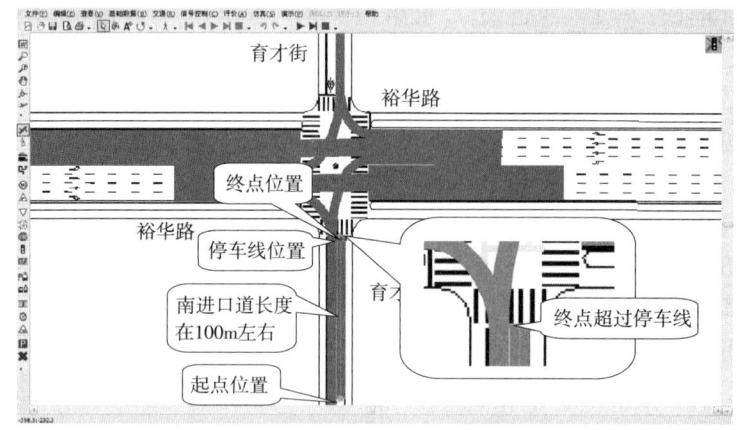

图 2-4-1 设置南进口车道

提示①:在移动鼠标时,左下角状态栏会显示鼠标指针的坐标,可据此估算路段"南进混"起点大致方位。

提示②:可以先画一条路段后,根据需要用拖拽路段起终点的方法调整路段的长度。

②南进口混行车道车流量输入。其大小依据表2-1-2中数据,参照2.3节步骤(1)中②为路段"南进混"添加流量400,混行车道上的流量等于左转、右转和直行3个方向流量的和。

(2)南进口右转仿真

①南进口右转连接器。如图2-4-2所示,单击左侧工具栏"路段 & 连接器"按钮,切换到路段编辑状态。以南进口车道终点处为连接器起点,以东出口车道起点为连接器终点,为南进口右转添加连接器。在弹出如图2-4-3所示的"连接器"对话框中,将"名称"改为"南右连",在"从路段"中选择"车道1",在"到路段"中选择"车道1",选中"样条曲线"复选框,在"点数"一栏中输入8,完成南进口右转连接器的设置。

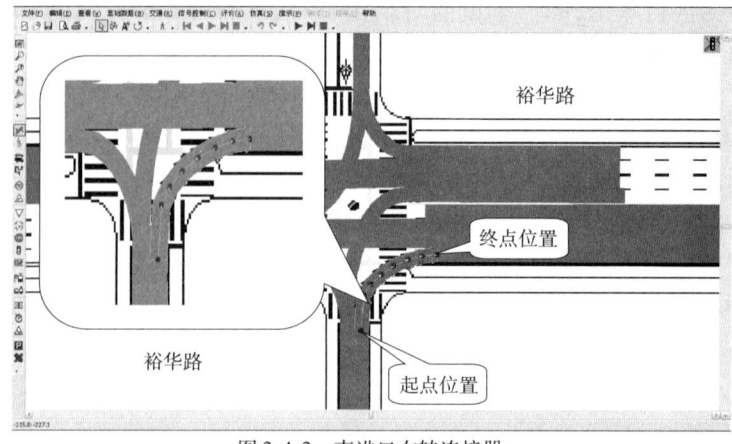

图 2-4-2 南进口右转连接器

提示：由于南进口车道为混行车道，而混行车道上的右转车辆不受信号灯控制，为此将南进口右转连接器的起点设置在停车线以南，此问题在信号灯设置部分将进行进一步说明。北进口车道的右转连接器的设置，与南进口右转连接器类似。

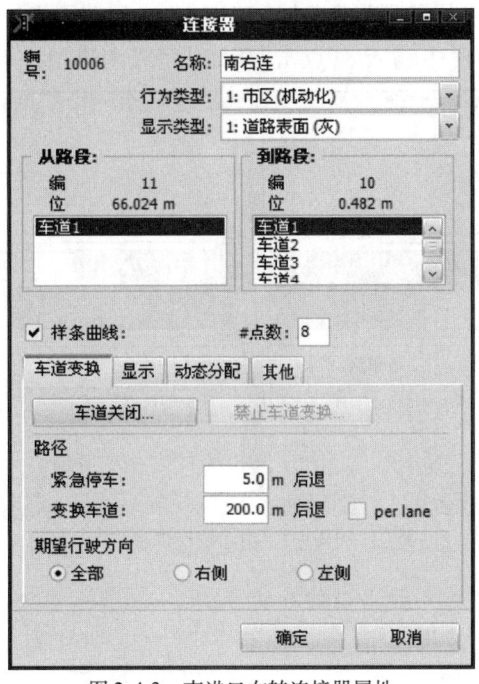

图 2-4-3　南进口右转连接器属性

②运行仿真，查看设置效果。

(3) 南进口直行仿真

①南进口直行连接器。如图 2-4-4 所示，在"路段 & 连接器"编辑状态下添加"名称"为"南直连"的连接器，"从路段"中选择"车道 1"，"到路段"中选择"车道 1"，点击"确定"完成南进口直行连接器的设置。

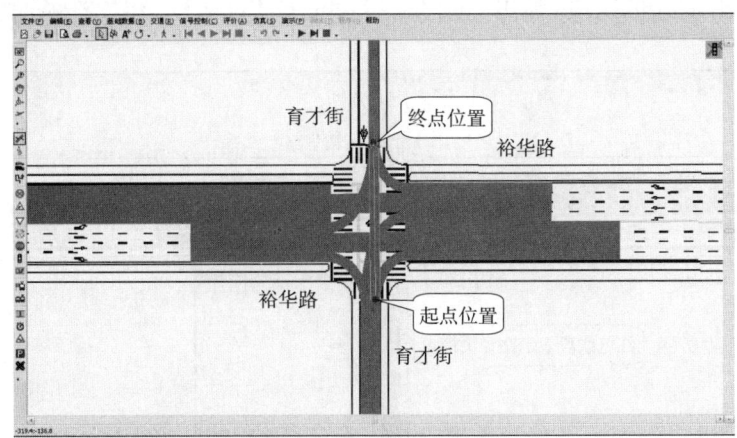

图 2-4-4　南进口直行连接器

提示：由于两条车道方向一致，没有转弯，故在编辑连接器时不需要设置"样条曲线"。

②运行仿真,查看设置效果。

(4)南进口左转仿真

①南进口左转连接器设置。如图2-4-5所示,在"路段 & 连接器"编辑状态下添加"名称"为"南左连"的连接器,"从路段"中选择"车道1","到路段"中选择"车道4",选中"样条曲线"复选框,在"点数"一栏中输入8,点击"确定"完成南进口左转连接器的设置。

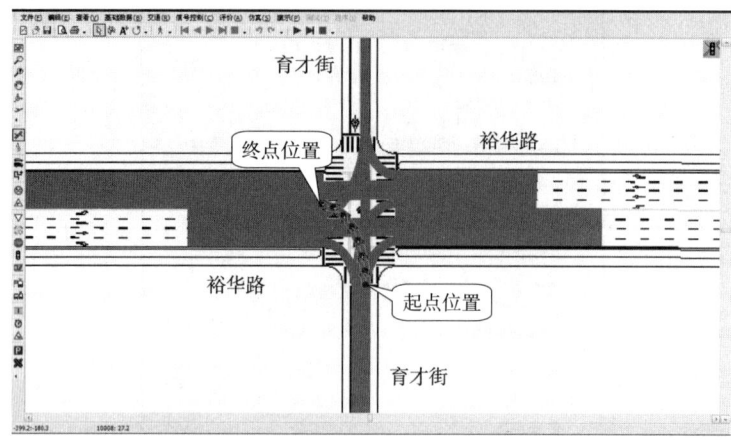

图 2-4-5　南左转连接器

提示:南进口左转车流进入西出口的车道4。

②运行仿真,查看设置效果。

(5)南进口路径决策设置

路段上的车流在设置路径决策时,1个"路径决策点"对应多个"路径决策终点"。例如对"南进混"上的流量设置路径决策时,"南进混"上的"路径决策点"对应东出口路段、北出口路段和西出口路段上3个"决策终点"。

①路径决策点设置。单击左侧工具栏中的"路径"按钮,切换到路径决策设置状态。如图2-4-6所示,单击选中路段"南进混",选中后在"南进混"上远离路段终点处右击鼠标,此时路段上出现红色线段,弹出"创建路径决策点"对话框,将"名称"改为"南进混",点击"确定"。

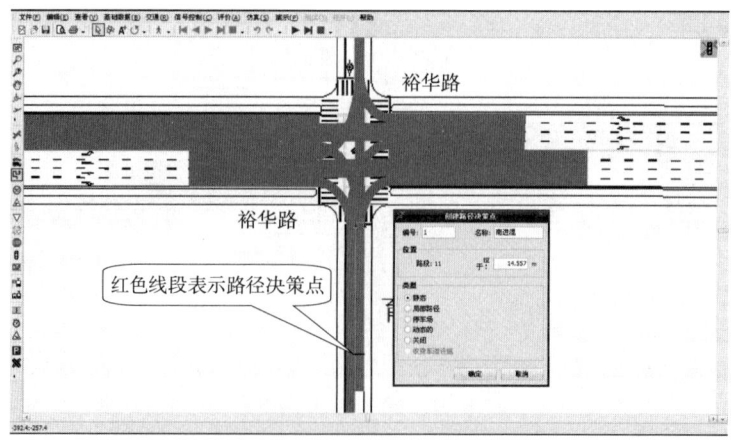

图 2-4-6　设置路径决策点

提示①：在移动鼠标时,左下角状态栏会显示鼠标指针的坐标,可据此估算"路径决策点"距离停车线的位置。

提示②：路段决策点应尽量远离停车线,否则车流会因得到分配命令后没有时间变道而出现仿真与现实不符的现象。

提示③：如"路径决策点"设置位置不合适,可用鼠标左键拖动以改变其位置。

提示④：可以用鼠标左键将红色线段拖离路段以删除"路径决策点",也可在空白处单击鼠标左键结束全部"路径决策"设置,再点击右键弹出"路径"对话框,选择相应的"路径"进行删除。

②设置东出口路径决策终点。首先单击选中东出口道,然后在东出口道上单击右键,此时会在东出口路段上右键点击处出现绿色线段,此为路径决策终点,同时决策起点和决策终点间出现黄色路段,如图 2-4-7 所示。

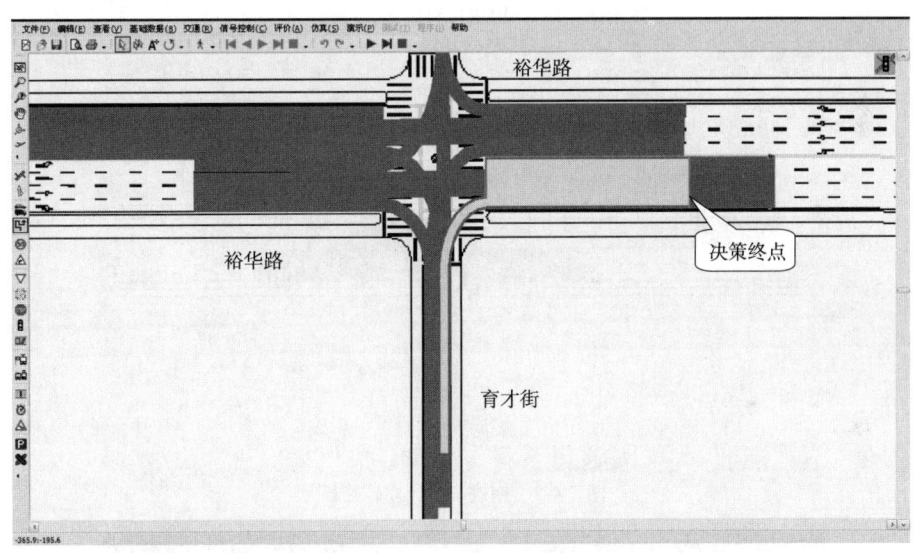

图 2-4-7 南进口车流右转路径

提示①：路径决策终点在出口路段上的位置没有特殊要求,只要"路径决策终点"在出口路段上即可。

提示②：在路径决策设置过程中,在视图空白区单击鼠标左键即可退出本次设置,故在路径决策设置过程中鼠标不能随意点击。退出后,在视图区右击鼠标则会弹出"路径"属性对话框,进入"路径"属性编辑过程。

提示③：在进行路径决策设置时,如果由于鼠标误操作造成路径决策设置过程终止,可左键点击激活"决策点",使其变成鲜红色,方可继续进行决策终点设置。

③设置北、西出口路径决策终点。参照②中操作过程分别设置北、西出口的路径决策终点,如图 2-4-8 和图 2-4-9 所示。

④设置南进口交通路径决策。在视图区空白处单击鼠标右键,弹出"路径"对话框,根据表 2-1-2 中南进口车流左转、直行和右转的比例分别设置对应各方向出口道的流量比例,如图 2-4-10 所示,点击"确定"完成路径决策的设置。

⑤运行仿真,查看设置效果。

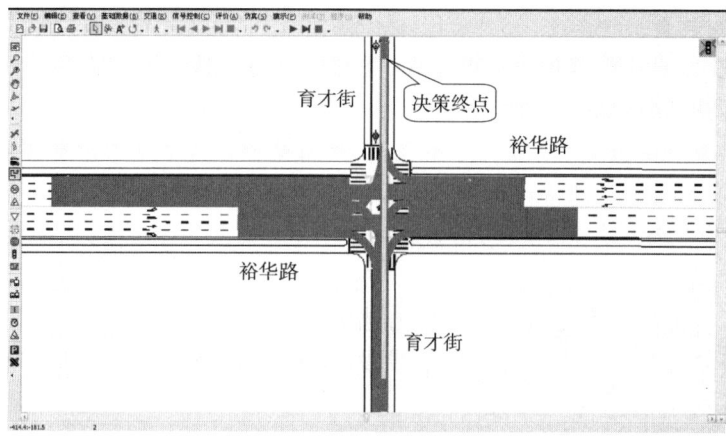

图2-4-8 南进口车流直行路径

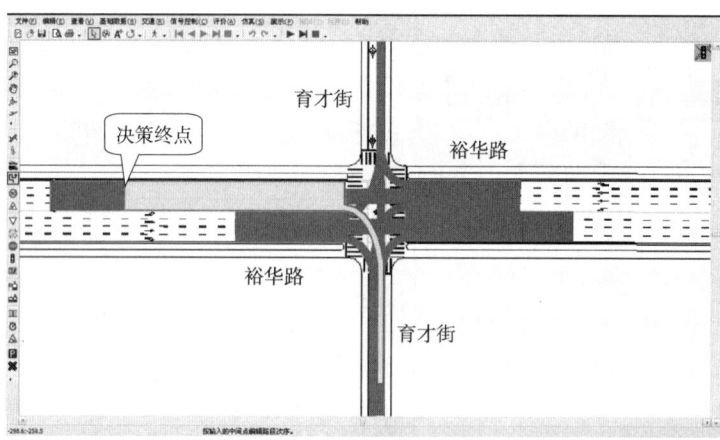

图2-4-9 南进口车流左转路径

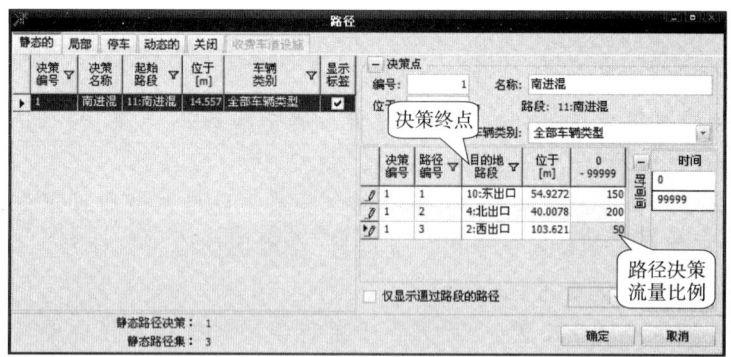

图2-4-10 南进口流量路径分配

(6)北进口仿真

北进口路段仿真的设置方法与南进口类似,先进行北进口道的设置,然后参照表2-1-2为北进口添加交通流量400,对北进口道与对应左转、直行和右转出口道的连接器进行设置,最后对北进口道交通流路径决策进行设置。

①设置北进口车道,"名称"为"北进混","车道数"为1。

②参照表 2-1-2 为北进口添加大小为 400,类型为"1 默认"的交通流量。

③分别设置"北进混"的"车道 1"和"西出口"的"车道 1"的连接器"北右连"、"北进混"的"车道 1"和"南出口"的"车道 1"的连接器"北直连"、"北进混"的"车道 1"和"东出口"的"车道 4"的连接器"北左连",完成后如图 2-4-11 所示。

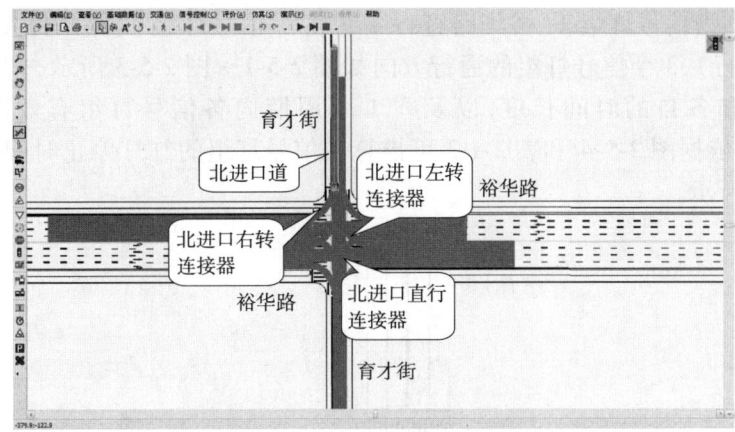

图 2-4-11　北进口及其出口车道

④北进口车流路径决策。参照 2.4 节步骤(5)中南进口车流路径决策设置操作内容,进行北进口车流路径决策设置,其"决策名称"为"北进混",并根据表 2-1-2 中北进口车流左转、直行和右转的比例分别设置北进口道相对应各方向出口道的流量比例,如图 2-4-12 所示。

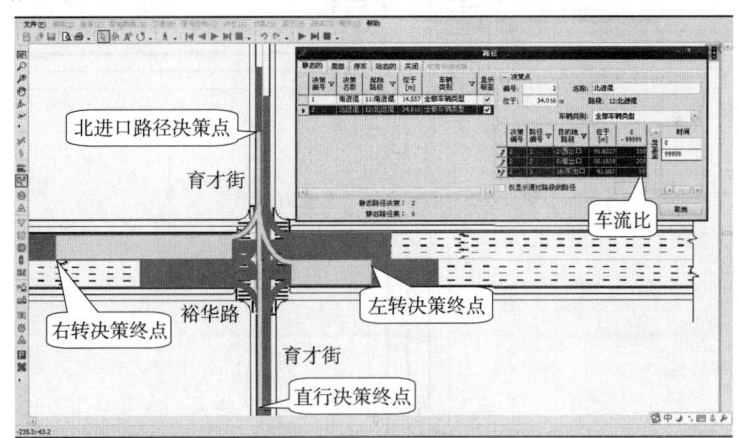

图 2-4-12　北进口车流路径

提示:当工程文件中有多个"路径决策"存在时,如需要从一个路径编辑状态转换到另一个(如从东进口切换到西进口),可先在空白处单击左键结束全部"路径决策"设置,在要编辑的"路径决策"点所在路段上,点击左键选中路段,再点击要编辑的"路径决策"点进行编辑。

⑤运行仿真,查看设置效果。

2.5　交通信号及让行规则设置

如无相关交通信号基础,本步骤需先了解一些交通信号专业知识。主要涉及 2 个专业概念：信号灯组（信号相位）和配时方案。信号相位在VISSIM中被称为"信号灯组"，就是交通流在某一周期时间内获得的信号灯色显示，为了与操作界面保持统一，本书沿用"信号灯组"说法。配时方案是多个"信号灯组"组成的总的信号实施方案。

本章信号参数情况如表2-1-3所示，本章交叉口配时方案由3个"信号灯组"组成，且其通行顺序分别为信号灯组1（裕华路直行+右转）、信号灯组2（裕华路左转）和信号灯组3（育才街通行），3个信号灯组的通行方向如图2-5-1~图2-5-3所示。表2-1-3所示的信号灯组顺序和各自的时间长度，以及在1个周期内各信号灯组有效时间段划分如图2-5-4所示。依据图2-5-4和表2-1-3可推算各信号灯组的红灯停止时间和绿灯停止时间，如表2-5-1所示。

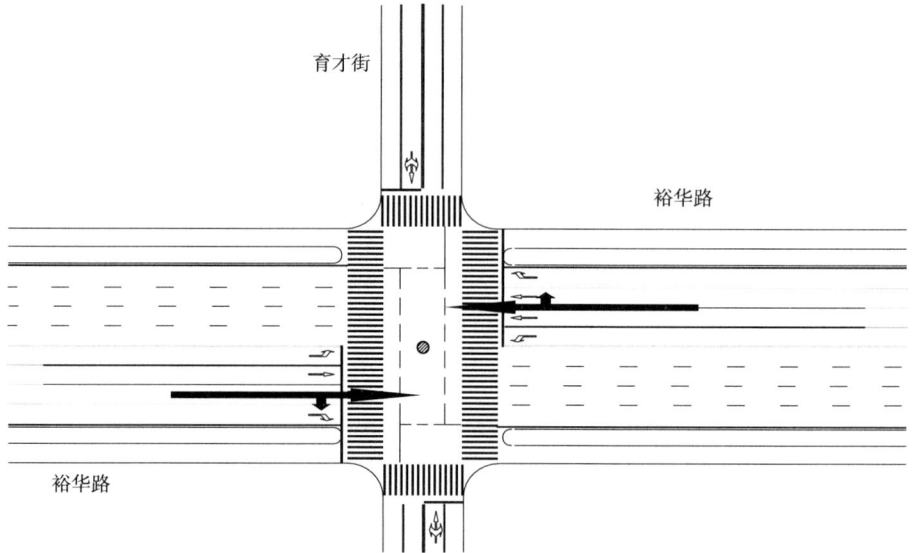

图2-5-1 信号灯组1车流方向示意

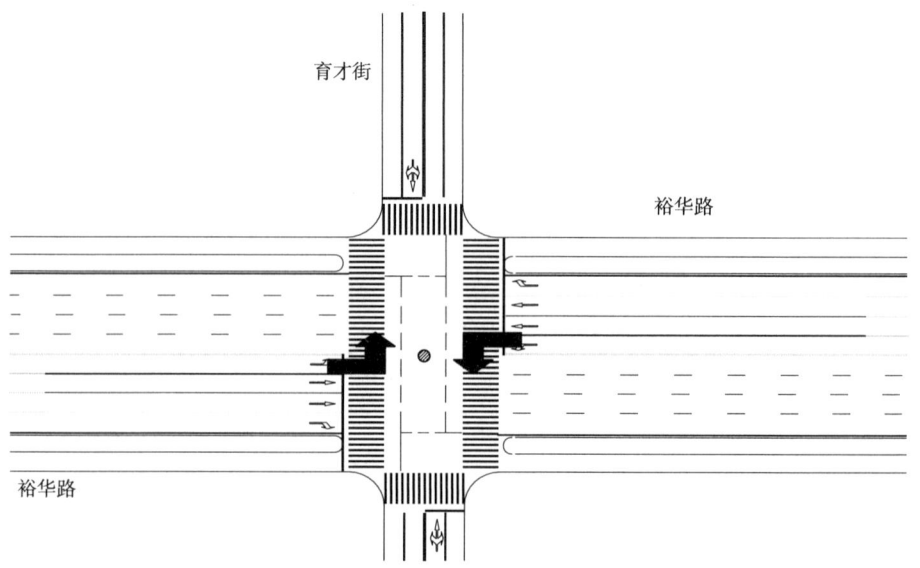

图2-5-2 信号灯组2车流方向示意

十字信号交叉口 第2章

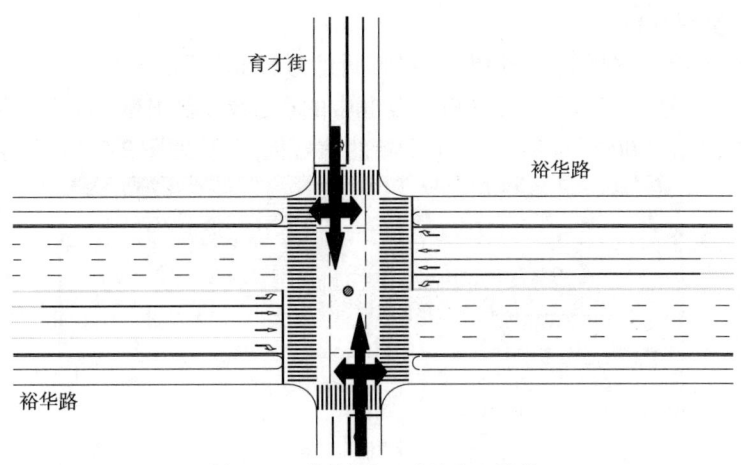

图 2-5-3 信号灯组 3 车流方向示意

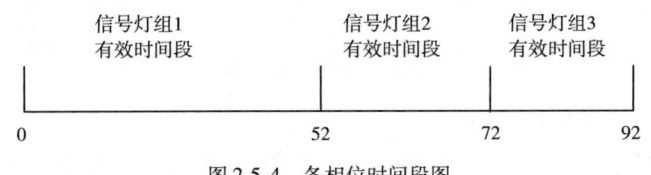

图 2-5-4 各相位时间段图

提示: 信号灯组有效时间段,是指绿灯时间加黄灯时间,即该信号灯组通行时间。

VISSIM 交通信号参数表(单位:s)　　　　　　　　　　表 2-5-1

序　　号	信 号 灯 组	红灯结束时间	绿灯结束时间	黄灯时间长度
1	信号灯组 1	0	49	3
2	信号灯组 2	52	69	3
3	信号灯组 3	72	89	3

提示①: 参照图 2-5-4,信号灯组 1 的有效时间段为 1~52s,即在 1~52s 时间里信号灯组 1 先是绿灯时间,然后是黄灯时间。所以信号灯组 1 中的红灯结束时间为 0,又由表 2-1-3 得知其黄灯时间为 3s,所以绿灯结束时间为 52 - 3 = 49s。

提示②: 参照图 2-5-4,信号灯组 2 的有效时间段为 53~72s,即在 53~72s 时间里信号灯组 2 先是绿灯时间,然后是黄灯时间。所以信号灯组 2 中的红灯结束时间为 52s,又由表 2-1-3 得知其黄灯时间为 3s,所以绿灯结束时间为 72 - 3 = 69s。

提示③: 参照图 2-5-4,信号灯组 3 的有效时间段为 73~92s,即在 73~92s 时间里信号灯组 3 先是绿灯时间,然后是黄灯时间。所以信号灯组 3 中的红灯结束时间为 72s,又由表 2-1-3 得知其黄灯时间为 3s,所以绿灯结束时间为 92 - 3 = 89s。

本章交通信号设置主要有两个部分:一是定义各信号灯组的红、绿和黄灯起终时间,VISSIM 中用红灯结束时间、绿灯结束时间和黄灯时间长度 3 个指标来表示;二是确定各信号灯组控制的车流方向,即是东进口还是西进口,是直行还是左转,这部分在 VISSIM 软件主窗口的视图区完成。这两个部分,共同组成完整交通信号仿真设置。

（1）定义信号控制机

①在菜单栏中依次选择"信号控制"→"编辑信号控制机"。

②在弹出的"信号控制"窗口的左侧列表框中的空白处,单击鼠标右键,在弹出的快捷菜单中,点击"新建"选项,添加1个新的信号控制机,如图2-5-5所示。

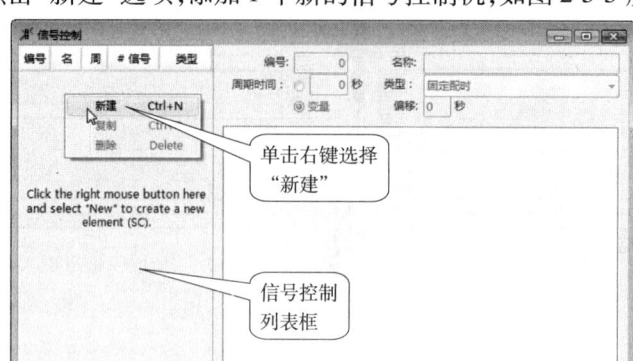

图 2-5-5　创建信号控制机

（2）设置固定配时类型信号灯组

①在"信号控制"窗口右侧的选项框中,点击"固定配时"选项,并在其选项框下点击"编辑信号控制"按钮,如图2-5-6所示,弹出如图2-5-7所示的信号控制编辑器窗口。

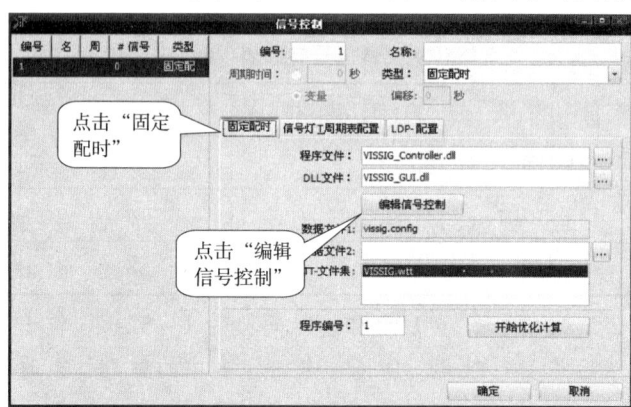

图 2-5-6　固定配时信号控制

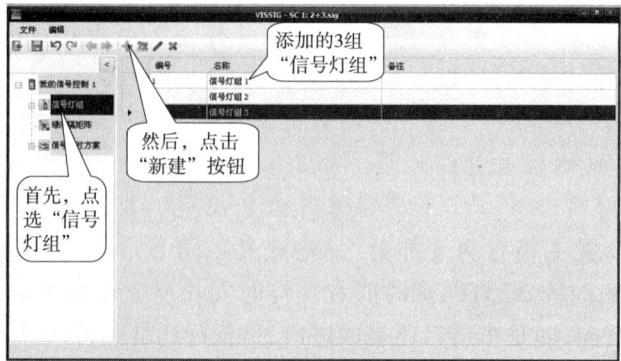

图 2-5-7　新建信号灯组

②切换语言(可选)。如系统是中文界面跳过此步,如果系统是英文界面,则在弹出的"VISSIG-SC＊.sig"(信号控制编辑器)窗口的菜单栏中依次选择"Edit"→"Options",在弹出的"Options"对话框中的"Language"下拉菜单中选择"Chinesisch",将语言切换到中文界面,如图2-5-8所示。

③新建信号灯组。单击选中"信号灯组"选项,然后在工具栏中点击3次"新建"按钮,此时在右侧的信号灯组列表框中可看到添加的3组信号灯组,如图2-5-7所示。

提示: 添加的3个信号灯组分别对应着:裕华路直行+右转、裕华路左转、育才街通行。

④设置信号灯组1,即"裕华路直行+右转"信号灯组。在"信号控制编辑器"窗口左侧的"信号灯组"列表中,点击"1:信号灯组1"打开其灯组的编辑界面,如图2-5-9所示。在"默认的序列"下拉菜单中选择

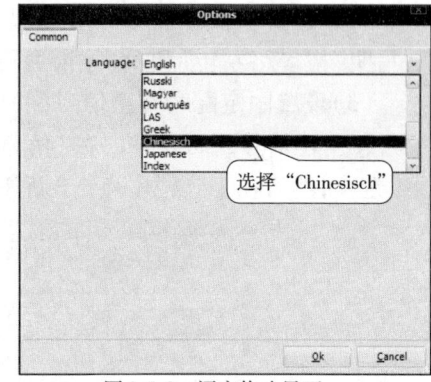

图2-5-8 语言修改界面

"红-绿-黄"的灯组序列。在"备注"中,输入"裕华路直行+右转",该操作用于对"信号灯组1"进行描述。其他不做修改,设置完成如图2-5-10所示。

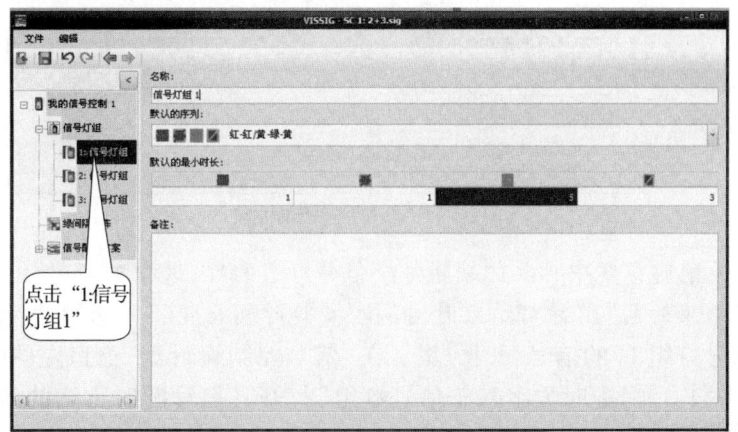

图2-5-9 信号灯组1的编辑状态

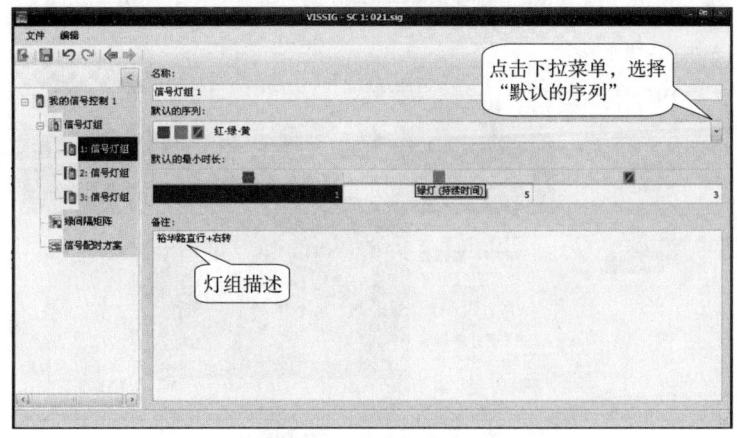

图2-5-10 设置信号灯组1

提示：在设置信号灯组时，主要改变两点。一是"默认的序列"，本章交叉口是红绿黄序列，是中国多数交通信号灯的显示序列。当然，目前还有绿闪、红/黄等阶段，可根据实际现场调查结果选择。二是对其添加"备注"，以便信号灯组较多时容易区分。

⑤设置信号灯组 2 和信号灯组 3，即"裕华路左转"和"育才街通行"信号灯组。与设置"裕华路直行+右转"信号灯组类似，设置其"默认的序列"为"红-绿-黄"，并在"备注"中分别写明"裕华路左转"和"育才街通行"。

（3）设置固定配时类型信号配时方案

①新建信号配时方案。在"信号控制编辑器"窗口的左侧列表框中，点击"信号配时方案"选项，然后在工具栏中点击"新建"按钮，添加"信号配时方案 1"，如图 2-5-11 所示。

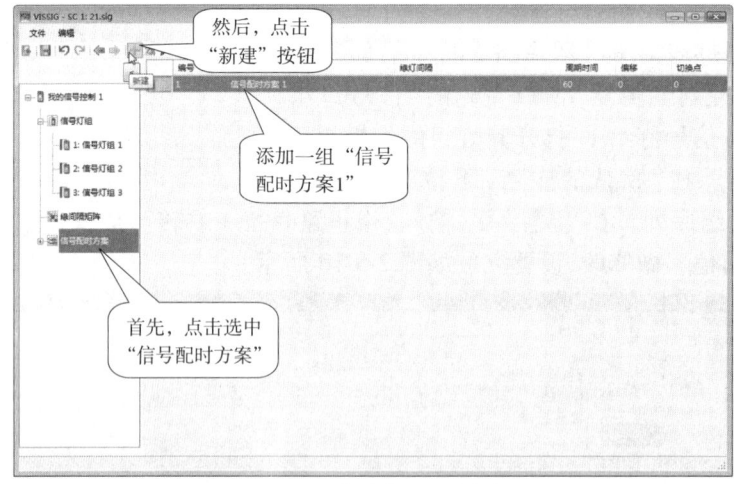

图 2-5-11　新建信号配时方案

提示：在信号配时方案中可具体编辑每个信号灯组的红、绿和黄灯起、终时间，在 VISSIM 中分别用"红灯结束时间"、"绿灯结束时间"和"黄灯时间长度"3 个参数表示。

②设置"信号灯组 1"的信号配时方案。在"信号控制编辑器"窗口左侧的"信号配时方案"列表中，单击"1:信号配时方案基于信号灯组"打开其信号配时方案的编辑界面，将"周期时间"改为 92，如图 2-5-12 所示。

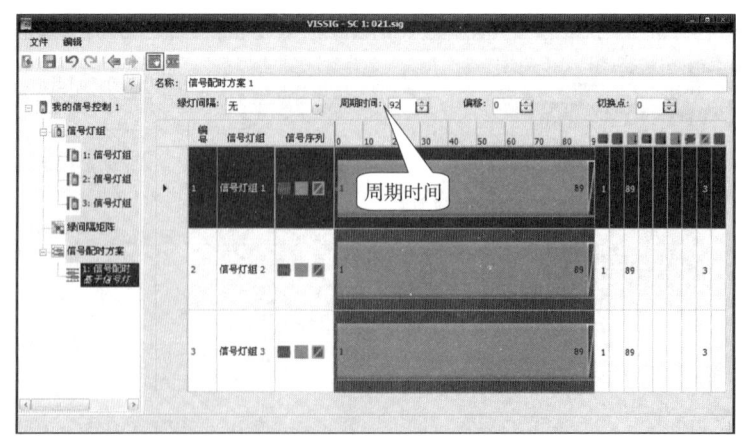

图 2-5-12　修改交通信号周期

③在"信号灯组1"一行中,在红灯结束时间一栏填0,绿灯结束时间一栏填49,点击回车,完成"信号灯组1"的设置,如图2-5-13所示。

提示: 由于VISSIM软件版本的不同,"红灯结束"和"绿灯结束"图标可能位置有变动,以图2-5-13中的标识为准。

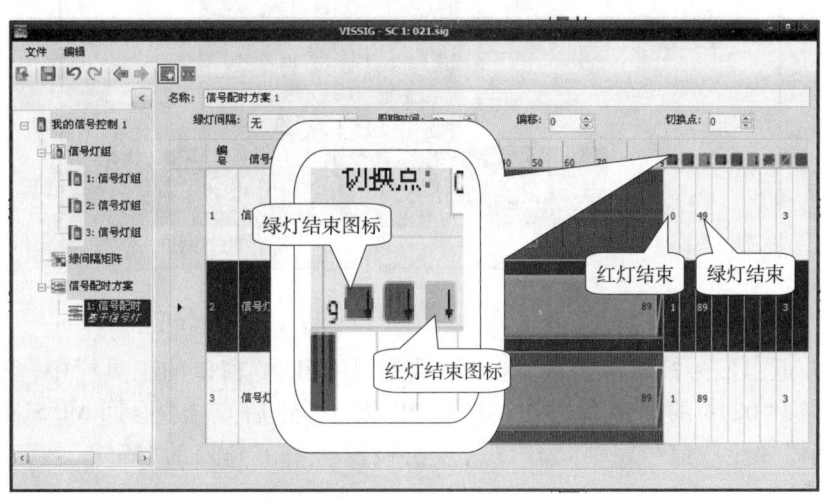

图2-5-13 设置信号灯组1

④在"信号灯组2"一行中,在红灯结束时间一栏填52,绿灯结束时间一栏填69,点击回车,完成"信号灯组2"的设置,如图2-5-14所示。

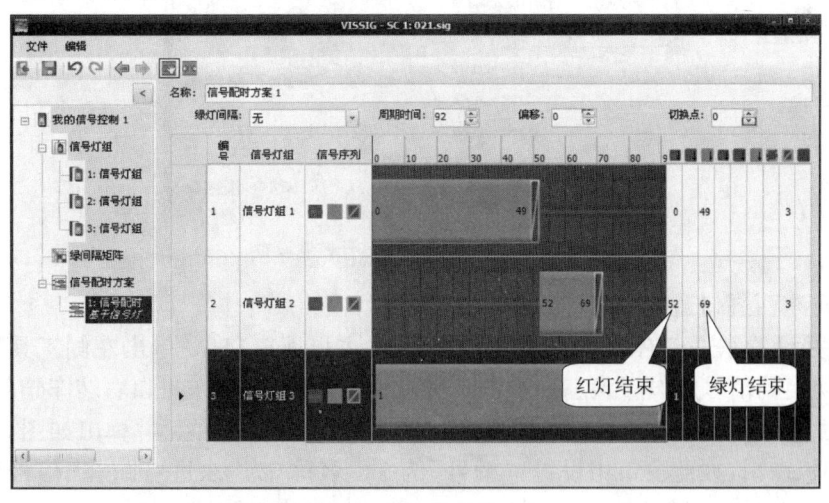

图2-5-14 设置信号灯组2

⑤在"信号灯组3"一行中,在红灯结束时间一栏填72,绿灯结束时间一栏填89,点击回车,完成"信号灯组3"的设置,如图2-5-15所示。

提示: 图2-5-15与图2-5-4的含义相同。通过以上步骤将图2-5-4中的数据先转化为表2-5-1中的VISSIM设置参数,再将该参数通过相关操作设置在VISSIM软件中。

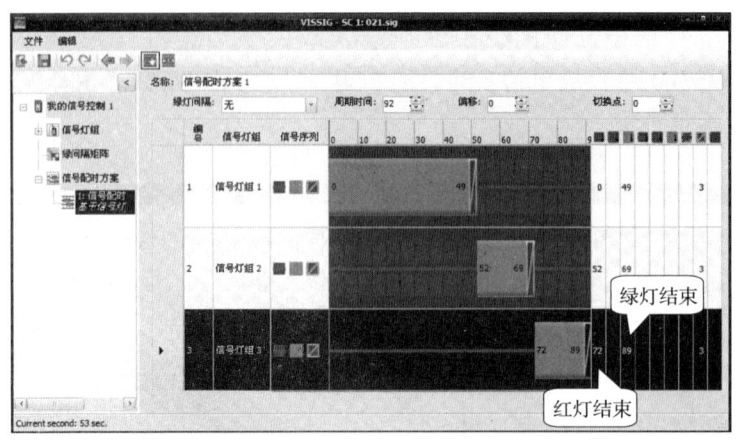

图 2-5-15 设置信号灯组 3

⑥保存并退出信号控制机设置。在"信号控制编辑器"窗口的工具栏中,点击"保存"按钮,将文件以"021"的名称保存在"02"文件夹下,然后点击"返回 VISSIM"按钮,如图 2-5-16 所示。返回"信号控制"窗口后,点击该窗口右下角处的"确定"按钮,完成信号控制机的设置。

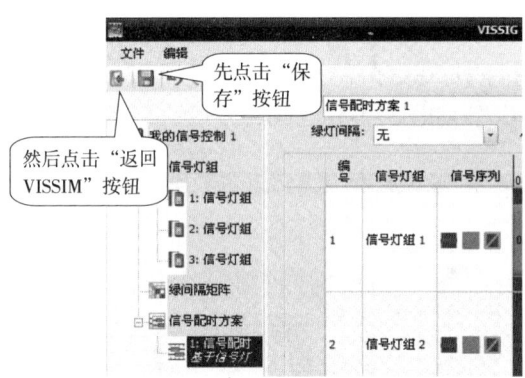

图 2-5-16 保存并退出信号控制设置

(4)设置东西进口道信号灯

①添加并设置东进口右转信号灯。在 VISSIM 主界面窗口中,单击左侧工具栏中的"信号灯"按钮切换到信号灯设置状态。单击东进口的右转路段,在东进口右转车道停车线处单击右键,此时该路段上出现一条红色线段表示该信号灯设置的位置,并弹出如图 2-5-17 所示"信号灯"编辑窗口,在此窗口中设置:"编号"为 1,"名称"为"东进右",在"信号灯组"下拉菜单中选择 1,其他设置保持不变。完成设置后,点击"确定"按钮,退出"信号灯"设置,如图 2-5-18 所示。

提示①:如对信号灯位置设置不合适,可选中代表信号灯的红色线段后,按住鼠标左键不放移动调整信号灯位置,也可用鼠标左键将信号灯拖出路段删除。

提示②:"编号"是指在主界面道路停车线上信号灯头的编号。"名称"是为了好区分而填写,信号灯组与表 2-1-3 中的信号灯组一致。

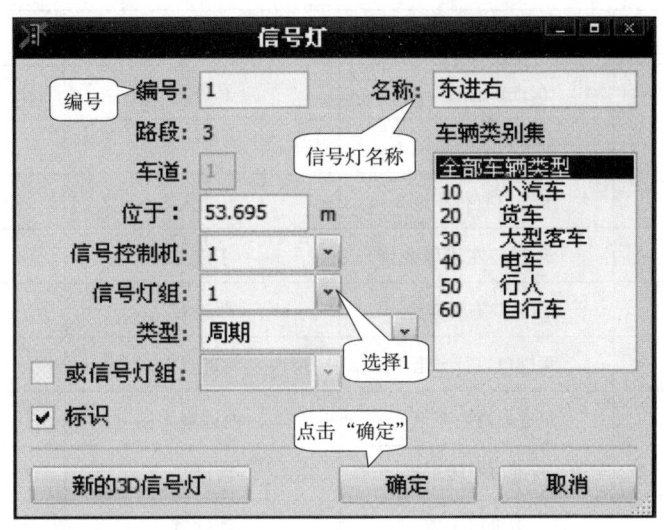

图 2-5-17　设置东进口右转信号灯属性

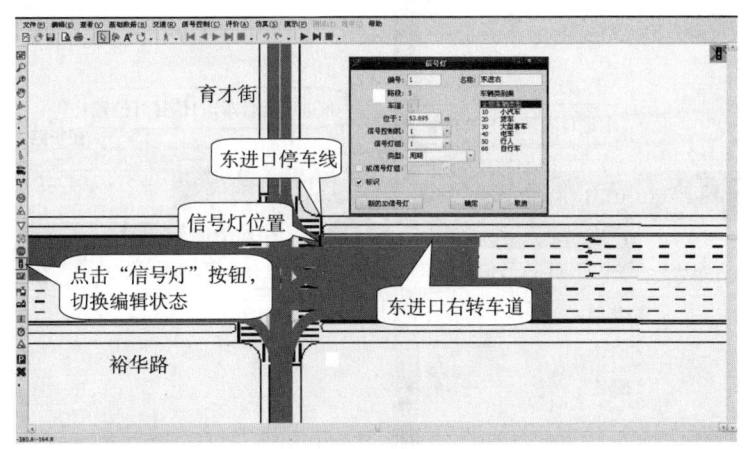

图 2-5-18　设置东进口右转信号灯

②运行仿真,查看设置效果。

提示①:如进行仿真时,车辆不受信号灯控制,有可能是信号灯设置在"路段"与"路段连接器"的重叠处,可删除信号灯重新设置,使其信号灯设置在单一路段组件上,而非"路段"与"连接器"的重叠处,此种方法较简单但仿真效果不准确。

提示②:除了提示①中所述方法外,还可以通过调整路段和连接器位置使路段与连接器接点在停车线西侧,保证信号灯正常工作。

③添加并设置东进口直行、左转信号灯。按照东进口右转信号灯设置操作①~②步骤,根据表 2-5-2 所示,对东进口直行 1、东进口直行 2 和东进口左转信号灯分别进行设置,设置完成后如图 2-5-19 所示。

各进口道信号灯设置规则　　　　　　　　　表 2-5-2

信号灯编号	进口路段	名称	信号灯组
1	东进口右转车道	东进右	1
2	东进口直行车道 1	东进直 1	1
3	东进口直行车道 2	东进直 2	1
4	东进口左转车道	东进左	2
5	西进口右转车道	西进右	1
6	西进口直行车道 1	西进直 1	1
7	西进口直行车道 2	西进直 2	1
8	西进口左转车道	西进左	2
9	南进口车道	南进口	3
10	北进口车道	北进口	3

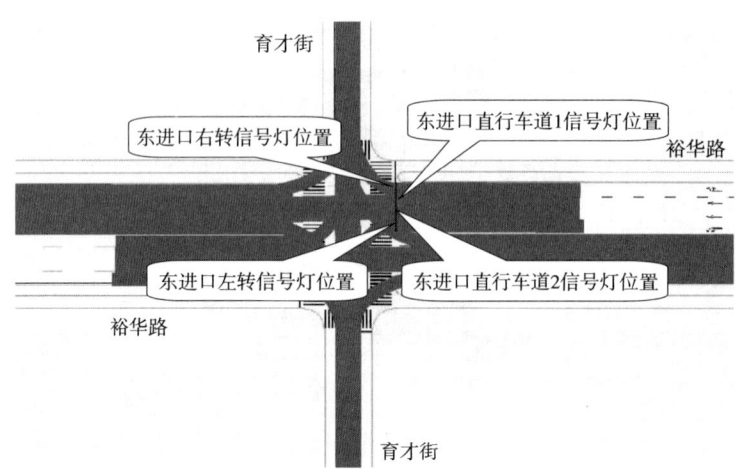

图 2-5-19　设置东进口信号灯

④添加并设置西进口信号灯。按照东进口信号灯设置操作①~③步骤,依据表 2-5-2 各进口道信号灯设置规则,对西进口右转、西进口直行 1、西进口直行 2 和西进口左转信号灯分别进行设置,设置完成后如图 2-5-20 所示。

(5)设置南北进口道信号灯

参照步骤(4)中东西进口道信号灯操作,依据表 2-5-2 各进口道信号灯设置规则,对南北进口信号灯分别进行设置,设置完成后如图 2-5-21 所示。

提示①:如进行仿真时,南北方向车辆不受信号灯控制,原因有可能是信号灯没有设置在路段上,还可能是南北进口道路段过短,造成车辆出现后无法在停车线前安全停车而不受信号灯控制直接通过交叉口,解决后一现象的办法是将南北进口路段分别进行延长。

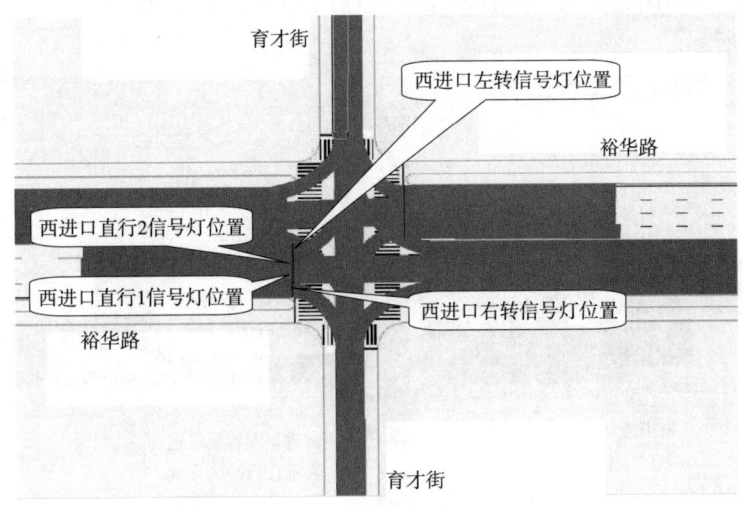

图 2-5-20　设置西进口信号灯

提示②：本章 2.4 节步骤(2)③的提示中已经提到南进口车道的右转连接器起点需在停车线南侧，为南北进口信号灯设置提供了基础。以南进口为例，南进口信号灯位置在停车线上，南进口右转连接器起点在停车线南侧，南进口直行连接器起点和南进口左转连接器起点都在停车线北侧，此时信号灯只对直行和左转车辆实施控制，对右转车辆无效，这样就实现了混行车道右转车辆不受信号灯控制的效果。北进口的信号灯设置与南进口相同。

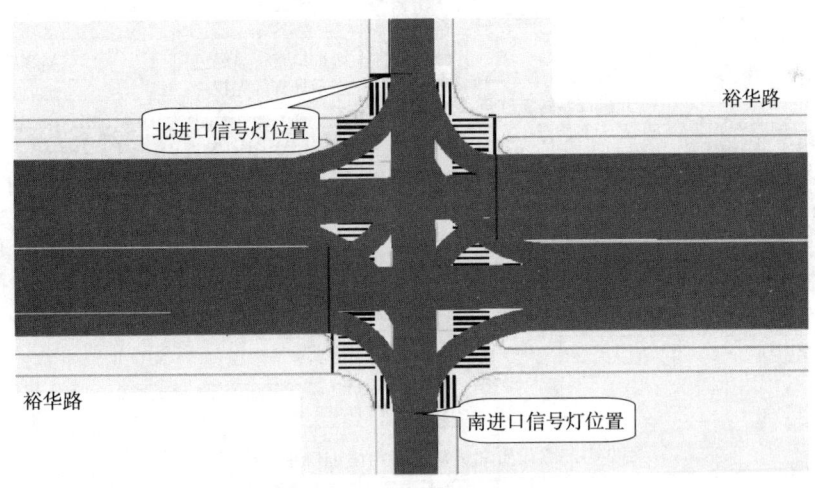

图 2-5-21　设置南北进口信号灯

(6) 设置优先原则

在该信号交叉口，主要冲突已被交通信号从时间上隔离。还有两个交通冲突未处理，即南进口左转与北进口直行冲突，北进口左转与南进口直行冲突，本章采用设置冲突区的方法进行处理。

①南进口左转与北进口直行冲突区设置。单击左侧工具栏中的"冲突区域集"按钮切换到冲突区编辑状态。单击南进口左转路段与北进口直行路段交汇处，选中后右键单击设置

冲突区让行规则,选择南进口左转路段(路段显红色)为北进口直行路段(路段显绿色)让行,如图 2-5-22 所示。

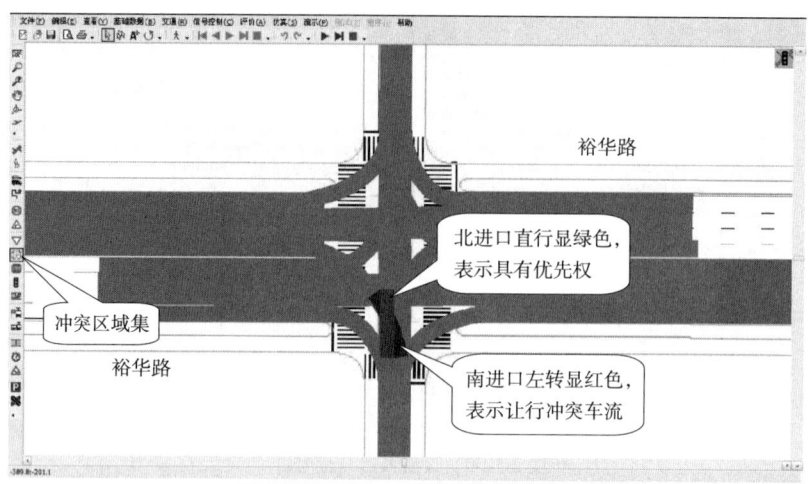

图 2-5-22　设置南进口左转与北进口直行冲突区

②北进口左转与南进口直行冲突区设置。单击左侧工具栏中的"冲突区域集"按钮切换到冲突区编辑状态。单击北进口左转路段与南进口直行路段交汇处,选中后右键单击设置冲突区让行规则,选择北进口左转路段(路段显红色)为南进口直行路段(路段显绿色)让行,如图 2-5-23 所示。

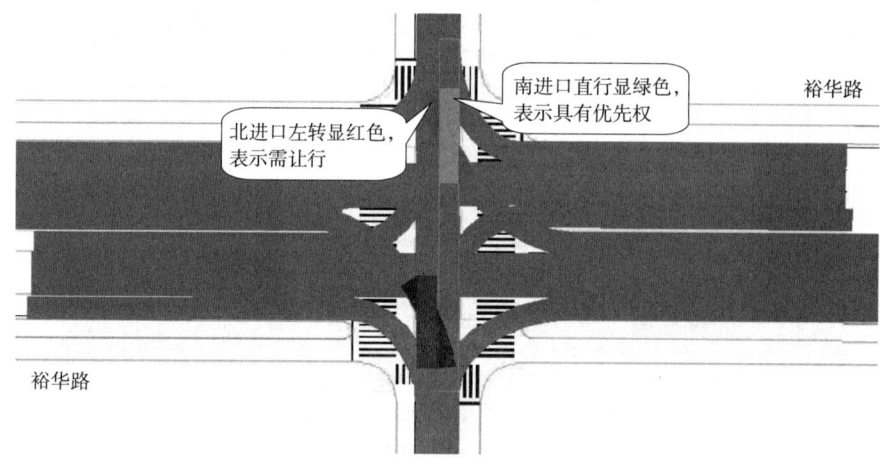

图 2-5-23　设置北进口左转与南进口直行冲突区

③删除冲突区(可选)。如果由于操作失误导致设置多余冲突区。可在冲突区编辑状态下,先在空白处点击左键结束所有冲突区设置,再点击右键弹出"冲突区"对话框,按冲突道路名称删除多余冲突区。

(7)十字交叉口仿真

①十字交叉口平面运行仿真效果。在菜单栏中依次选择"仿真"→"参数",在弹出的"仿真参数"对话框中将"仿真运行速度"改为5,单击上部工具栏中的"连续仿真"按钮(也可以在菜单栏中依次选择"仿真"→"连续"),仿真效果如图 2-5-24 所示。

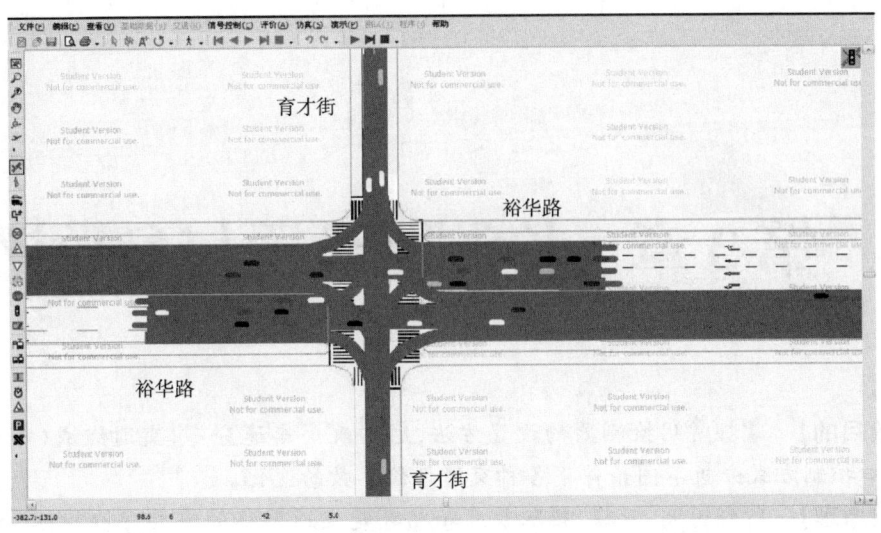

图 2-5-24　平面运行仿真效果

②十字交叉口 3D 运行仿真效果。在菜单栏中依次选择"查看"→"3D 模式"选项,仿真界面进入立体视图,开始仿真后可看到三维的仿真动画如图 2-5-25 所示。

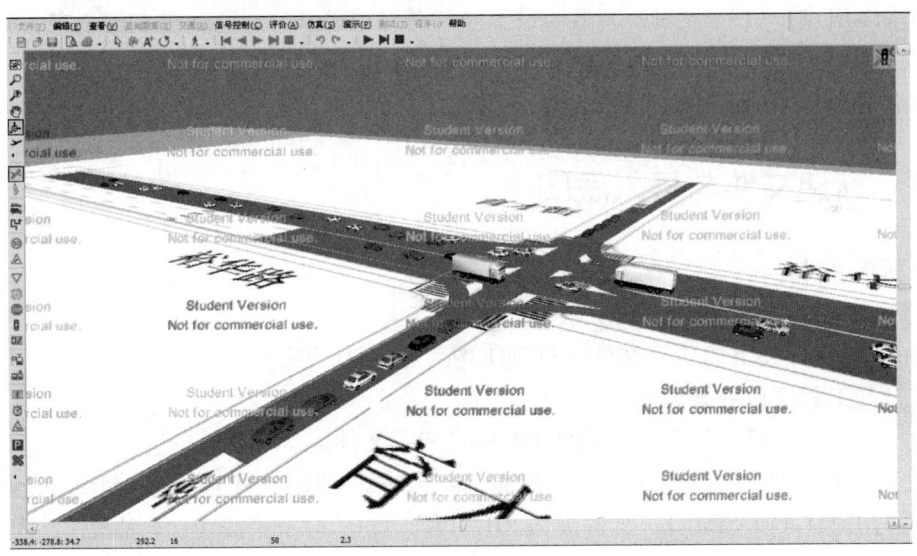

图 2-5-25　3D 运行仿真效果

第3章 检测器设置与参数评价

辅助视频

【实验目的】 掌握常用检测器的设置方法,通过改变车速分布、交通组成(车辆构成)以及交叉口控制方式分析不同条件下各种交通评价参数的变化。

【实验原理】 行程时间、延误、排队长度等参数是交通网络的重要评价指标,本章在第2章工程文件基础上练习各种检测器的设置,分析各种仿真参数对评价指标的影响。主要步骤包括:(1)新建文件与导入底图。(2)检测器设置与评价。(3)改变车速分布与车辆构成。(4)改变交叉口控制方式。

【新增知识点】 (1)常用检测器的设置与评价结果输出。(2)改变车速分布。(3)改变车辆构成。(4)无信号交叉口的相关设置。

【难点提示】 交叉口处冲突区域集的设置。

3.1 新建文件与导入底图

(1)新建文件
①建立"D:\VISSIM\03"文件夹。
②将"02"文件夹下的所有文件拷贝到①中新建的"03"文件夹内。
(2)打开工程文件并导入底图
①打开"D:\VISSIM\03"路径下的"02.inp"工程文件。
②在菜单栏中依次选择"查看"→"背景"→"编辑",弹出"背景选择"对话框,点击"读取"按钮,打开"D:\VISSIM\03"文件夹内"01.JPG",点击"关闭"按钮(详细操作参见第2章2.2节)。

提示:由于本章在第2章的基础上学习检测器设置与参数评价,大部分数据同第2章,故不再单独设立了解熟悉实验数据一节。

3.2 常用检测器设置与评价

本节设置的检测器包括数据检测器、行程时间检测器、排队计数器。为了更真实合理地反映实际情况,需改变车道长度。为了简化操作,可在交叉口处定义节点,通过节点评价获得延误、排队长度等评价指标。

(1)改变车道长度

①单击左侧工具栏"路段&连接器"按钮;切换到路段编辑状态。

②添加西进口可变道路段。按住鼠标右键由西进口可变道路段起点拖拽至可变道路段终点,松开鼠标。在弹出的"路段属性"对话框中设置"车道数"为4,添加完成后如图3-2-1所示。

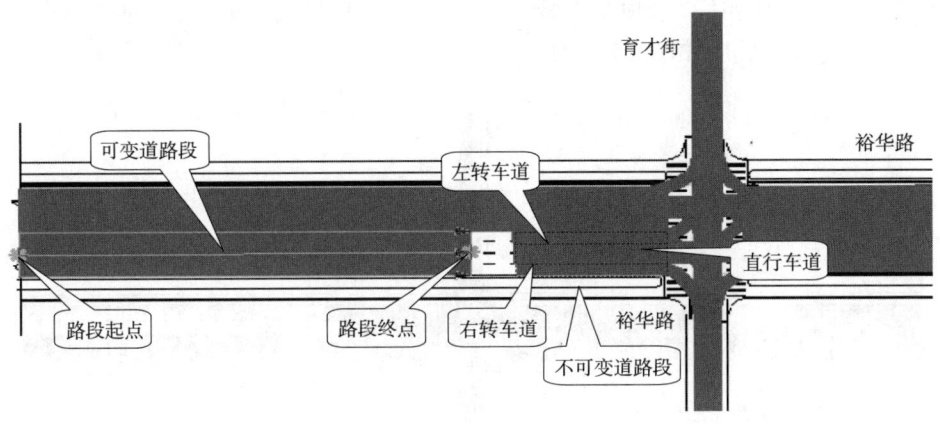

图 3-2-1　添加西进口可变道路段

③连接西进口可变道路段和不可变道路段的右转车道。单击选中刚刚添加的西进口可变道路段,将鼠标移至西进口可变道靠近路段终点处,按住鼠标右键,向右拖拽至不可变道路段的右转车道上,放开鼠标。在弹出的"连接器"对话框中,在"从路段"选项中选择"车道1",在"到路段"选项中选择"车道1",如图3-2-2所示。点击"确定"完成。

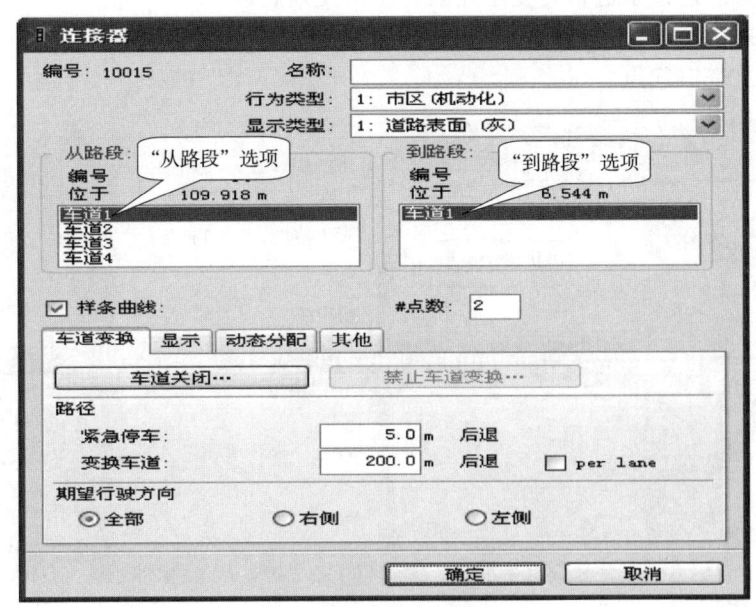

图 3-2-2　连接器对话框

④参照步骤③,连接西进口可变车道路段和不可变车道路段的直行车道。在弹出的"连接器"对话框中,在"从路段"选项中选择"车道2",然后按住"Ctrl"键选中"车道3",在"到路段"选项中选择"车道1",然后按住"Ctrl"键选中"车道2"。点击"确定"按钮。

⑤参照步骤③,连接西进口可变车道路段和不可变车道路段的左转车道。在弹出的"连接器"对话框中,在"从路段"选项中选择"车道4",在"到路段"选项中选择"车道1",点击"确定"按钮。连接完成后如图3-2-3所示。

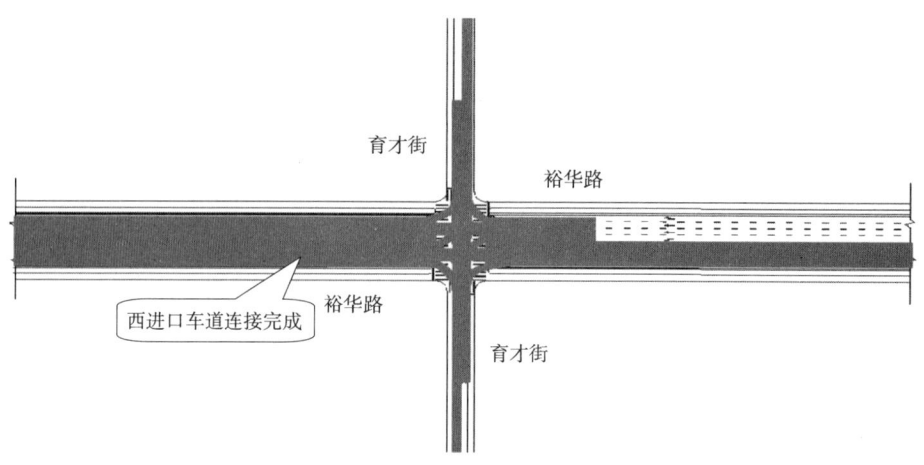

图3-2-3　西进口车道连接完成

⑥参照步骤②,添加东进口可变道路段。方向由东至西,"车道数"为4。添加完成后,参照步骤③、④、⑤连接东进口可变道路段与不可变道路段。

⑦改变北进口车道长度。如图3-2-4所示,单击选中北进口路段后,用鼠标左键拖动路段起点至底图北进口起点。

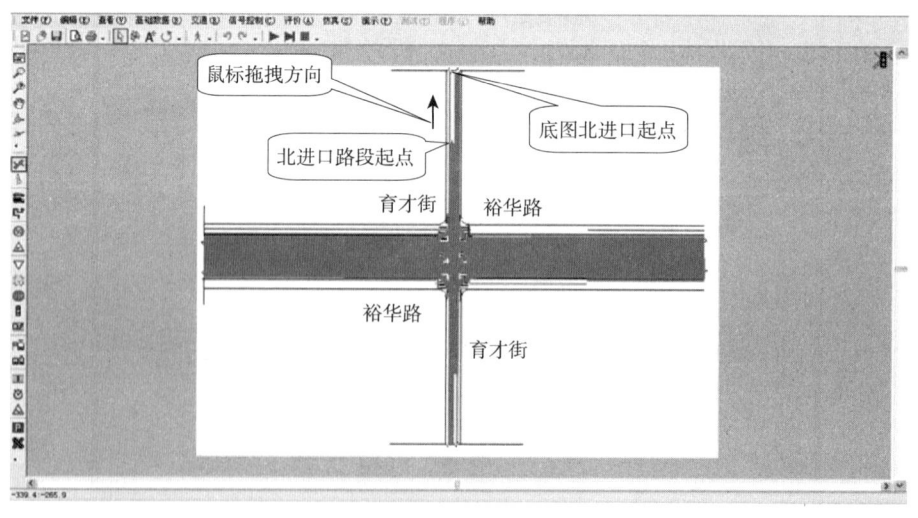

图3-2-4　改变北进口车道长度

⑧参照步骤⑦,改变南进口车道长度。设置完成后如图3-2-5所示。

提示①:由于涉及排队计数器的设置问题,为了避免排队长度超出车道长度,因此需改变车道长度,使进口车道足够长。

提示②:由于北进口和南进口为混合车道,因此可采用直接拖拽路段起点的方法改变路段长度。

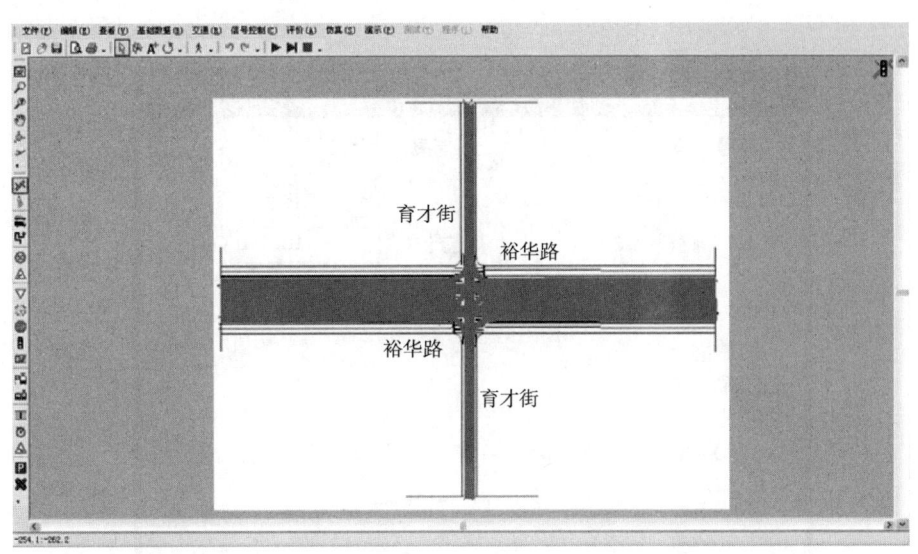

图3-2-5　改变车道长度完成

(2)删除东进口及西进口所有车道上的车辆

①单击左侧工具栏"车辆输入"按钮切换到路段流量编辑状态。

②删除东进口右转车道上的车流。双击东进口不可变道路段的右转车道,弹出"车辆输入"对话框,将鼠标移至东进口右转车流量信息前的小三角上右键单击鼠标,在弹出的菜单中点击"删除",然后在弹出的提示对话框中点击"删除"按钮,再点击"确定"即可删除东进口右转车道上的车流(具体操作可参考图1-2-8)。

③参照步骤②依次删除东进口直行、东进口左转、西进口右转、西进口直行、西进口左转车道上的车流。

提示:在 VISSIM 中,交通流量均是由路网边缘生成,路网中间连接路段并不产生流量,而是由上游相关路段车流量汇集而成,所以改变车道长度后原路段存在的流量输入应删除。

(3)为东进口和西进口重新添加车辆

①双击东进口可变道路段(具体位置见图3-2-1),在弹出的"车辆输入"对话框中将流量改为1375,"车辆构成"选择"1:默认"。

②双击西进口可变道路段,在弹出的"车辆输入"对话框中将流量改为1268,"车辆构成"选择"1:默认"。

提示:1375是东进口左转、直行和右转交通流量之和,1268是西进口左转、直行和右转交通流量之和。

(4)为东进口和西进口添加路径决策

①单击左侧工具栏"路径"按钮切换到路径决策编辑状态。

②为东进口添加路径决策。单击选中东进口可变道路段,然后将鼠标移至靠近路段起点处单击鼠标右键(将出现一条红色线段,该线段为东进口路径决策点)。在弹出的"创建路径决策点"对话框中,设置"名称"为"东进口",如图3-2-6所示,然后点击"确定"按钮。

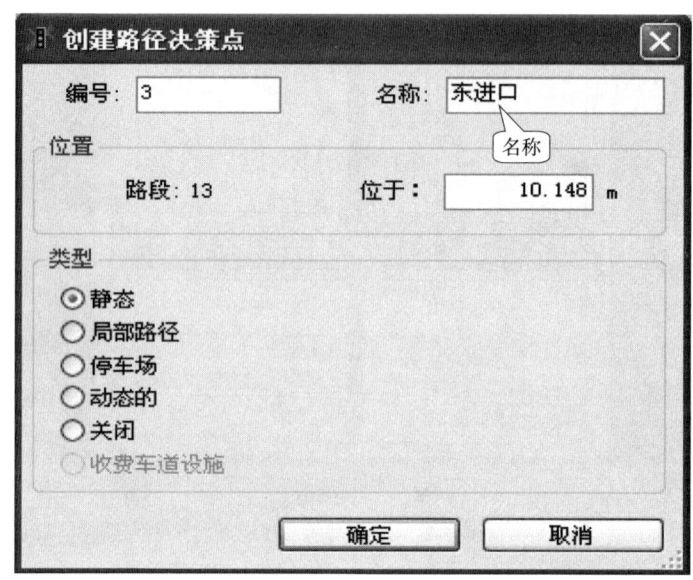

图3-2-6 创建路径决策点对话框

③单击选中南出口路段,再单击鼠标右键(将出现一条绿色线段,该线段为东进口左转路径决策的终点)。单击选中西出口车道,再单击鼠标右键设置东进口直行车道路径决策的终点。最后单击选中北出口车道,单击鼠标右键设置东进口右转车道路径决策的终点。

提示:完成路径决策起点设置后,至所有路径决策终点设置完成前,鼠标不可以随意点击,否则会导致路径决策点失效。如因误操作导致以上错误,则在路径决策状态下,点击路网中的"路径决策点",使其重新激活(激活状态下"路径决策点"为鲜红色),继续进行路径决策终点的设置。

④在视图区空白处双击结束本次路径决策过程的设置。

⑤在视图区空白处点击左键后再点击右键弹出"路径"对话框,设置东进口左转、直行、右转的相对车流比为120∶1155∶100,如图3-2-7所示。

提示:在"路径"对话框中选中某一路径,其对应的路段上将会显示黄色线段。如图3-2-7所示,选择"决策名称"为"东进口"的路径,然后选择东进口左转路径,对应的路段上显示出黄色路段。

⑥参照步骤②、③、④、⑤为西进口添加路径决策,在弹出的"创建路径决策点"对话框中,设置"名称"为"西进口",并按照西进口左转、直行、右转的相对车流比为100∶1023∶145进行流量分配。

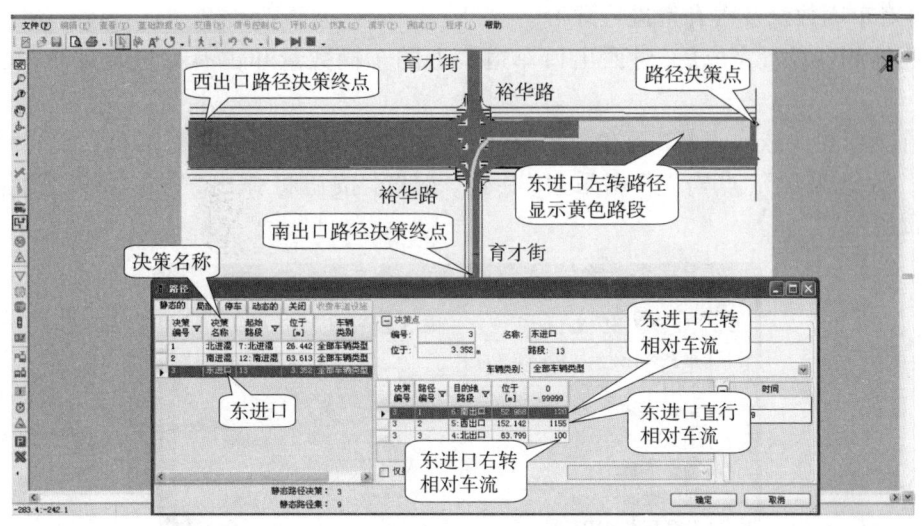

图 3-2-7　路径对话框

（5）在西出口车道 1 上设置数据检测器

以裕华路西出口车道 1 为例设置一个数据检测器，具体操作步骤如下：

①单击左侧工具栏"数据检测点"按钮，切换到检测器设置编辑状态。

②单击选中裕华路西出口车道 1，将鼠标移至靠近出口处某一点单击右键弹出"数据采集点"对话框，如图 3-2-8 所示，单击右键的具体位置如图 3-2-9 所示的蓝色线段处。

③将"名称"设置为"西出口 1"。

④点击"确定"，在西出口车道 1 上出现一条蓝色线段，如图 3-2-9 所示，表明西出口车道 1 上的数据检测器设置完成。

提示：西出口共 4 条车道，如图 3-2-9 虚线所示由上至下（沿车流方向由右至左）依次为 1、2、3、4 车道。

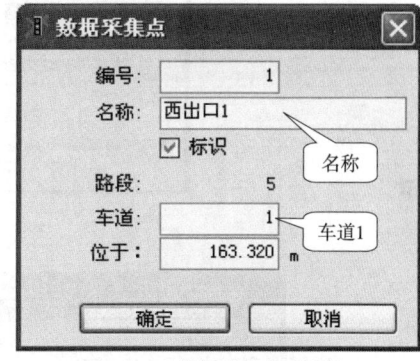

图 3-2-8　数据采集点对话框

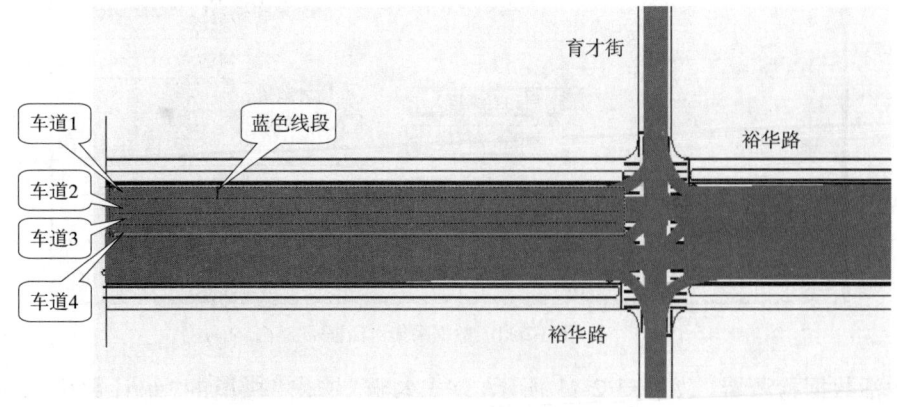

图 3-2-9　西出口车道 1 上数据检测器设置完成

（6）对车辆数量及占有率进行评价

数据检测器设置完成后，对西出口车道 1 上的车辆数量和占有率进行评价，具体操作如下：

①在菜单栏中依次选择"评价"→"文件"，弹出"评价（文件）"对话框，如图 3-2-10 所示，勾选"数据采集"，点击"数据采集"后的"配置"按钮将弹出"数据采集"对话框，如图 3-2-11 所示。

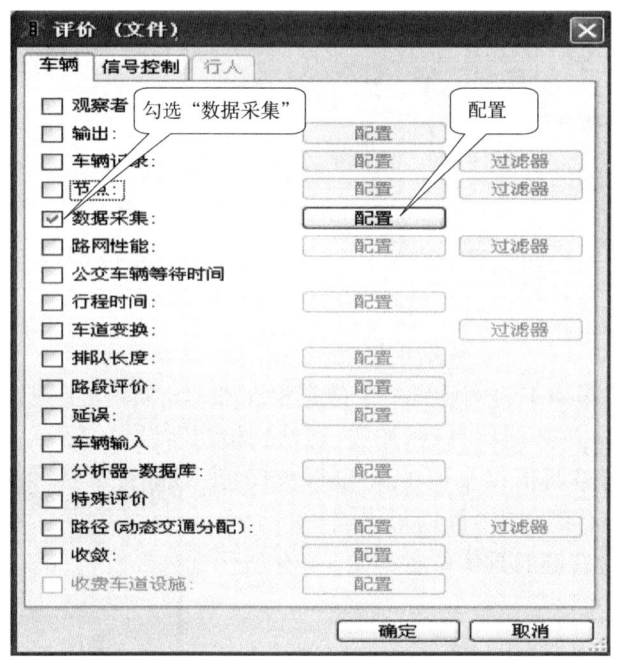

图 3-2-10　评价（文件）对话框

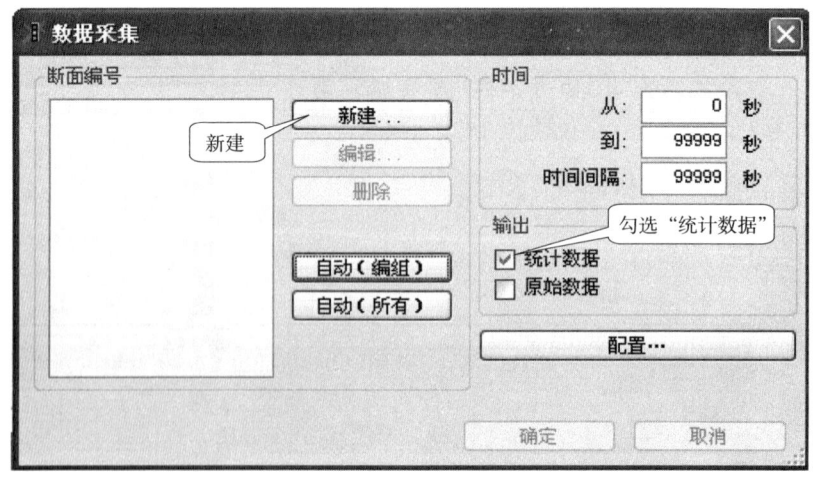

图 3-2-11　数据采集对话框

②激活数据检测器。如图 3-2-11 所示，首先勾选"输出"栏里的"统计数据"，然后点击"新建"按钮弹出"检测"对话框，如图 3-2-12 所示，选中要激活的检测器"1：西出口1"，然后

点击"确定"返回到"数据采集"对话框,此时,"断面编号"栏里显示检测器"1(1)",表明该检测器已激活,如图 3-2-13 所示。点击"配置"按钮弹出"数据检测—配置"对话框,如图 3-2-14 所示,进行输出数据设置。

提示①:勾选"输出"栏里的"统计数据"之前,"新建"按钮为非激活状态,因此,必须首先勾选"输出"栏里的"统计数据",才能进行"新建"操作。

提示②:在涉及多个数据检测器时,同一断面上的多个检测器可同时激活。例如,若在西出口 4 条车道上分别布设一条检测器,则西出口的 4 个检测器可同时"添加"到同一"断面编号"栏里,方法为:进行如图 3-2-12 所示的操作时,按住"Ctrl"键选中多个要同时"添加"的检测器。

提示③:可对已添加的数据检测器进行"编辑"、"删除"等操作。

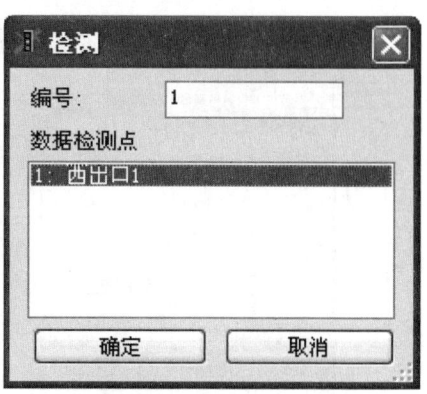

图 3-2-12 检测对话框

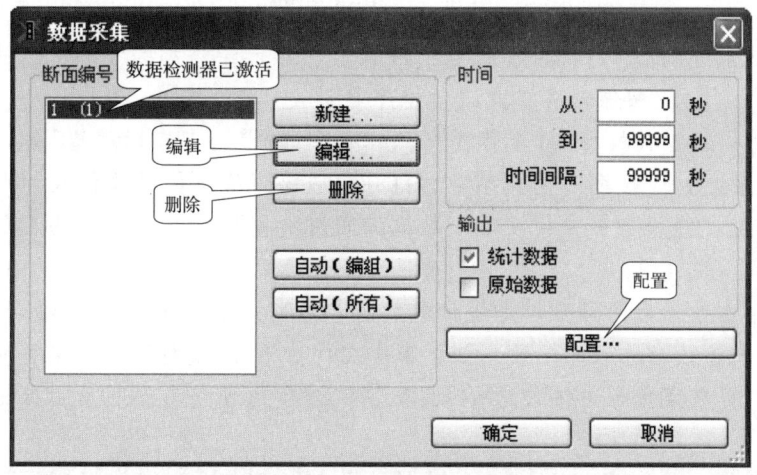

图 3-2-13 数据检测器 1 已激活

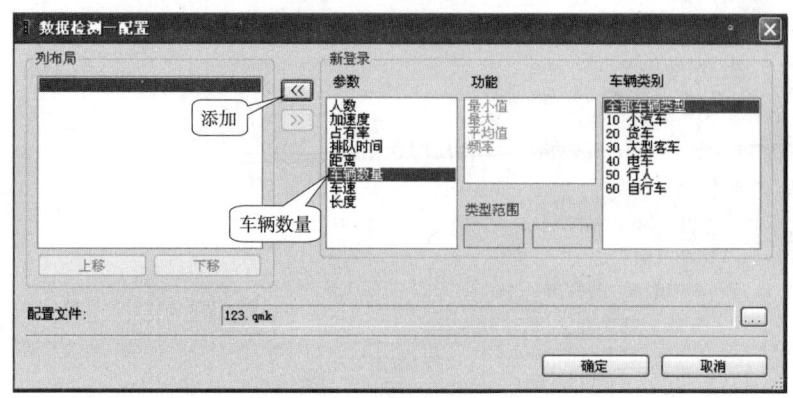

图 3-2-14 数据检测—配置对话框

③在"数据检测—配置"对话框中,单击选中"参数"栏里的"车辆数量",然后点击"添加"按钮,将"车辆数量"添加到"列布局"栏里,以同样方法将"占有率"添加到"列布局"栏里,设置完成后如图3-2-15所示,点击"确定"后逐级返回到路网界面。

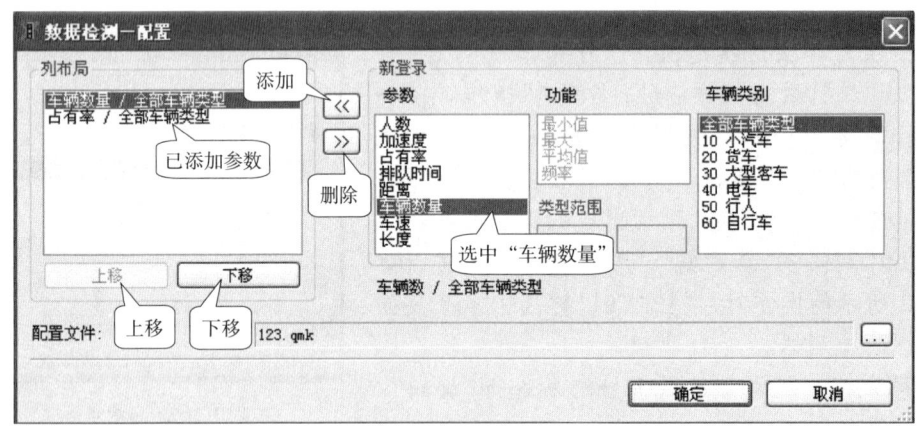

图 3-2-15　参数添加完成

提示①:这里可以添加"车辆数量"和"占有率",对已经添加的参数可以进行删除,还可以通过"上移"、"下移"按钮对各参数进行排序。

提示②:可以设置被检测的"车辆类别",本章中选择"全部车辆类型"。

④点击"连续仿真"按钮。仿真结束后打开存放该工程文件的文件夹,用记事本方式打开后缀为".mes"的统计数据文件。输出数据为通过检测器1的"车辆数量"和"占有率",如图3-2-16所示。

提示:记事本中最后两行分别是统计参数的名称和具体的统计数据,统计数据的顺序和上一行中对应的参数名称顺序一致。如记事本文件打不开,或打开后没有任何内容,说明仿真运行未结束,可在菜单栏中依次选择"仿真"→"连续",使仿真运行至结束,再打开记事本文件。

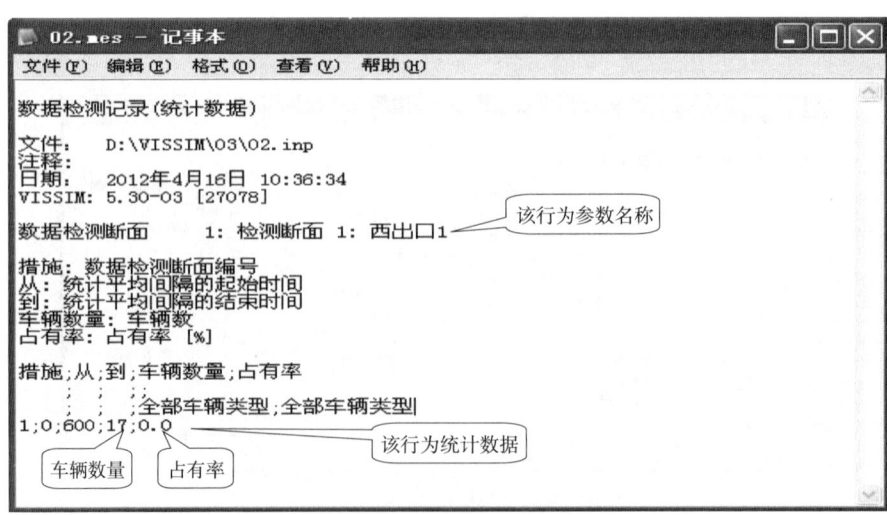

图 3-2-16　数据检测器1的统计数据文件

(7)在其他出口车道上设置数据检测器(可选)

①参照步骤(5),依次在其他出口车道靠近出口处设置数据检测器。数据检测器编号和名称设置如表3-2-1所示,设置完成后如图3-2-17所示。

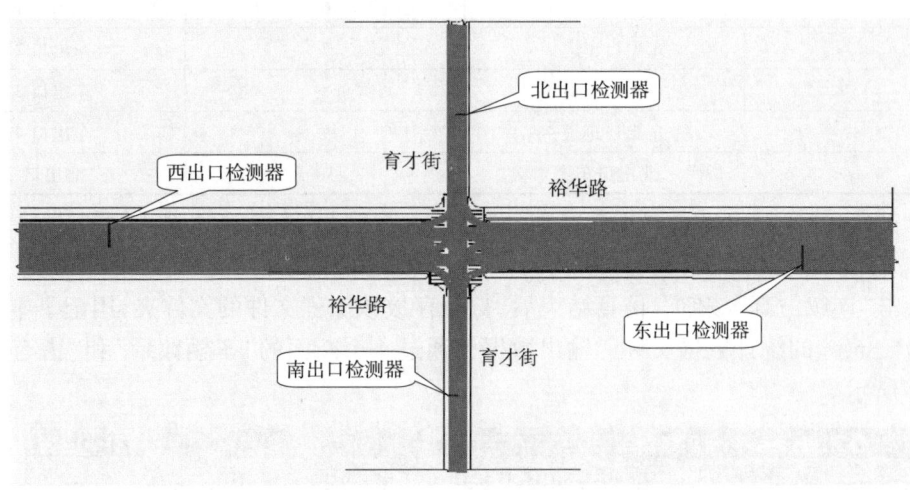

图3-2-17　出口车道数据检测器设置完成

②对西出口所有车道上"车辆数量"及"占有率"进行评价。具体操作可参照(6),如图3-2-13所示,在弹出的"数据采集"对话框中,选中"断面编号"中的"1(1)",点击"编辑"按钮,在弹出的"检测"对话框中,如图3-2-18所示,选中"数据检测点"栏的"1:西出口1"后,按住"Ctrl"键依次选择"2:西出口2"、"3:西出口3"、"4:西出口4",点击"确定",激活西出口断面的4个检测器,返回到"数据采集"对话框。

③点击"数据采集"对话框中的"新建"按钮,参照步骤②激活南出口断面的1个检测器。

④点击"数据采集"对话框中的"新建"按钮,参照步骤②激活东出口断面的4个检测器。

⑤点击"数据采集"对话框中的"新建"按钮,参照步骤②激活北出口断面的1个检测器。

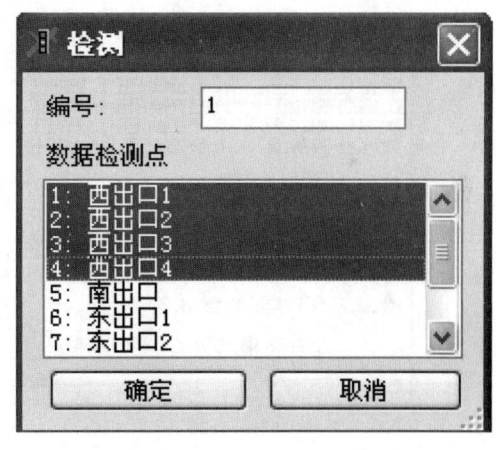

图3-2-18　添加西出口断面的4条检测器

设置数据检测器参数　　　　　　　　表3-2-1

断面编号	车道名称	数据检测器编号	数据检测器名称
1	西出口车道1	1	西出口1
1	西出口车道2	2	西出口2
1	西出口车道3	3	西出口3
1	西出口车道4	4	西出口4

续上表

断面编号	车道名称	数据检测器编号	数据检测器名称
2	南出口车道	5	南出口
3	东出口车道1	6	东出口1
3	东出口车道2	7	东出口2
3	东出口车道3	8	东出口3
3	东出口车道4	9	东出口4
4	北出口车道	10	北出口

提示：东出口和西出口均有4条车道，东出口由下至上（沿车流方向由右至左）4条车道分别为1、2、3、4车道。

⑥点击"连续仿真"按钮。仿真结束后，打开存放该工程文件的文件夹，用记事本方式打开后缀为". mes"的统计数据文件。输出数据为通过4个断面的"车辆数量"和"占有率"，如图3-2-19所示。

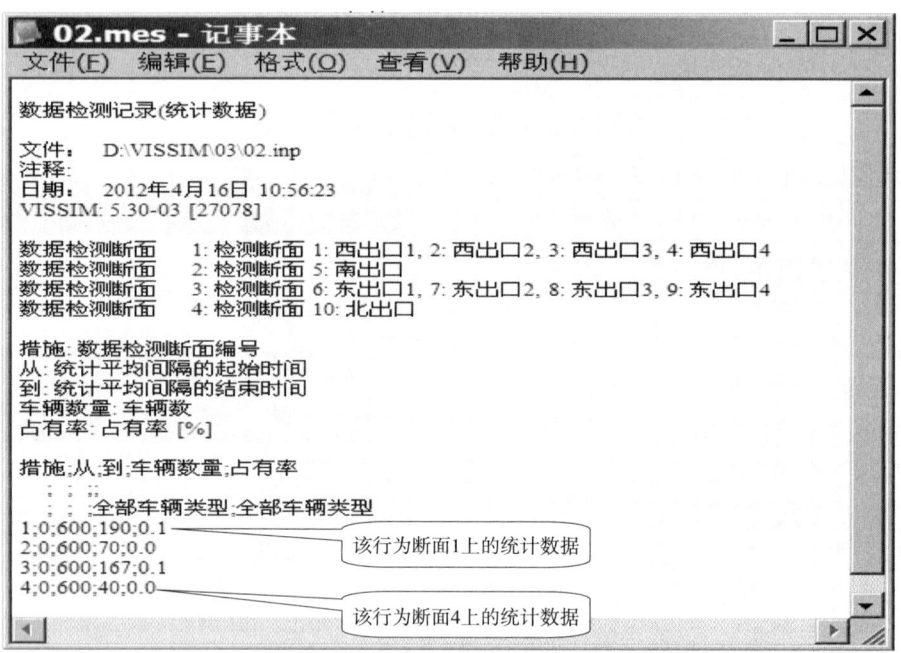

图3-2-19　4个断面上的统计数据文件

（8）在东进口直行车道上设置行程时间检测器

第1章已介绍"行程时间检测器"的设置方法，这里结合裕华路的具体情况说明其在交叉口处的布设方法。

教学录像

①单击左侧工具栏"行程时间"按钮，切换到行程时间检测器设置状态。

②设置行程时间检测器的起点。单击选中裕华路东进口可变道路段，将鼠标移至靠近起点处某一点，单击鼠标右键，此时在车道上出现一条红色线段（行程时间检测器的起始点）。

③设置行程时间检测器的终点。鼠标移至西出口车道单击选中出口车道，然后在靠近出口处某一点单击右键选中某一点，此时在该点出现一条绿色线段（行程时间检测器的终

点),并弹出"编辑行程时间检测"对话框,如图 3-2-20 所示,"名称"设置为"东进口直行"。设置完成后如图 3-2-21 所示。

提示:如果未弹出"编辑行程时间检测"对话框,说明设置行程时间检测器的路段未连通,应检查该路段连接器是否正常。

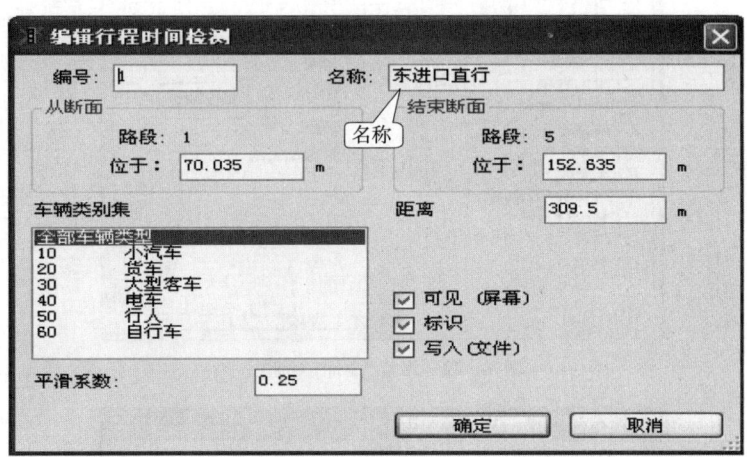

图 3-2-20　编辑行程时间检测对话框

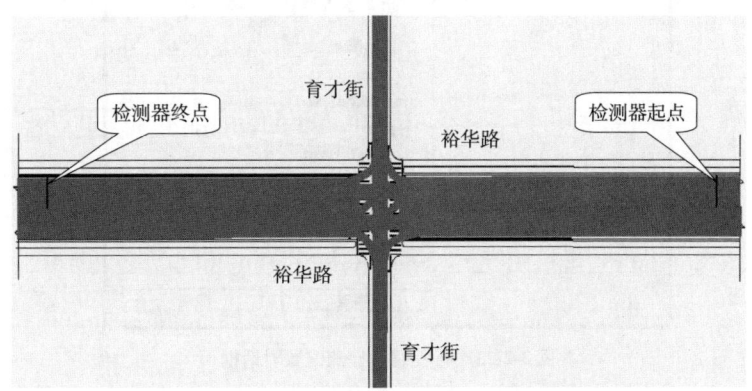

图 3-2-21　东进口直行车道行程时间检测器设置完成

(9)对东进口直行车道上的车辆行程时间和延误进行评价

完成东进口直行车道上行程时间检测器设置后,可依托其进行行程时间和延误检测。车辆延误的计算方法为车辆实际行程时间减去理想条件下的行程时间,所以应为每一个延误检测区段配置相应的行程时间检测器。具体操作步骤如下:

①在菜单栏中依次选择"评价"→"文件",弹出"评价(文件)"对话框,如图 3-2-22 所示。勾选"行程时间"项。点击"行程时间"选项后的"配置"按钮,将弹出"行程时间检测配置"对话框如图 3-2-23 所示。

②如图 3-2-23 所示,点击"确定"返回到"评价(文件)"对话框。

提示:"行程时间检测配置"对话框中的"统计数据"应为选中状态。

③如图 3-2-22 所示,勾选"延误"项,点击"延误"选项后的"配置"按钮,将弹出"延误检测—配置"对话框如图 3-2-24 所示。点击"新建"弹出"延误区段"对话框,如图 3-2-25 所示。

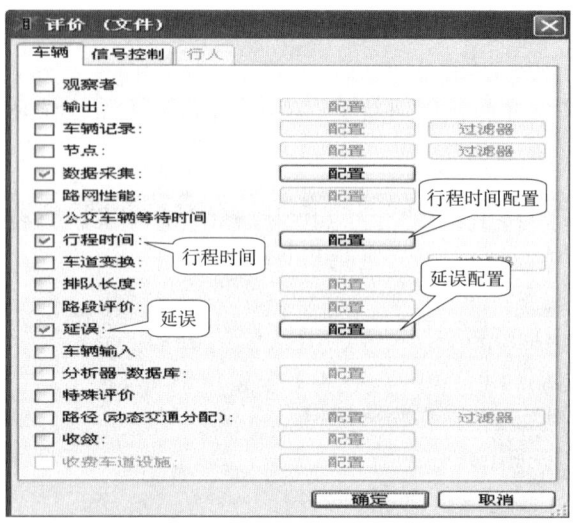

图 3-2-22 评价(文件)对话框

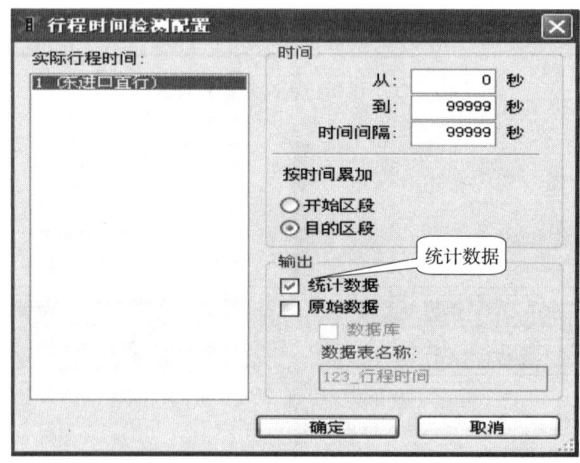

图 3-2-23 行程时间检测配置对话框

④参照图 3-2-25,选中行程时间栏里的行程时间检测器 1,点击"确定",对延误区段检测器 1 指定了对应的行程时间检测器 1。返回到"延误检测—配置"对话框,如图 3-2-26 所示,点击"确定",延误检测器设置完成。

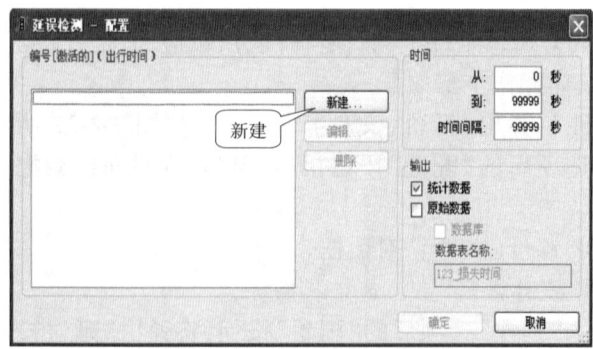

图 3-2-24 延误检测—配置对话框

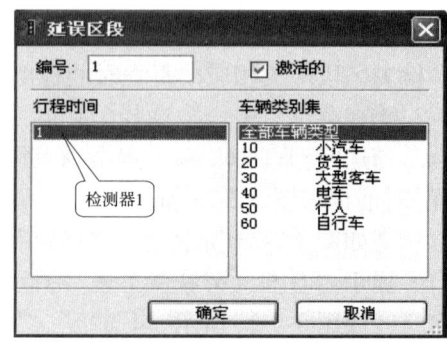

图 3-2-25 延误区段对话框

提示①：图 3-2-26 说明，延误区段检测器 1 对应行程时间检测器 1。

提示②：一个延误区段检测器可同时对应多个行程时间检测器，当对应多个时，其延误值为多个行程时间检测器上车辆延误的平均值。

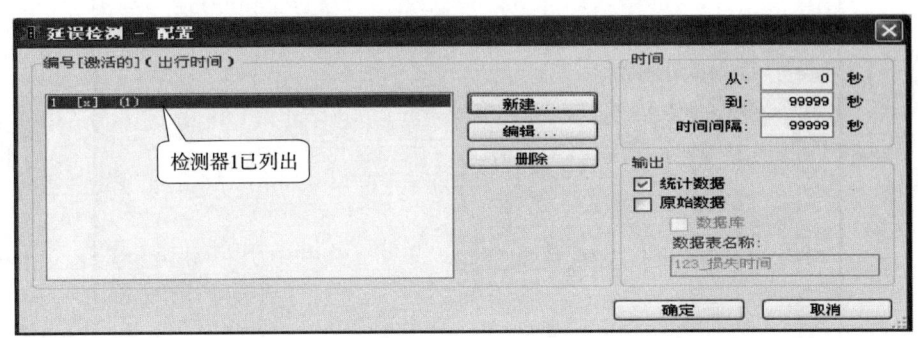

图 3-2-26　检测器 1 已激活

⑤点击"连续仿真"按钮。仿真结束，打开存放该工程文件的文件夹，用记事本方式打开后缀为".rsz"的行程时间统计数据文件，如图 3-2-27 所示。

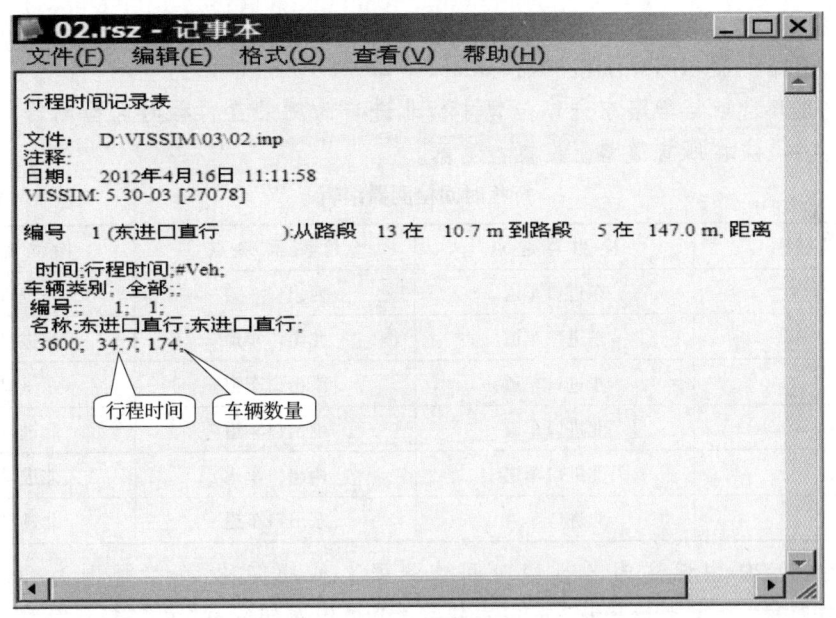

图 3-2-27　行程时间统计数据文件

⑥用记事本方式打开后缀为".vlz"的延误统计数据文件。如图 3-2-28 所示。

提示："延误"为车辆总延误的平均值（单位：s）；"Stopd"为每辆车的平均停车时间（单位：s），不包括在公交站点或停车场的乘客上下车时间；"Stops"为每辆车的平均停车次数，不包括在公交站点或停车场处的停车次数；"#Veh"为通过车辆数；"Pers."为每人的平均延误（单位：s），不包括乘客在公交站点的停止时间；"#Pers"为通过的乘客数。

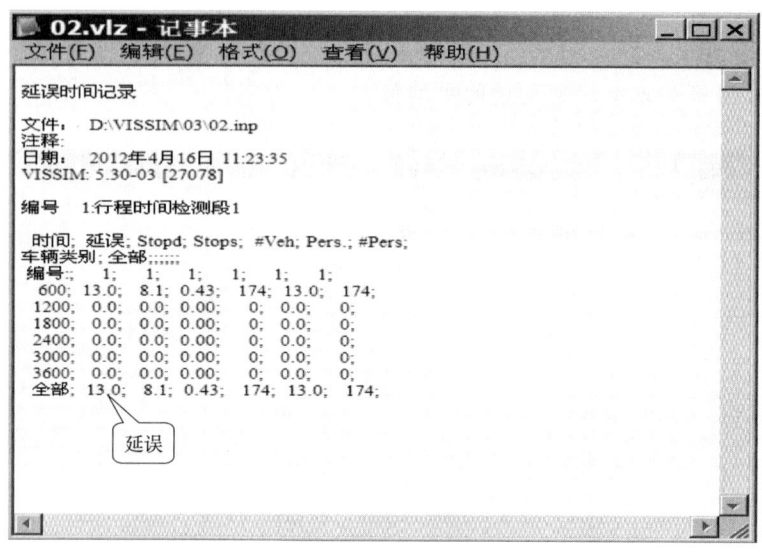

图 3-2-28　延误统计数据文件

（10）在东进口和北进口车道上设置行程时间检测器（可选）

①参照步骤（8），按表 3-2-2 所示依次在东进口和北进口车道上添加行程时间检测器，编辑完成后，道路上显示出 6 个检测器，如图 3-2-29 所示。

提示：这里只选取裕华路东进口与育才街北进口为例设置行程时间检测器。若要全面评价一个交叉口，应在所有道路上设置检测器。

行程时间检测器编辑　　　　　　　　　表 3-2-2

检测器编号	检测器起点	检测器终点	检测器名称
1	东进口车道	西出口车道	东进口直行
2	东进口车道	北出口车道	东进口右转
3	东进口车道	南出口车道	东进口左转
4	北进口车道	南出口车道	北进口直行
5	北进口车道	西出口车道	北进口右转
6	北进口车道	东出口车道	北进口左转

提示：图 3-2-29 中标注为各行程时间检测器名称的简称，命名规则为：东进口简称"东"，北进口简称"北"，直行简称"直"，右转简称"右"，左转简称"左"，起点简称"起"，终点简称"终"，例如"东进口右转检测器起点"简称"东右起"。

②完成行程时间检测器设置后，参照步骤（9）中②在弹出的"行程时间检测配置"对话框中选中所有检测器，如图 3-2-30 所示，点击"确定"按钮，激活所有行程时间检测器。

③设置延误区段 1，参照步骤（9）中的操作③，在弹出的"延误检测—配置"对话框里，选中已激活的"1[x]（1）"延误检测器，如图 3-2-26 所示，点击"编辑"按钮，在弹出的"延误区段"对话框里按住"Ctrl"键依次选中行程时间检测器 1、2、3，如图 3-2-31 所示，点击"确定"返回到"延误检测—配置"对话框。

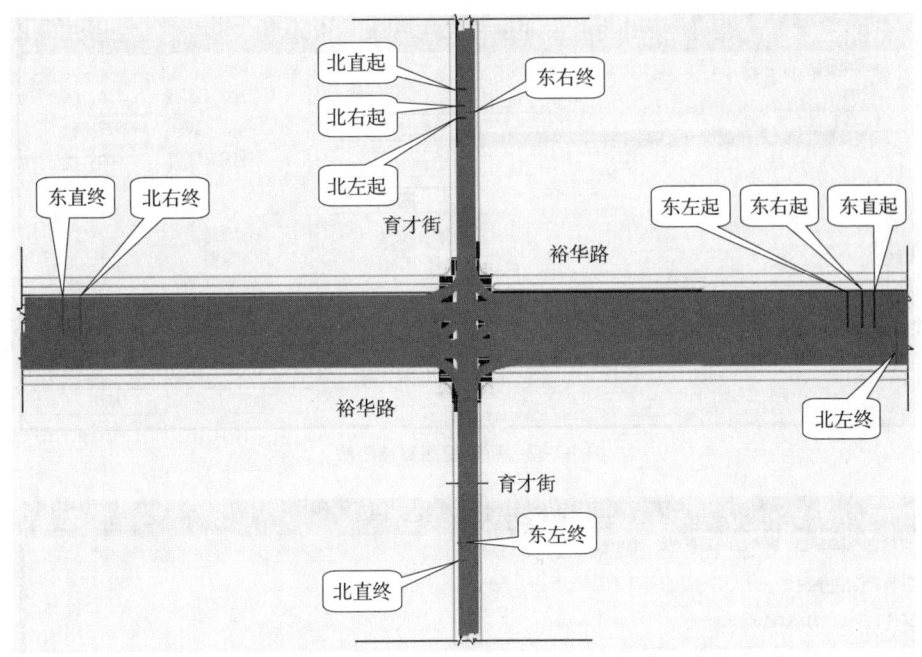

图 3-2-29 设置东进口与北进口行程时间检测器

图 3-2-30 选中所有检测器

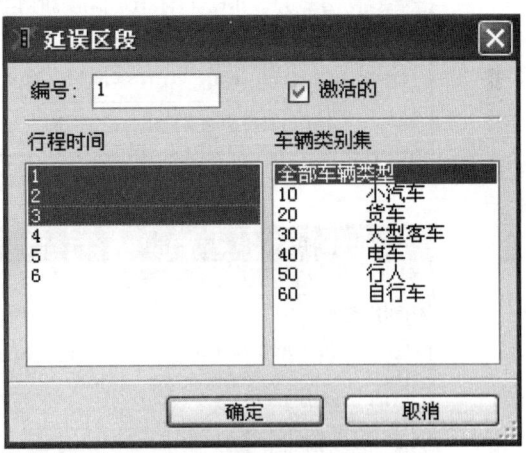

图 3-2-31 设置延误区段 1

④设置延误区段 2。点击"新建"按钮,在弹出的"延误区段"对话框里按住"Ctrl"键依次选中行程时间检测器 4、5、6,点击"确定"返回到"延误检测—配置"对话框,如图 3-2-32 所示,所有行程时间检测器编号已被列出,表明检测器全部被激活,点击"确定",延误检测区段设置完成。

⑤完成行程时间和延误设置后,点击"连续仿真"按钮,仿真结束后用记事本方式打开后缀为".rsz"的行程时间统计数据文件。如图 3-2-33 所示。用记事本方式打开后缀为".vlz"的延误统计数据文件。如图 3-2-34 所示。

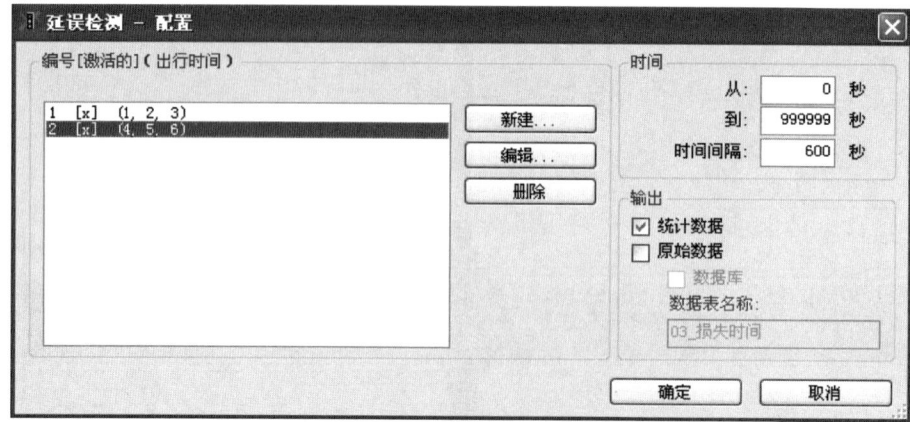

图 3-2-32　所有检测器被激活

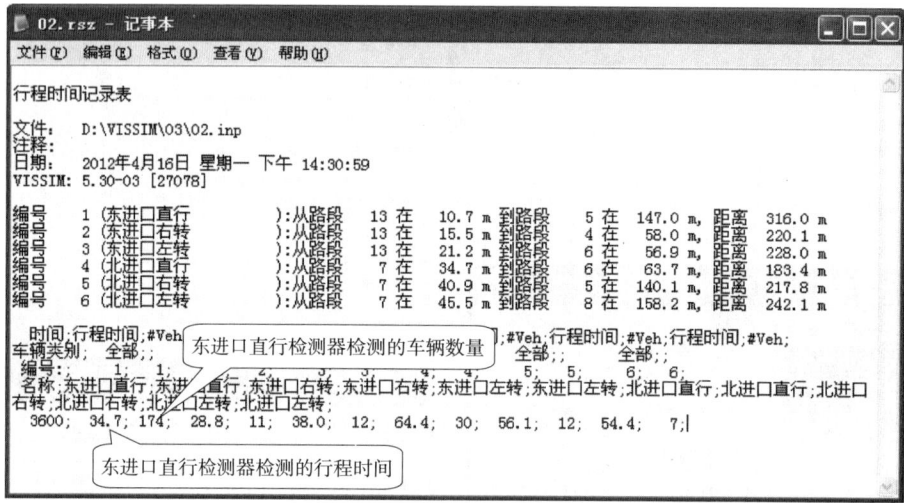

图 3-2-33　行程时间统计数据文件

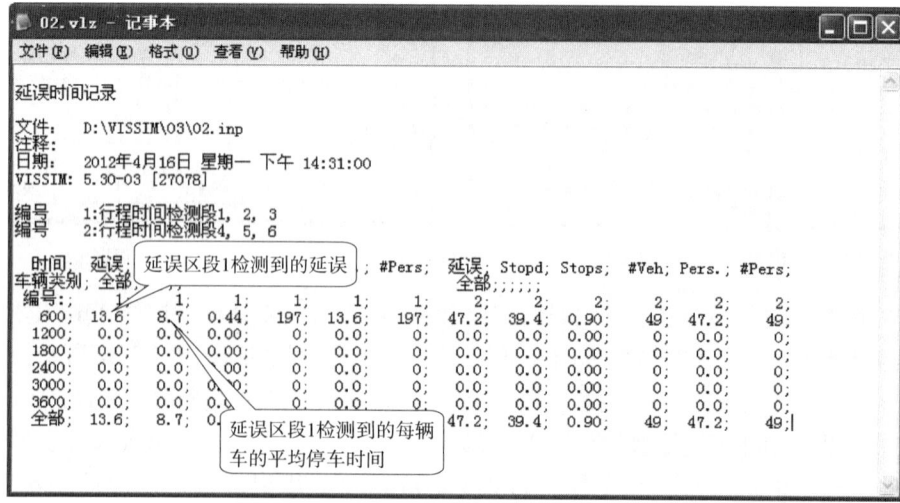

图 3-2-34　延误统计数据文件

(11)设置排队计数器

以裕华路东进口直行车道为例设置一个排队计数器,具体操作步骤如下:

①单击左侧工具栏"排队计数器"按钮,切换到排队计数器设置编辑状态。

②单击选中裕华路东进口直行车道,靠近停车线处点击鼠标右键,弹出"排队计数器"对话框,如图 3-2-35 所示,点击"确定"即可,设置完成后在靠近停车线处出现一条蓝色线段,如图 3-2-36 所示。

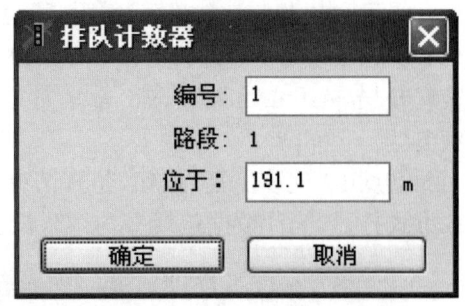

图 3-2-35 排队计数器对话框

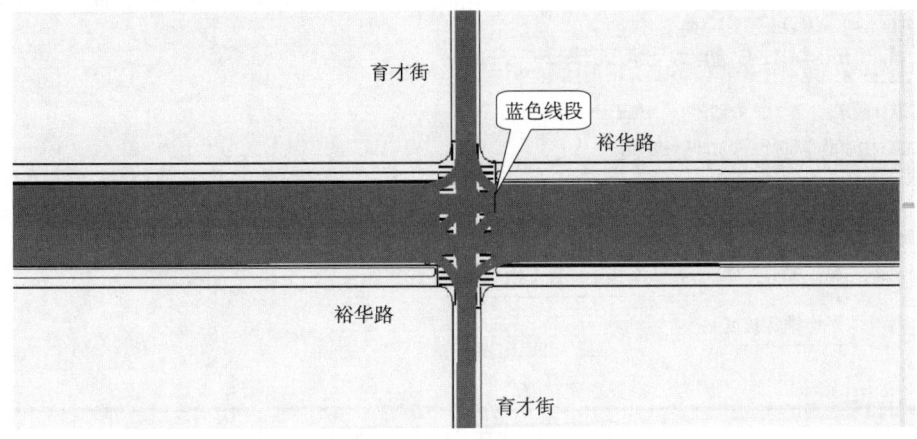

图 3-2-36 排队计数器设置完成

(12)对排队长度及排队次数进行评价

东进口直行车道上排队计数器设置完成后,对排队计数器进行配置,具体操作步骤如下:

①在菜单栏中依次选择"评价"→"文件",弹出"评价(文件)"对话框,勾选"排队长度"项,点击"排队长度"选项后的"配置"弹出"排队计数器设置"对话框,如图 3-2-37 所示,本章全部采用默认值,所以点击"确定"完成设置。

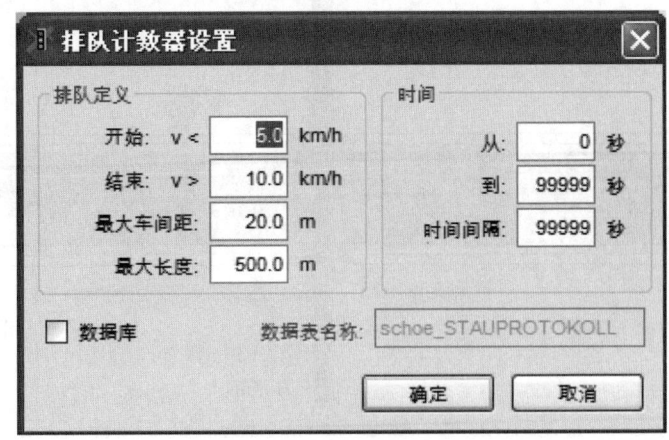

图 3-2-37 排队计数器设置对话框

提示：在"排队计数器"设置对话框里可定义排队的开始速度、结束速度、最大车间距和最大长度。当车速小于排队定义的开始速度时，认为车辆在排队。当车速大于排队定义的结束速度时，车辆不在排队状态。当车间距大于排队定义的最大车间距时，认为车辆不在排队状态。

②点击"连续仿真"按钮，仿真结束生成后缀为".stz"的排队长度统计数据文件，用记事本方式打开，统计数据包括平均排队长度、最大排队长度以及停车次数。如图3-2-38所示。

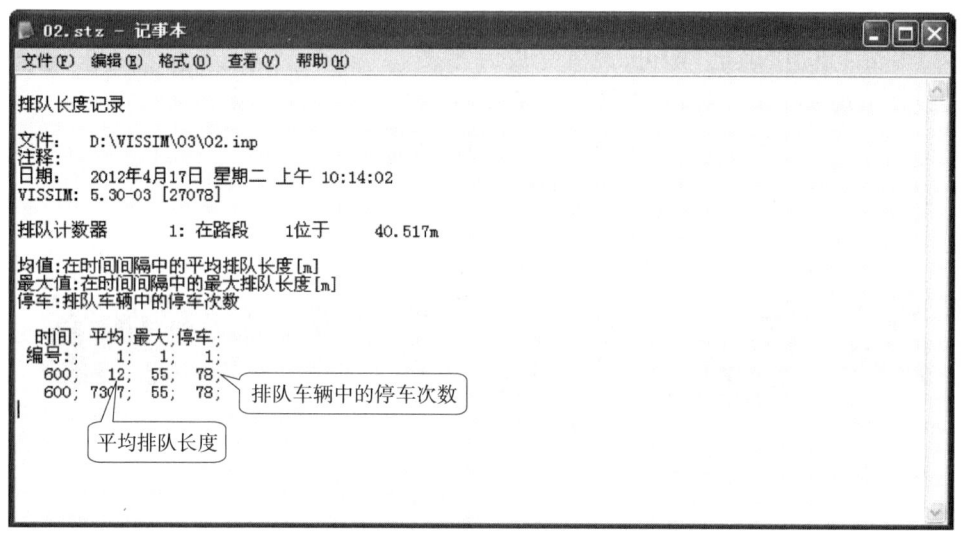

图3-2-38 排队长度统计数据文件

（13）设置其他直行车道上的排队计数器（可选）

参照步骤（11），依次在西进口直行车道、南进口车道和北进口车道的靠近停车线处设置排队计数器。设置完成后如图3-2-39所示，并对排队长度及停车次数进行评价。输出数据如图3-2-40所示。

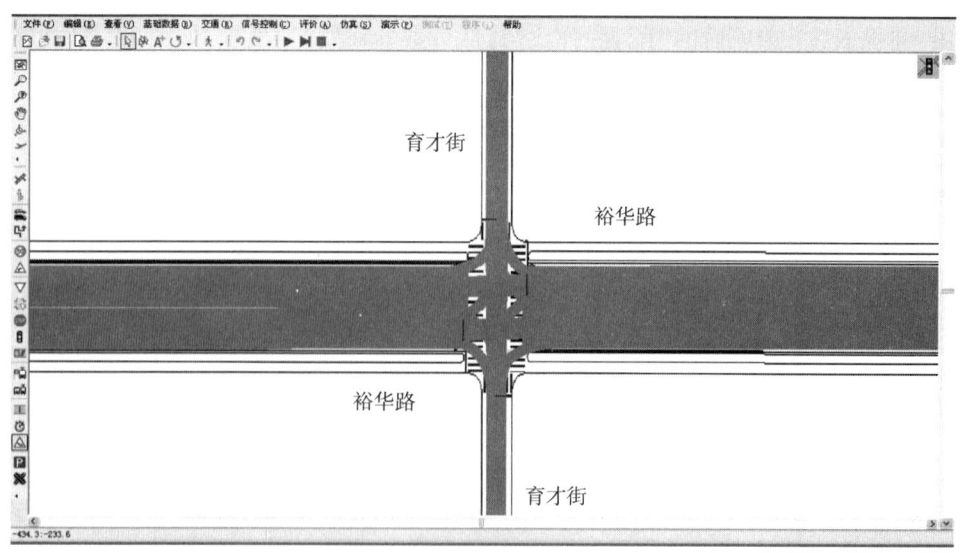

图3-2-39 4条排队计数器设置完成

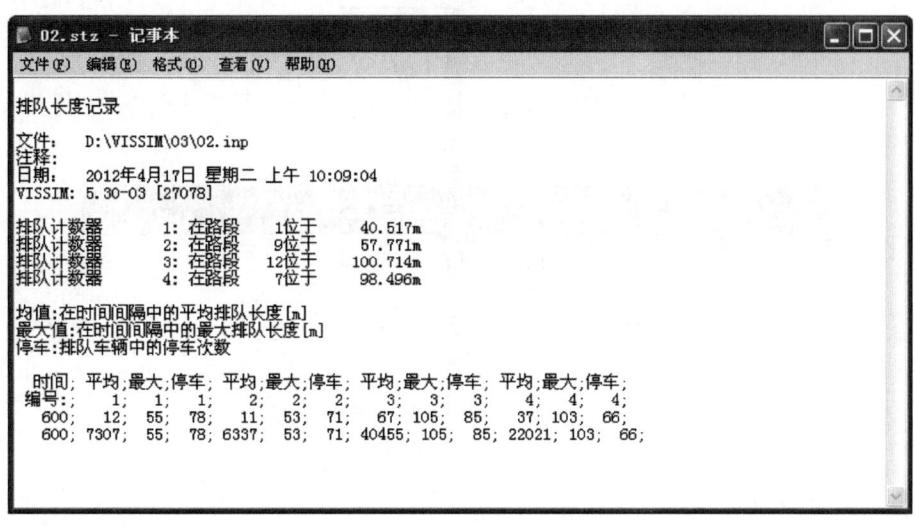

图 3-2-40　排队长度统计数据文件

（14）设置节点

节点是指路网中的分叉路径，即通常意义上的交叉口。对整个节点进行整体设置可简化仿真评价等操作，对于需要设置节点的交叉口应先绘制多边形。本小节以裕华路与育才街交叉口为例，练习十字交叉口处节点的设置，具体操作如下：

①单击左侧工具栏"节点"按钮，切换到节点编辑状态。

②如图 3-2-42 所示，按住鼠标右键从顶点 1 拖拽至顶点 2 松开鼠标，将鼠标移至顶点 3 单击鼠标右键，将鼠标移至顶点 4 双击鼠标弹出"节点"对话框，如图 3-2-41 所示。点击"确定"后，路网上显示如图 3-2-42 所示。

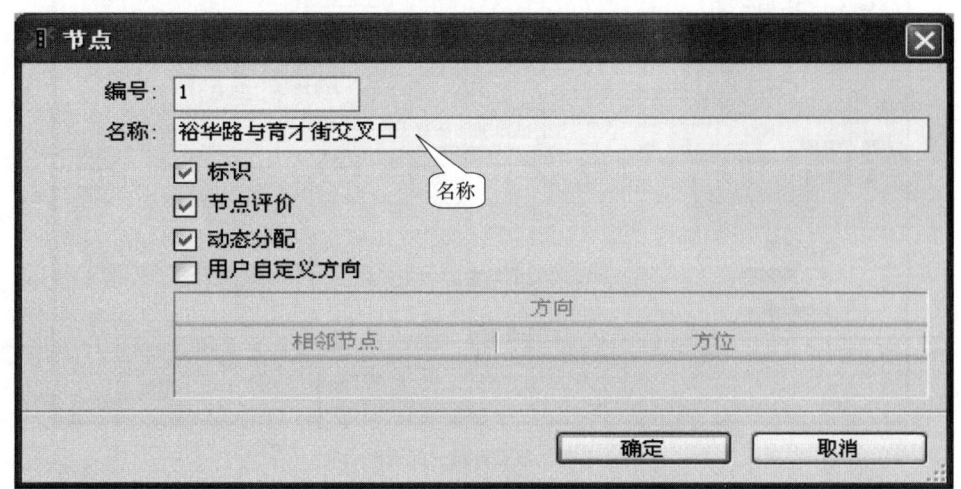

图 3-2-41　节点对话框

③将"名称"设置为"裕华路与育才街交叉口"，点击"确定"。设置完成后如图 3-2-42 所示出现一个四边形。

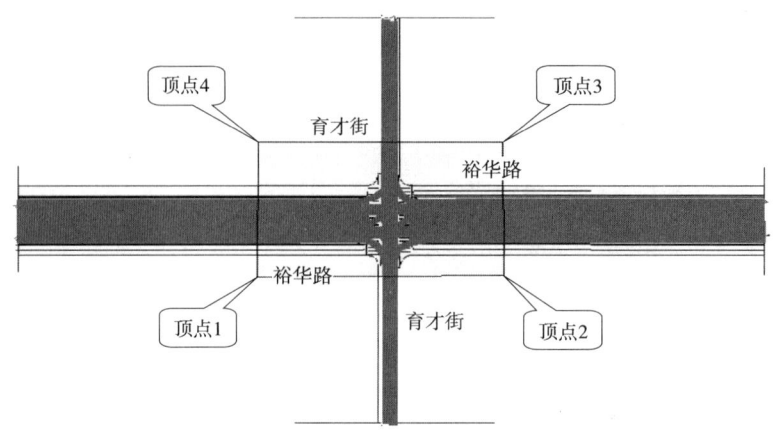

图 3-2-42　节点设置完成

（15）节点评价设置

①在菜单栏中依次选择"评价"→"文件"，弹出"评价（文件）"对话框，勾选"节点"项，点击"节点"选项后的"配置"弹出"节点评价—配置"对话框，如图 3-2-43 所示依次添加"节点、车流、车辆数量、人均延误、延误时间、Stops、停车延误、平均排队长度、最大排队长度"参数。添加完毕，点击"确定"返回到"评价（文件）"对话框。

提示：这里可以添加的参数还有很多，本节只选择有关延误和排队的部分参数。

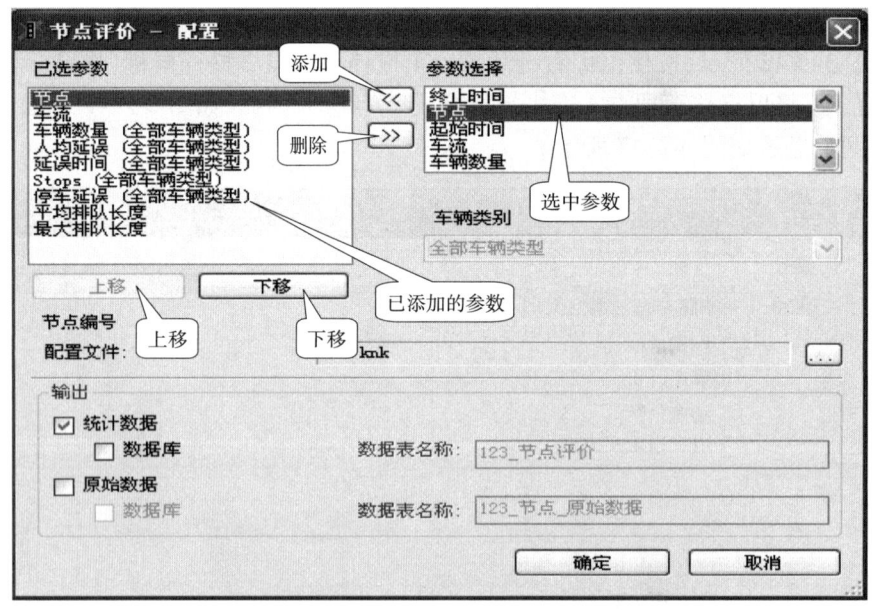

图 3-2-43　节点评价—配置对话框

②在"评价（文件）"对话框中，点击"节点"后的"过滤器"，弹出"节点评价—过滤"对话框，如图 3-2-44 所示，可以对节点进行设置。这里采用默认设置，点击"确定"即可。

提示：如果有多个节点需要评价，则需通过"添加"按钮激活需要评价的节点，这里只有"裕华路与育才街交叉口"一个节点。

③点击"连续仿真"按钮,仿真结束生成后缀为".kna"的节点统计数据文件,如图3-2-45所示。

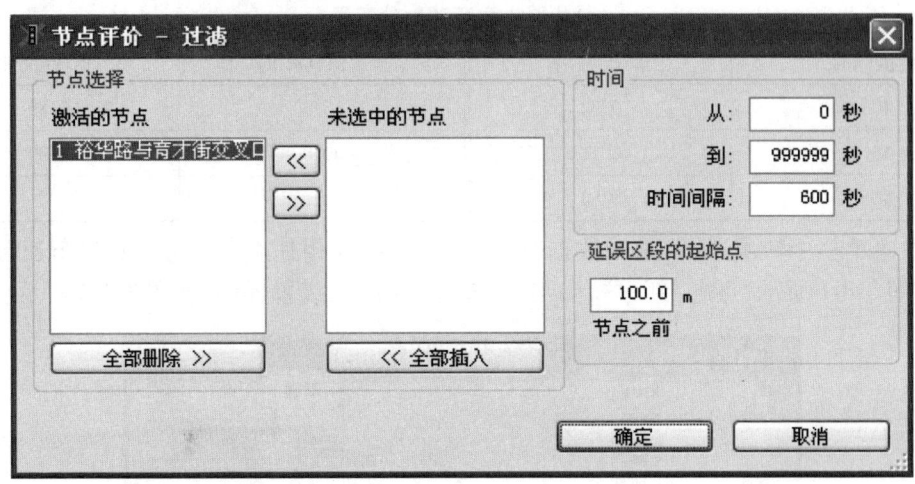

图3-2-44 节点评价—过滤对话框

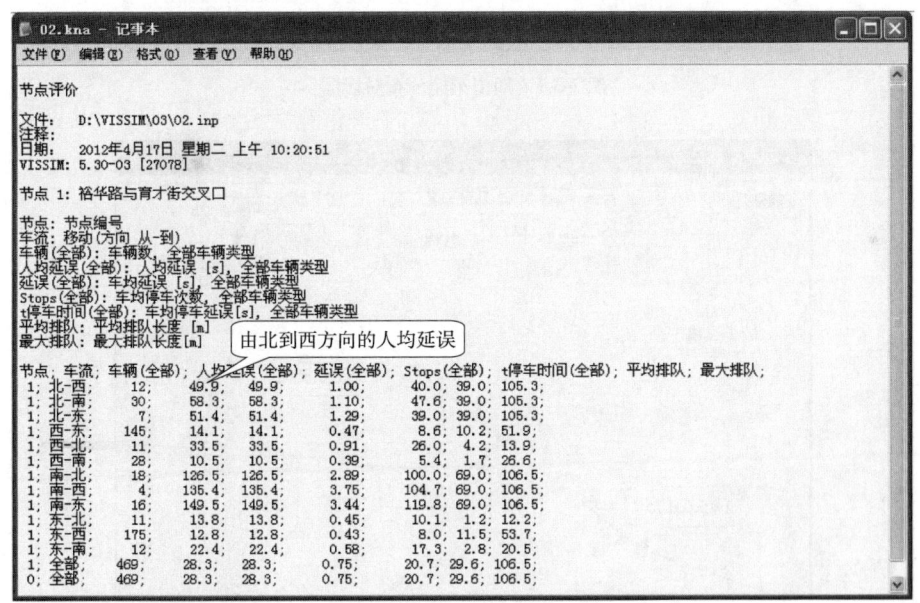

图3-2-45 节点统计数据文件

3.3 改变车速分布与车辆构成

本节将更改"期望车速分布"和"车辆构成"两个仿真参数,并用评价数据说明交通仿真评价参数会随交通条件的变化而产生变化。

(1)新建期望车速分布

依据现场调查,裕华路上小汽车速度的最大速度和最小速度分别为 60km/h 和

40km/h,实际分布如表 3-3-1 所示。此步骤,将根据现场调查的小汽车车速情况,新建一种车速分布。

裕华路小汽车速度分布表　　　　　　　　　　　　　表 3-3-1

速度值(km/h)	累 计 频 率	速度值(km/h)	累 计 频 率
40.0	0.00	55.0	0.85
45.0	0.15	60.0	1.00
50.0	0.50		

①在菜单栏中依次选择"基础数据"→"分布"→"期望速度",弹出"期望车速分布"对话框,如图 3-3-1 所示,点击"新建",弹出"期望车速分布"设置界面,如图 3-3-2 所示。

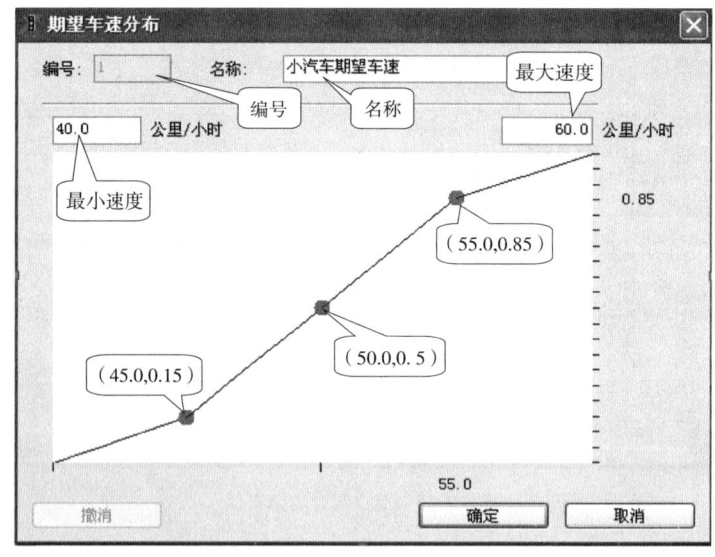

图 3-3-1　期望车速分布对话框

图 3-3-2　期望车速分布设置界面

提示:图 3-3-1 与图 3-3-2 中的对话框名称一样,为了便于区分,将图 3-3-2 中的对话框命名为"期望车速分布"设置界面。

②在"期望车速分布"设置界面上设置编号、名称以及车速范围,新建车速分布的"编号"为 1,"名称"为"小汽车期望车速",速度范围为"40.0~60.0km/h",如图 3-3-2 所示。

③设置点(45.0,0.15)。在图 3-3-2 中直线上某一点单击右键将在直线上出现一红色圆点。用鼠标左键按住红点拖动,左右移动至横坐标至 45.0 处(车速,单位:km/h,会在横坐标上有显示),上下移动至纵坐标至 0.15 处(累计频率,在纵坐标上有显示),完成点(45.0,0.15)的设置。

④参照③完成点(50.0,0.5)和点(55.0,0.85)的设置,设置完成后如图 3-3-2 所示。

⑤点击"确定"按钮,新建"小汽车期望车速"分布完成。

(2)新建车辆构成

VISSIM 中的车辆构成即交通组成,依据现场调查数据,裕华路上的车辆构成如表 3-3-2 所示。本步骤,会将表 3-3-2 中数据设置到交通仿真系统 VISSIM 中。

裕华路车辆构成　　　　　　　　表 3-3-2

车 辆 类 型	相 对 流 量	期 望 车 速
小汽车	0.85	小汽车期望车速(40~60)km/h
货车	0.05	30km/h(30.0,35.0)
大型客车	0.10	40km/h(40.0,45.0)

①在菜单栏中依次选择"交通"→"车辆构成",弹出"车辆构成"对话框如图 3-3-3 所示。

②点击"新建",弹出"车辆构成"设置对话框如图 3-3-4 所示,在此对话框中可以设置车辆构成编号和名称。将"编号"设置为 2,"名称"设置为"裕华路"。

提示:图 3-3-3 与图 3-3-4 中的对话框名称一样,为了便于区分,将图 3-3-4 中的对话框命名为"车辆构成设置对话框"。

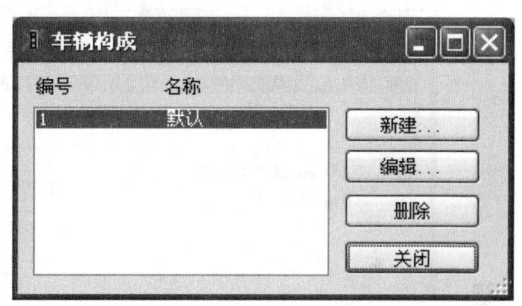

图 3-3-3　车辆构成对话框

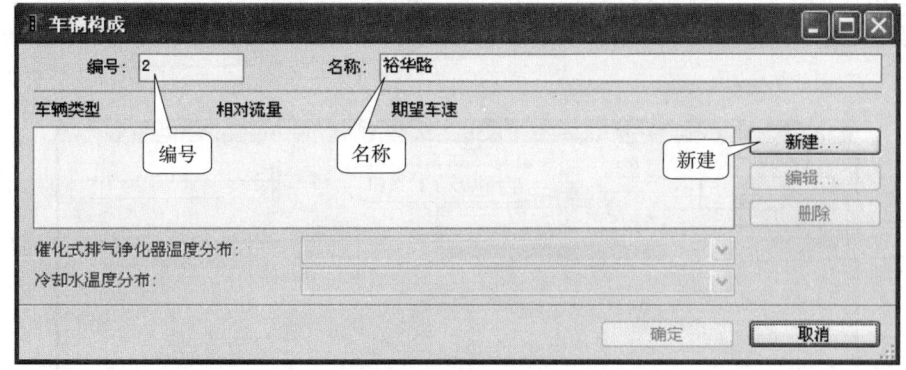

图 3-3-4　车辆构成设置对话框

③点击如图 3-3-4 所示中的"新建",弹出"车辆类型"对话框如图 3-3-5 所示。依据表 3-3-2,设置"车辆类型"为"100,小汽车","相对流量"为 0.850,"期望车速"为"1:小汽车期望车速(40.0,60.0)",设置完成后点击"确定",完成小汽车的设置。

提示：本步骤中设置了裕华路上的小汽车的期望速度，应用了 3.3 节步骤（1）中新建的车速分布。

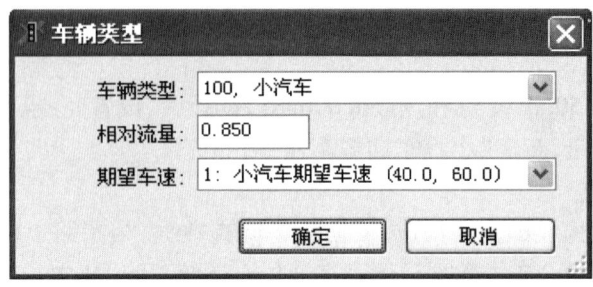

图 3-3-5　车辆类型对话框

④参照步骤③，依据表 3-3-2，设置货车和大型客车，设置完成后如图 3-3-6 所示。
提示：表 3-3-2 与图 3-3-6 表现形式不同，表现的内容是一样的。

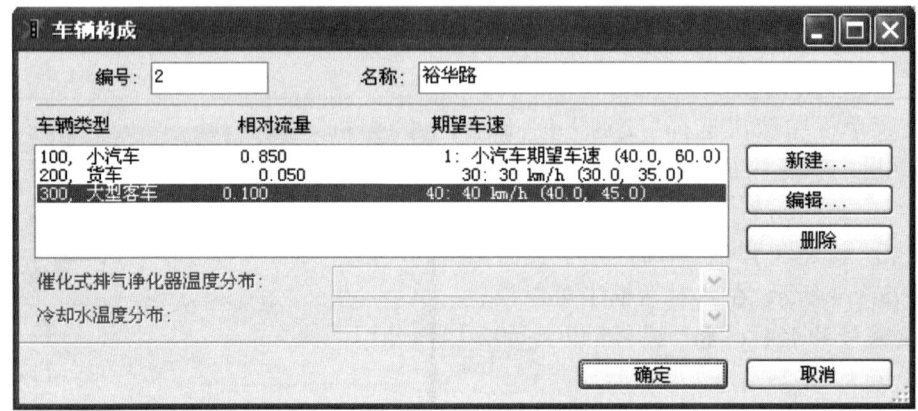

图 3-3-6　裕华路上车辆构成设置完成

（3）改变裕华路上的车辆构成

①单击左侧工具栏"车辆输入"按钮，切换到路段流量编辑状态。双击裕华路东进口可变道路段，弹出"车辆输入"对话框如图 3-3-7 所示，点击"车辆构成"下拉按钮，选择"2：裕华路"。

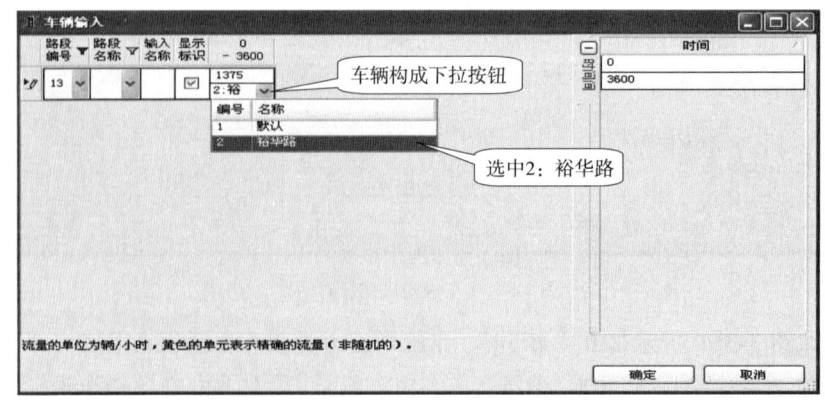

图 3-3-7　车辆输入对话框

②以同样的方法,将裕华路西进口车辆构成改为"2:裕华路"。

(4)使用节点方法进行评价

①在菜单栏中依次选择"查看"→"3D模式",点击"连续仿真"按钮,仿真结束后查看后缀为".kna"的评价文件,统计数据如图3-3-8所示。

提示①:为了便于查看改变车辆构成后的仿真效果,可以在3D模式下仿真。

提示②:在3D模式下仿真,发现裕华路东进口与西进口车道上增添了大型客车,并且货车出现的频率也增大了,这是因为默认情况下车辆构成为小汽车占0.98,货车占0.02,改变车辆构成后添加了大型客车,并改变了各自的比例。

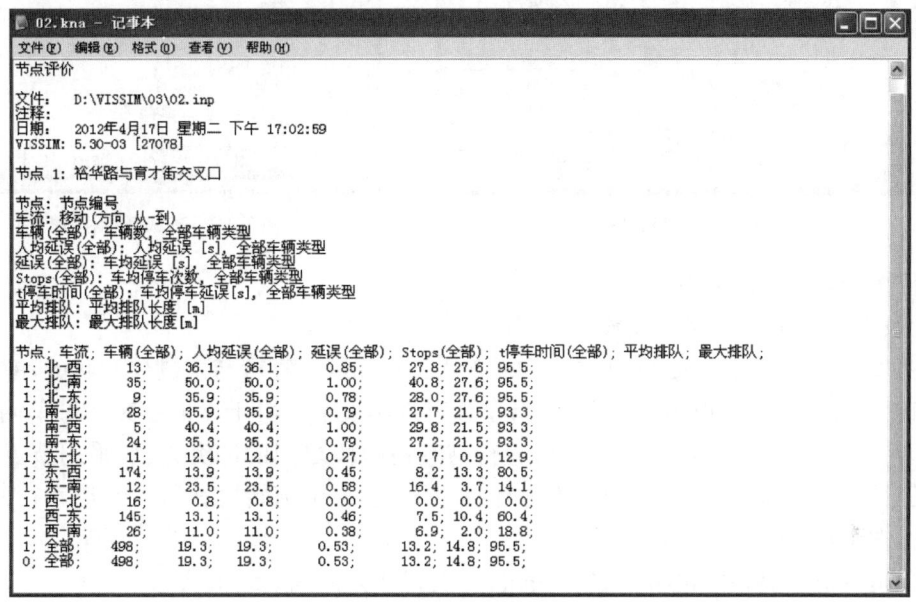

图3-3-8 改变车辆构成后的节点评价文件

②对比系统默认情况(图3-2-45)与改变小汽车车速分布和车辆构成后的节点评价统计数据(图3-3-8)。

提示①:改变车辆构成后,所有车道上的车辆数基本没变。

提示②:东进口直行、东进口左转、东进口右转、西进口直行、西进口左转与西进口右转车道上车流的人均延误、延误、停车次数、停车时间变化明显。

提示③:其他方向的车流基本上没什么变化,总的人均延误、延误、停车次数、平均排队变化明显。

提示④:以上这些变化,是由于东进口与西进口改变车辆构成引起的。

3.4 改变交叉口控制方式

无信号交叉口控制方式有多种,本节选择其中两种控制方式进行仿真。一种是次干路让行主干路,另一种是次干路停车让行主干路。这里采用设置冲突区及停车标志的方法对无信号交叉口进行仿真,并通过评价数据说明交通仿真评价参数会随交通条件的变化而产生变化。

(1) 删除交叉口处的所有信号灯

①单击左侧工具栏"信号灯"按钮,切换到信号灯编辑状态。

②右键单击视图区空白处,弹出"信号灯"对话框,如图 3-4-1 所示。

③单击选择列表中的第 1 个信号灯,点击"删除"按钮,弹出确认删除对话框如图 3-4-2 所示,点击"删除"命令按钮,即可删除已设信号灯。

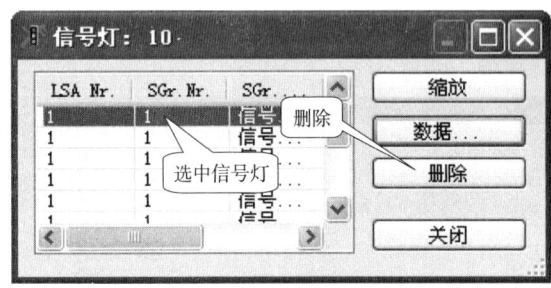

图 3-4-1　信号灯对话框

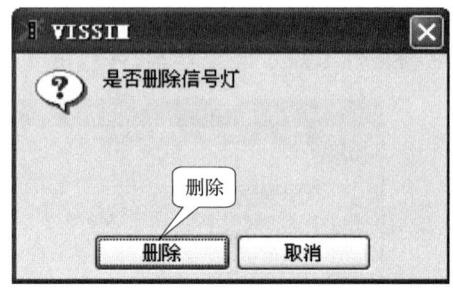

图 3-4-2　确认删除对话框

④依次删除所有信号灯。

(2) 交叉口的冲突区域集设置

前两章已谈到冲突区域集的设置,且第 2 章已对北进口直行与南进口左转的冲突区域、南进口直行与北进口左转的冲突区域进行了让行规则设置。由于无信号交叉口车辆运行状态较复杂,设置难度较大,本节以东进口直行与其他路段之间的冲突为例,采用节点的方法对冲突区域进行设置,设置规则为次干道让行主干道,主干道转弯让行主干道直行,次干道转弯让行次干道直行。

①单击左侧工具栏"冲突区域集"按钮,切换到冲突区域集编辑状态。

②在视图区空白处点击右键,弹出"冲突区域集"对话框,选中"显示节点内所有可能冲突区域"前复选框,如图 3-4-3 所示,并在下拉列表中选择"1 裕华路与育才街交叉口",选中后如图 3-4-4 所示。

提示: 冲突区的设置也可以用第 2 章中介绍的方法,但是当冲突区复杂,相互叠加难以选中时,本章方法非常奏效。

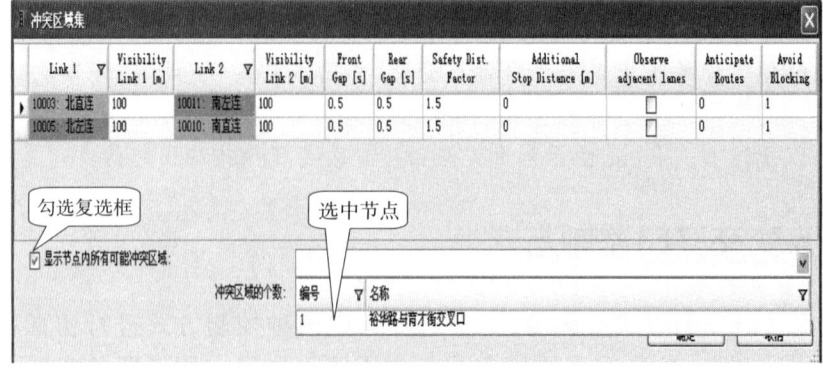

图 3-4-3　冲突区域集对话框

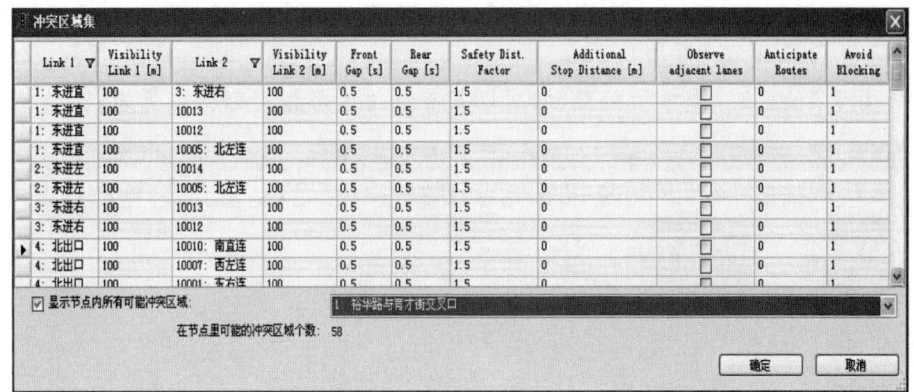

图 3-4-4　显示所有冲突区域

③设置冲突规则。此时冲突区域集对话框中将列出所有可能存在的冲突，点击"Link 1"右侧的下拉按钮，在弹出的下拉列表中选择"东直连"，如图 3-4-5 所示，出现所有与"东直连"可能存在的冲突，单击选中"东直连"与"南直连"一行，然后鼠标右击"东直连"，在弹出的下拉菜单中单击选择"优先"，如图 3-4-6 所示，完成后"东直连"会显示绿色，同时"南直连"显示红色，表示东进口直行与南进口直行之间的冲突区设置完毕，规则为"南直连"让行"东直连"。

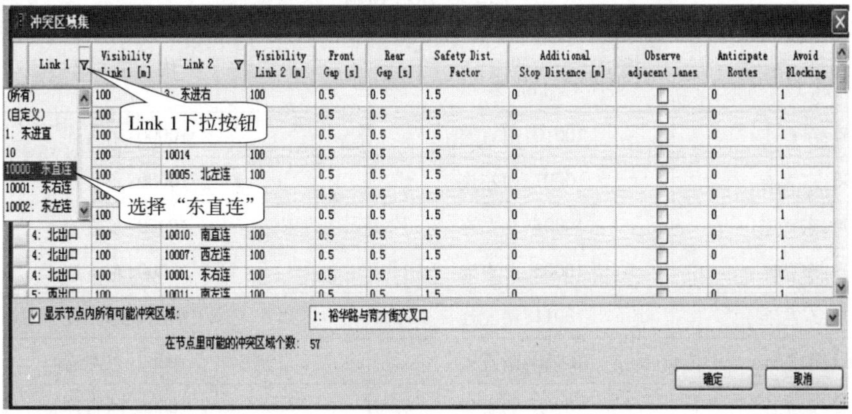

图 3-4-5　选择与东直连相关冲突区

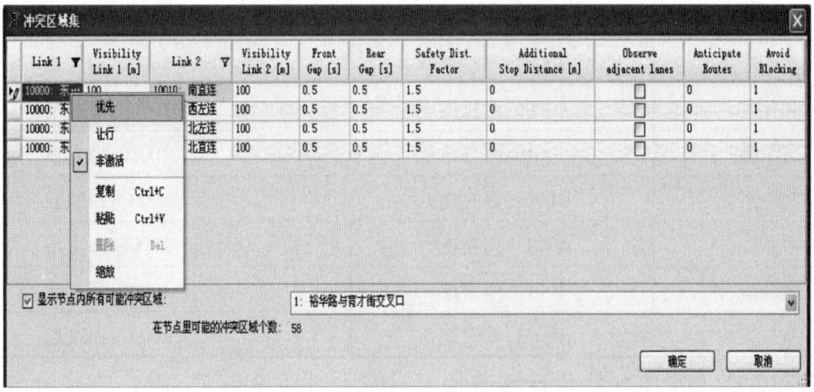

图 3-4-6　设置东直连与南直连冲突区

④用同样的方法设置"东直连"与其他相交路段的冲突规则,设置完成后如图 3-4-7 所示。

提示:由于"东直连"是主干路直行,所以其与任何道路相交都获得优先权。

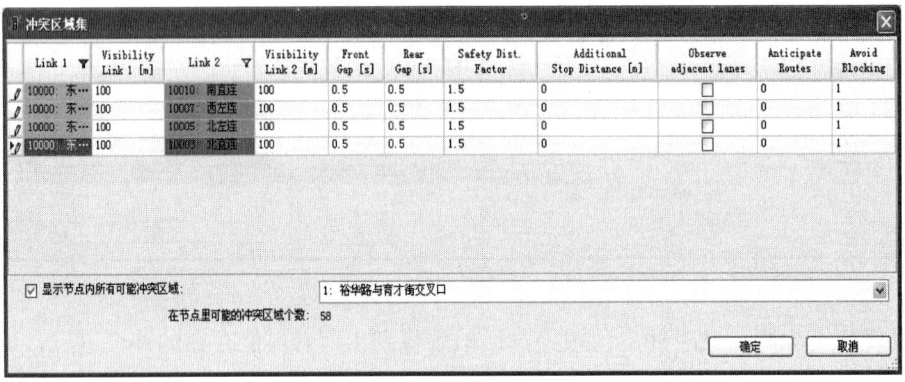

图 3-4-7 设置与东直连相关冲突区

⑤按照以上操作方法对交叉口内其他冲突区域进行让行设置,让行规则参见表 3-4-1, 设置完成后点击"确定",冲突区设置效果如图 3-4-8 所示。

冲突区让行规则　　　　　　　　　　　　　　　表 3-4-1

冲 突 路 段		优 先 权
Link 1	Link 2	
10000:东直连	10010:南直连	10000:东直连
10000:东直连	10007:西左连	10000:东直连
10000:东直连	10005:北左连	10000:东直连
10000:东直连	10003:北直连	10000:东直连
10002:东左连	10011:南左连	10002:东左连
10002:东左连	10010:南直连	10002:东左连
10002:东左连	10006:西直连	10006:西直连
10002:东左连	10005:北左连	10002:东左连
10003:北直连	10011:南左连	10003:北直连
10003:北直连	10007:西左连	10007:西左连
10003:北直连	10006:西直连	10006:西直连
10005:北左连	10010:南直连	10010:南直连
10005:北左连	10007:西左连	10007:西左连
10006:西直连	10011:南左连	10006:西直连
10006:西直连	10010:南直连	10006:西直连
10007:西左连	10011:南左连	10007:西左连

提示:由于每个人在路网编辑时路段间的位置并非完全相同,因此产生冲突区的位置和数量可能存在个别差异。例如,南进口左转和西进口左转之间的冲突可能体现在"南左连"

和"西左连"上,也可能在操作过程中"南左连"与"西左连"以及"西进直"均有重叠部分,因此"南左连"与"西左连"以及"西进直"均有冲突。

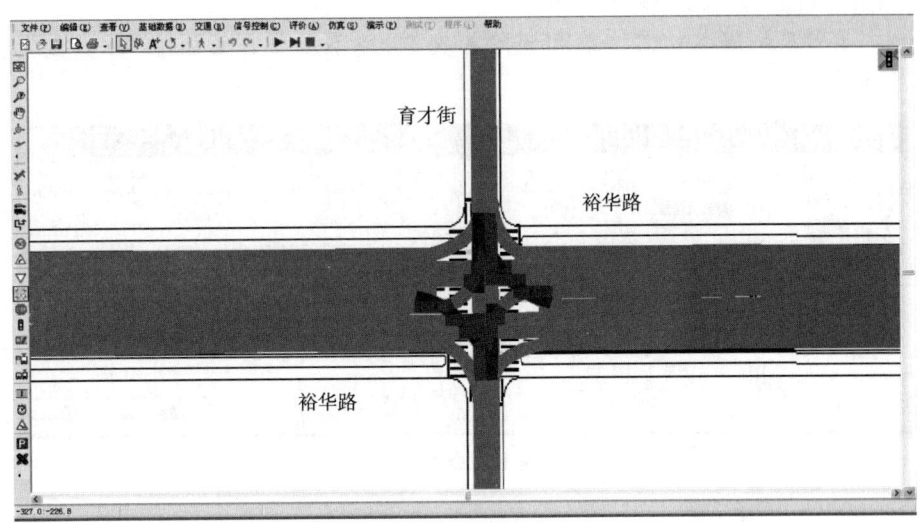

图 3-4-8　交叉口内所有冲突区域让行设置完成

(3) 修改或删除已设冲突区(可选)

由于交叉口内冲突区域较复杂,如果设置过程中让行规则设置错误,再次选中该冲突区可能很困难,本节以"北直连"与"南左连"之间的冲突区域为例,采用节点的方法修改及删除该冲突区。

① 在冲突区域集编辑状态下,右键单击视图区空白处将弹出"冲突区域集"对话框,单击"Link 1"下拉按钮,在弹出的下拉菜单中选择"北直连"。然后单击选中"北直连"与"南左连"之间的冲突区域。此时,路网上该冲突区域将高亮显示,如图 3-4-9 所示。

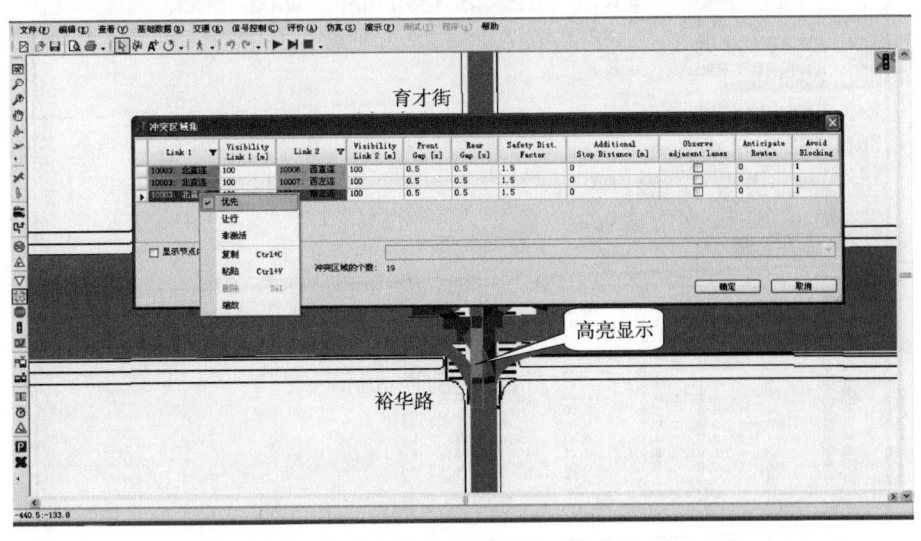

图 3-4-9　修改东左连与北直连冲突设置

②单击右键修改其让行规则,设置完成后点击"确定",如图3-4-9所示。

③如果要删除该冲突区域,单击该冲突区域集左侧的黑色三角,在下拉菜单中选择"删除",然后点击"确定",如图3-4-10所示。

提示:本步骤只是演示如何修改和删除冲突区,并不是要真正删除"北直连"与"南左连"之间的冲突区。

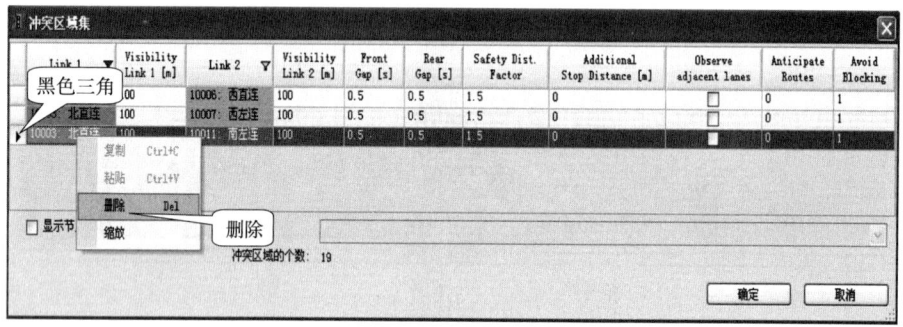

图3-4-10 删除冲突区

(4)3D模式下仿真查看

①在菜单栏中依次选择"查看"→"3D模式"。

②运行仿真。

提示:在3D模式下,清楚地显示出车辆行驶到交叉口处,会按照已设好的让行规则行驶。

(5)查看节点评价文件

打开后缀为".kna"的节点评价文件,查看评价结果如图3-4-11所示。

提示:与使用信号灯时输出的节点评价文件对比,延误与停车次数、停车时间、排队长度等都发生了很大的变化。最明显的是东进口及西进口的车流延误、停车次数、停车时间、排队长度较小,有的方向甚至为0,这是因为设置了次干路让行主干路的规则。

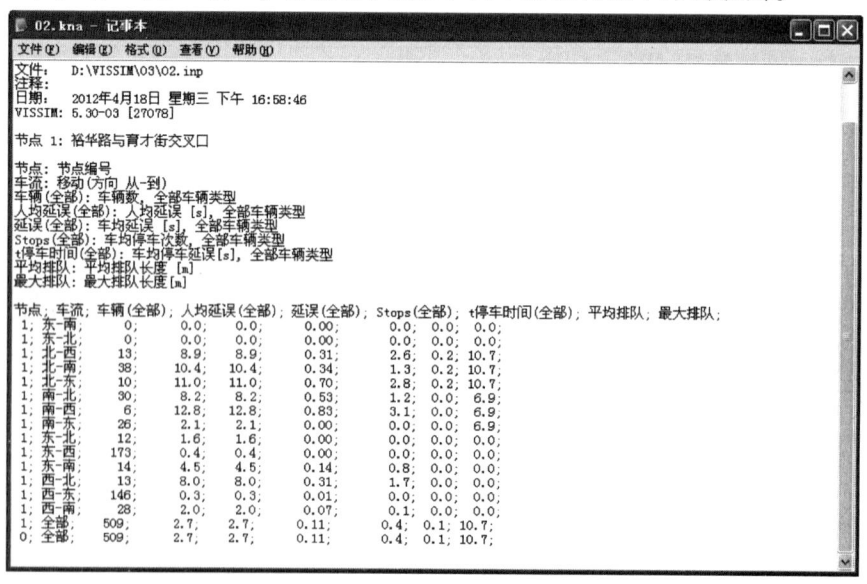

图3-4-11 无信号交叉口的节点评价文件

(6)将让行交叉口改为停让交叉口

①单击左侧工具栏"停车标志"按钮,切换到停车标志设置编辑状态。

②单击选中裕华路北进口车道,在停车线上点击鼠标右键,弹出"创建停车标志"对话框,如图 3-4-12 所示,点击"确定"即可,设置完成后在停车线处出现一条红色线段(停车标志),如图 3-4-13 所示。

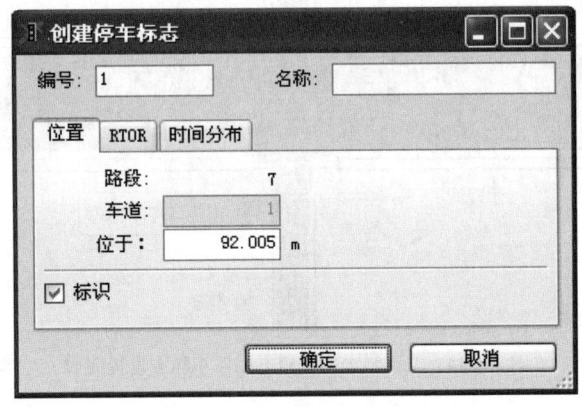

图 3-4-12　创建停车标志对话框

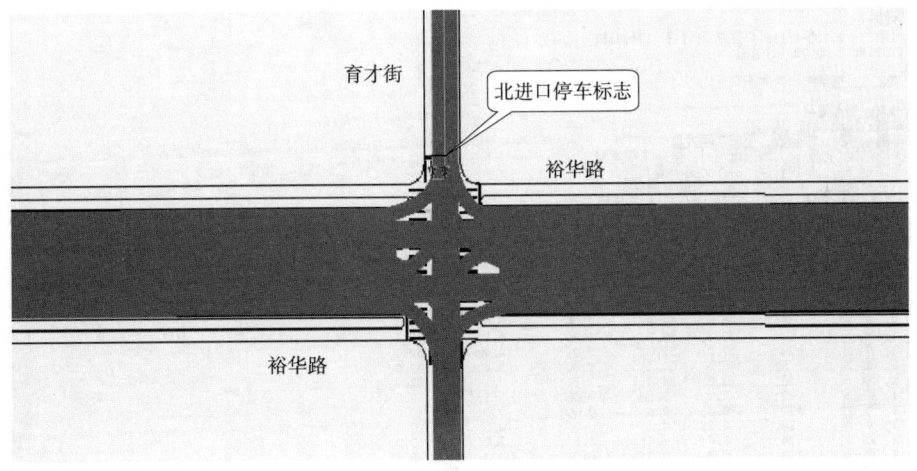

图 3-4-13　北进口车道上停车标志设置完成

③参照步骤②,设置南进口车道上的停车标志。设置完成后,如图 3-4-14 所示。

(7)3D 模式下仿真查看

①在菜单栏中依次选择"查看"→"3D 模式"。

②运行仿真。

提示:在 3D 模式下,清楚地显示出北进口及南进口车辆行驶到停车标志线前会停下,如果前方无相冲突车流则进入交叉口,然后按照已设好的让行规则行驶。

(8)查看节点评价文件

打开后缀为".kna"的节点评价文件,查看评价结果如图 3-4-15 所示。

提示:与设置停车标志前输出的节点评价文件进行对比,南进口与北进口方向的延误、停车时间、排队长度等都大大增加。这是因为设置了停车标志后,所有的车辆进入交叉口前必须停车。

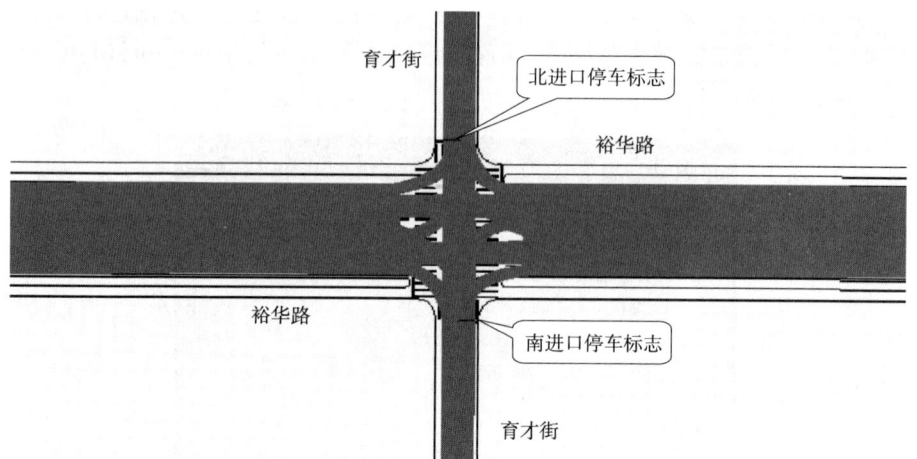

图 3-4-14　交叉口内次干道上的停车标志设置完成

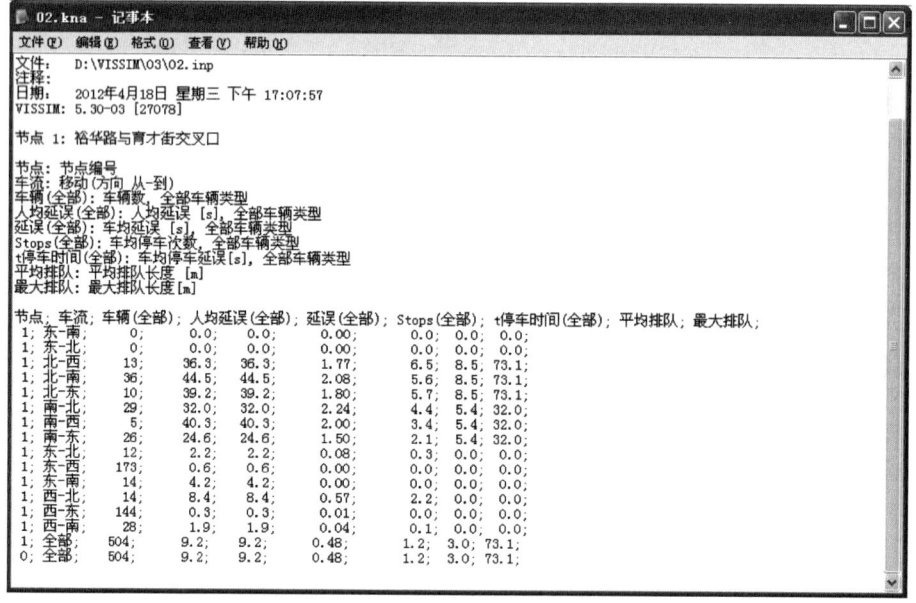

图 3-4-15　对无信号交叉口进行停让设置后的节点评价文件

第4章 非机动车与行人

辅助视频

【实验目的】 本章在第2章十字信号交叉口仿真的基础上,通过添加路口各方向上的过街行人和各路段上的非机动车,完善机非混合城市交叉口的相关仿真设置,掌握交叉口行人和非机动车的仿真方法。

【实验原理】 交叉口人行横道上有双向行人交通流,在本章中将采用两条方向相反的路段叠加的方法代替交互式路段。非机动车采用二次过街的方式实现左转。本章的主要步骤包括:(1)创建行人车辆构成。(2)交叉口东进口方向过街行人仿真。(3)交叉口其他方向过街行人仿真。(4)创建非机动车车辆构成。(5)交叉口东进口方向非机动车仿真。(6)完成交叉口其他方向非机动车仿真。(7)优化交叉口各交通流间冲突设置。

【新增知识点】 (1)人行横道的设置和行人的添加。(2)交叉口行人过街信号设置。(3)非机动车道的设置。(4)非机动车流的添加以及路径决策。(5)非机动车信号设置。

【难点提示】 (1)非机动车二次过街设置。(2)机非冲突设置。

4.1 了解熟悉基础数据

本章以第2章为基础,底图、机动车数据和信号配时数据同第2章。新增非机动车和行人数据如表4-1-1所示,路段命名如表4-1-2所示,行人和非机动车的信号设置如表4-1-3所示,冲突区规则设置如表4-1-4所示。人行横道布置如图4-1-1所示,非机动车过街路段布置如图4-1-2所示。由于本章路段较多,为操作方便起见,较多步骤将在"中心线"模式下操作。

交通流量基本数据表　　表4-1-1

进口	方向	非机动车 (b/h)	进口合计 (b/h)	非机动车道宽度 (m)	单向行人流量 (p/h)	人行横道宽度 (m)
东	左转	60	240	3.5	120	6
	直行	150				
	右转	30				
南	左转	15	140	3.0	330	6
	直行	100				
	右转	25				

续上表

进口	方向	非机动车 (b/h)	进口合计 (b/h)	非机动车道宽度 (m)	单向行人流量 (p/h)	人行横道宽度 (m)
西	左转	40	170	3.5	214	6
	直行	100				
	右转	30				
北	左转	30	150	3.0	326	6
	直行	100				
	右转	20				

注：表中"单向行人流量"，是指人行横道上两个相对方向中某一方向的单位小时行人流量。

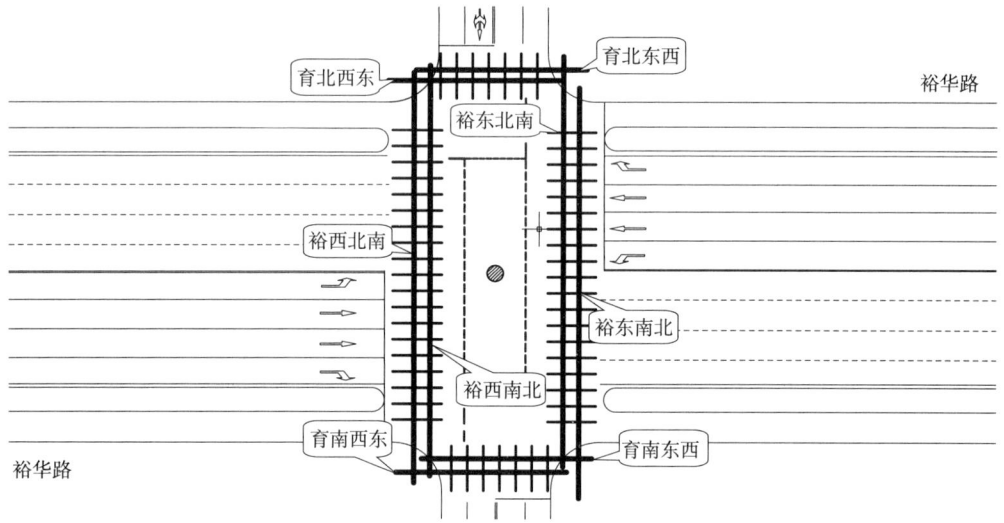

图 4-1-1　交叉口人行横道布置示意图

行人和非机动车路段名称表　　　　　　表 4-1-2

路　段	名　称	路　段	名　称
东进口由南向北人行横道	裕东南北	南进口非机动车道	育南非
东进口由北向南人行横道	裕东北南	南出口非机动车道	育南非出
西进口由南向北人行横道	裕西南北	北进口非机动车道	育北非
西进口由北向南人行横道	裕西北南	北出口非机动车道	育北非出
北进口由东向西人行横道	育北东西	交叉口内由南向北 非机动车连接路段	非连南北
北进口由西向东人行横道	育北西东		
南进口由东向西人行横道	育南东西	交叉口内由北向南 非机动车连接路段	非连北南
南进口由西向东人行横道	育南西东		
东进口非机动车道	裕东非	交叉口内由东向西 非机动车连接路段	非连东西
东出口非机动车道	裕东非出		
西进口非机动车道	裕西非	交叉口内由西向东 非机动车连接路段	非连西东
西出口非机动车道	裕西非出		

本章信号灯也是在第 2 章的基础上增加的,信号灯信息如表 4-1-3 所示。

行人和非机动车信号灯编号　　　　　　　　　表 4-1-3

项　目	人 行 横 道 信 号 灯 信 息							
所在路段名称	裕东北南	裕东南北	育北东西	育北西东	裕西北南	裕西南北	育南东西	育南西东
编号	11	12	13	14	15	16	17	18
信号控制机	1	1	1	1	1	1	1	1
信号灯组	3	3	1	1	3	3	1	1
类型	周期	周期	周期	周期	周期	周期	周期	周期

项　目	非 机 动 车 道 信 号 灯 信 息							
所在路段名称	裕东非	裕西非	育北非	育南非	非连南北	非连北南	非连东西	非连西东
编号	19	23	21	25	24	20	26	22
信号控制机	1	1	1	1	1	1	1	1
信号灯组	1	1	3	3	3	3	1	1
类型	周期	周期	周期	周期	周期	周期	周期	周期

本章的冲突区设置是在第 2 章的基础上进行,主要有表 4-1-4 所列各处。

提示①:冲突区的个数和位置会因各人操作的不同而略有不同,表 4-1-4 所列各冲突区对应本书所附工程文件。

提示②:表 4-1-4 中"Link 2"中的"10024"等只有数字无名字的为非机动车道连接器。

提示③:为了简化问题,本章未考虑非机动车与行人之间的冲突。

冲 突 区 规 则　　　　　　　　　表 4-1-4

类　型	编号	冲 突 路 段		优 先 权
		Link 1	Link 2	
行人与机动车之间的冲突	1	13:裕东南北	10006:南右连	13:裕东南北
	2	13:裕东南北	10011:北左连	13:裕东南北
	3	14:裕东北南	10006:南右连	14:裕东北南
	4	14:裕东北南	10011:北左连	14:裕东北南
	5	16:裕西北南	10008:南左连	16:裕西北南
	6	16:裕西北南	10009:北右连	16:裕西北南
	7	18:裕西南北	10008:南左连	18:裕西南北
	8	18:裕西南北	10009:北右连	18:裕西南北
	9	15:育北东西	10001:东右连	15:育北东西
	10	17:育北西东	10001:东右连	17:育北西东
	11	19:育南东西	10005:西右连	19:育南东西
	12	20:育南西东	10005:西右连	20:育南西东

续上表

类型	编号	冲突路段		优先权
		Link 1	Link 2	
非机动车和机动车之间的冲突	13	24:非连东西	10001:东右连	24:非连东西
	14	29:非连西东	10005:西右连	29:非连西东
	15	26:非连北南	10008:南左连	26:非连北南
	16	32:非连南北	10011:北左连	32:非连南北
	17	10006:南右连	10024	10024
	18	10006:南右连	10027	10006:南右连
	19	10006:南右连	29:非连西东	29:非连西东
	20	10009:北右连	10015	10009:北右连
	21	10009:北右连	10020	10009:北右连
	22	10009:北右连	24:非连东西	24:非连东西
机动车之间的冲突	23	10007:南直连	10011:北左连	10007:南直连
	24	10008:南左连	10010:北直连	10010:北直连

(1) 人行横道仿真方法

为了较好地仿真过街人行横道,本章采用将两条相反方向人行横道部分重叠的方法仿真有交互作用的人行横道。其布置位置如图4-1-1所示。以"裕东南北"为例,其行人产生方向(即南方向)超出非机动车道一部分,是为了使行人在遇到红灯时有一定的等待区间。

提示: 在最新的VISSIM5.4版本中,已有可双向通行的人行横道。本书考虑到目前使用者主要是5.3及以前版本,故沿用经典方法。

(2) 非机动车仿真方法

如图4-1-2所示,以东进口非机动车为例,其右、直、左车流分别经过不同的行车路线。右转非机动车的行车路线是"裕东非"→"育北非出";直行非机动车的行车路线是"裕东非"→"非连东西"→"裕西非出";左转非机动车的行车路线是"裕东非"→"非连东西"→"非连北南"→"育南非出"。

非机动车仿真处理的难点在于左转车辆的二次过街,此处可多参考本章所附工程文件。以东进口非机动车为例,东进口左转非机动车的行驶过程是在相位1随直行机动车由东向西沿"非连东西"运行,至"非连北南"起点处等待,再在相位3随北方向机动车沿"非连北南"运行至"育南非出"。在交叉口内没有直接用连接器连接非机动车进口和出口,而是设置了"非连北南"等4个路段,主要是为了使左转非机动车的运行更加符合实际。因为东进口左转非机动车在相位1到达"非连北南"北端时,要等到相位3开始后才能随北进口车辆沿"非连北南"运动至"育南非出",所以在"非连北南"北端应有非机动车信号控制,因此,此处必须设置为路段(在VISSIM中路段与连接器的重叠处设置交通信号容易出错)。以此类推,考虑到北、西、南进口的非机动车左转,就必须设置"非连西东"、"非连南北"和"非连东西"3个路段。设置这4个路段的另外一个原因,是考虑到直行和左转非机动车的冲突问题。以东进口为例,东进口非机动车的直行和左转在运行至"非连东西"西端点前其运行路径是一样的,如不设置统一路段,则会产生相应的交通冲突,运行轨迹与实际情况差距较大。同理考虑到北、西和南进口,也应在交叉口内设置"非连西东"、"非连南北"和"非连北南"3个路段,如图4-1-2所示。

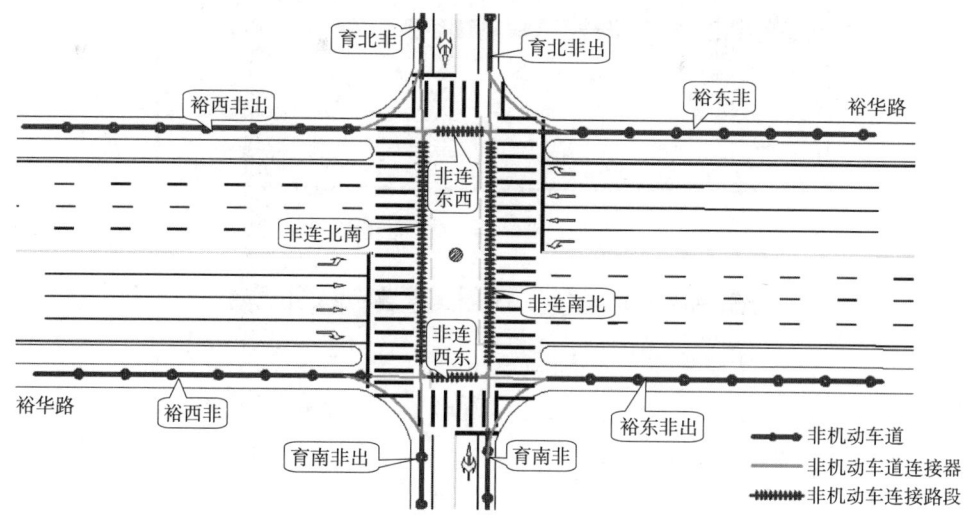

图4-1-2　交叉口非机动车道布置示意图

4.2　新建文件与导入底图

(1)新建文件
①建立"D:\VISSIM\04"文件夹。
②将"02"文件夹下的所有文件,拷贝到①中新建的"04"文件夹内。
(2)打开工程文件并导入底图
①打开"D:\VISSIM\04"路径下的"02.inp"工程文件。
②在菜单栏中依次选择"查看"→"背景"→"编辑",弹出"背景选择"对话框,点击"读取"按钮,打开"D:\VISSIM\04"文件内"01.JPG",点击"关闭"按钮(具体操作参见第2章2.2节)。

4.3　创建行人车辆构成

(1)添加行人速度期望分布
VISSIM中有许多自带的速度分布,但没有比较适合行人的,所以进行行人仿真需新建一种适合行人的速度分布。
①在菜单栏中依次选择"基础数据"→"分布"→"期望速度",弹出"期望车速分布"对话框,如图4-3-1所示,点击"新建",弹出"期望车速分布"设置界面,如图4-3-2所示。
提示①:图4-3-1"期望车速分布"对话框中的每一条记录用来定义一种速度分布,用以描述某一种车辆类型的速度分布情况。

提示②：图 4-3-1 与图 4-3-2 中的对话框名称一样，为了便于区分，将图 4-3-2 中的对话框命名为"期望车速分布设置对话框"。

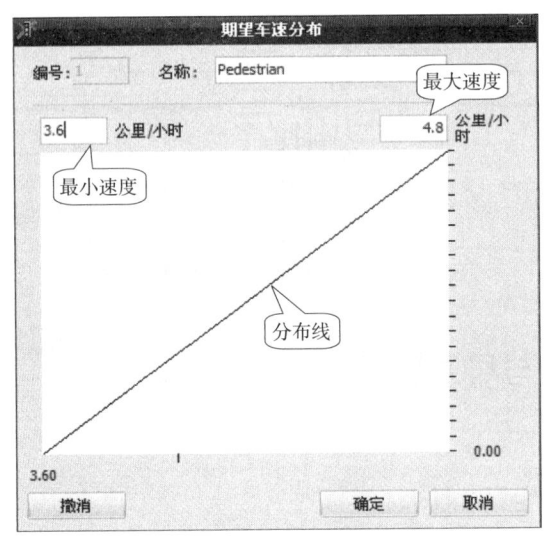

图 4-3-1　期望车速分布对话框

图 4-3-2　期望车速分布设置对话框

②创建行人速度期望分布。将图 4-3-2 中的"名称"改为 Pedestrian，左侧的速度框中的数字（最小速度）改为 3.6km/h，右侧速度框中数字（最大速度）改为 4.8km/h，点击"确定"，完成行人速度的最小、最大值的设定。

提示：可以通过右键单击"分布线"得到速度分布特征点，并且通过拖动速度分布特征点的方法改变期望速度分布，具体操作参见第 3 章 3.3 节步骤（1）。

（2）创建行人车辆构成

VISSIM 中"车辆构成"是指交通流的交通组成，即交通流中包含多少种类型的车辆以及每种车辆的比例，每种类型的车辆又有其不同的速度分布。例如，该软件初始状态下只有一种默认的"车辆构成"，包含 98%的小汽车和 2%的大货车。具体实验时，可根据实际交通调查结果创建不同的"车辆构成"。在 VISSIM 中，把非机动车和行人也看做成一种车辆类型。本步骤将创建一种新的"车辆构成"，在其中只包含一种车辆类型，即行人。

①在菜单栏中依次选择"交通"→"车辆构成"，此时会弹出如图 4-3-3 所示的"车辆构成"对话框。

提示：可以看到图 4-3-3 中只有系统默认的一种车辆构成,本步骤将新建一种新的车辆构成。

②单击"新建",弹出如图 4-3-4 所示的"车辆构成"设置对话框,将"名称"改为 Pedestrian,点击"新建",弹出如图 4-3-5 所示的"车辆类型"对话框。

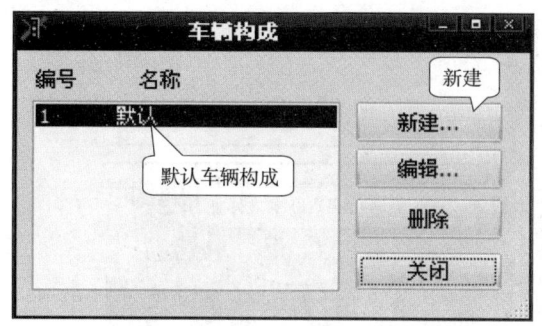

图 4-3-3　车辆构成

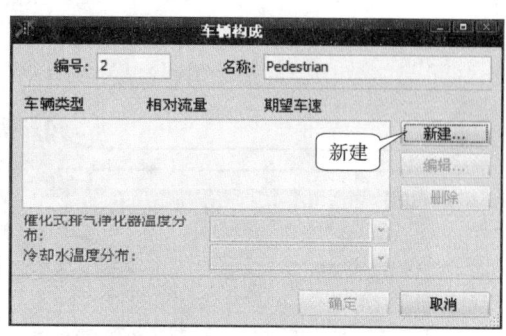

图 4-3-4　车辆构成设置对话框

③在"车辆类型"一栏下拉菜单选择"500,行人",将"相对流量"一栏中数字改为 1,在"期望车速"一栏下拉菜单中选择"1:Pedestrian (3.6, 4.8)",点击"确定"完成车辆类型的编辑。

提示：此操作用于创建一种"车辆类型",该类型为"行人",这里的相对流量是指组成一种车辆构成的各类型车辆的"相对"比例。

④在"车辆构成"设置对话框(图 4-3-4)中会出现刚刚编辑完毕的车辆类型"Pedestrian",点击"确定",然后在"车辆构成"对话框(图 4-3-3)中点击"关闭",完成行人车辆构成的设置。

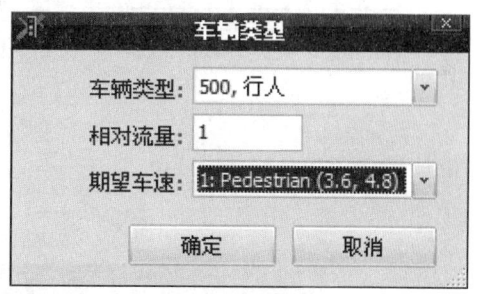

图 4-3-5　车辆类型对话框

4.4　交叉口东进口方向过街行人仿真

(1)创建东进口人行横道

①单击左侧工具栏"路段 & 连接器"按钮,切换到路段编辑状态,如图 4-4-1 所示,在东进口斑马线上画一条从南向北,"宽度"为 4m,"行为类型"为"4:人行道(无交互作用)"的路段,"名称"改为"裕东南北",并选中"生成相反方向"的复选框,如图 4-4-2 所示,点击"确定",这样就生成了方向相反的两条人行横道。双击由北向南的人行横道打开"路段属性"对话框,将其"名称"修改为"裕东北南"。

提示：在画路段时选中"生成相反方向"复选框,则会自动生成与本路段属性完全相同的反方向路段。

②拖动"裕东北南"和"裕东南北"两条路段,如图 4-4-1 所示,使其相互位置在宽度方向上有 2m 左右的重叠,使"裕东北南"西侧边缘与底图人行横道西侧边缘吻合,南侧边缘超出东出口非机动车道边缘,北侧超出东进口非机动车道边缘且有一定长度;"裕东南北"东侧边缘与底图东进口人行横道东侧边缘吻合,北侧边缘超出东进口非机动车道边缘,南侧超出东出口非机动车道边缘且有一定长度。

提示: 最终形成过街人行横道的总宽度为6m。人行横道的长度要超出非机动车道外缘,同时在行人发生侧要有一定长度,是为了使行人在遇到红灯时有一定的等待区间。

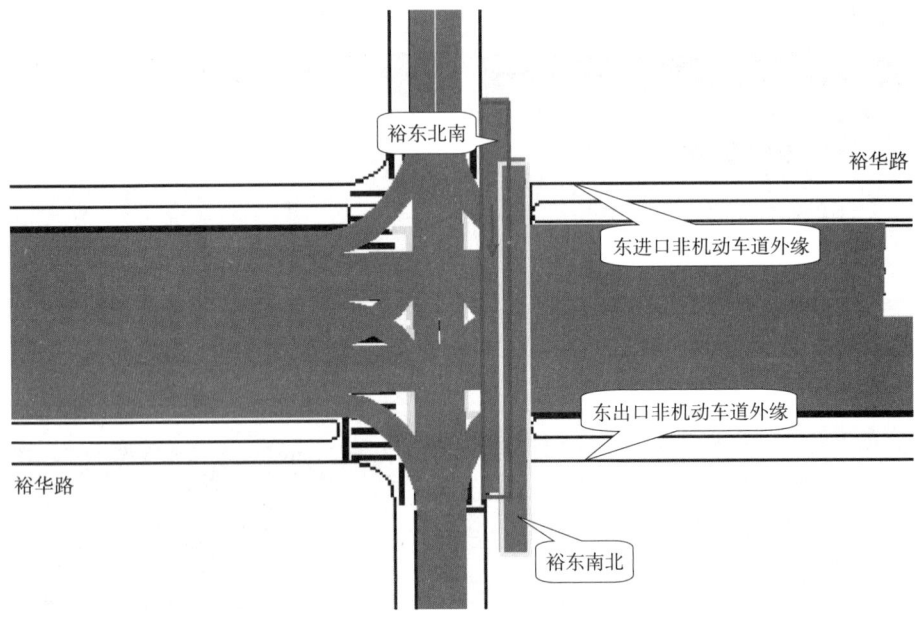

图4-4-1 裕华路东进口人行横道

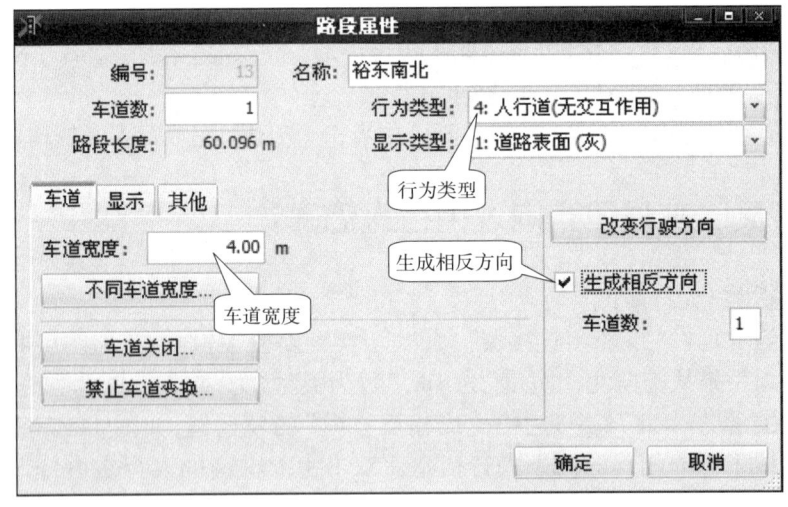

图4-4-2 人行横道路段属性

(2)为东进口人行横道添加流量

①单击左侧工具栏"车辆输入"按钮,切换到车辆输入编辑状态,在路网空白处点击右键,弹出"车辆输入"对话框,拉动图4-4-3中所示滚动条,找到"裕东南北"和"裕东北南"。根据表4-1-1中数据,为"裕东南北"和"裕东北南"分别添加120的行人交通流量,在"车辆构成"中选择"2:Pedestrian"模式,如图4-4-3所示。

②运行仿真,可观测到人行横道上有行人移动。

（3）为东进口人行横道添加行人信号

①单击左侧工具栏"信号灯"按钮，切换到信号灯编辑状态，单击人行横道"裕东北南"选中路段后，如图4-4-4所示，在非机动车道上点击右键添加"裕东北南"信号灯。

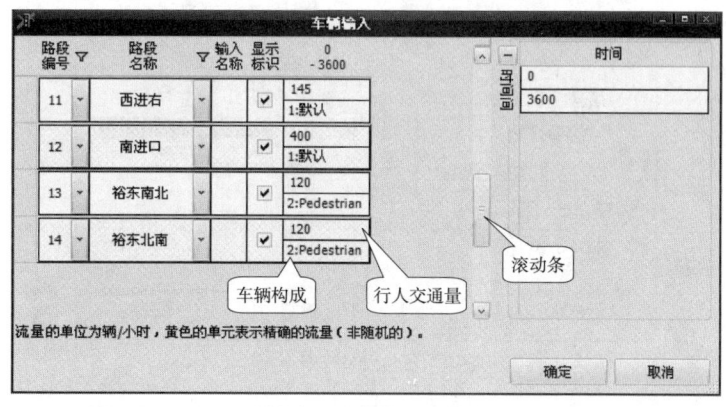

图4-4-3　添加行人流量

②按表4-1-3中数据，如图4-4-5所示，在弹出的"信号灯"对话框中将"编号"改为11，"信号控制机"选择"1"，"信号灯组"选择"3"，在"车辆类别集"中选择"50 行人"，最后将"名称"改为"裕东北南"，点击"确定"完成对"裕东北南"信号灯的设置。

提示①：信号灯位置必须在如图4-4-4所示的非机动车道外缘线处。

提示②：本步骤为路段"裕东北南"添加的信号，该操作使"裕东北南"上的行人与南北向机动车的信号灯组相同。

③按照上述方法设置"名称"为"裕东南北"的信号灯，"编号"为12，位置如图4-4-4所示，其他参数同信号灯11。

④运行仿真，观看仿真效果。

（4）编辑交叉口节点

使用节点是在冲突较多时设置冲突优先权的一种有效方法，本步骤编辑节点是为下一步冲突区设置提供基础。

①单击左侧工具栏最下方的"节点"按钮，切换到节点设置状态。

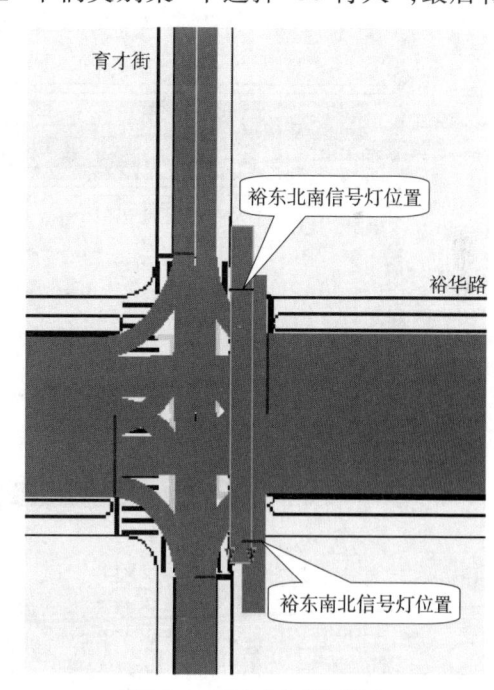

图4-4-4　裕东南信号灯设置

②创建节点。如图4-4-6所示，先在交叉口左上角右键单击选中一点后按住鼠标不放，拖动至交叉口右上角某一点后放开，即出现一条黑色线段，再向下移动鼠标至交叉口右下角处点击鼠标左键，再点击左下角，最后单击起始点，完成节点的输入。

③在弹出如图4-4-7所示的"节点"属性对话框中，将"名称"改为交叉口，点击"确定"完成节点的设置。

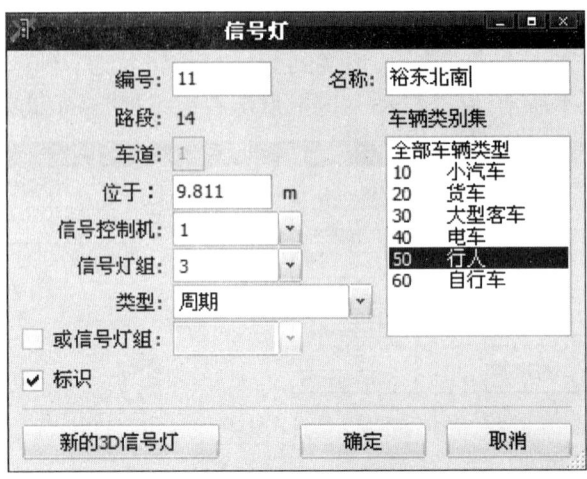

图 4-4-5 信号灯对话框

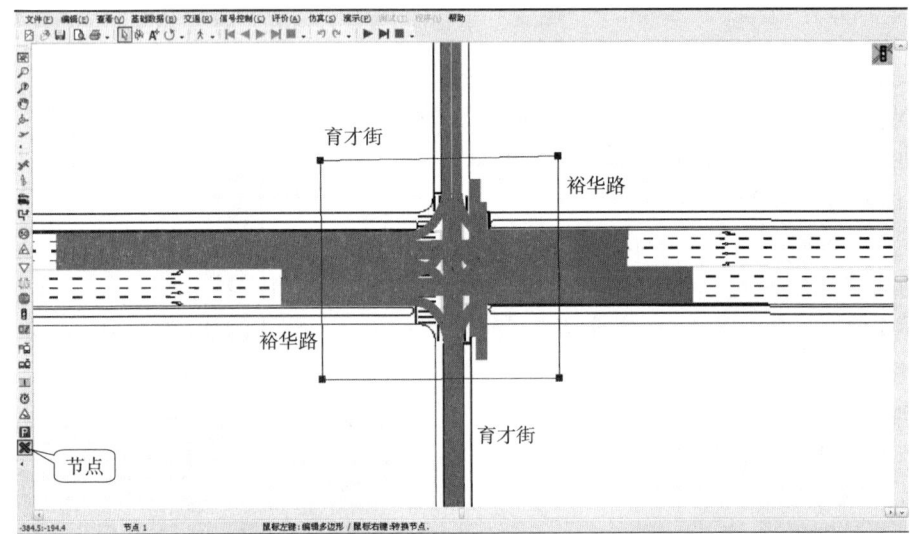

图 4-4-6 节点

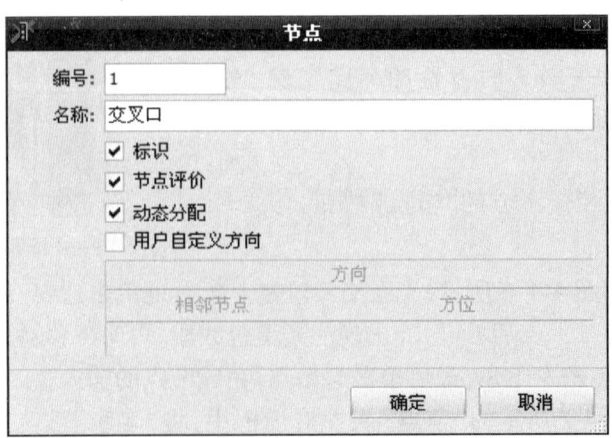

图 4-4-7 节点属性对话框

(5) 为东进口行人和车流交汇添加冲突区

设置人行横道冲突区时,为简化问题,本章假设在时间上由信号隔离的交通流将不再产生冲突,只考虑同一信号灯组中交通流间的冲突。由信号配时方案和图 4-1-1 得知,会与东进口人行横道上行人交通流冲突的车流,为南进口右转机动车和北进口左转机动车,本步骤将添加这两个冲突区。

① 单击左侧工具栏"冲突区域集"按钮,切换到冲突区域集编辑状态。

② 在视图区空白处点击右键,弹出"冲突区域集"对话框,选中"显示节点内所有可能冲突区域"前复选框,如图 4-4-8 所示,并在下拉列表中选择"1:交叉口",选中后如图 4-4-9 所示。

提示: 冲突区的设置也可以用第 2 章中介绍的方法,但是当冲突区复杂,相互叠加难以选中时,此方法非常奏效。

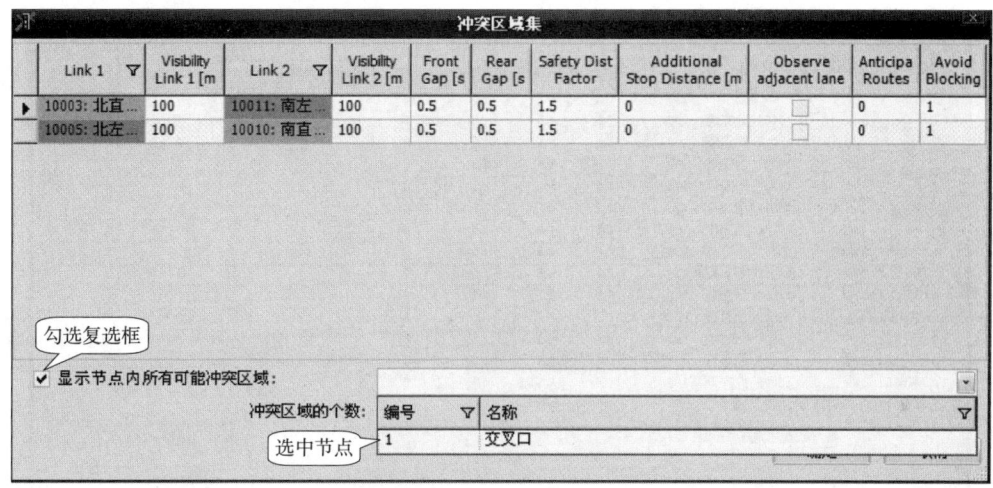

图 4-4-8 冲突区域集对话框

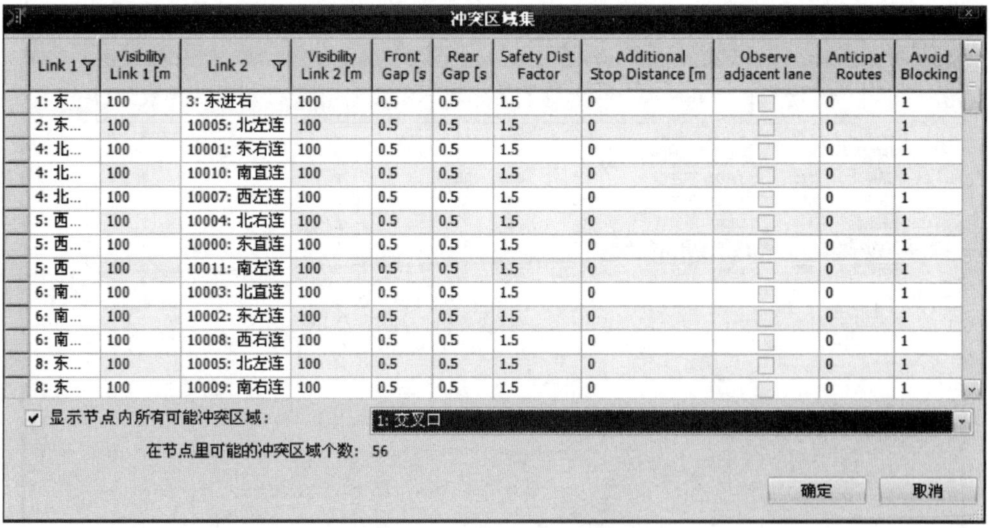

图 4-4-9 显示节点内所有可能冲突区域

③设置冲突规则。此时"冲突区域集"对话框中将列出所有可能存在的冲突,点击"Link 1"右侧的下拉列表按钮,在弹出的路段列表中选择"裕东南北",如图4-4-10所示,出现了所有与"裕东南北"可能存在的冲突记录。单击选中"裕东南北"与"北左连"冲突行中的"裕东南北",鼠标右击"裕东南北",在弹出的下拉菜单中选择"优先",完成后"裕东南北"会显示绿色,同时"北左连"显示红色,表示该冲突区设置完毕。同理,设置"裕东南北"和"南右连"的冲突区。此时路段"裕东南北"上的行人与路段"北左连"和"南右连"上的车流冲突时,路段"裕东南北"上的行人具有优先权,如图4-4-11所示,其优先规则可参见表4-1-4。

提示①:"冲突区域集"对话框中的每条记录都是一个潜在冲突,即有路段重叠。

提示②:与路段"裕东南北"和"裕东北南"相冲突的路段很多,但是与"东左连"、"东右连"、"东直连"和"西直连"路段上的冲突已由信号从时间上分离,故实际上设置4处冲突区即可(另两处在下面的步骤④中设置)。

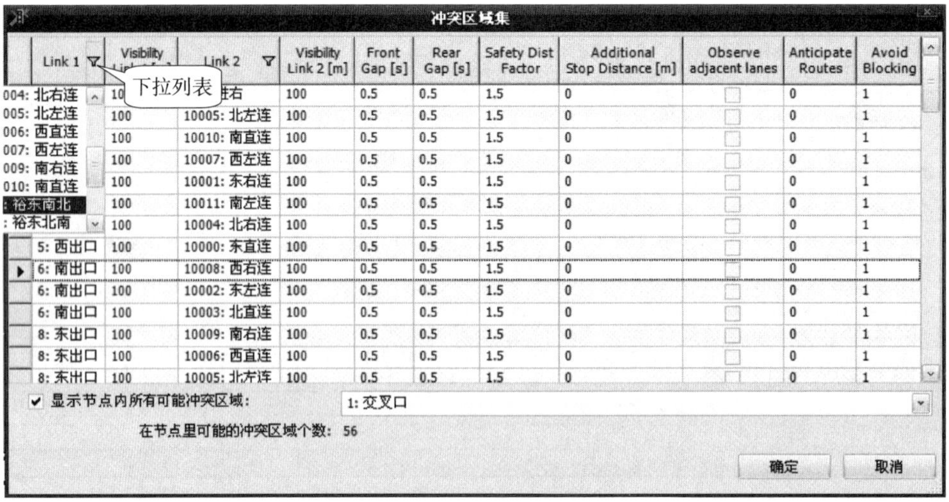

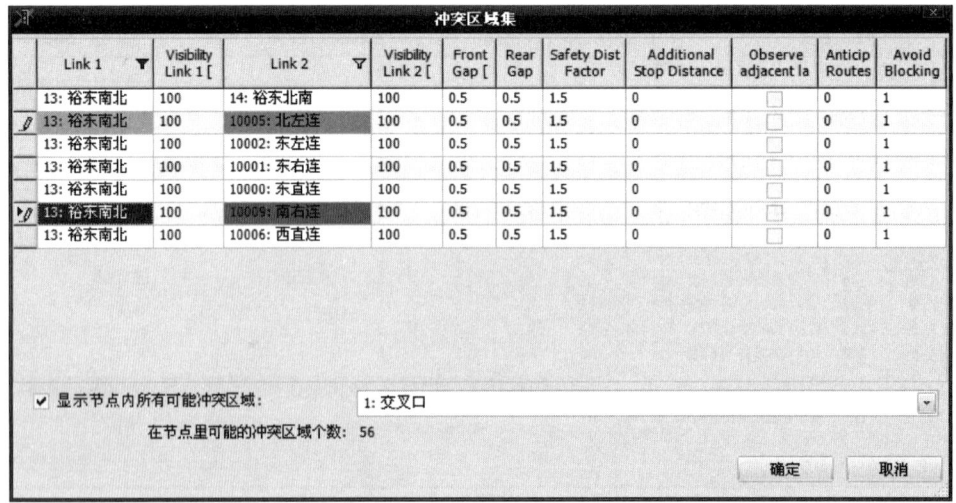

图4-4-10 选择路段

图4-4-11 设置冲突区

④用同样的方法进行与"裕东北南"相关的冲突区的设置("北左连"与"裕东北南"的冲突,"南右连"与"裕东北南"的冲突),给行人赋以优先权,点击"确定"完成交叉口冲突区优先规则的设置。

⑤在菜单栏中依次选择"查看"→"中心线"(或者"查看"→"选项"→"路网"→"中心线"),将路网切换到中心线显示状态,此时每个路段将由本路段的中心线表示(点击选中某一路段时,该路段两侧边线也将显示),优先规则设置完成后如图4-4-12所示。

提示:由于本章路网较为复杂,所以从此步骤起将采用中心线模式查看路网。

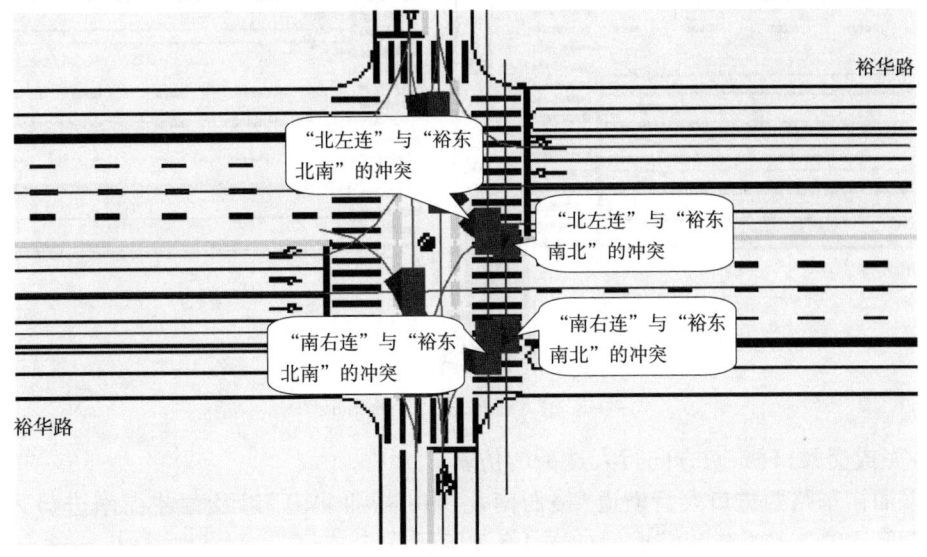

图4-4-12 设置冲突区效果

⑥运行仿真,观看仿真效果。

4.5 交叉口其他方向过街行人仿真

(1)交叉口北进口行人仿真

①参照4.4节步骤(1)中所述方法,为育才街北进口添加人行横道"育北东西"和"育北西东",如图4-5-1所示。

②参照4.4节步骤(2)中所述方法,为育才街北进口人行横道"育北东西"和"育北西东"添加行人交通流量,流量大小参见表4-1-1。

③参照4.4节步骤(3)中所述方法,为育才街北进口人行横道"育北东西"和"育北西东"添加"编号"为13和14的信号灯,分别为其命名为"育北东西"和"育北西东",参数设置如表4-1-3所示,位置设在非机动车道外侧边缘处。

④参照4.4节步骤(5)中所述方法,依据表4-1-4,用交叉口节点方法,为与育才街北进口人行横道上行人交通流有冲突的交通流设置冲突规则。

提示:依据信号配时数据和图4-1-1,得知与其同时具有通行权的是裕华路东进口上的右转机动车,所以北进口行人冲突只有"育北东西"与"东右连"和"育北西东"与"东右连"

两个冲突。

⑤运行仿真,观看仿真效果。

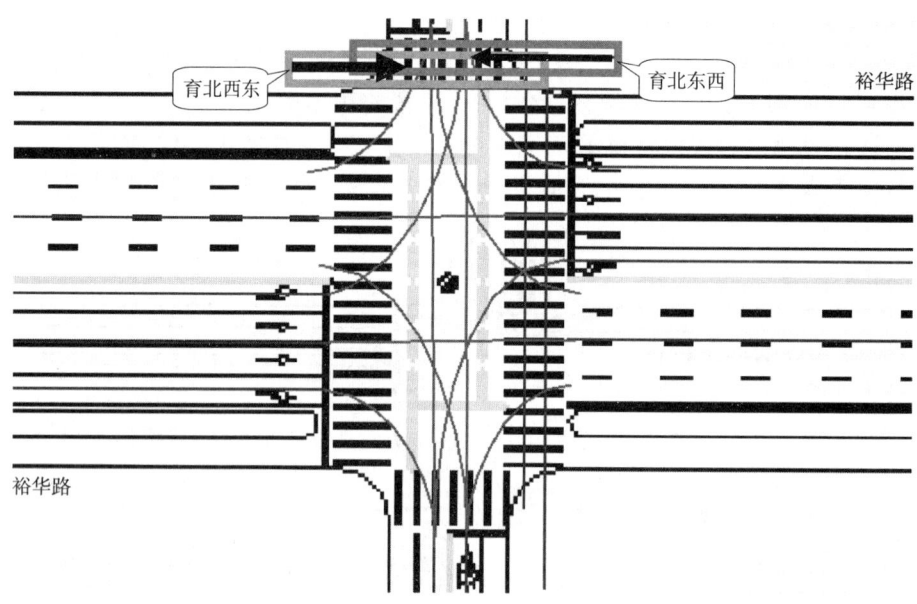

图 4-5-1　育才街北进口人行横道示意图

(2)完成交叉口西、南方向行人过街的仿真

①添加裕华路西进口人行横道"裕西南北"和"裕西北南"以及育才街南进口人行横道"育南东西"和"育南西东",完成后如图 4-5-2 所示。

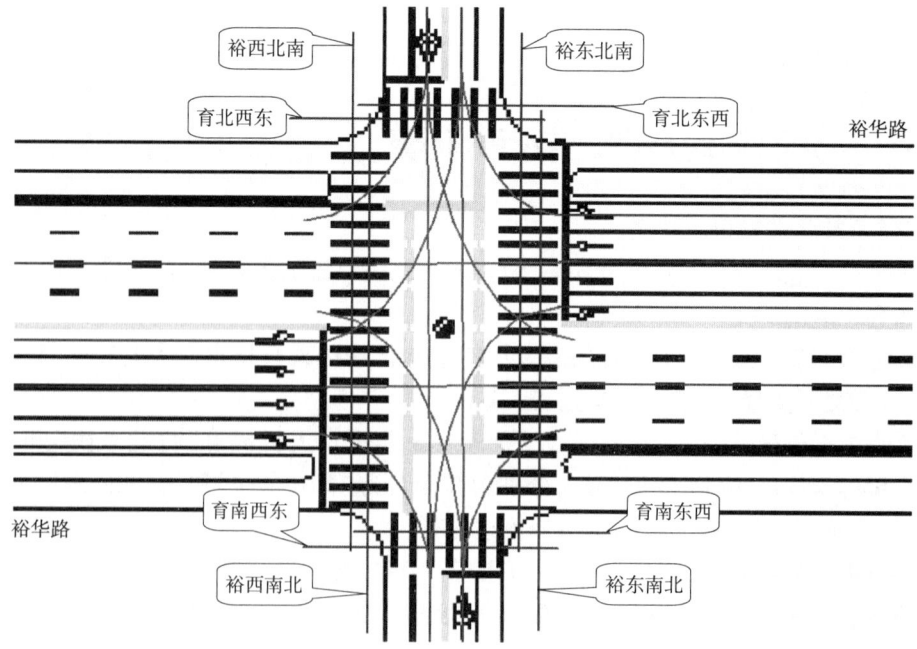

图 4-5-2　交叉口行人过街路段完成

②参照表 4-1-1,为人行横道"裕西南北"和"裕西北南"以及"育南东西"和"育南西东"添加行人交通流量。

③参照表 4-1-3,为"裕西南北"和"裕西北南"以及"育南东西"和"育南西东"添加信号灯,位置如图 4-5-3 所示,图中数字为信号灯编号。

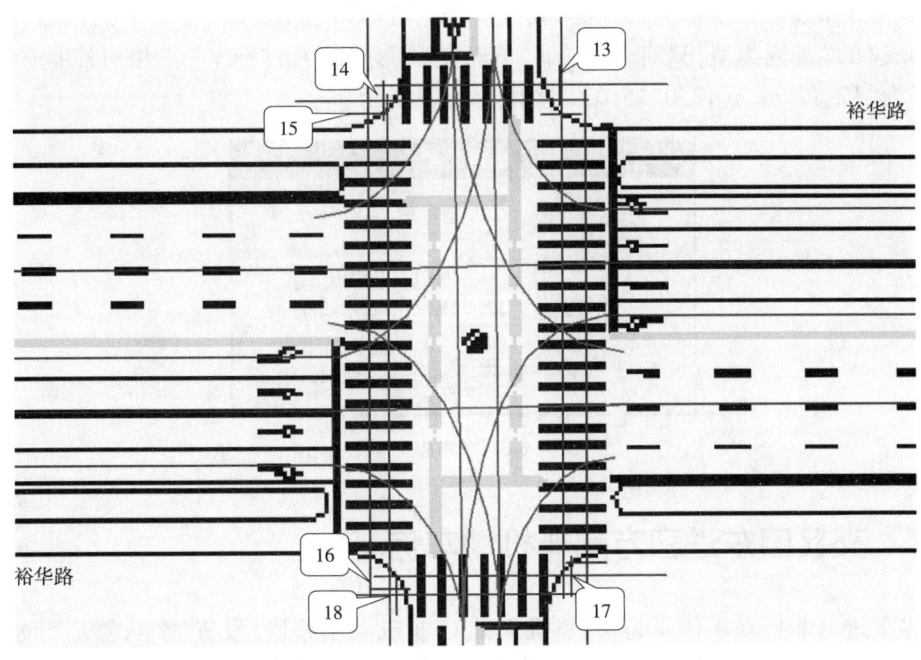

图 4-5-3　设置交叉口人行横道信号灯

④参照步骤 4.4 节步骤(5)中所述方法,依据表 4-1-4 完成行人交通流与机动车交通流的冲突区设置,完成后如图 4-5-4 所示。

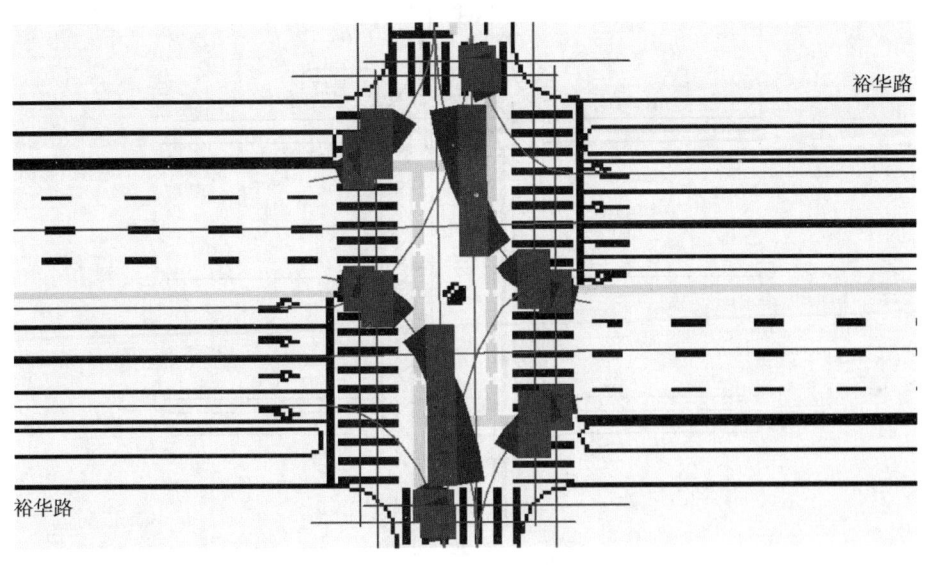

图 4-5-4　设置冲突区

⑤运行仿真,观看仿真效果。

4.6 创建非机动车车辆构成

参照4.3节步骤(2)中所示方法,新建一种"名称"为"bicycle"的"车辆构成",组成该"车辆构成"的"车辆类型"只有一种,即"车辆类型"为"600,自行车","相对流量"为1,"期望车速"为"12:12km/h(12.0,15.0)",如图4-6-1所示。

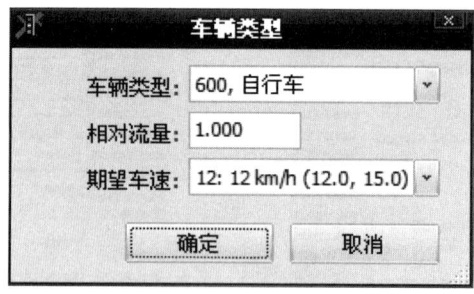

图4-6-1 车辆构成信息

4.7 交叉口东进口方向非机动车仿真

教学录像

创建东进口非机动车仿真,首先创建东进口非机动车路段,设置流量,然后分别创建其右转、直行和左转所需经过车道,设置路径决策,最后设置与之相关的冲突区。东进口非机动车右、直、左不同方向车流运动路线如图4-7-1所示,在东进口停车线处设置交通信号灯,在北进口前设置非机动车左转车流需要二次过街时的信号灯。

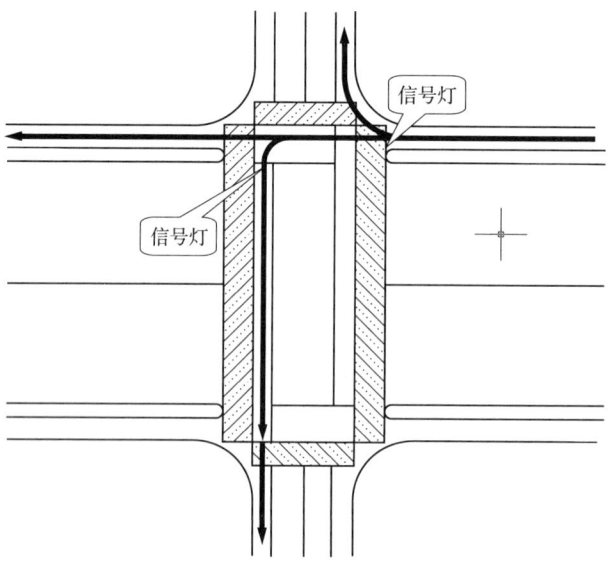

图4-7-1 东进口非机动车运动路线示意图

100

(1)创建东进口非机动车道

单击左侧工具栏"路段 & 连接器"按钮,切换到路段编辑状态,在底图裕华路东进口机动车道北侧非机动车道上画一条单车道路段,如图 4-7-2 所示,更改其路段属性,"名称"改为"裕东非"(裕华路东进口非机动车道),"行为类型"为"5:自行车道(随意超车)","宽度"改为 3.5m。

提示①:与机动车道设置方法相同,非机动车道路段需超过停车线,但不能侵入人行横道,以留出设置信号灯位置。

提示②:非机动车进口道起点位置要距停车线有一定距离,以便车辆生成后有足够时间进行路径决策和对交通信号进行反应。

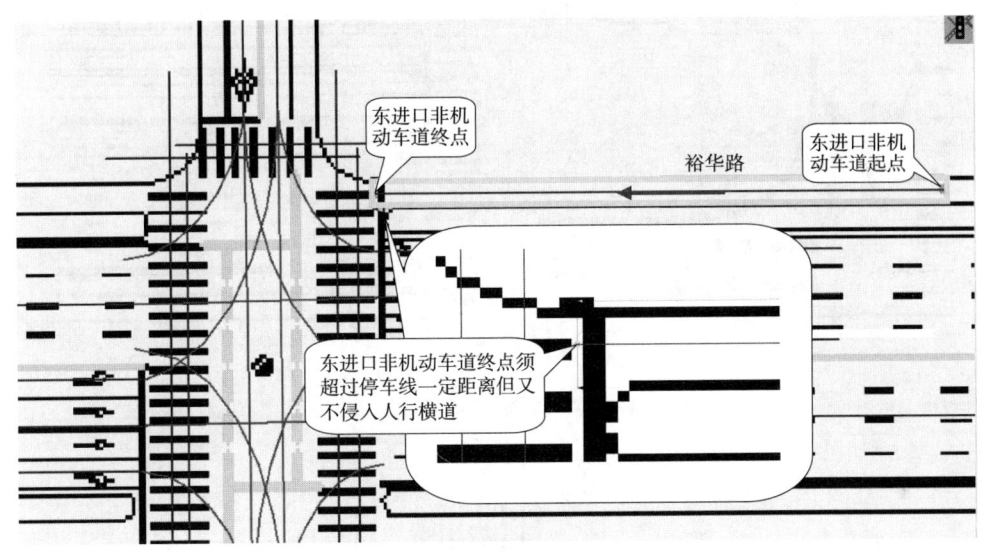

图 4-7-2 添加裕华路东进口非机动车道

(2)为东进口非机动车道添加非机动车流

①单击左侧工具栏"车辆输入"按钮,切换到车辆输入状态下,参照表 4-1-1 中的数据为"裕东非"添加大小为 240,类型为"3:bicycle"的非机动车交通流量。

②运行仿真,观察仿真效果。

(3)为东进口非机动车道添加出口车道

①为"裕东非"添加右转出口车道。单击左侧工具栏"路段 & 连接器"按钮,切换到路段编辑状态,在底图北出口非机动车道上画一条非机动车出口道,为其命名为"育北非出","行为类型"为"5:自行车道(随意超车)","宽度"改为 3m,如图 4-7-3 所示,并将"裕东非"和"育北非出"用连接器连接,连接器中"样条曲线"后的"点数"设置为 10,其他参数为默认值。

提示:非机动车出口车道长度不作要求,与机动车出口道类似,只要能表现出路段特征即可。

②运行仿真,观察仿真效果。

③为"裕东非"添加直行出口车道。在交叉口西出口的机动车道右侧画一条非机动车出

口道,命名为"裕西非出","行为类型"改为"5:自行车道(随意超车)","宽度"改为3.5m,如图4-7-4所示。

提示:与北出口非机动车道"育北非出"相同,西出口非机动车道的起点应在人行横道西侧。

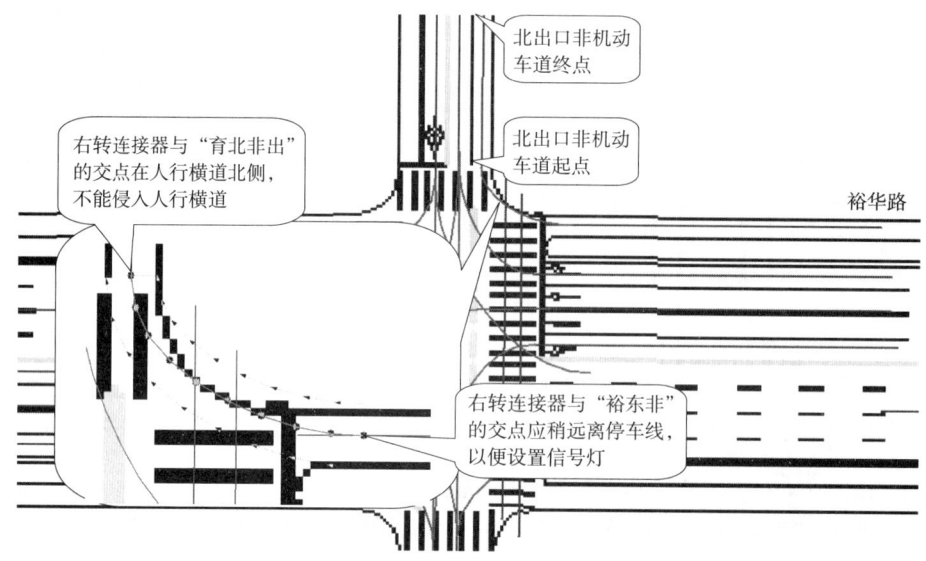

图4-7-3 非机动车北出口道

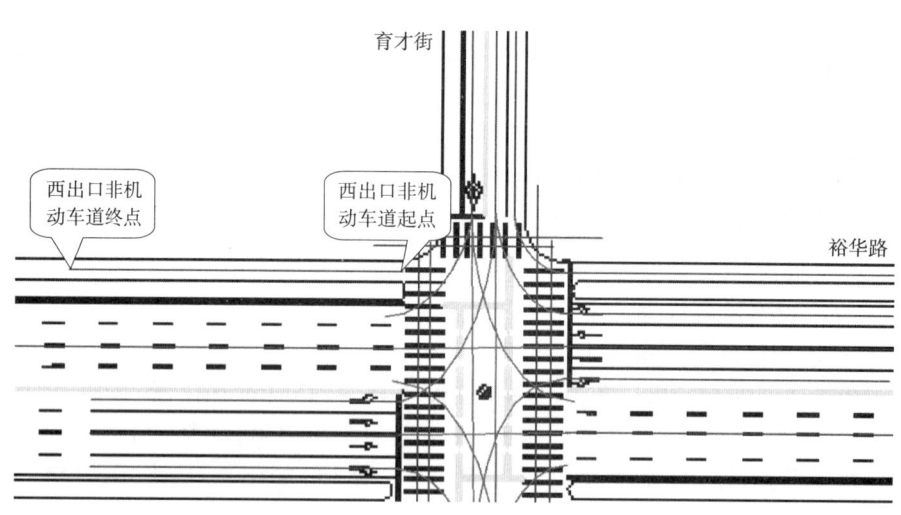

图4-7-4 非机动车西出口道

④添加非机动车过街车道"非连东西"。参考图4-1-2,其南北位置与"裕东非"和"裕西非出"相同。在东西方向上,起点与北出口机动道东侧边缘延长线基本对齐(略向东超出一点),终点与北进口机动车道西侧边缘对齐,如图4-7-5所示,"名称"为"非连东西",将其"行为类型"改为"5:自行车道(随意超车)","宽度"改为3.5m。

提示：为了使非机动车流有序地通过交叉口，所以在交叉口区域内设置非机动车过街车道。这样，非机动车在交叉口的通过方式更符合实际。

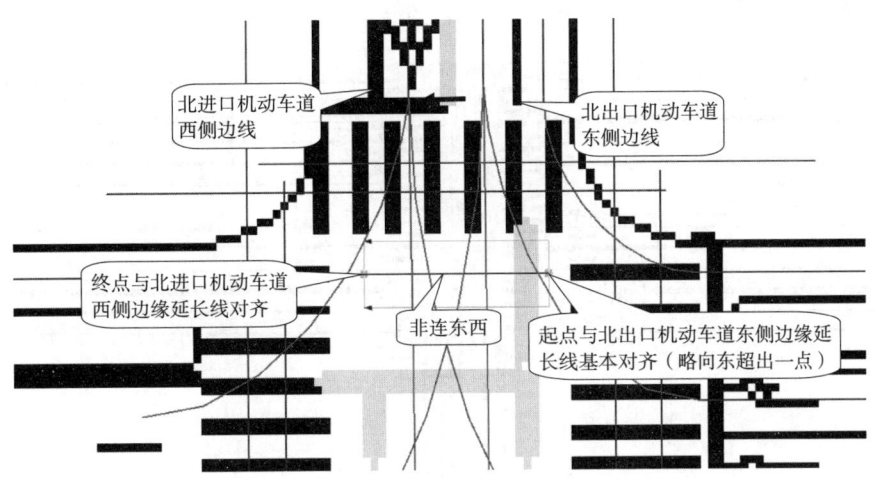

图 4-7-5　非机动车过街设施

⑤为"裕东非"、"非连东西"和"裕西非出"之间添加连接器，如图 4-7-6 所示，共添加 2 个连接器。

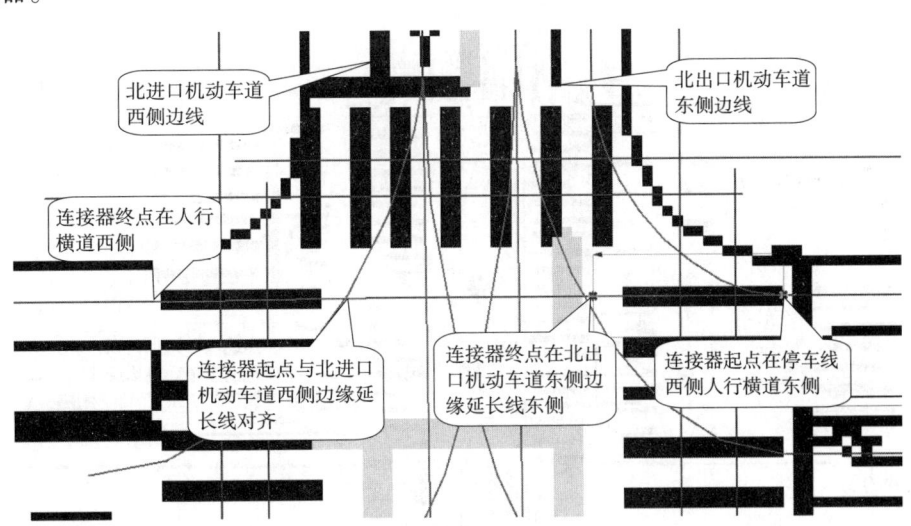

图 4-7-6　非机动车路段连接器

⑥运行仿真，观察仿真效果。

⑦为"裕东非"添加左转出口车道。在交叉口南出口的机动车道左侧画一条非机动车出口道，为其命名为"育南非出"，"行为类型"改为"5：自行车道（随意超车）"，"宽度"改为 3m，如图 4-7-7 所示。

⑧添加东进口非机动车左转交叉口内连接路段"非连北南"，如图 4-7-8 所示，"名称"为"非连北南"，将其"行为类型"都改为"5：自行车道（随意超车）"，"宽度"改为 3m。

⑨连接"非连东西"和"非连北南",在连接时将连接器中"样条曲线"后的"点数"设置为10,其他参数为默认值,注意保证连接器终点在西出口机动车道边缘延长线北侧。连接"非连北南"和"育南非出",完成后如图4-7-9所示。

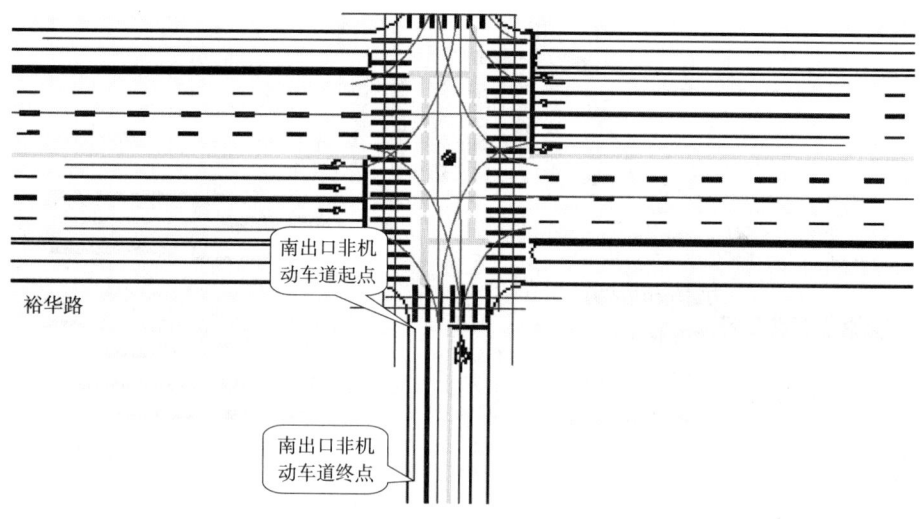

图4-7-7 非机动车南出口道

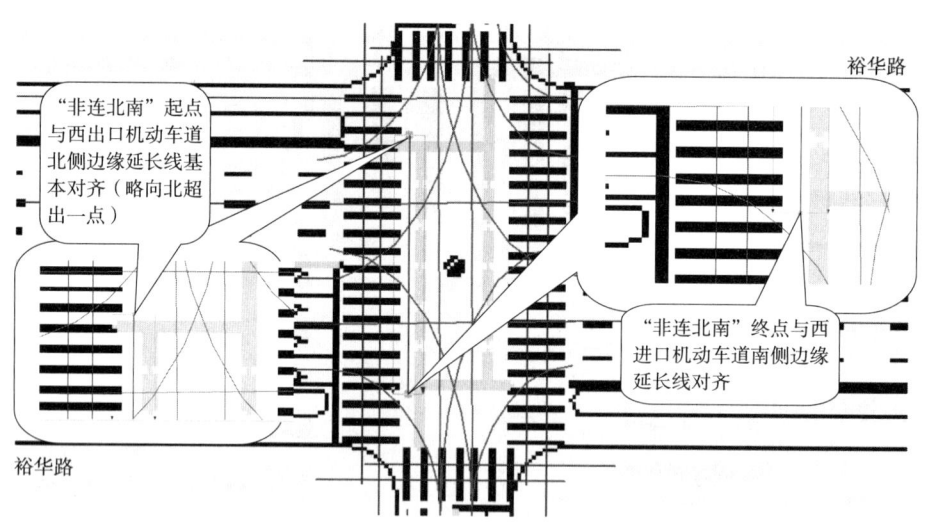

图4-7-8 连接路段非连北南

提示:如图4-7-1所示,由于将在"非连北南"起点处设置信号灯(该信号灯用于东进口非机动车二次过街),所以其起点必须向北略超出一点,以确保信号灯设置处为路段而非连接器(VISSIM中的交通信号只在路段上起作用)。

（4）为东进口非机动车道设置路径决策

按表4-1-1中数据,将裕华路东进口非机动车道"裕东非"上的交通流按比例分配到"育北非出"、"裕西非出"和"育南非出"3条非机动车出口道上,如图4-7-10所示。

（5）为东进口非机动车流设置专用信号

①按表4-1-3所示，在非机动车道"裕东非"上添加信号灯。位置在东进口非机动车道停车线上，其"编号"为19，"信号控制机"为"1"，"信号灯组"为"1"，"车辆类别集"为"60自行车"，如图4-7-11所示。

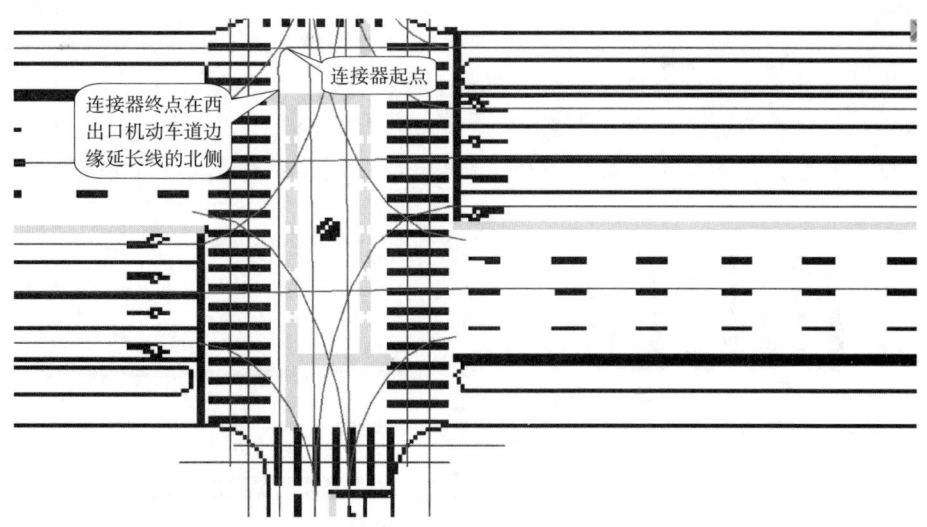

图4-7-9　东进口左转连接

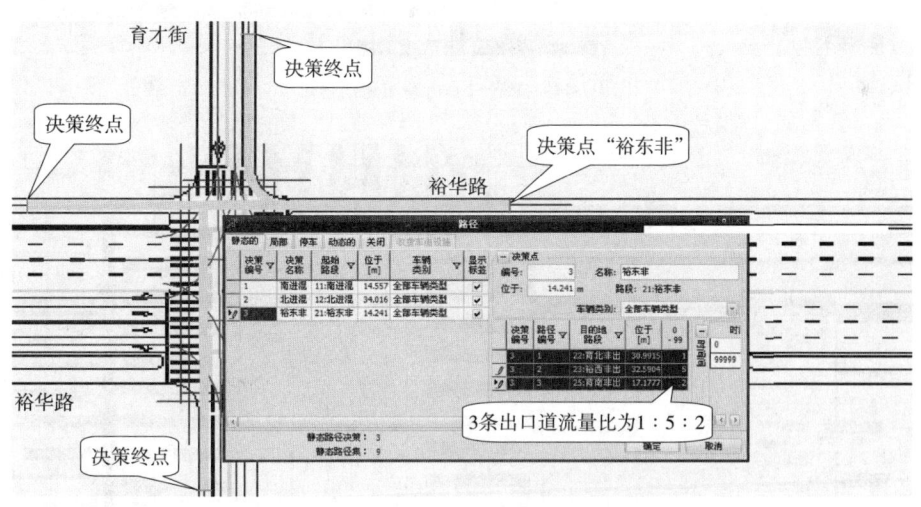

图4-7-10　东进口非机动车路径决策示意图

提示①：非机动车道上的信号灯设置方法和规则与机动车道相同，信号灯必须设置在路段上。

提示②：信号灯位置在东进口非机动车道与北出口非机动车道连接器起点的下游，保证了右转非机动车不受信号控制。

②按表4-1-3所示，在路段"非连北南"起点处为东进口非机动车左转车流二次过街设

置信号灯"非连北南"。其"编号"为20,"信号控制机"为"1","信号灯"组为"3","车辆类别集"为"60 自行车",如图4-7-12所示。

提示①:东进口左转非机动车在通过路段"非连东西"后,经左转连接器进入路段"非连北南"时需要等待南北向绿灯(即相位3)启亮。

提示②:信号灯"非连北南"的位置应在左转连接器与路段"非连北南"交点的南侧(保证信号在路段上,对车流起作用),同时应保证在西出口机动车道北侧边缘延长线的北侧(二次过街非机动车停车时不影响东西方向机动车流通行)。

提示③:同理,在下面步骤中应注意"非连西东"、"非连南北"和"非连东西"3个路段起点也应略超过相应的机动车道边缘延长线,主要目的即为设置相应方向非机动车二次过街时的交通信号灯。

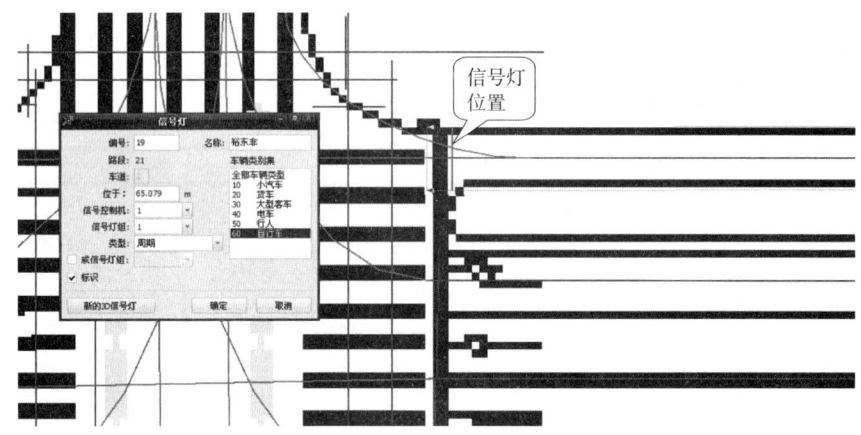

图4-7-11　东进口非机动车道信号灯

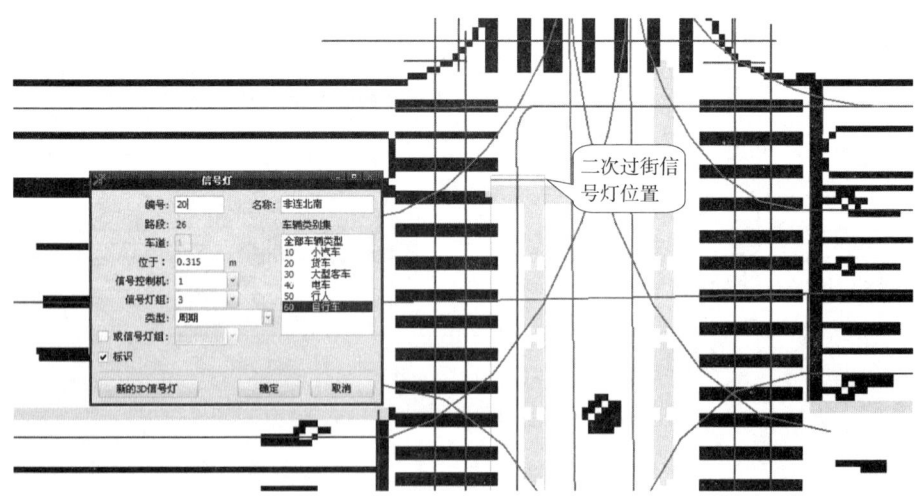

图4-7-12　设置二次过街信号灯

(6)为东进口非机动车流和与其冲突交通流设置冲突区

①单击左侧工具栏中的"冲突区域集"按钮,切换到冲突区域集设置状态,参照4.4节步骤(5)中所述方法设置非机动车与机动车之间的冲突规则,为非机动车赋予优先

通行权。如图 4-7-13 所示,其主要有东进口右转机动车与东进口直行非机动车之间的冲突,南进口左转机动车与南北向直行非机动车之间的冲突、北进口右转机动车与南北向直行非机动车之间的冲突以及西进口左转机动车与东进口直行非机动车之间的冲突。

提示:由于每个人在路网编辑时路段间的位置并非完全相同,所以可能产生冲突区的位置和数量存在个别差异。例如,东进口右转机动车与东进口直行非机动车之间的冲突,可能体现在连接器"东右连"和非机动车直行连接器上,也可能体现在连接器"东右连"和连接路段"非连东西"上。

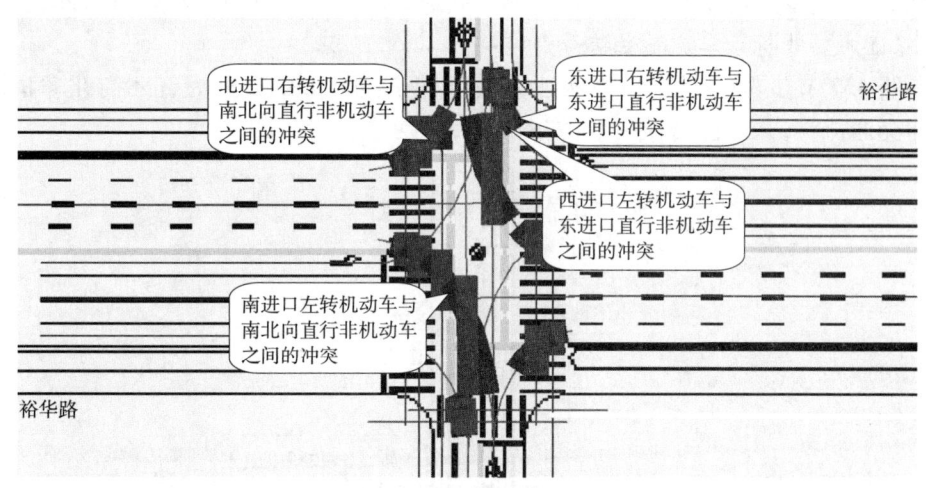

图 4-7-13　非机动车道与机动车道间的冲突

②运行仿真,观察仿真效果。

提示①:即使已经设置了冲突区,运行仿真时还会出现非机动车和机动车的冲突,这是因为某一方向红灯亮起时,还有部分在交叉口内的非机动车未完全通过交叉口,此时其仍具有通行权,将与新获得通行权的交通流发生冲突,解决这种问题需要根据交叉口交通量、尺寸等因素进一步优化交通组织,本章不再赘述。

提示②:西进口左转机动车与东进口直行非机动车时间上不在同一相位,但在实际仿真过程中冲突较严重,故在此使用冲突区。

4.8　交叉口其他方向非机动车仿真

其他方向非机动车的进出口车道的设置与东进口的原理和方法相同,本步骤参照东进口的操作方法设置其他进口。

提示:此处较为复杂,建议参考附件中的工程文件。

(1)交叉口北进口非机动车仿真

①参照 4.7 节中所述内容,如图 4-8-1 所示为北进口添加非机动车道"育北非",再在东

出口添加非机动车出口道"裕东非出"(北进口非机动车左转车道),如图4-8-2所示,以及非机动车连接路段"非连西东",如图4-8-3所示。用连接器连接北进口非机动车右、直、左3个流向的各路段。右转路段为"育北非"和"裕西非出",直行路段为"育北非"、"非连北南"和"育南非出",左转路段为"育北非"、"非连北南"、"非连西东"和"裕东非出",如图4-8-4所示(原理图参考图4-1-2,部分路段已在4.7节中连接,不要重复连接)。

提示①:裕华路东进口非机动车道的左转出口道"育南非出"同时也是育才街北进口非机动车道直行出口道,同样,东进口的非机动车直行出口车道"裕西非出"同时也是北进口非机动车的右转出口道,所以本步骤只在以前基础上添加"裕东非出"。

提示②:北进口非机动车道右转连接器与东进口非机动车道的右转连接器相同,稍远离停车线,保证右转非机动车流不受信号灯控制。

②参照4.7节步骤(2)和(4)中所述方法,根据表4-1-1中数据为育才街北非机动车进口道添加交通流量,并设置路径决策,如图4-8-5所示。

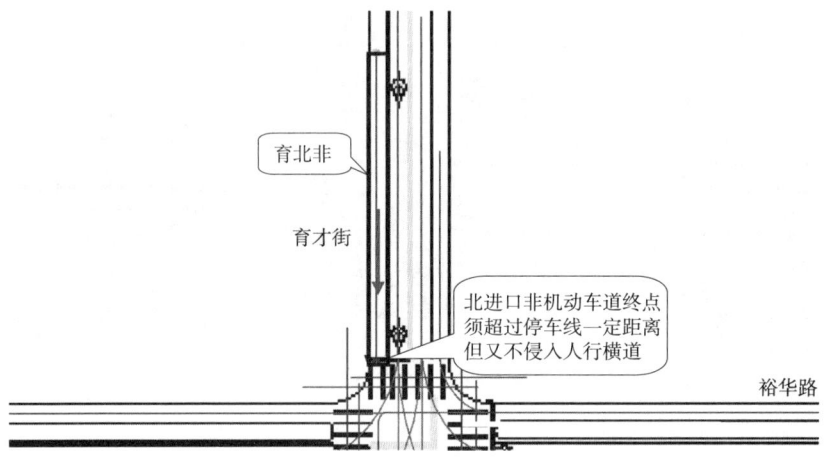

图4-8-1 北进口非机动车道

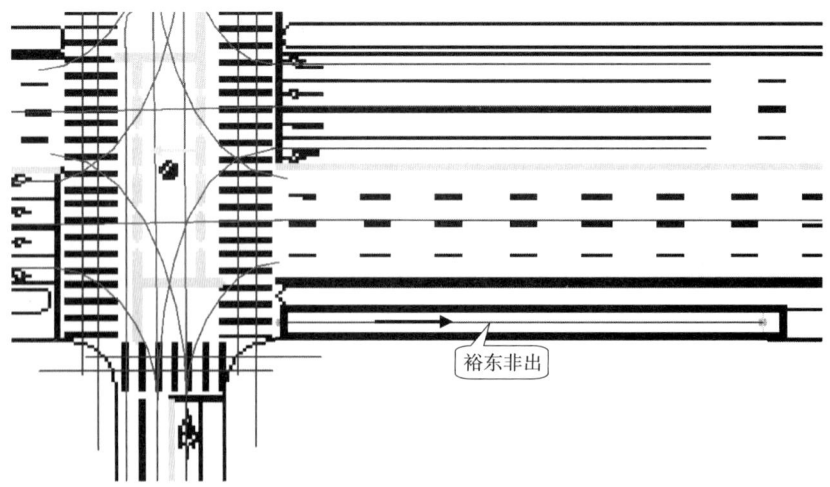

图4-8-2 北进口非机动车左转出口车道

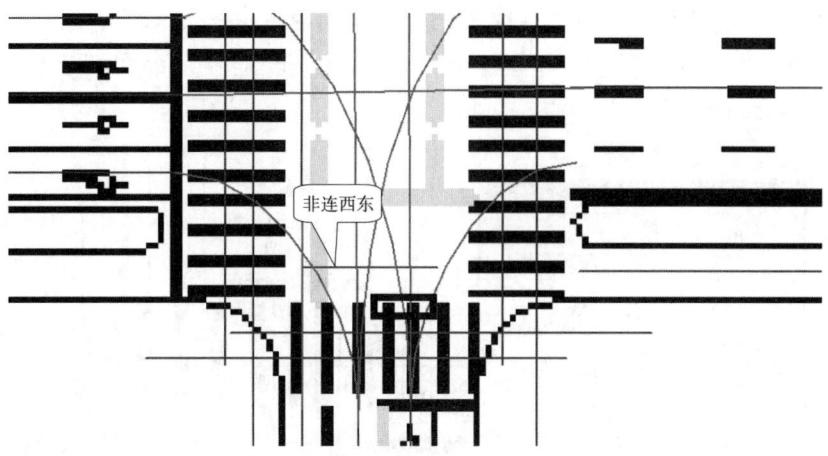

图 4-8-3　非机动车连接路段

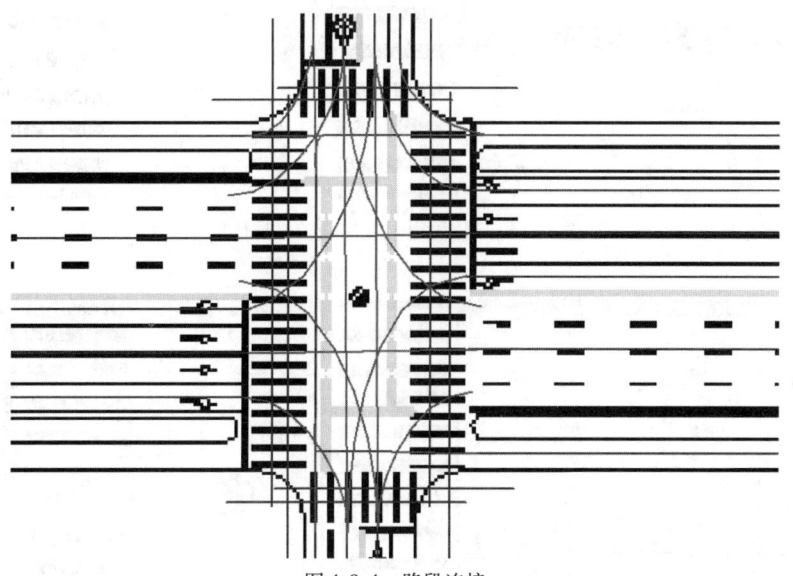

图 4-8-4　路段连接

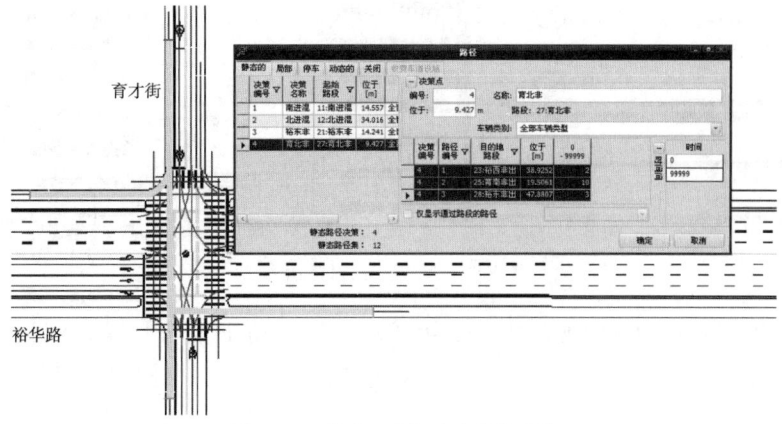

图 4-8-5　北进口非机动车路径决策

③为北进口非机动车流添加信号灯,其位置如图4-8-6和图4-8-7所示。

提示: 非机动车二次过街信号灯设置在"非连西东"上,但是必须在机动车道左侧,否则会与北进口直行机动车产生冲突。

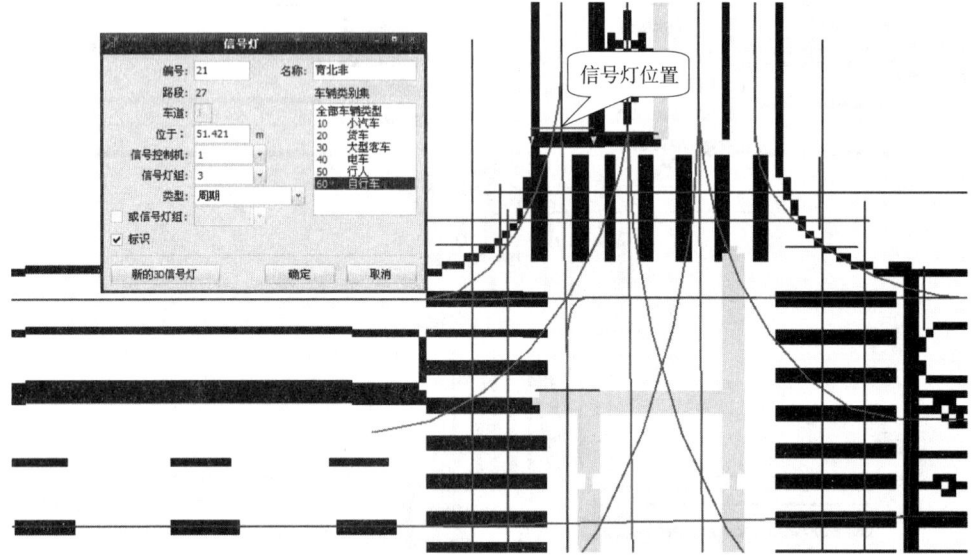

图4-8-6 北进口非机动车流信号灯位置

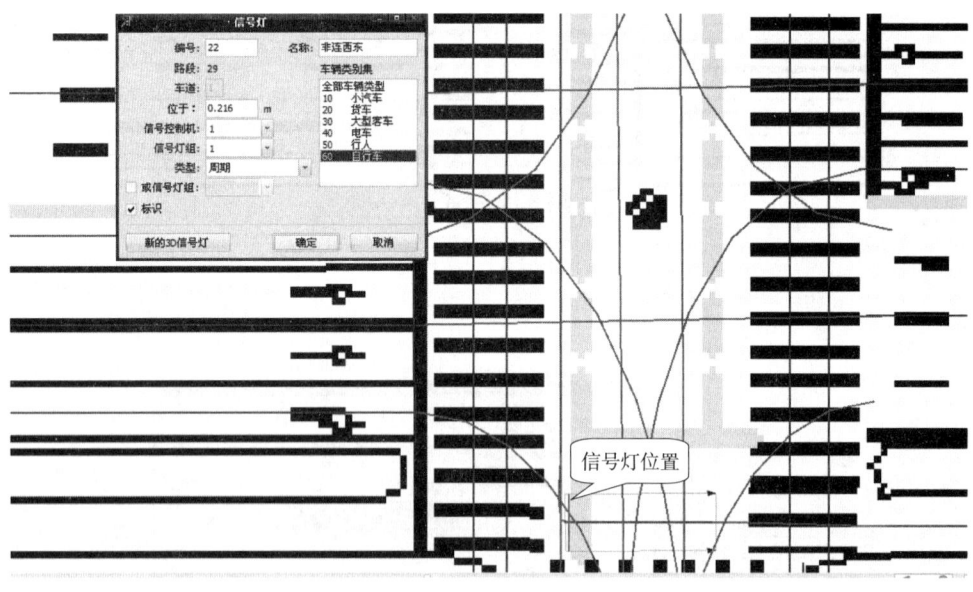

图4-8-7 设置二次过街信号

④参照4.7节步骤(6)中所示方法,为北进口非机动车流与机动车流设置冲突区,非机动车具有优先权,如图4-8-8所示(主要冲突在图中标出,具体可参考本书所附工程文件)。

⑤运行仿真,观察仿真效果。

(2)完成交叉口西、南方向非机动车过街仿真

①参照图4-1-2,完成交叉口非机动车路段。添加"裕西非"、"育南非"和"非连南北"3条非机动车路段,并依据车流方向对其进行连接,其结果如图4-8-9所示。

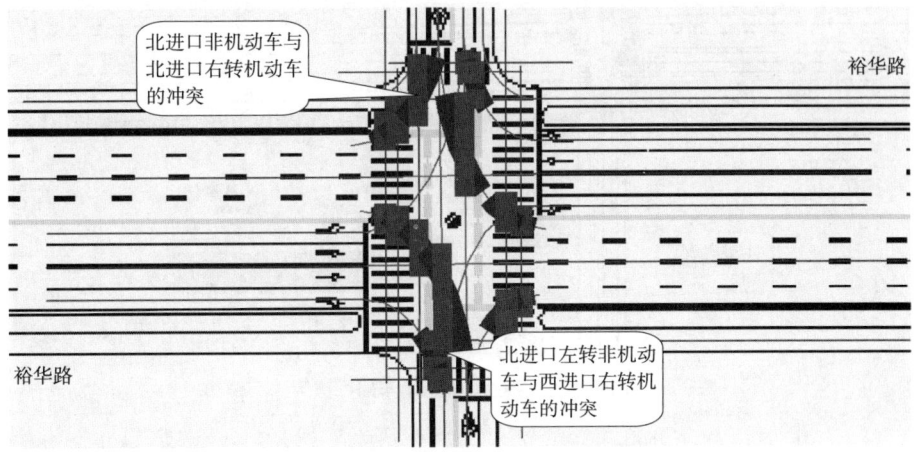

图4-8-8　育北非机动车流冲突区

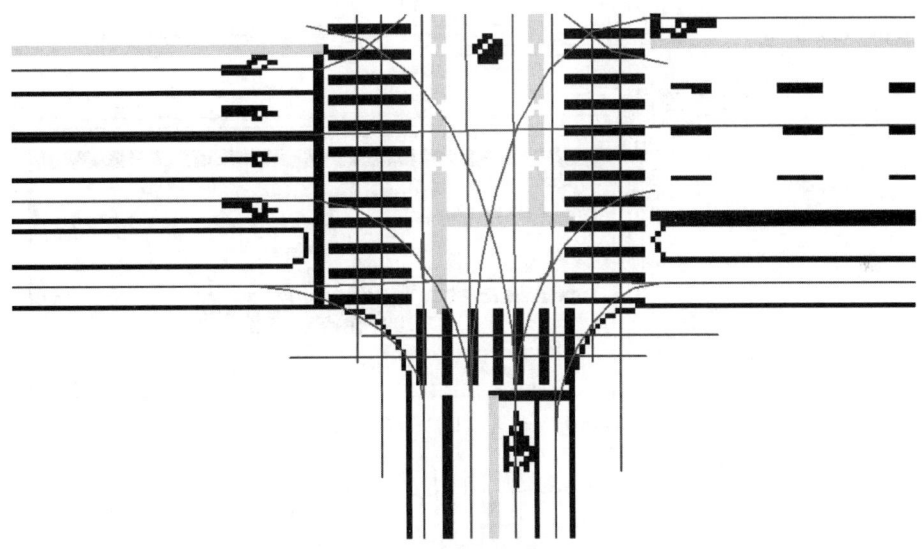

图4-8-9　交叉口非机动车路网

②按照表4-1-1中的数据,参照4.7节步骤(2)中所述方法,为裕华路西进口非机动车道"裕西非"和育才街南进口非机动车道"育南非"添加交通流量。

③按照表4-1-1中数据,参照4.7节步骤(4)中对"裕西非"和"育南非"上的非机动车流设置路径决策,分别如图4-8-10和图4-8-11所示。

④为新添加的非机动车流设置信号灯,其原理和规则与前述的非机动车交叉口过街设置相同,具体数据如表4-1-3中所示,结果如图4-8-12所示。

提示:本章中非机动车信号和同向行驶的机动车信号完全相同,如有需要,可根据交叉口交通流量及其组织情况为非机动车和行人设置专用的非机动车和行人信号,优化信号配时,具体设置规则参照《中华人民共和国公共安全行业标准》中有关交通信号灯的设置规则。

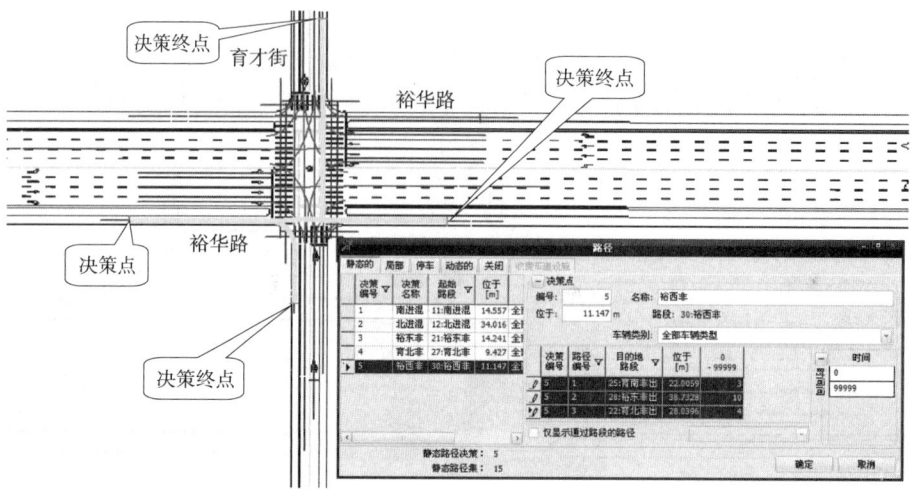

图 4-8-10　西进口非机动车路径决策

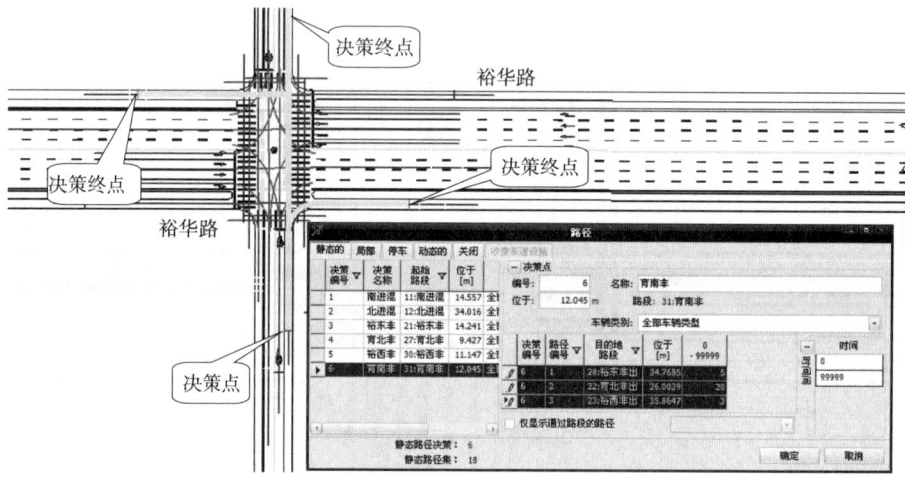

图 4-8-11　南进口非机动车路径决策

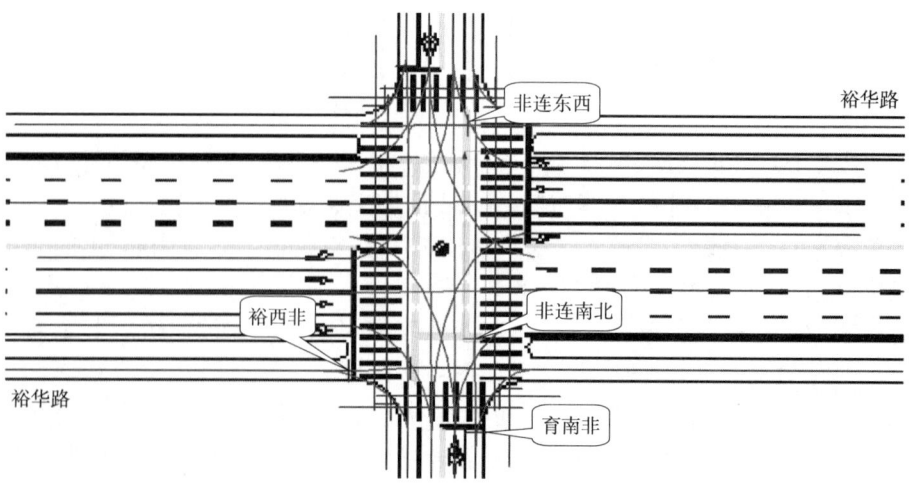

图 4-8-12　信号灯布置图

⑤全路口冲突区设置。参照4.7节步骤（6）中所述方法，为所有信号灯无法分离的机动车和非机动车交通之间的冲突设置冲突规则，如图4-8-13所示，同样非机动车具有优先权，机非冲突列表如图4-8-14所示。

提示：由于每个人操作仿真的细节可能不同，冲突点个数会有所增减。

⑥运行仿真，查看仿真效果。

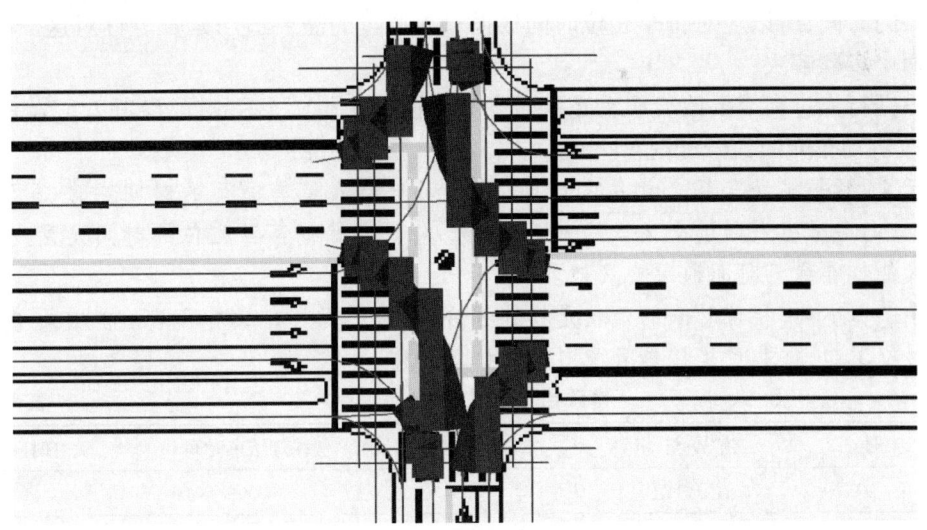

图 4-8-13　冲突区示意图

图 4-8-14　冲突区列表

4.9 优化交叉口信号配时设置

观察 4.8 节后的仿真运行效果会发现,当行人在绿灯期间进入交叉口后还未完全离开交叉口时,相交道路方向放行的机动车会碾压行人。这说明信号配时中没有给行人足够通过交叉口的时间,所以应对每个相位时间根据行人通过的需要适当延长。针对这个问题,通过以下两个步骤解决:

①根据行人过街需要改变机动车配时参数。按表 4-9-1 所示数据,参考 2.5 节中的步骤(3),修改机动车交通信号配时。

提示①:延长机动车每个相位的时间,是为了给行人留有充足的时间穿过交叉口。例如,南北方向一排行人通过交叉口的时间需要 29s,我们就把第三相位的时间设置成 34s,以实现行人能够在绿灯时间通过交叉口。

提示②:本书中相位时间的延长是权宜方法,即保证行人在绿灯开启后能有足够的安全时间通过交叉口,并非严格按信号配时参数计算所得。

修改信号配时方案(单位:s)　　　　　　　　　　　　　　　　表 4-9-1

序号	信号灯组	红灯结束时间	绿灯结束时间	黄灯时间长度
1	信号灯组 1	0	66	3
2	信号灯组 2	69	103	3
3	信号灯组 3	106	140	3

②制定行人的配时参数。按表 4-9-2 所示数据,参考 2.5 节中的步骤(2)、(3),增加三个行人专用信号灯组 4、5、6,分别与机动车灯组 1、2、3 相对应,并将信号灯组设置到视图区。

提示①:表 4-9-1 与表 4-9-2 相比,绿灯结束时间提前,相对于机动车相位压缩了行人绿灯时间。这是为了避免绿灯后期零星行人不断进入交叉口后,没有充足的时间走出交叉口,而与机动车发生冲突问题。例如,南北方向第三相位长 34s,若在第 33s 时有行人进入交叉口,该行人在第三相位无法穿越交叉口,就会在接下的第一相位与东西方向的机动车发生冲突问题。

提示②:4、5、6 信号灯组在视图区位置可参考本书工程文件。

行人信号配时方案(单位:s)　　　　　　　　　　　　　　　　表 4-9-2

序号	信号灯组	红灯结束时间	绿灯结束时间	黄灯时间长度
4	信号灯组 4	0	5	3
5	信号灯组 5	69	74	3
6	信号灯组 6	106	111	3

通过对交叉口进行组织优化,可最大限度地减少这类冲突对交叉口通过能力和安全性能的干扰,通常有以下几种方法:

①为行人交通流和非机动车流设置不同于任何机动车相位的信号,比如实行迟启早断等。

②在机动车进出口车道分界处为非机动车流和行人设置专用信号灯,使其在通过交叉口时经过两个信号灯"接力控制",此方法适用于交叉口尺寸非常大的情况。

③在交叉口内设置安全岛,非机动车和行人可在安全岛内避让机动车。

第5章 城市干道信号协调及公交优先

辅助视频

【实验目的】 掌握路网、城市干道交通信号协调和公交站点线路的仿真方法。

【实验原理】 由于路网是由多个路口和路段连接组成的,所以路口间的连接方法是仿真路网的重要内容之一。多个路口间常常涉及交通信号的协调问题,在城市干道上通常有多路公交车辆同时运行,部分路段会设置公交专用道。本章以城市干道上两个相邻路口为例,说明路口连接成路网的方法,并在此基础上说明城市干道交通信号协调仿真方法和公交站点线路的仿真方法。主要步骤包括:(1)城市干道两相邻交叉口道路仿真系统的建立。(2)干道信号协调。(3)无公交专用道情况下公交站点和公交线路的设置。(4)有公交专用道情况下公交站点和公交线路的设置。

【新增知识点】 (1)城市干道两相邻交叉口道路仿真系统的建立。(2)干道信号协调仿真。(3)无公交专用道情况下公交线路和公交站点的设置。(4)有公交专用道情况下公交站点和公交线路的设置。

【难点提示】 (1)干道信号协调时相位差的设置方法。(2)有公交专用道情况下公交线路和公交站点的设置。

5.1 了解熟悉基础数据

①本实验应用交通仿真系统VISSIM仿真城市干道协调控制和公交优先,底图如图5-1-1所示。

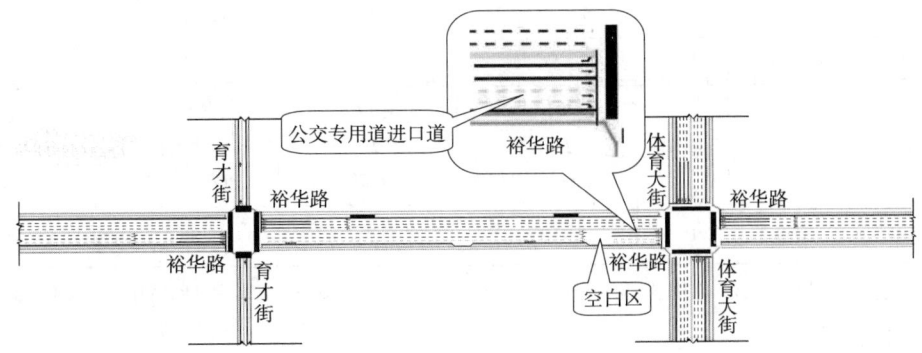

图5-1-1 底图

提示:本章涉及公交专用道仿真部分,裕华路与体育大街交叉口西进口为5车道,即增加1条公交专用车道(用双黄色虚线表示),直行车道总数由2变为3,西进口右转车道南移1条车道。图5-1-1中空白区为车辆变换车道提供了方便。因为前5节不涉及公交专用道仿真部分,因此西进口道按4车道进行仿真,包括1条左转车道、2条直行车道和1条右转车道,公交专用道进口道空出。

②道路和交通流量数据如表5-1-1所示,信号配时数据如表5-1-2所示。

裕华路与体育大街交叉口道路交通基本数据　　　　　　　　　　表5-1-1

方	向		车道数(条)	单车道宽度(m)	交通流量(v/h)	交通流量合计(v/h)
东	进口	左转	1	3.5	200	1820
		直行	2	3.5	1300	
		右转	1	3.5	320	
	出口		4	3.5	—	—
南	进口	左转	1	3.5	220	960
		直行	2	3.5	600	
		右转	1	3.5	140	
	出口		4	3.5	—	—
西	进口	左转	1	3.5	230	1750
		直行	3	3.5	1200	
		右转	1	3.5	320	
	出口		4	3.5	—	—
北	进口	左转	1	3.5	260	1520
		直行	2	3.5	900	
		右转	1	3.5	360	
	出口		4	3.5	—	—

裕华路与育才街、体育大街交叉口信号配时方案(单位:s)　　　　　　表5-1-2

交叉口名称	周期	相位1 裕华路 直行和右转	相位2 裕华路 左转	相位3 育才街 直、左、右	相位4 —
裕华路与育才街(编号1)	160	96	31	33	—

交叉口名称	周期	相位1 裕华路 直行和右转	相位2 裕华路 左转	相位3 体育大街 直行和右转	相位4 体育大街 左转
裕华路与体育大街(编号2)	160	69	29	34	28

提示①:考虑到本次实验涉及干道信号协调控制,依据交通信号协调的基本理论将两交叉口周期设为相同。

提示②:在本章中,涉及两个交叉口,为方便说明将第2章原有裕华路与育才街交叉口设定为编号1,裕华路与体育大街交叉口设定为编号2。在工程文件中对1号交叉口沿用原有的路段及路径决策名称。

③裕华路与育才街交叉口(编号1)和裕华路与体育大街交叉口(编号2)道路的命名规则和简称分别如表5-1-3和表5-1-4所示,图5-1-2为裕华路与体育大街路段相对应的名称。

裕华路与育才街交叉口(编号1)路段命名规则　　　　　表5-1-3

车道类型	路段	名称	路段	名称
进口车道	东进口左转车道	1东进左	西进口左转车道	1西进左
	东进口直行车道	1东进直	西进口直行车道	1西进直
	东进口右转车道	1东进右	西进口右转车道	1西进右
	北进口混行车道	1北进混	南进口混行车道	1南进混
出口车道	东出口车道	1东出口	西出口车道	1西出口
	北出口车道	1北出口	南出口车道	1南出口
可变道路段	西进口可变道路段	1西进可变		

注:表5-1-3中"1东进左"在工程文件中名称为"东进左",主要是因为此处沿用第2章工程文件。为方便起见不再一一修改,1号交叉口其他路段同理。

裕华路与体育大街交叉口(编号2)路段命名规则　　　　　表5-1-4

车道类型	路段	名称	路段	名称
进口车道	东进口左转车道	2东进左	西进口左转车道	2西进左
	东进口直行车道	2东进直	西进口直行车道	2西进直
	东进口右转车道	2东进右	西进口右转车道	2西进右
	北进口左转车道	2北进左	南进口左转车道	2南进左
	北进口直行车道	2北进直	南进口直行车道	2南进直
	北进口右转车道	2北进右	南进口右转车道	2南进右
出口车道	东出口车道	2东出口	西出口车道	2西出口
	北出口车道	2北出口	南出口车道	2南出口
可变道路段	东进口可变道路段	2东进可变	南进口可变道路段	2南进可变
	北进口可变道路段	2北进可变	西进口可变道路段	1东出口

提示①:裕华路与体育大街交叉口(编号2)西进口可变道路段和裕华路与育才街交叉口(编号1)东出口车道是同一路段,为了命名的简洁性,继续采用"1东出口"路段来表达,如图5-1-2所示。

提示②：图 5-1-2 中只指明进口车道,没有对其进行细化(细化可参考第 2 章图 2-1-1)。前 5 节 2 号交叉口西进口设为 4 车道,第 6 节涉及公交专用道部分,将添加 1 条公交专用道进口车道,西进口变为 5 车道。

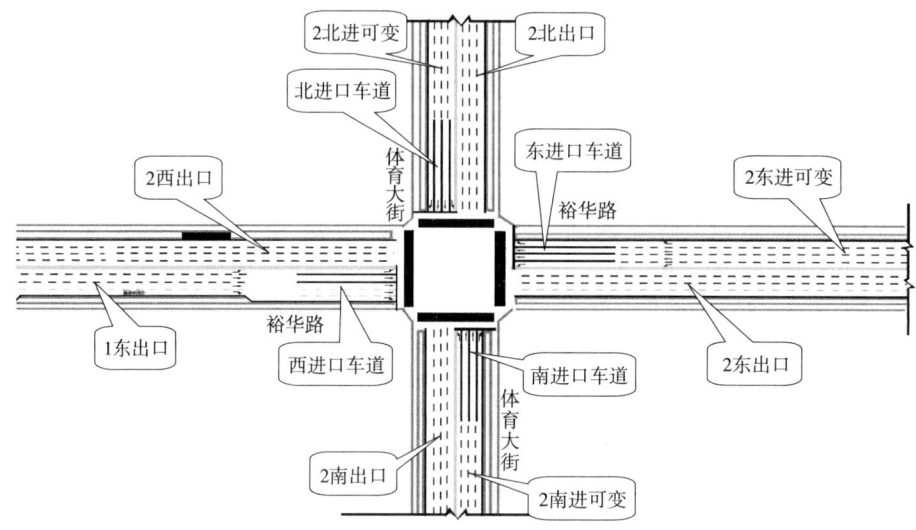

图 5-1-2 裕华路与体育大街路段命名

④交通信号灯设置规则,如表 5-1-5 所示。

裕华路与体育大街各进口道信号灯设置规则　　　表 5-1-5

信号灯编号	进口路段	名　称	信号灯组
11	东进口右转车道	2 东进右	1
12	东进口直行车道 1	2 东进直 1	1
13	东进口直行车道 2	2 东进直 2	1
14	东进口左转车道	2 东进左	2
15	西进口右转车道	2 西进右	1
16	西进口直行车道 1	2 西进直 1	1
17	西进口直行车道 2	2 西进直 2	1
18	西进口左转车道	2 西进左	2
19	北进口右转车道	2 北进右	3
20	北进口直行车道 1	2 北进直 1	3
21	北进口直行车道 2	2 北进直 2	3
22	北进口左转车道	2 北进左	4
23	南进口右转车道	2 南进右	3
24	南进口直行车道 1	2 南进直 1	3
25	南进口直行车道 2	2 南进直 2	3
26	南进口左转车道	2 南进左	4

⑤公交线路数据,如表5-1-6所示。

公 交 线 路 数 据　　　　　　　　　表5-1-6

公交线路	公交站点类型	起　　点	终　　点	经过的公交站点
1路	路边	2东进可变道路段	1西出口	育才街公交站点
2路	路边	2东进可变道路段	1南出口	育才街公交站点 体育大街公交站点
3路	港湾式	1西进可变道路段	2东出口	师大公交站点

5.2　新建文件与导入底图

(1)新建文件
①建立"D:\VISSIM\05"文件夹。
②将"02"文件夹中的所有工程文件和本章需要导入的底图文件"05.JPG",拷贝到①中新建的"05"文件夹内。
(2)加载底图
①打开"D:\VISSIM\05"路径下的"02.inp"工程文件,在菜单栏中依次选择"查看"→"背景"→"编辑",弹出"背景选择"对话框,点击"读取",然后选择"D:\VISSIM\05"路径下的"05.JPG",点击"关闭",如图5-2-1所示。

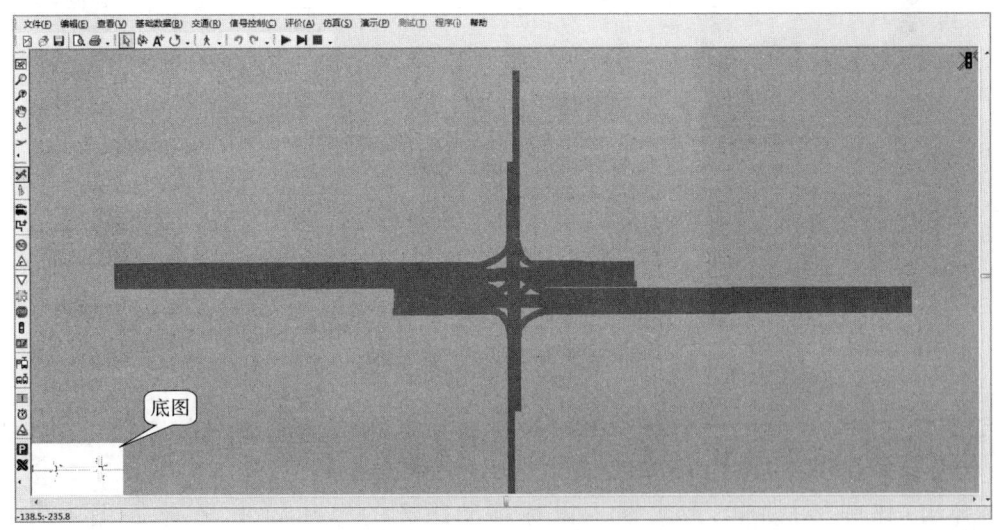

图5-2-1　导入底图完成

②选中背景底图。单击左侧工具栏中的"缩放"按钮,按住鼠标左键从底图的左上角拖拽至右下角,此时虚线线框将底图包围,如图5-2-2所示。松开鼠标左键,底图将基本满布于视图区。

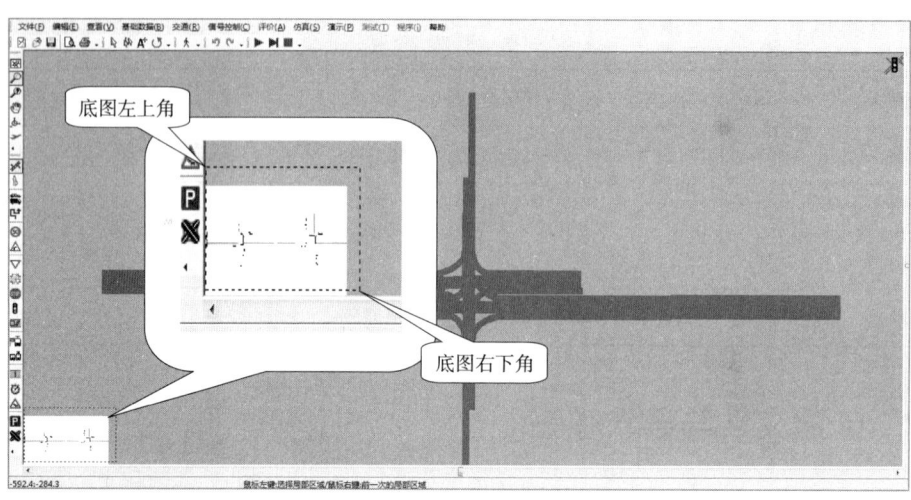

图 5-2-2　选中底图完成

(3) 调整底图比例

①在菜单栏中依次选择"查看"→"背景"→"编辑",在弹出的"背景选择"对话框中选择"比例"。此时,鼠标指针变成一把尺,尺的左上角为"热点",如图 5-2-3 所示。

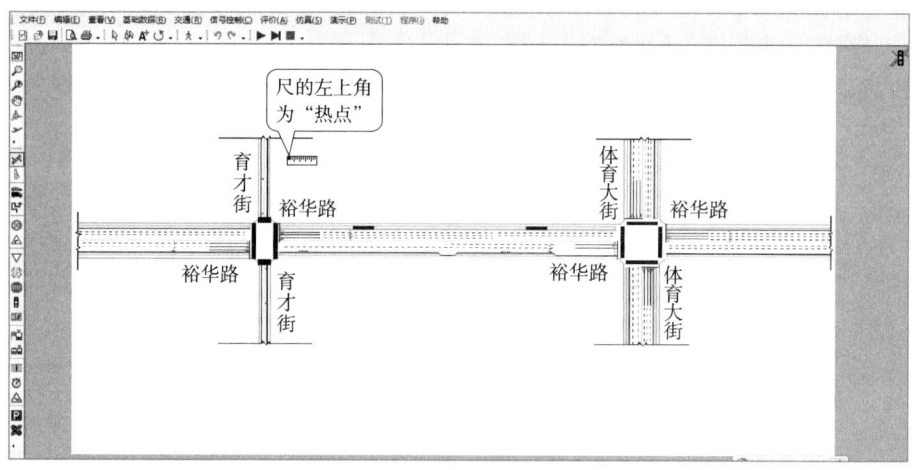

图 5-2-3　激活比例尺

②设置比例。以底图上 1 号交叉口东进口机动车道的南侧与停车线交点为"起点",点击鼠标左键不放,沿停车线拖拽至另一侧"终点",如图 5-2-4 所示。松开鼠标,将弹出"比例"对话框,要求输入鼠标移动距离的实际尺寸,在本底图中为 4 车道,每车道宽 3.50 m,所以输入 14,然后在"比例"对话框中点击"确定",完成底图的比例设置。

提示①:详细的操作参考第 2 章 2.2 节。

提示②:此时视图区可能出现全空白,点击"显示整个路网"按钮即可使底图和裕华路与育才街仿真路段同时显示于视图区。

③移动底图与仿真道路系统重合。单击左侧工具栏中的"显示整个网络"按钮,底图和裕华路与育才街仿真路段同时显示于视图区。在菜单栏中依次选择"查看"→"背景"→"编辑",在弹出的"背景选择"对话框中选择"起点",单击选中底图裕华路与育才街交叉口中心,按住鼠标拖动底图使底图1号交叉口中心与道路仿真交叉口中心重合,点击"显示整个路网"按钮,完成调整后如图5-2-5所示。

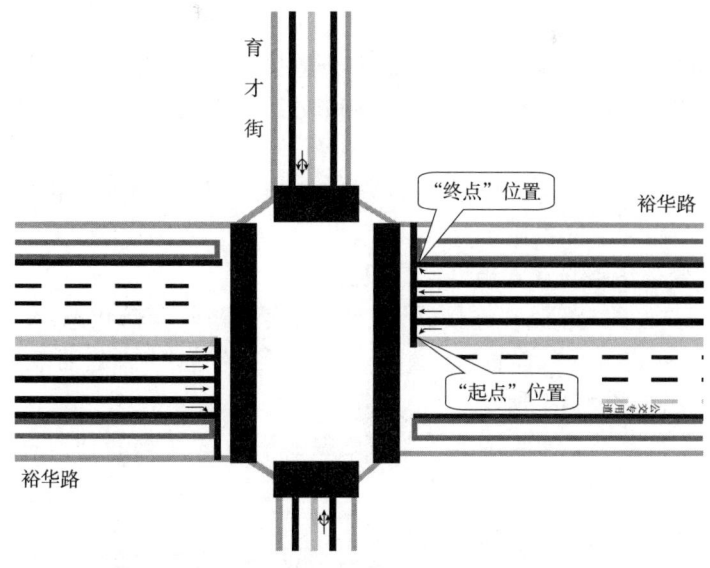

图 5-2-4　标定底图

提示①:按住左键拖动底图时可以和鼠标的滑动轮共同使用。此时滑动轮的向上和向下滑动分别表示放大和缩小功能。

提示②:如果底图和仿真路段比例相差较大,底图与仿真道路系统无法重合,则需重新设定比例。

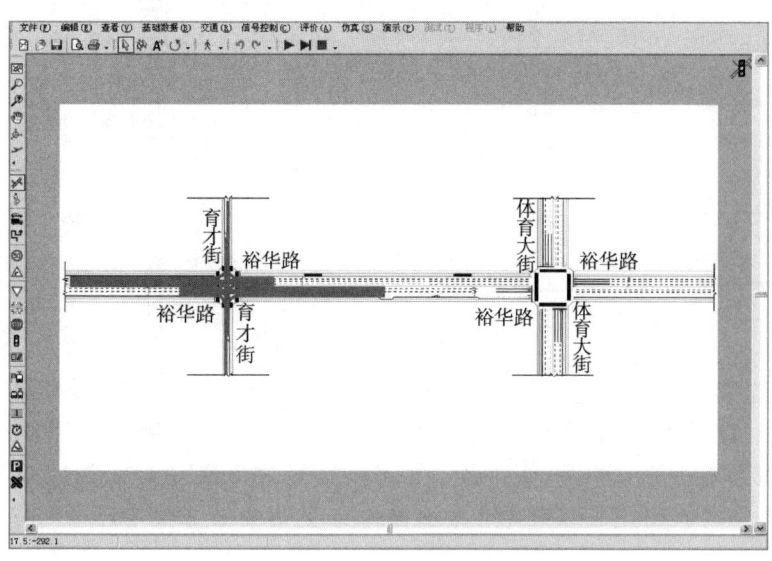

图 5-2-5　调整底图完成

④单击上侧工具栏中的"保存"按钮,完成 VISSIM 工程文件的保存。

提示:完成导入底图后务必保存工程文件和底图,否则在仿真时会出现车辆无法进入路网的现象。

5.3 城市干道两相邻交叉口道路仿真系统的建立

本章在第 2 章单交叉口的基础上进行城市干道仿真,本节将建立城市干道两相邻交叉口道路仿真系统。首先对 1 号交叉口进行完善和改变,然后创建 2 号交叉口,最后将两相邻交叉口连接起来。

提示:本节所采取步骤逻辑清晰,易于理解,适用于初学者,但并非在操作上最简洁。在熟练掌握相关技巧后,可不按本操作步骤进行。

(1)完善和改变裕华路与育才街交叉口设置

①单击左侧工具栏的"路段 & 连接器"按钮,切换到路段编辑状态,在 1 号交叉口西侧添加可变道路段"1 西进可变",设置"车道数"为 4,"名称"为"1 西进可变","车道宽度"保持默认值 3.50 不变,如图 5-3-1 所示。

提示:可变道路段与不可变道路段间需用连接器连接,故两路段间须留有一定间隙。

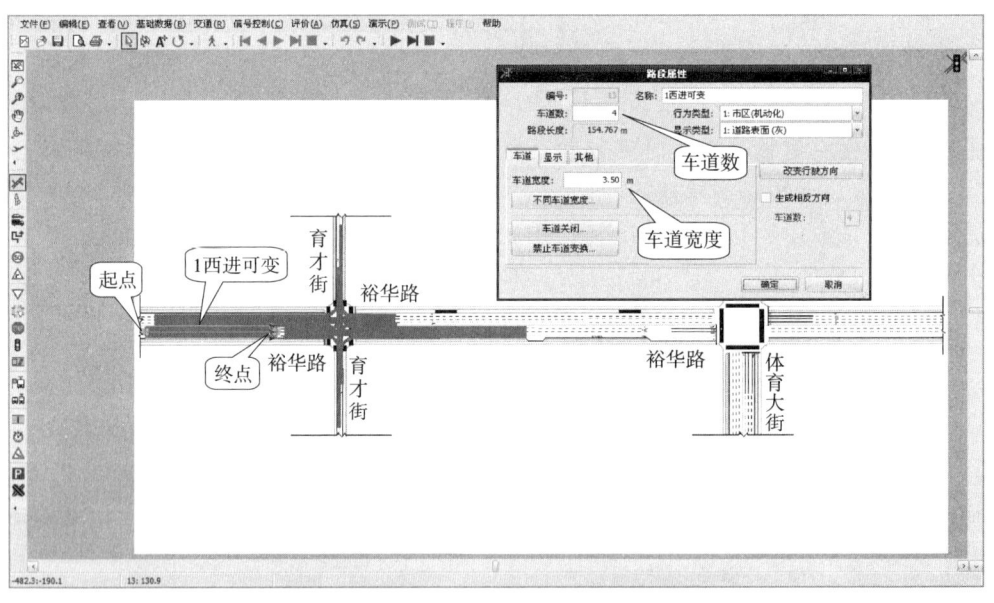

图 5-3-1　添加 1 西进可变道路段

②用路段连接器将"1 西进可变"车道的"车道 4"与"1 西进左"车道的"车道 1"相连,连接器使用默认参数;将"1 西进可变"的"车道 2"和"车道 3"与"1 西进直"的"车道 1"和"车道 2"相连,连接器使用默认参数;用路段连接器将"1 西进可变"的"车道 1"与"1 西进右"的"车道 1"相连,连接器使用默认参数[详细操作参见第 3 章 3.2 节步骤(1)]。完成后如图 5-3-2 所示。

③改变"1 东出口"路段。左键双击"1 东出口"路段,弹出"路段属性"对话框,将"车道数"由 4 改为 3,点击"确定"。结果如图 5-3-3 所示。

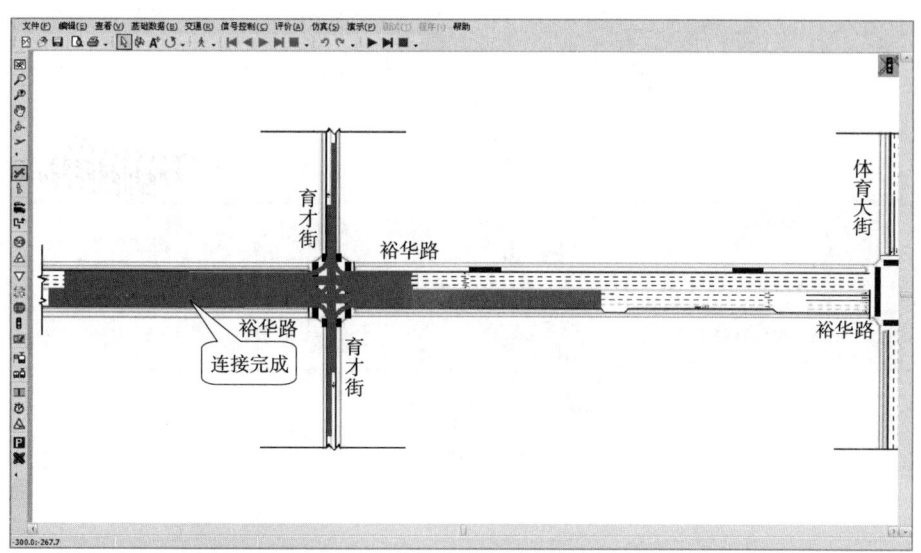

图 5-3-2　连接 1 号交叉口西进口的可变道路段与非可变道路段

提示①:由于"1 东出口"路段"车道数"的变化,1 南进口右转连接器出现形变,曲线变得不平滑。同时,1 北进口左转连接器消失。

提示②:由于 1 北进口左转连接器连接于"1 东出口"路段车道 4,其由 4 车道变为 3 车道后,车道 4 消失。故与之连接的 1 北进口左转连接器消失。

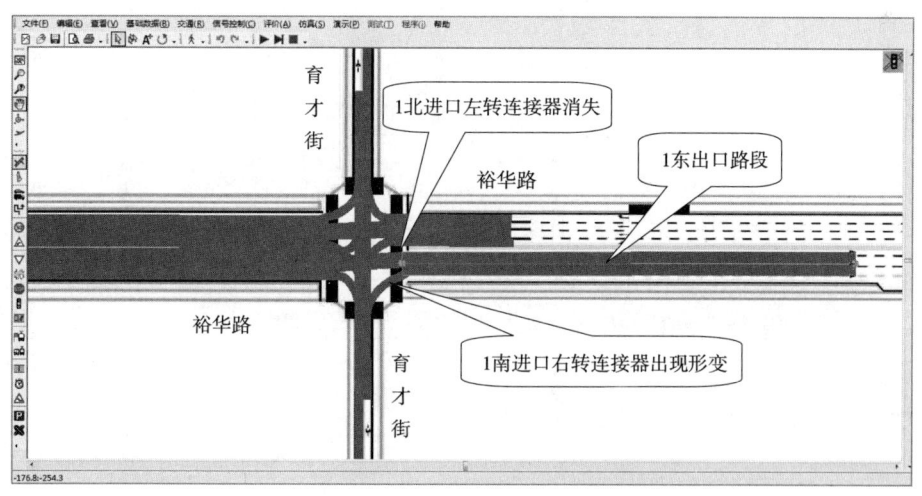

图 5-3-3　改变 1 东出口路段完成

④1 北进口左转连接器设置。在"路段&连接器"状态下添加"名称"为"北左连"的连接路段,连接"1 北进混"与"1 东出口"路段,"从路段"中选择"车道 1","到路段"中选择"车道 3",选中"样条曲线"复选框,在"点数"一栏中输入 10,点击"确定",完成 1 北进口左转连接器的设置[详细操作可参见第 2 章 2.4 节步骤(4)]。

提示:1 北进口左转车流进入 1 东出口的车道 3。

⑤双击 1 南进口右转连接器,弹出"连接器"对话框,选中"重新计算曲线"复选框,在"点数"一栏中输入 10,点击"确定",此时 1 南进口右转连接器变得平滑。结果如图 5-3-4 所示。

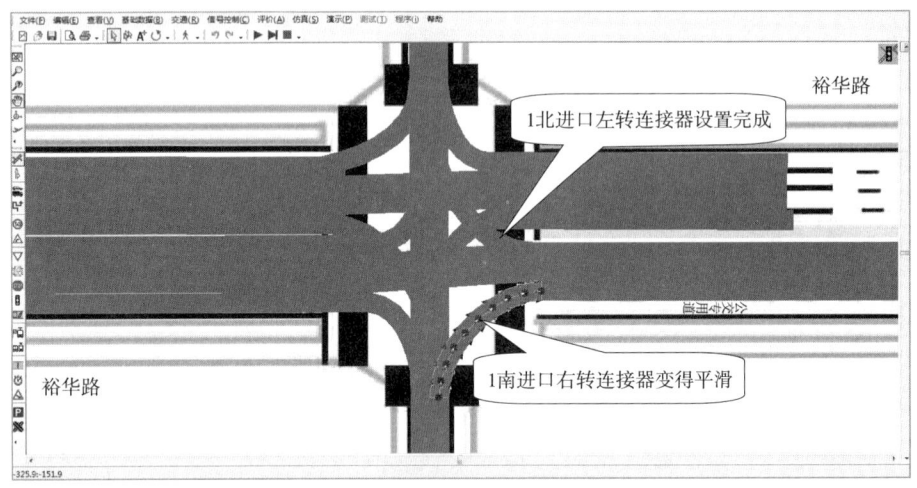

图 5-3-4 裕华路与育才街交叉口路段改变完成

⑥设置路段流量。单击左侧工具栏中的"车辆输入"按钮,切换到路段流量编辑状态,先删除 1 号交叉口原有的西进口所有车道的车流量,即"1 西进右"、"1 西进直"和"1 西进右"3 个路段的车流量。再为"1 西进可变"车道添加大小为 1268,类型为"1:默认"的交通流量,如图 5-3-5 所示。

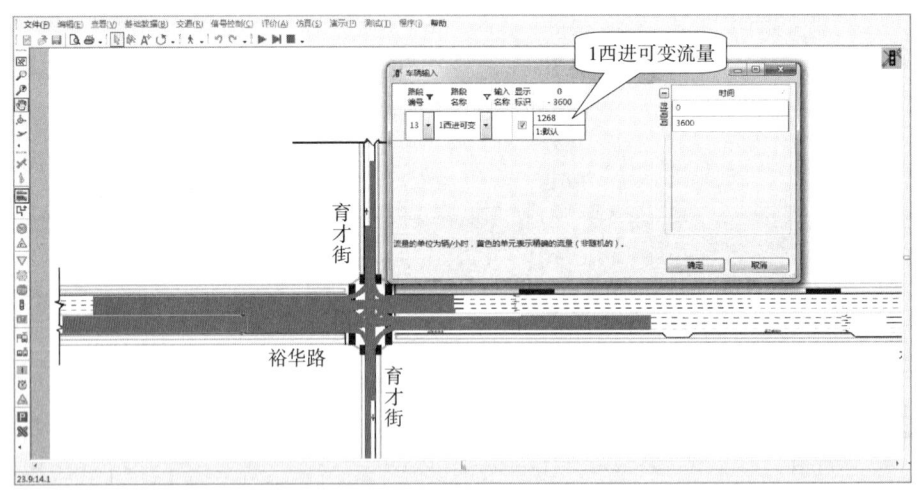

图 5-3-5 为 1 西进可变路段添加流量

⑦设置 1 号交叉口西进口方向入口路径决策。单击左侧工具栏的"路径"按钮,切换到路径决策状态,单击选中"1 西进可变"车道后再在"1 西进可变"车道起点处右击鼠标设置路径决策点,完成后车道上出现红色线段同时弹出"创建路径决策点"对话框,将"名称"设为"1 西进口",点击"确定",完成路径决策点的设置。单击选中 1 北出口路段,再单击鼠标右键(将出现

一条绿色线段,该线段为 1 西进口左转路径决策的终点)。单击选中 1 东出口路段,再单击鼠标右键设置 1 西进口直行车道路径决策的终点。最后单击选中 1 南出口路段,单击鼠标右键设置 1 西进口右转车道路径决策的终点。完成后在空白区域右击鼠标,在弹出的"路径"对话框中根据表 2-1-2 中"1 西进口"车道车流左转、直行和右转的比例设置对应各方向出口道的流量比例,分别为 100∶1023∶145[详细操作参见第 3 章 3.2 节步骤(4)],如图 5-3-6 所示。

提示:路径决策点应靠近可变道路段起始位置,并与不可变道路段起始位置保持足够长的距离。

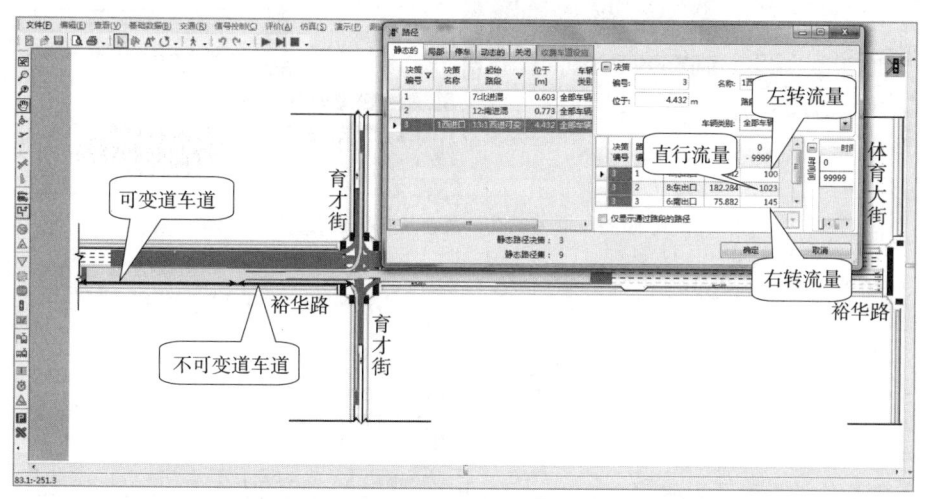

图 5-3-6　1 西进口车道路径决策

⑧运行仿真查看设置效果。运行仿真,弹出"VISSIM"窗口,选择"全部是"。

提示:选择"全部是"即系统按原先的路径决策方案进行连接,使路径完整,不改变流量比例。

(2)创建裕华路与体育大街交叉口

①添加 2 号交叉口西进口不可变道路段。单击"路段 & 连接器"按钮,切换到道路编辑状态。在图 5-3-7 所示位置分别添加裕华路与体育大街交叉口西进口左转车道"2 西进左","车道数"为 1;直行车道"2 西进直","车道数"为 2;右转车道"2 西进右","车道数"为 1,其他参数不变,完成后如图 5-3-7 所示。

提示①:因为前 5 节不涉及公交专用道仿真部分,因此 2 西进口车道按 4 车道进行仿真,包括 1 条左转车道、2 条直行车道和 1 条右转车道,公交专用道空出。

提示②:应注意路段终点稍超出停车线一点,以便为信号灯设置做准备。

②添加 2 号交叉口东进口不可变道路段。分别添加裕华路与体育大街交叉口东进口右转车道"2 东进右","车道数"为 1;直行车道"2 东进直";"车道数"为 2;左转车道"2 东进左","车道数"为 1,其他参数不变,完成后如图 5-3-8 所示。

提示:不可变道路段从交叉口入口渠化实线处开始,至停车线处结束。

③添加 2 号交叉口其他两个方向上的不可变道路段。参照步骤②中的方法完成其他两个方向上的不可变道车道的设置,其车道数和命名规则参考表 5-1-1 和表 5-1-3,完成后如图 5-3-9 所示。

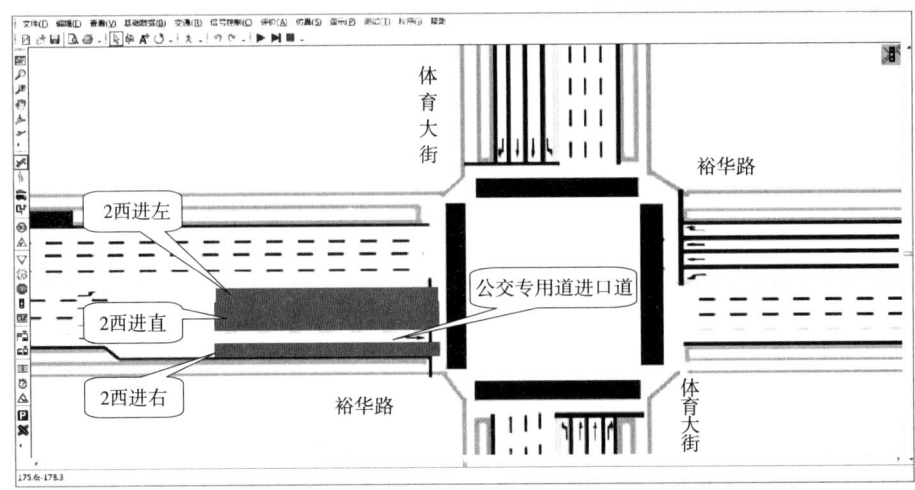

图 5-3-7　2 号交叉口西进口不可变道路段

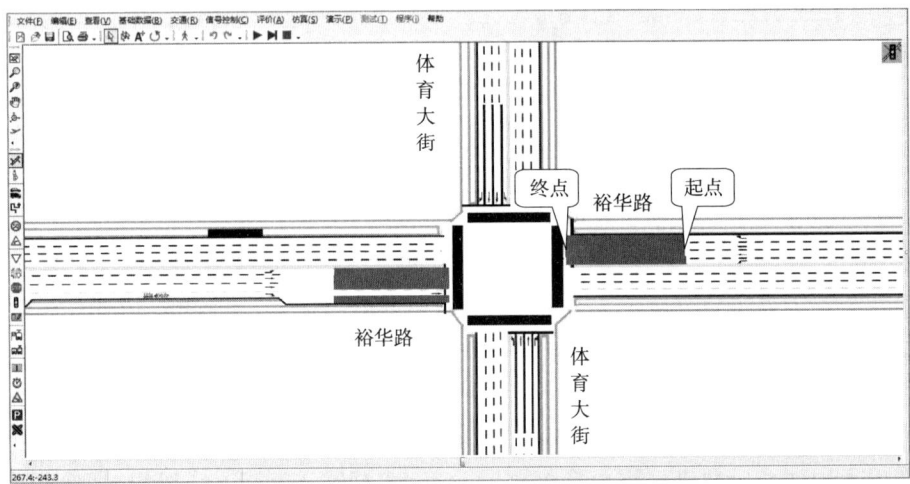

图 5-3-8　2 号交叉口东进口不可变道路段

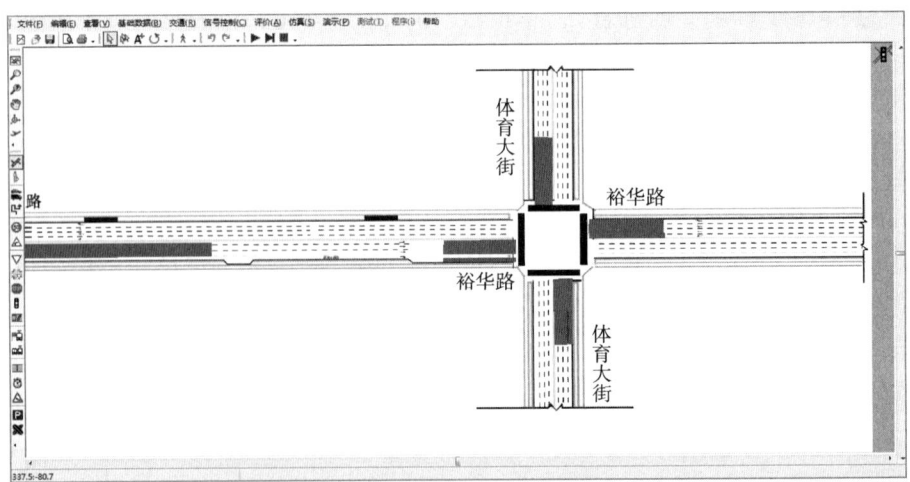

图 5-3-9　2 号交叉口其他方向进口不可变道路段

④添加2号交叉口东进口可变道路段"2东进可变","车道数"为4,其他参数不变,如图5-3-10所示。

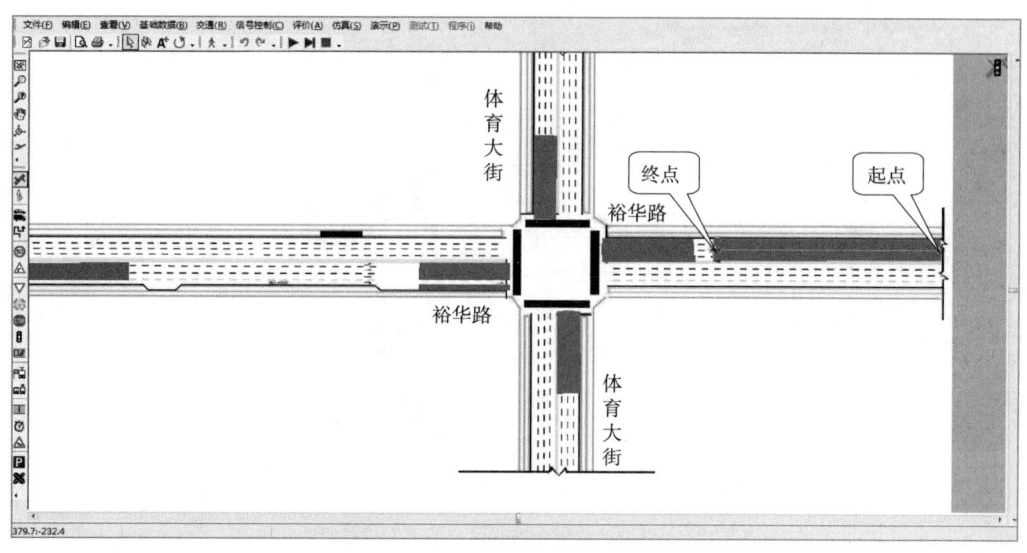

图5-3-10　2号交叉口东进口方向可变道路段

⑤参照③中步骤,添加2号交叉口南进口和北进口方向进口可变道路段,其"车道数"均为4,完成后如图5-3-11所示。

提示①:由于2号交叉口西进口方向的可变道路段与1号交叉口东出口车道为同一车道,且"1东出口"车道已经存在,故不需要重复添加。

提示②:添加南进口和北进口方向进口可变道路段时,可适当延长,为后节路径决策做准备。否则,有可能出现判断时间过短而发生车辆消失的现象。

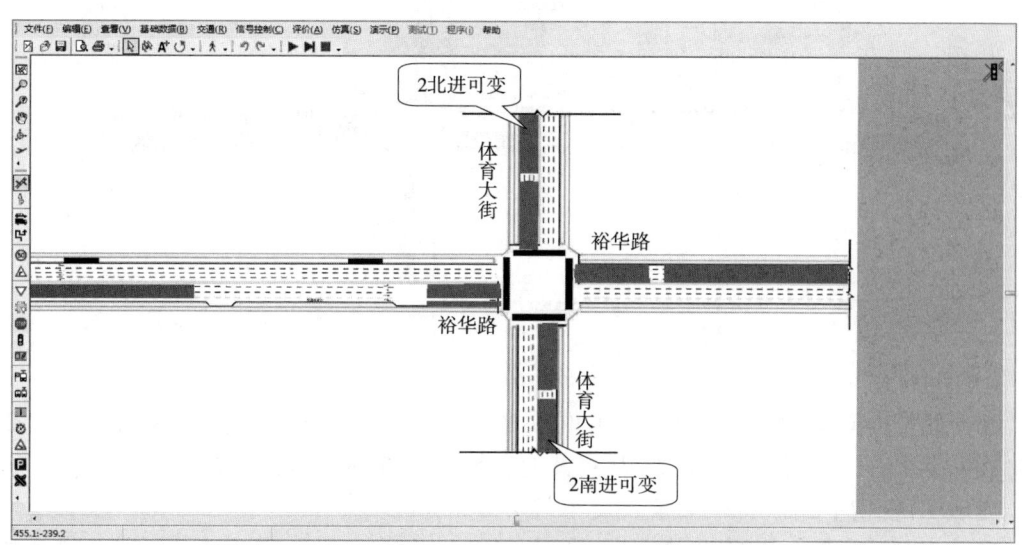

图5-3-11　2号交叉口北进口和南进口方向可变道路段

⑥参照本章5.3节步骤(1)中②的内容,将2号交叉口东进口、南进口和北进口三个方向上的可变道路段与不可变道路段连接,结果如图5-3-12所示。

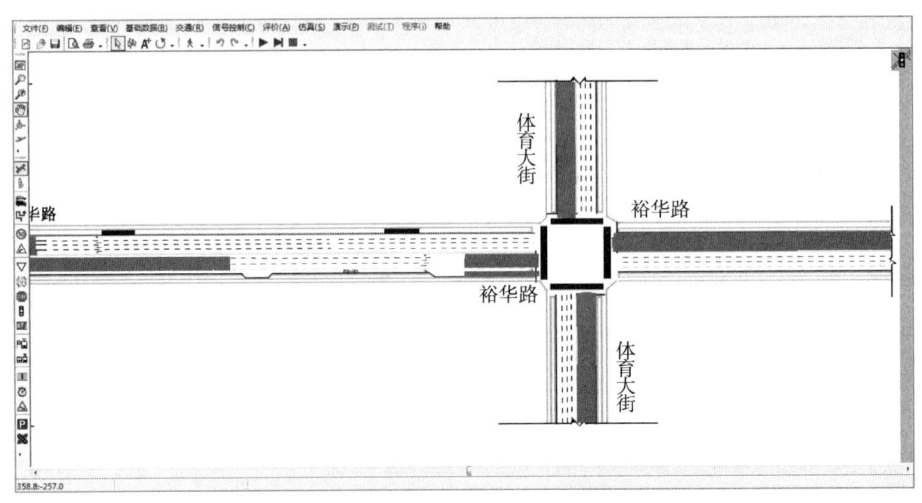

图5-3-12　2号交叉口可变道路段与不可变道路段的连接

⑦设置2号交叉口东出口车道。如图5-3-13所示,设置2号交叉口东出口车道"2东出口","车道数"为4,其他参数不变。

提示:出口车道的长度没有特殊要求,但为了仿真效果,可按照底图车道长度设置。

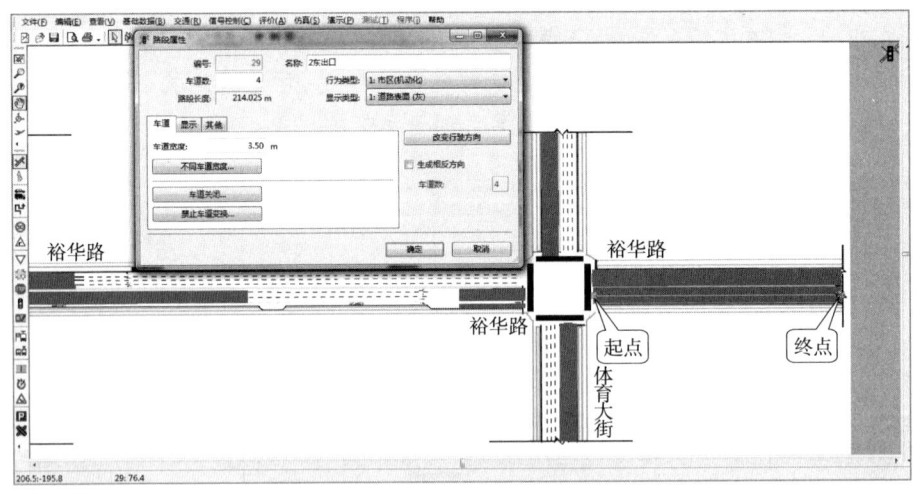

图5-3-13　2号交叉口东出口车道

⑧参照⑦中操作,添加南出口、西出口和北出口车道,"名称"分别为"2南出口"、"2西出口"和"2北出口",其"车道数"均为4,其他参数不变,完成后如图5-3-14所示。

提示①:出口车道的方向,以交叉口为起点向外放射。

提示②:车道"2西出口"的终点设置到如图5-3-14所示位置,即不能超过1号交叉口东进口渠化实线的起始位置,以便下一步进行两个交叉口的连接。

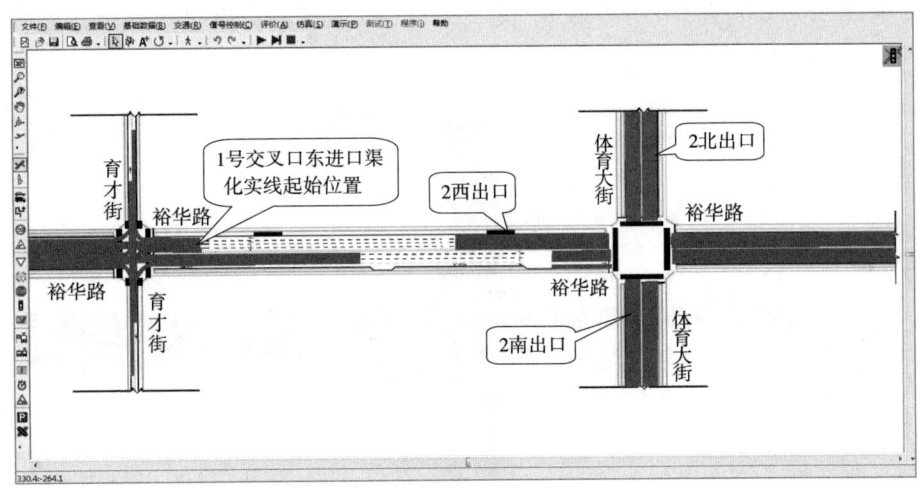

图 5-3-14　2 号交叉口各方向出口车道

⑨将"2 东进口"与"2 北出口"、"2 西出口"、"2 南出口"连接。用连接器连接车道"2 东进右"与车道"2 北出口",在弹出的"连接器"对话框中"从路段"选择"车道 1","到路段"选择"车道 1",勾选"样条曲线"并将"点数"设置为 10;连接车道"2 东进直"与车道"2 西出口",在弹出的"连接器"对话框中"从路段"选择"车道 1"和"车道 2","到路段"选择"车道 2"和"车道 3",勾选"样条曲线"并将"点数"设置为 10;连接车道"2 东进左"与车道"2 南出口",在弹出的"连接器"对话框中"从路段"选择"车道 1","到路段"选择"车道 4",勾选"样条曲线"并将"点数"设置为 10,完成后如图 5-3-15 所示。

提示:具体的操作和注意事项,参见第 2 章内容。

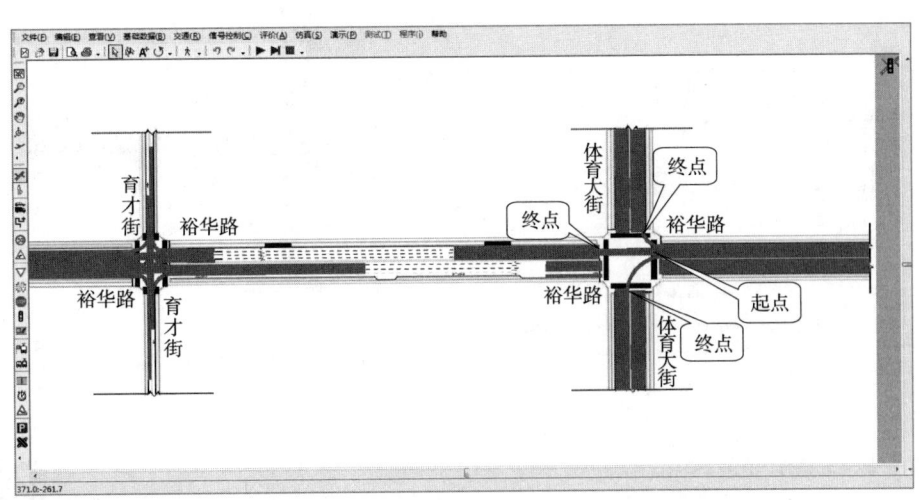

图 5-3-15　2 号交叉口东进口与各个方向出口的连接

⑩参照⑨的内容,为 2 号交叉口其他进口的各方向车道和相对应的出口车道添加连接器,完成后如图 5-3-16 所示。

⑪按本章 5.1 节的表 5-1-1 中数据，为 2 号交叉口东进口、南进口和北进口添加交通流量。

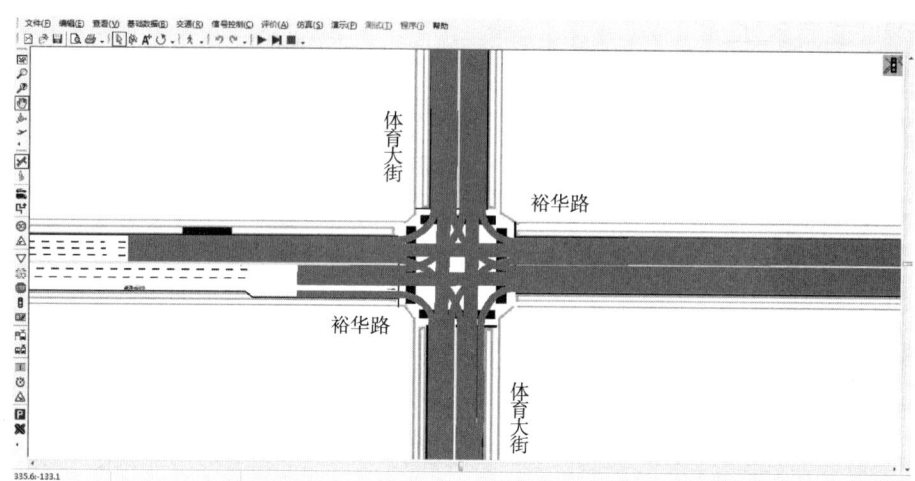

图 5-3-16　2 号交叉口进出口路段之间的连接器

提示：各个方向上的车流量应该添加在本方向的可变道路段上，数值为表 5-1-1 中各方向的"交通总流量"。方法可参照 5.3 节步骤(1)中⑥。

⑫应用路径决策方法，按本章 5.1 节的表 5-1-1 中数据，为 2 号交叉口的东进口、南进口和北进口方向的车流量进行路径决策，得到的结果分别如图 5-3-17～图 5-3-19 所示。

提示：方法可参照 5.3 节步骤(1)中⑦。

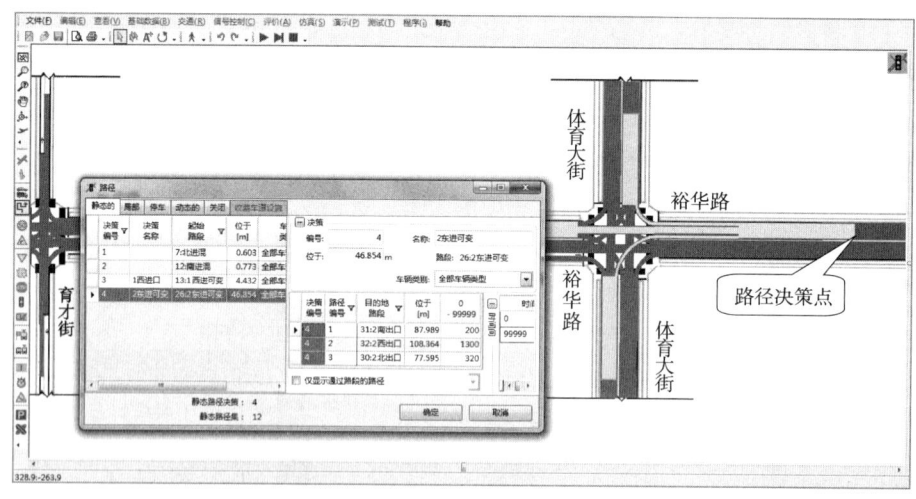

图 5-3-17　2 号交叉口东进口路径决策

(3) 连接两个相邻交叉口

①单击"路段 & 连接器"按钮，切换到路段编辑状态，单击选中"2 西出口"路段，并将其终点拖拽至 1 号交叉口东进口车道渠化线起始位置附近，如图 5-3-20 所示。

教学录像

提示："2 西出口"车道路段终点位置靠近"1 东进左"车道起点，但留有一定距离。

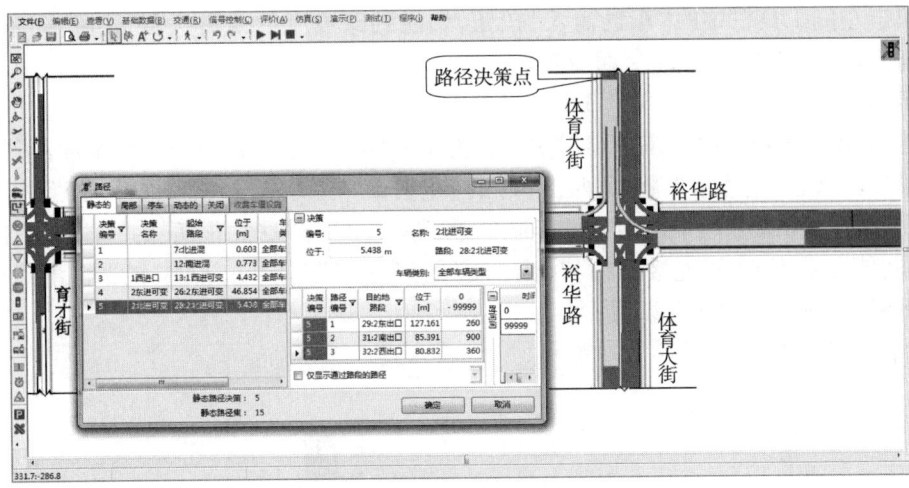

图 5-3-18　2 号交叉口北进口路径决策

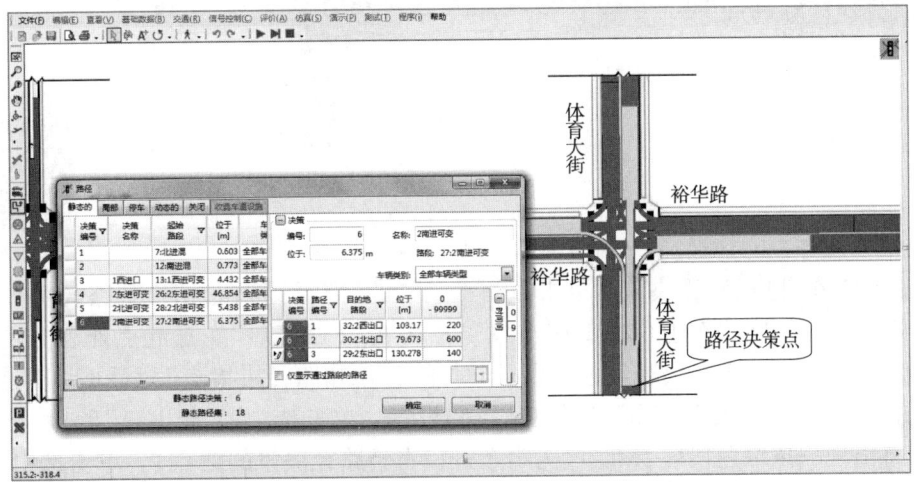

图 5-3-19　2 号交叉口南进口路径决策

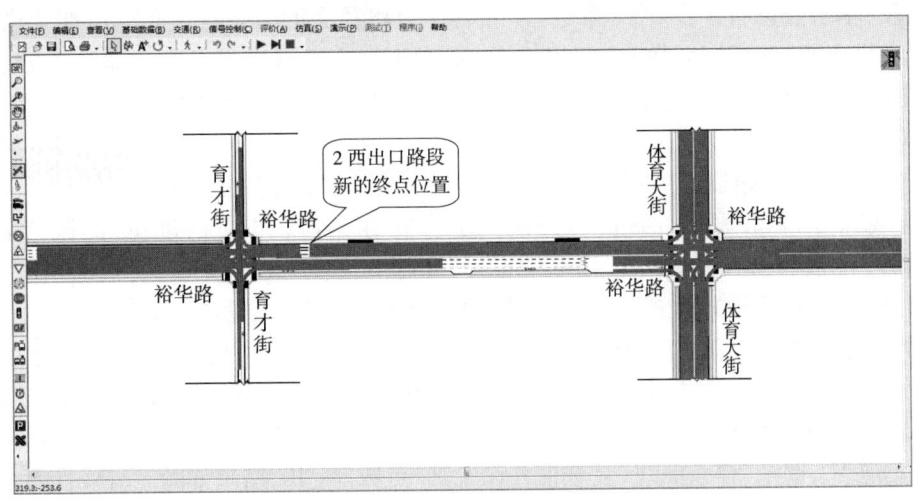

图 5-3-20　调整 2 西出口车道长度

②单击左侧工具栏中的"车辆输入"按钮,切换到路段流量编辑状态,删除"1 东进左"、"1 东进直"和"1 东进右"上的交通流量。

提示:具体操作方法见第 3 章 3.2 节步骤(2)。

③连接"2 西出口"和"1 东进口"路段。单击左侧工具栏中的"路段 & 连接器"按钮,切换到路段编辑状态,用连接器将"2 西出口"的"车道 1"与"1 东进左"的"车道 1"相连,其他参数不变;用连接器将"2 西出口"的"车道 2"和"车道 3"与"1 东进直"的"车道 1"和"车道 2"相连,其他参数不变;用连接器将"2 西出口"的"车道 4"与"1 东进左"的"车道 1"相连,其他参数不变,完成后如图 5-3-21 所示。

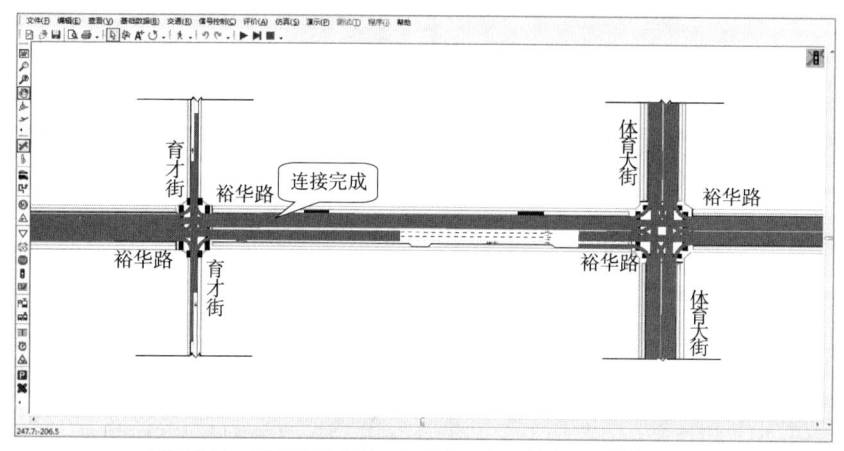

图 5-3-21　连接 2 号交叉口的西出口与 1 号交叉口的东进口

教学录像

④设置"1 东进口"路径决策。单击左侧工具栏的"路径"按钮,切换到路径决策编辑状态,单击选中"2 西出口"车道(即"1 东进口")后再在"2 西出口"车道起点处右击鼠标设置路径决策点,完成后车道上出现红色线段,同时弹出"创建路径决策点"对话框,将"名称"改为"1 东进口",点击"确定",完成路径决策点的设置。单击选中"1 北出口"路段,再单击鼠标右键(将出现一条绿色线段,该线段为 1 东进口右转路径决策的终点)。单击选中"1 西出口"路段,再单击鼠标右键设置"1 东进口"直行车道路径决策的终点。最后单击选中"1 南出口"路段,单击鼠标右键设置"1 东进口"左转车道路径决策的终点。完成后在空白区域右击鼠标,在弹出的"路径"对话框中根据表 2-1-2 中 1 号交叉口东进口方向车流右转、直行和左转的比例,设置对应各方向出口道的流量比例,分别为 120:1155:100。如图 5-3-22 所示。

⑤单击左侧工具栏中的"路段 & 连接器"按钮,切换到路段编辑状态,如图 5-3-23 所示,单击选中"1 东出口"路段,并将其终点拖拽至图中空白区左端点位置附近。

⑥连接"1 东出口"和"2 西进口"路段。连接"1 东出口"和"2 西进左"路段,"名称"设为"2 西进左连接器",在"从路段"选项中选择"车道 3",在"到路段"选项中选择"车道 1",选中"样条曲线"复选框并设置其"点数"为 10。连接"1 东出口"和"2 西进直"路段,"名称"设为"2 西进直连接器",在"从路段"选项中选择"车道 1"和"车道 2",在"到路段"选项中选择"车道 1"和"车道 2",选中"样条曲线"复选框并设置其"点数"为 10。连接"1 东出口"和"2 西进右"路段,"名称"设为"2 西进右连接器",在"从路段"选项中选择"车道 1",在"到路段"选项中选择"车道 1",选中"样条曲线"复选框并设置其"点数"为 10,结果如图 5-3-24 所示。

提示:为清楚显示道路连接器状态,图 5-3-24 采用中心线形式显示。

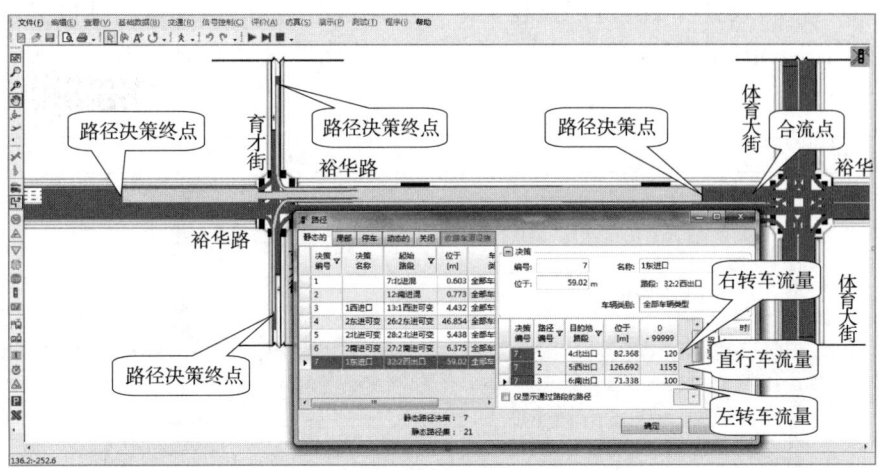

图 5-3-22　1 号交叉口东进口方向车流路径决策

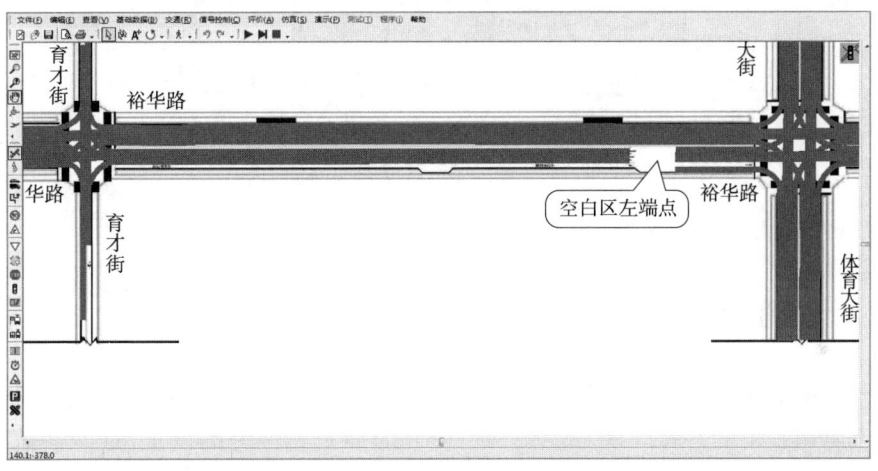

图 5-3-23　调整 1 东出口车道长度

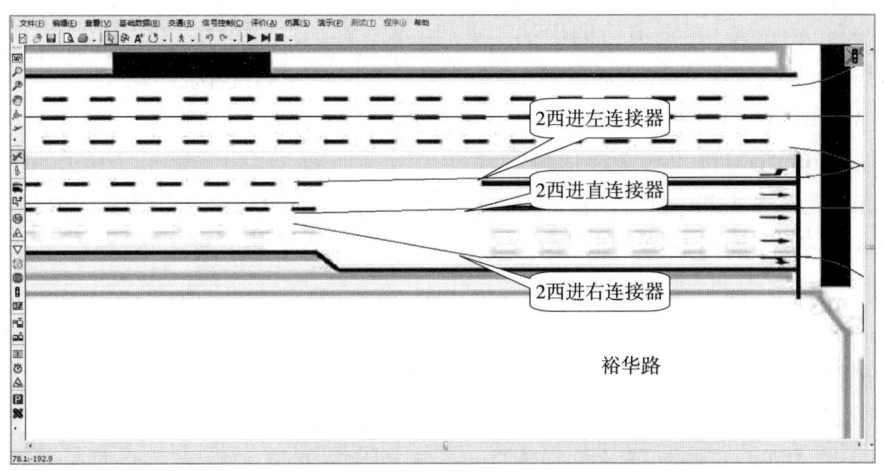

图 5-3-24　连接 1 号交叉口的东出口与 2 号交叉口的西进口

⑦参照步骤④,设置"2 西进口"路径决策,"决策名称"为"2 西进口",并根据表 5-1-1 设置对应各方向出口道的流量比例,右转、直行和左转的比例设置分别为 320∶1200∶230,完成后如图 5-3-25 所示。

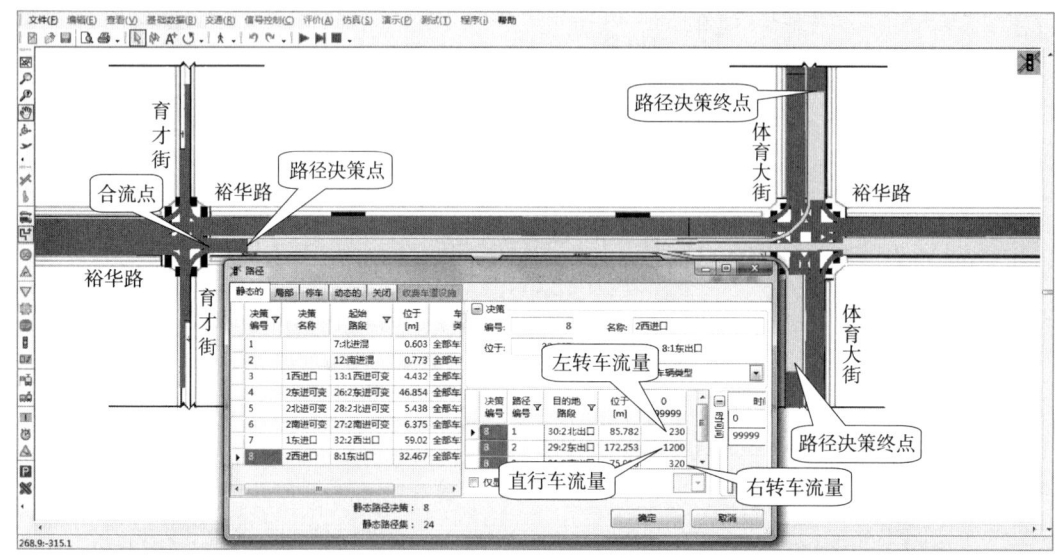

图 5-3-25　2 号交叉口西进口方向车流路径决策

⑧进行仿真,查看运行效果。

5.4　干道信号协调

为进行干道协调,一般将周期时长最大的交叉口定为关键交叉口,并以此交叉口周期时长作为干道协调系统的共同周期。多交叉口协调时涉及相位差的设置,且该参数将对车辆运行有较大影响。在本章中,经计算裕华路与体育大街交叉口的周期时长为 160s,因此需修改裕华路与育才街交通信号参数,并创建和设置裕华路和体育大街的相关交通信号参数。为了说明偏移(相位差)在干道协调中的重要性,本节在由东向西的路段上设置了行程时间检测器,通过比较改变偏移数值后的延误指标说明其在线控系统中的重要性。

提示:VISSIM 中的偏移即相位差,也称绿灯起步时距,英文为 offset。

(1)修改裕华路与育才街交通信号参数

①打开信号控制编辑窗口。在菜单栏中依次选择"信号控制"→"编辑信号控制",弹出"信号控制"对话框,如图 5-4-1 所示,在"名称"中输入"裕华路与育才街交叉口",然后点击"固定配时"选项卡中的"编辑信号控制"。

②在弹出的窗口"VISSIG—SC1:＊.sig"中,选择"信号配时方案"中的"1:信号配时方案 1"如图 5-4-2 所示,修改"周期时间"为 160,按表 5-4-1 依次修改信号灯组 1、2、3 的数据。点击"保存",并关闭此窗口,返回 VISSIM 主界面窗口。

提示①:表 5-4-1 中的数据是根据表 5-1-2 中裕华路与育才街交叉口数据计算得到,计算方法可参考第 2 章 2.5 节。

提示②：具体操作步骤，详见第 2 章 2.5 节交通信号及让行规则设置部分。

提示③：可直接修改信号组的绿灯起止时间的数据，即可生成如图 5-4-2 所示的信号配时。

提示④：周期时间是信号灯各种灯色轮流显示一次所需的时间，即各种灯色显示时间之和，或是某主要相位的绿灯启亮开始到下次绿灯再次启亮之间的时间。

裕华路与育才街交通信号参数表（单位：s）　　　　　表 5-4-1

序　号	信号灯组	红灯结束时间	绿灯结束时间	黄灯时间长度
1	信号灯组 1	0	93	3
2	信号灯组 2	96	124	3
3	信号灯组 3	127	157	3

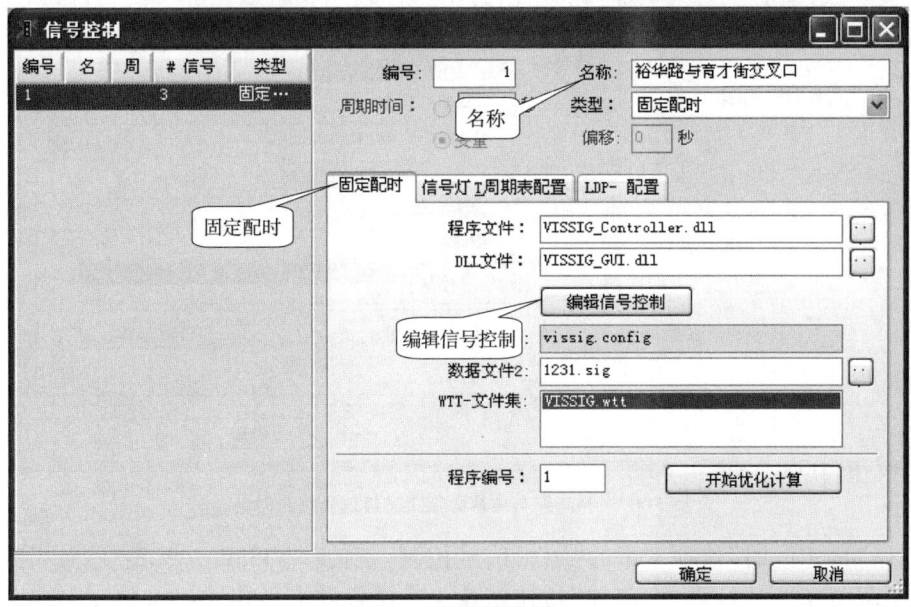

图 5-4-1　信号控制对话框

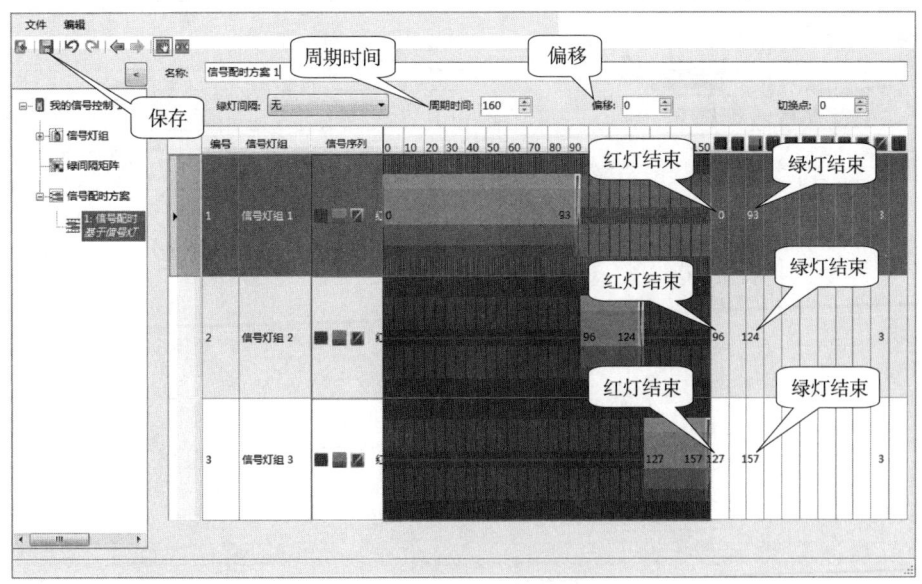

图 5-4-2　修改信号配时方案 1

③运行仿真,查看设置效果。

(2)创建裕华路与体育大街信号机

①裕华路与体育大街信号机的创建。在菜单栏中依次选择"信号控制"→"编辑信号控制机",弹出"信号控制"对话框,右击左侧空白处新建"信号控制机2","名称"输入为"裕华路与体育大街交叉口",如图5-4-3所示。

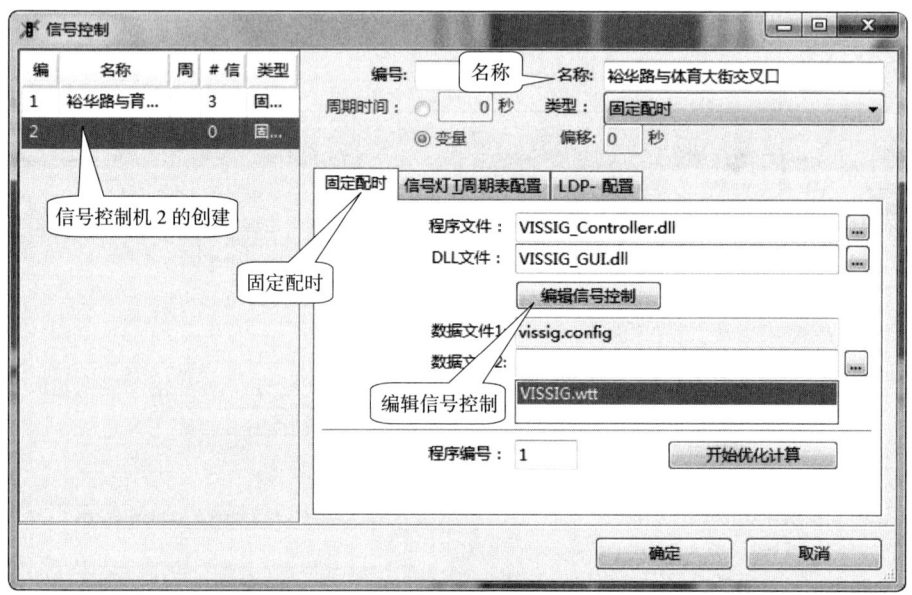

图5-4-3 裕华路与体育大街交叉口信号机的创建

②点击"固定配时"选项卡中的"编辑信号控制",弹出"VISSIG—SC2：*.sig"窗口。左键选中"信号灯组",连续点击"新建"按钮新建4个信号灯组,如图5-4-4所示。

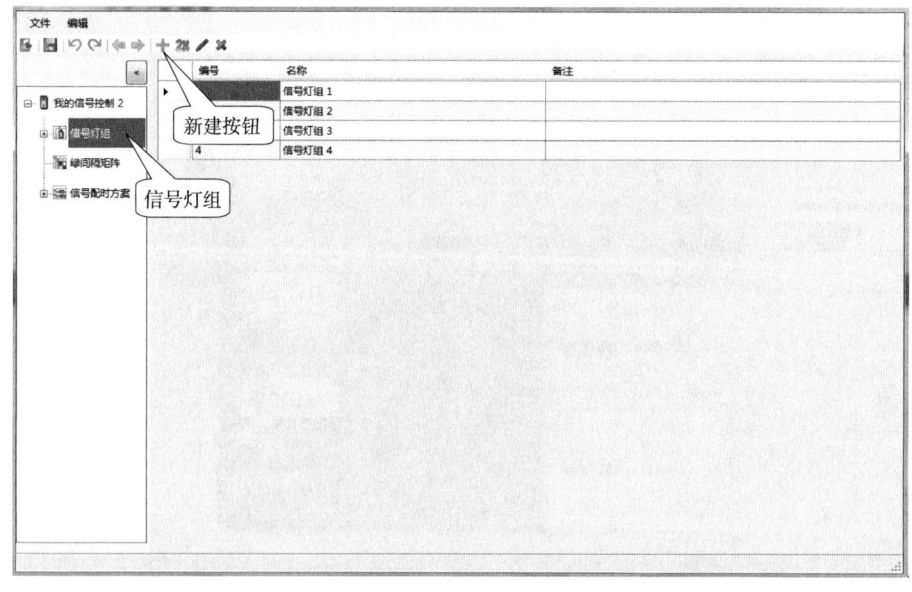

图5-4-4 为裕华路与体育大街交叉口创建信号配时方案

提示：如果点击"固定配时"中的"编辑信号控制"后弹出的窗口是英文界面，可在弹出窗口的菜单中依次选择"Edit"→"Options"，在弹出的"Opions"对话框中的"Language"下拉菜单中选择"chinesisch"，将语言切换到中文界面。

③设置信号灯组。点击信号灯组下方的"信号灯组 1"，在"默认的序列："选择"红-绿-黄"序列，在"备注"中，输入"裕华路直行 + 右转"，如图 5-4-5 所示。依此方法修改"信号灯组 2"、"信号灯组 3"和"信号灯组 4"，"默认的序列："均选择"红-绿-黄"序列，并在"备注"中分别写明"裕华路左转"、"体育大街直行和右转"和"体育大街左转"。

提示："备注"的设置，参照第 2 章 2.5 节。

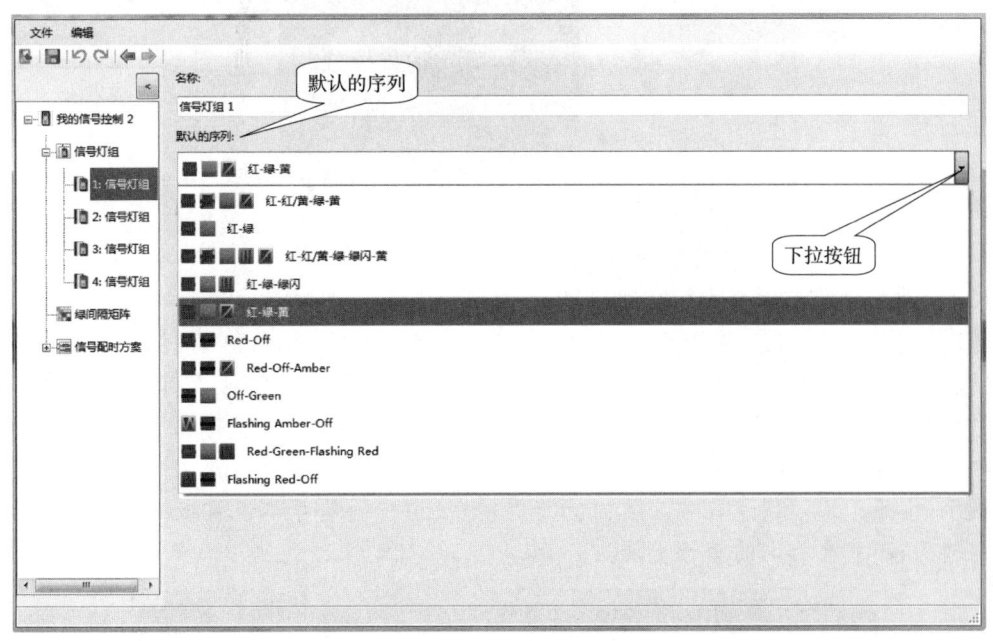

图 5-4-5　设置信号灯组

④新建一个信号配时方案。在"信号控制编辑器"窗口的左侧列表框中，点击"信号配时方案"选项，然后在工具栏中点击"新建"按钮，添加一组信号配时方案。点击新建的"1：信号配时方案 1 基于信号灯组"，"名称"中输入"信号配时方案 2"，"周期时间"输入 160。按表 5-4-2 编写配时参数，如图 5-4-6 所示。

裕华路与体育大街交通信号参数表（单位：s）　　　　　表 5-4-2

序　号	信号灯组	红灯结束时间	绿灯结束时间	黄灯时间长度
1	信号灯组 1	0	66	3
2	信号灯组 2	69	95	3
3	信号灯组 3	98	129	3
4	信号灯组 4	132	157	3

⑤点击"保存",并关闭此窗口,返回 VISSIM 主界面窗口。

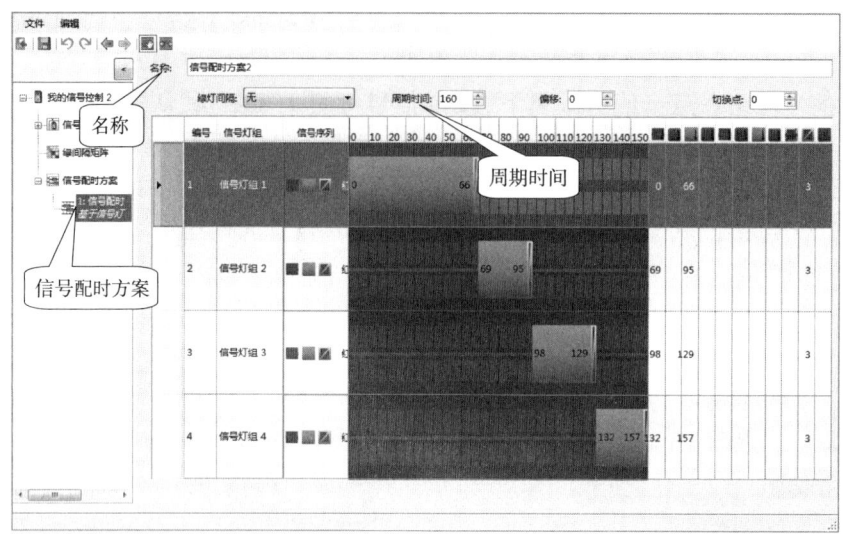

图 5-4-6 创建裕华路与体育大街信号机完成

(3)设置裕华路与体育大街交通信号

①添加并设置"2 东进右"信号灯。单击左侧工具栏中的"信号灯"按钮,切换到信号灯编辑状态。单击选中"2 东进右"路段,在停车线上右击,弹出"信号灯"对话框,如图 5-4-7 所示,"编号"中填写 11,"名称"设置为"2 东进右","信号控制机"选择"2","信号灯组"选择"1",点击"确定"。

提示: 由于干道协调过程中涉及的交叉口较多,相应的信号灯设置也随之增加,应注意编号的输入,不能有相同的编号出现。

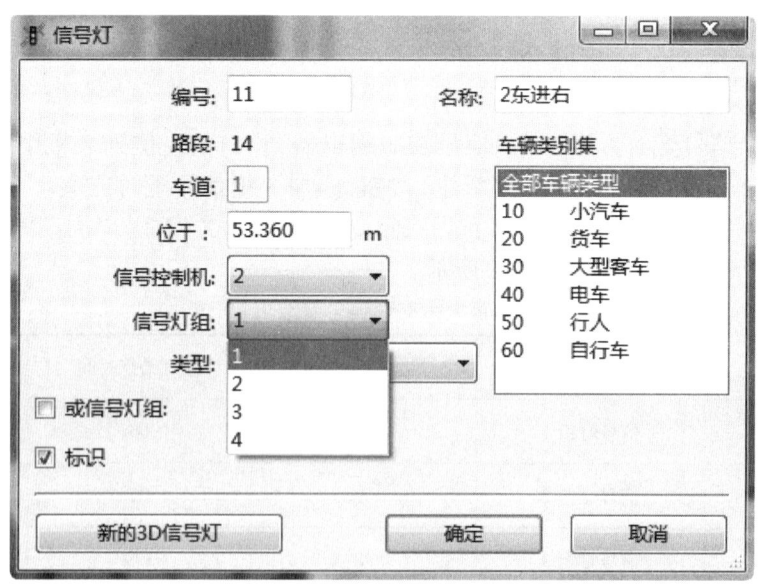

图 5-4-7 为 2 东进右添加信号灯

②按此方法,依据表 5-1-5 中数据依次为 2 号交叉口添加信号灯,结果如图 5-4-8 所示。

③运行仿真,并查看效果。

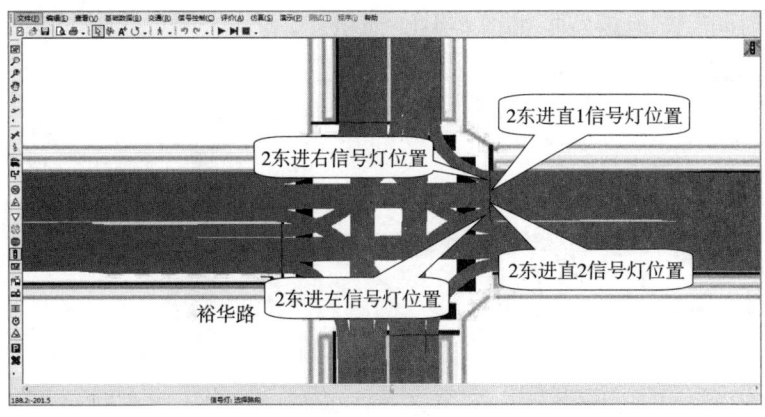

图 5-4-8　裕华路与体育大街交叉口信号灯设置完成

(4)创建评价指标

为了能够说明偏移在干道协调中的重要性,本章采用车辆平均延误时间指标来对比偏移修改前后的效果,所以需要设置行程时间检测器并配置延误评价指标。为了简化问题,只考虑由东向西的单方向车流。

①单击左侧工具栏中的"行程时间"按钮,切换到行程时间检测器设置状态。

②设置行程时间检测器的起点。单击选中"2 东进可变"路段,将鼠标移至靠近入口处某一点,单击鼠标右键,此时在车道上出现一条红色线段(行程时间检测器的起点)。

③设置行程时间检测器的终点。鼠标移至"1 西出口"车道,单击左键选中出口车道,然后在靠近出口处某一点单击右键,弹出"创建行程时间检测"对话框,"名称"设置为"裕华路东西干道",如图 5-4-9 所示,点击"确定",同时会出现一条绿色线段(行程时间检测器的终点),如图 5-4-10 所示。

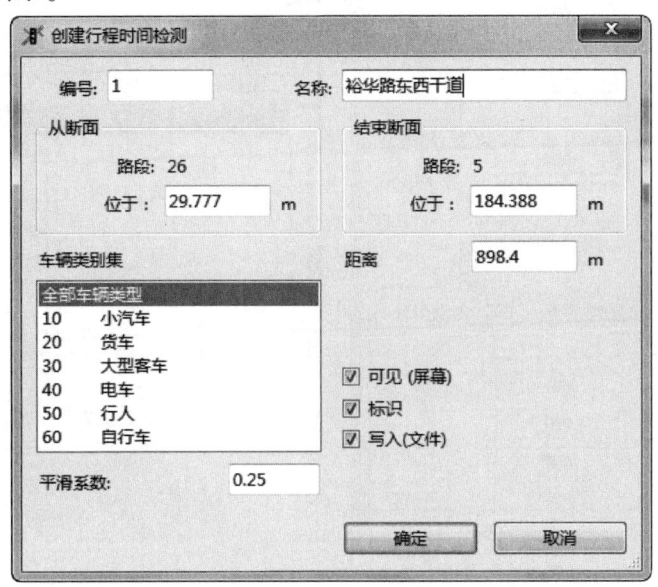

图 5-4-9　创建行程时间检测

④激活延误检测器。在菜单栏中依次选择"评价"→"文件",弹出"评价(文件)"对话框,勾选"行程时间"和"延误"项,如图5-4-11所示。

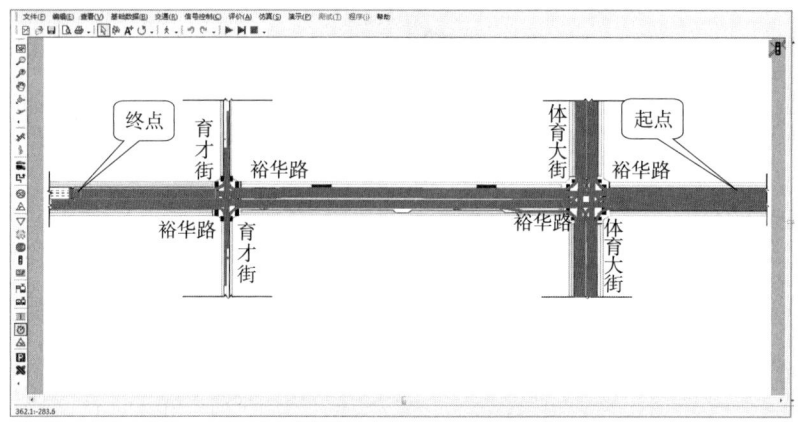

图5-4-10 设置行程时间检测器起点和终点

⑤单击"延误"选项后的"配置",弹出"延误检测—配置"对话框。单击"新建"弹出"延误区段"对话框如图5-4-12所示,在"行程时间"下方选中"1"(说明延误区段1对应行程时间检测器1),点击"确定",返回"延误检测—配置"对话框如图5-4-13所示。

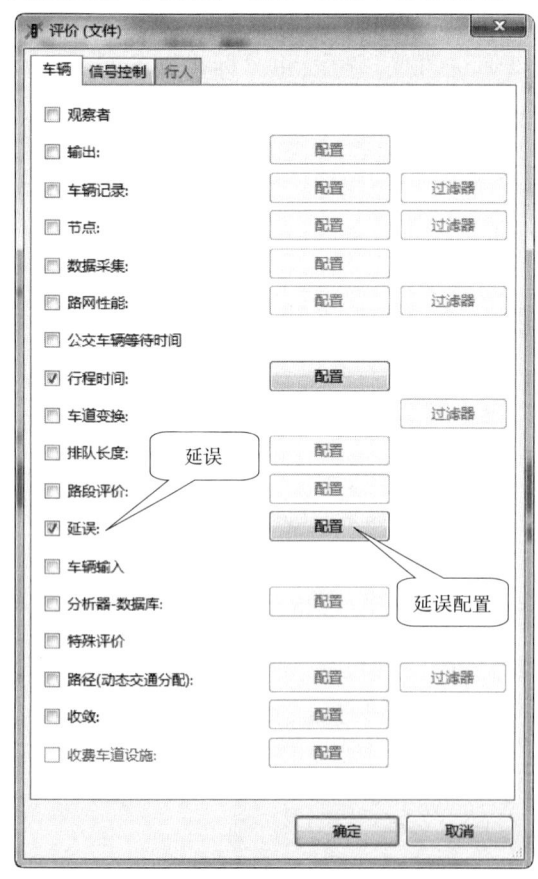

图5-4-11 评价(文件)对话框

图5-4-12 创建延误区段

⑥在弹出的"延误检测—配置"窗口处选中"1[x](1)",如图5-4-13所示。点击"确定",完成延误检测器设置。然后,逐级返回到VISSIM视图区。

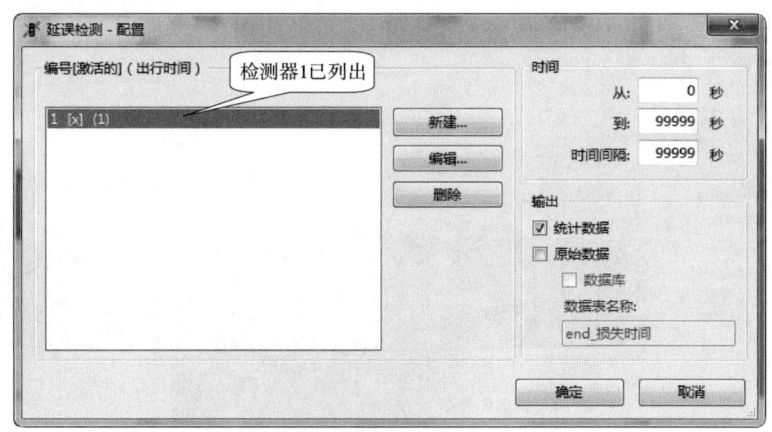

图5-4-13　延误检测器1设置完成

(5)调整信号控制机的偏移

为体现偏移在干道信号协调中的重要性,分别设置偏移对由东向西车流最有利和最不利的情况,并对比两种条件下车辆的平均延误值。依据两相邻交叉口间距约为475m,车流的平均车速约为50km/h,可计算出对由东向西车流最有利的设置是1号交叉口偏移为34,2号交叉口偏移为0;最不利的设置为1号交叉口偏移为101,2号交叉口偏移为0。

提示: 由距离约为475m,速度约为50km/h,可计算出车辆在两交叉口间行程时间约为34s。当1号交叉口偏移为34,2号交叉口偏移为0时,2号交叉口绿灯初期由东向西行驶的车辆到达1号交叉口时正好是绿灯开启时刻,达到最佳协调效果。当1号交叉口偏移为101,2号交叉口偏移为0时,2号交叉口绿灯初期由东向西行驶的车辆到达1号交叉口时正好是红灯开启时刻,协调效果最差。

①在菜单栏中依次选择"信号控制"→"编辑信号控制机",弹出"信号控制"对话框,选中"1裕华路与育才街交叉口"信号机,点击"固定配时"选项卡中的"编辑信号控制",如图5-4-14所示。

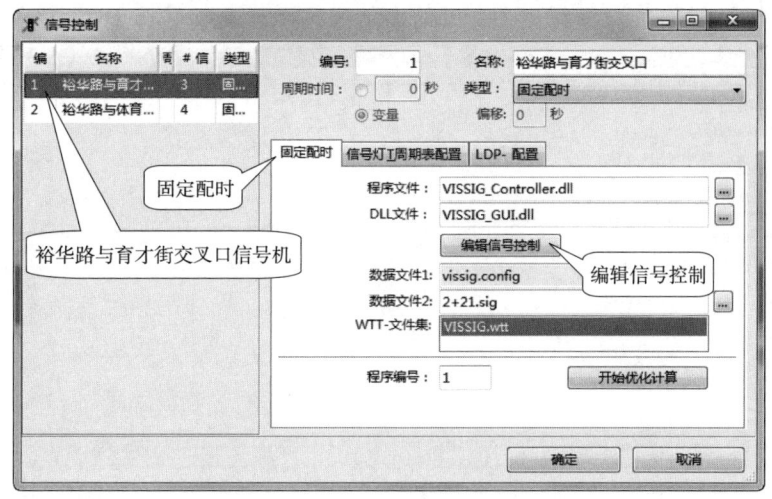

图5-4-14　信号控制窗口

②在弹出的窗口"VISSIG—SC1：*.sig"中,选择"信号配时方案"中的"1:信号配时方案 1 基于信号灯组",将"偏移"的值由默认值 0 修改为 34,如图 5-4-15 所示。点击"保存",关闭此窗口,点击"信号控制"中的"确定",完成相位差的修改。

提示：偏移即为相位差。

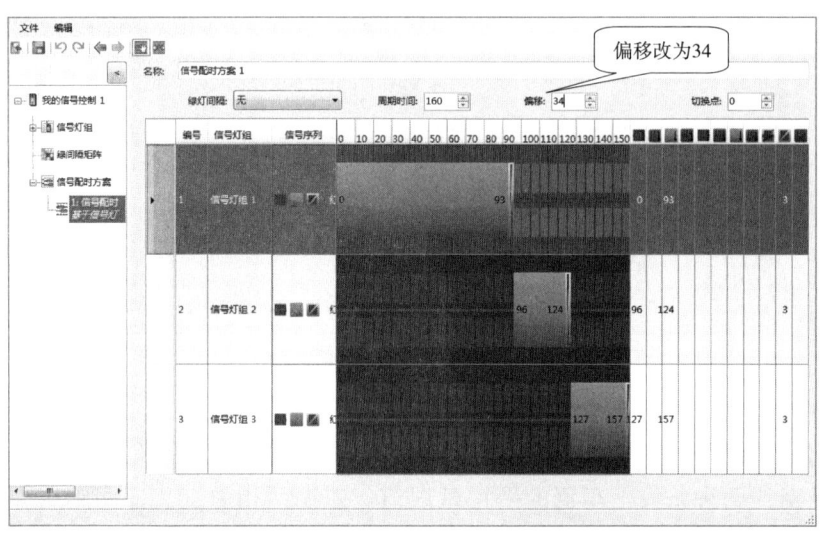

图 5-4-15　相位差的调整

③在"D:\VISSIM\05"文件夹下新建一个文件夹"DB"(含义为对比),用于存放即将生成的延误评价文件。

④运行仿真。会生成后缀分别为".rsz"和".vlz"的文件,并将两个文件拷贝到"DB"文件夹下,文件名称修改为"5.11.rsz"和"5.12.vlz"。

⑤依照步骤①和②,修改 1 号信号机的偏移为 101,运行仿真进行评价,将生成后缀分别为".rsz"和".vlz"的文件拷贝到"DB"文件夹下,文件名称修改为"5.21.rsz"和"5.22.vlz"。打开"5.12.vlz"和"5.22.vlz"文件做比较,如图 5-4-16 和图 5-4-17 所示。

提示：通过对比可发现,偏移为 34s 时的车辆平均延误比偏移为 101s 时小很多。

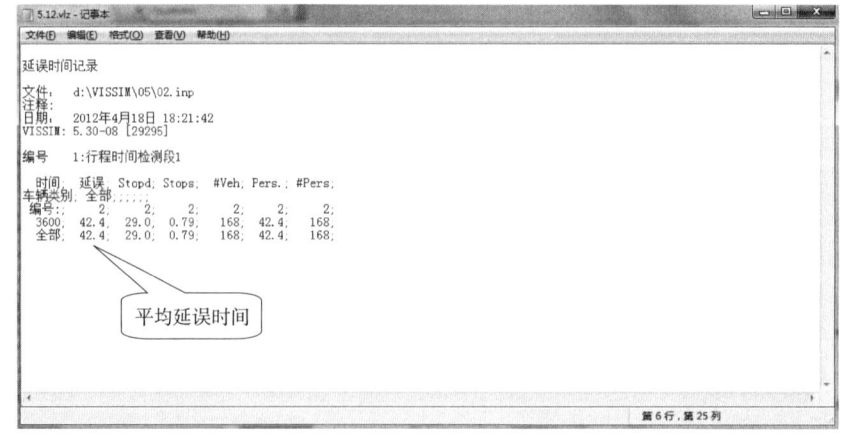

图 5-4-16　偏移为 34s 时平均延误时间

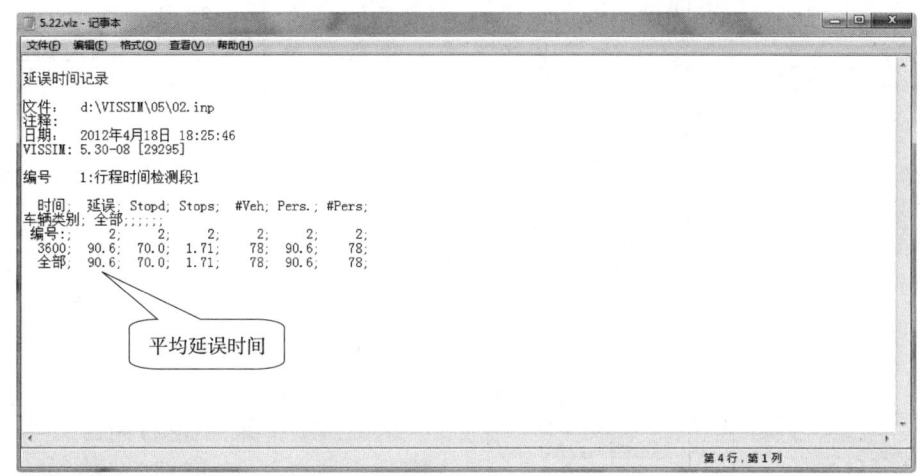

图 5-4-17　偏移为 101s 时平均延误时间

5.5　无公交专用道情况下创建公交站点和公交线路

（1）创建公交站点

此部分将创建两个"路边"式公交站点，分别为"育才街公交站点"和"体育大街公交站点"，如图 5-5-1 所示。

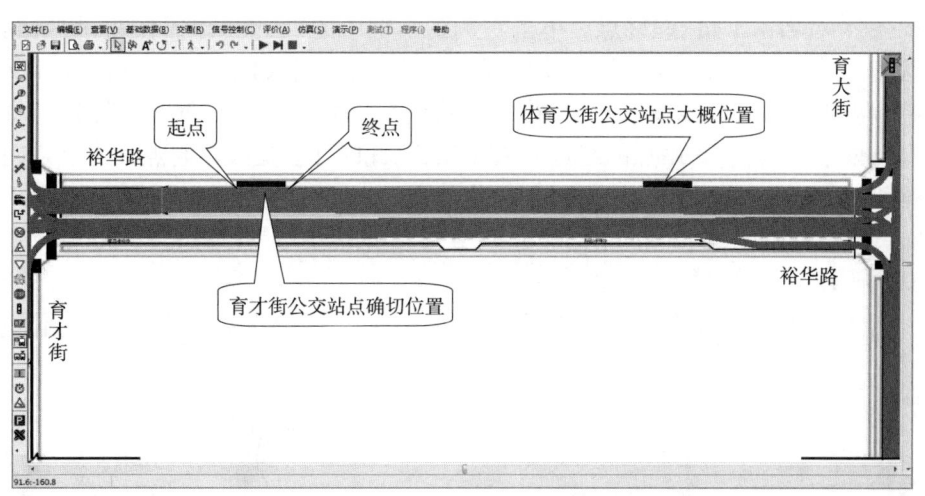

图 5-5-1　创建公交站点

①创建"育才街公交站点"。如图 5-5-1 所示，黑色线段表示公交站点大概位置，左侧为"育才街公交站点"，右侧为"体育大街公交站点"。单击左侧工具栏中的"公交站点"按钮，将程序切换到公交站点设置状态。选中"2 西出口"路段，按照底图在黑色线段下方最外侧的车道上，按住鼠标右键从左至右画一直线，起点和终点如图 5-5-1 所示，松开鼠标弹出"创建公交站点"对话框，在属性"名称"中输入"育才街公交站点"，"类型"选择"路边"，如图 5-5-2 所示，点击"确定"。站点设置完成后，会在道路上相应位置出现红色矩形框，如图 5-5-1

143

所示,红色矩形框所在位置即是路边式公交站"育才街公交站点"的确切位置。

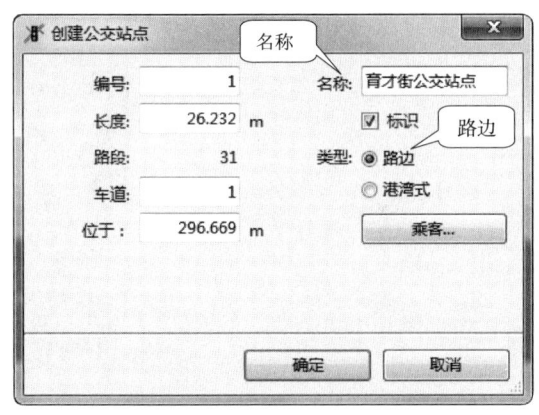

图 5-5-2　创建公交站点对话框

提示①:在创建公交站点时,画线方向从左至右和从右至左均可,同时注意选择正确的车道。

提示②:删除公交站点有两种方法:一是右键单击视图空白区,弹出"公交站点"对话框,进行删除操作;二是直接单击选中要删除的公交站点,按"Delete"进行删除。

提示③:在公交站点上按住鼠标左键不放,可以移动公交站点。

②参照①步骤,创建右侧公交车站"体育大街公交站点"。在属性"名称"中输入"体育大街公交站点","类型"选择"路边"。

提示:"体育大街公交站点"位于"2 西出口"路段附近,其大概位置在底图中用黑色长条表示,如图 5-5-1 所示。

(2)创建公交线路

此部分将创建 2 条公交线路,分别为"1 路"和"2 路",具体数据如表 5-1-6 所示。"1路"只经停"育才街公交站点","2 路"在 2 个站点都经停。设置 2 条公交线路的目的,是为了说明线路和站点之间包含关系的设置方法。

①设置公交线路"1 路"起终点。单击左侧工具栏中的"公交线路"按钮,切换到公交线路设置状态。单击选中"2 东进可变"路段,将鼠标移至靠近入口处某一点,右击鼠标,此时在路段始端出现一条红色线段(公交线路的起始点)。单击选中"1 西出口"路段,将鼠标移至靠近出口处某一点(公交站点的终点),右击鼠标,此时在公交线路起点和终点之间出现一条绿色路段,如图 5-5-3 所示。同时弹出"公交线路"对话框,在"名称"中输入"1 路","期望车速分布"一栏下选择"30:30km/h(30.0,35.0)","车辆类型"会默认为"300,大型客车",如图 5-5-4 所示。

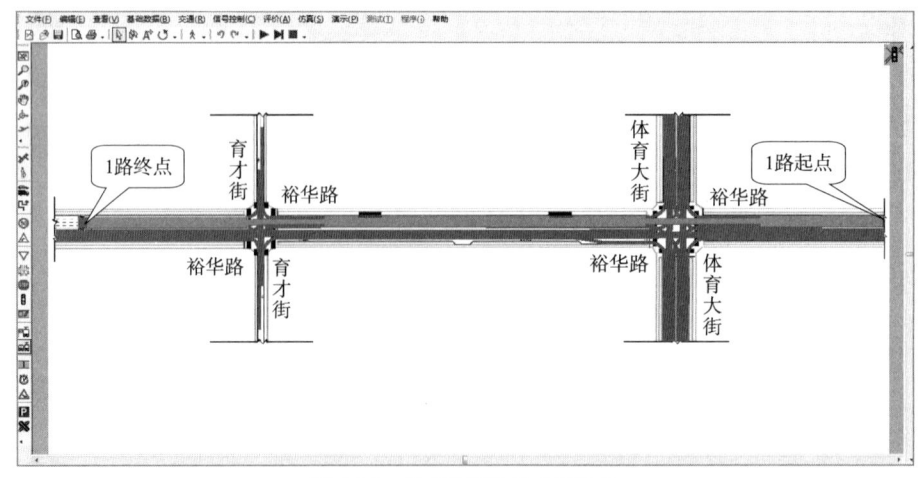

图 5-5-3　公交线路的起点和终点

②设置发车时间表。在"公交线路"对话框中点击"起始时间",弹出"发车时间[车次,占有率]"对话框如图 5-5-5 所示。点击"发车间隔",弹出"按发车间隔计算的发车时间"对话框,"频率"设为 120,"结束"设为 9999,"占有率"设为 40,如图 5-5-6 所示。点击"确定",返回到"发车时间[车次,占有率]"对话框,生成发车时间表,点击"确定"。

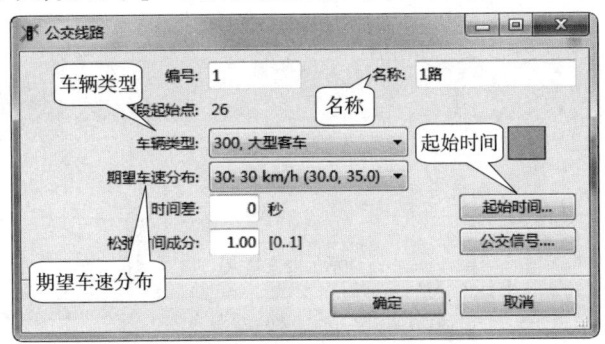

图 5-5-4 1 路公交线路属性设置

提示①:VISSIM 中公交发车时间的设定提供了两种方法:一是按一定发车间隔发车,本步骤中设定为 120s,系统会自动生成 0、120、240、360 等由"开始"时间至"结束"时间的多次发车;另一种是为每一次发车单独设置发车时间,方法为点击如图 5-5-5 中的"新建"按钮来创建,点击"新建"后会弹出如图 5-5-7 所示对话框,在该对话框内可对 1 次公交发车时间单独设置。

提示②:为了防止仿真期间公交不发车的情况,结束时间设置为最大 9999。

提示③:"占有率"为公交车辆的平均载客人数。

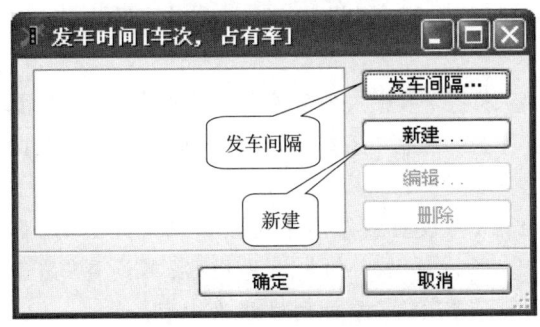

图 5-5-5 发车时间的设定

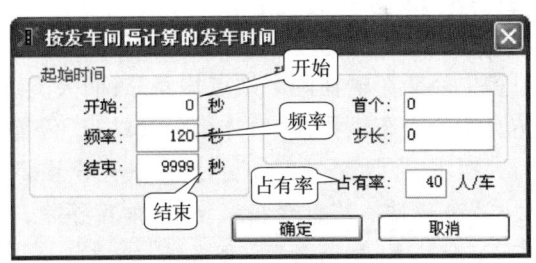

图 5-5-6 发车间隔的设置

③将"体育大街公交站点"从公交线路 1 路中移除。步骤②完成后,如图 5-5-3 所示,路网中显示创建的"1 路"公交线路所在路段颜色为黄色,"育才街公交站点"和"体育大街公交站点"均显示为红色(表示这 2 个站点均包含在公交线路"1 路"中)。点击"体育大街公交站点"(红色矩形框),弹出对话框"公交站点数据",如图 5-5-8 所示。在"激活的公交站点"前点击,取消选中,然后点击"确定",此时站点显示

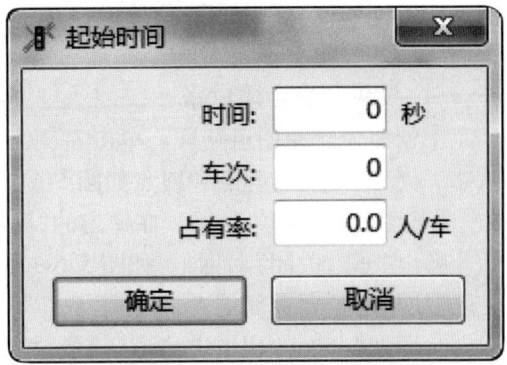

图 5-5-7 按新建设定发车时间

为绿色(表示该站点不包含在公交线路"1 路"中)。

④运行仿真,查看设置效果。会看到公交车辆在"育才街"公交站点经停,在"体育大街"站点不停。

提示: 公交线路经过公交站点时,站点处于激活状态显示为红色,反之,显示为绿色。

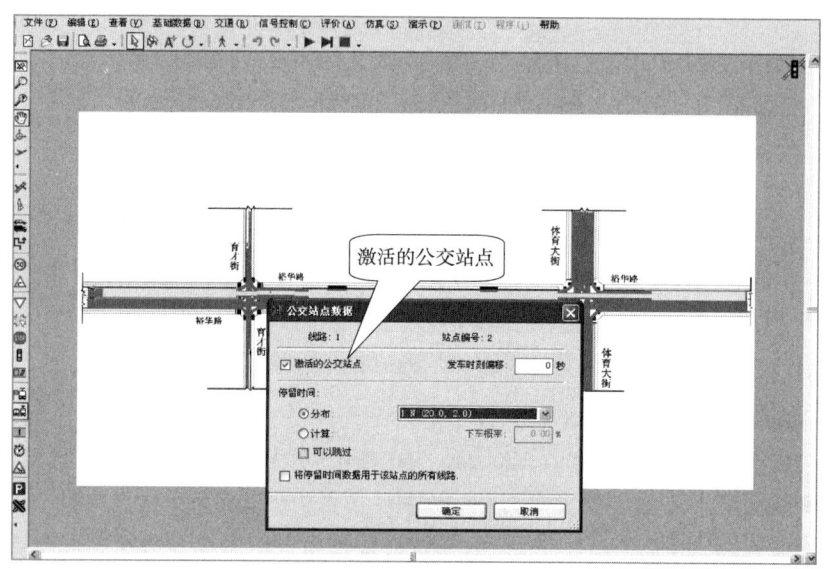

图 5-5-8　移除公交站点

⑤按上述步骤创建公交线路"2 路",起点在"2 东进可变"路段,终点在"1 南出口"路段。"期望车速分布"选择"30:30km/h(30.0,35.0)","频率"设为 200,"结束"设为 9999,"占有率"设为 40。

⑥运行仿真,查看设置效果。公交线路"2 路"未将"体育大街公交站点"移除,所以仿真过程中公交车辆在两个站点均停靠;而公交线路"1 路"已将"体育大街公交站点"移除,因此仿真中公交车辆只在"育才街公交站点"停靠。

提示: 在设置公交仿真时,一般先设置公交站点,再设置线路。系统默认线路经过的"路边式"公交站点均包含在线路内,如需移除,需按③所示操作。如先设置线路,再设置"路边式"公交站点,则需在"公交路线"编辑状态下,将站点"激活"添加到线路当中去。

5.6　有公交专用道情况下创建公交站点和公交线路

(1)设置公交专用道路

①创建公交专用道路段。单击左侧工具栏中的"路段 & 连接器"按钮,切换到路段编辑状态。创建一路段,起点和终点如图 5-6-1 所示,"名称"输入"公交专用道","车道数"为 1,"车道宽度"为默认值 3.50。在弹出的"路段属性"对话框下点击"车道关闭",如图 5-6-2 所示。弹出"车道关闭"对话框,如图 5-6-3 所示,按住"Ctrl"键依次选择在"针对下列车辆类别关闭"一栏中需要关闭的车辆类别,只留下"30 大型客车"类别,点击"确定"。

②添加"公交专用道进口道"路段,把"名称"修改为"公交专用道进口车道","车道数"设为 1,"车道宽度"为默认值 3.50,如图 5-6-1 所示。

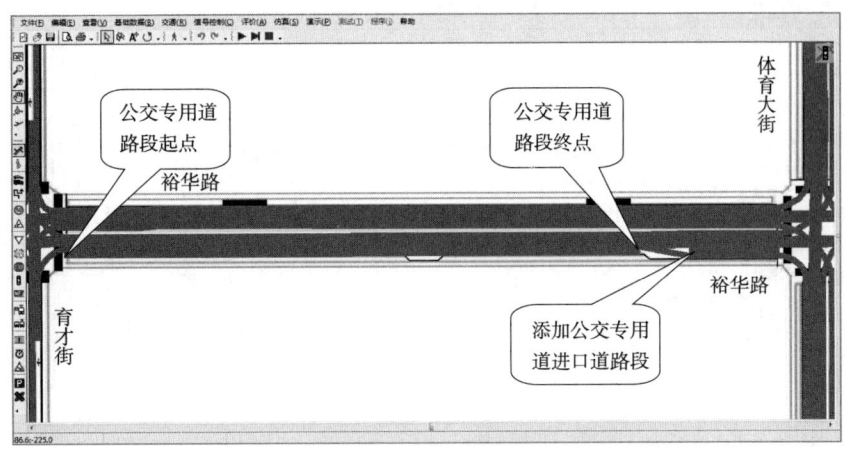

图 5-6-1　公交专用道路段和公交专用道进口道路段的添加

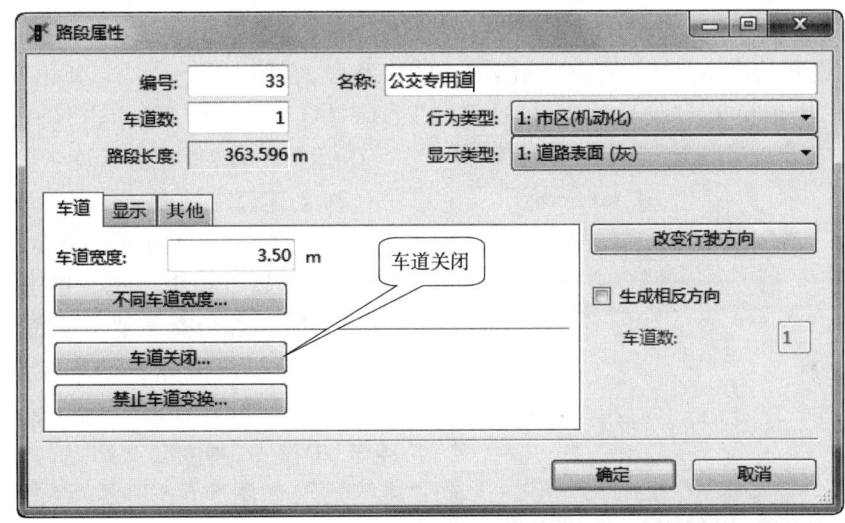

图 5-6-2　路段属性对话框

③连接公交专用道路段。连接"1 西进直"和"公交专用道"路段,在"从路段"选项中选择"车道 1",在"到路段"选项中选择"车道 1",选中"样条曲线"复选框并设置其"点数"为 10。连接"公交专用道"和"公交专用道进口道"路段,在"从路段"选项中选择"车道 1",在"到路段"选项中选择"车道 1",选中"样条曲线"复选框并设置其"点数"为 10。连接"公交专用道进口道"路段和"2 东出口"路段,在"从路段"选项中选择"车道 1",在"到路段"选项中选择"车道 1",选中"样条曲线"复选框并设置其"点数"为 10。结果如图 5-6-4 所示。

提示:为清楚显示道路连接器状态,图 5-6-4 采用中心线形式显示。

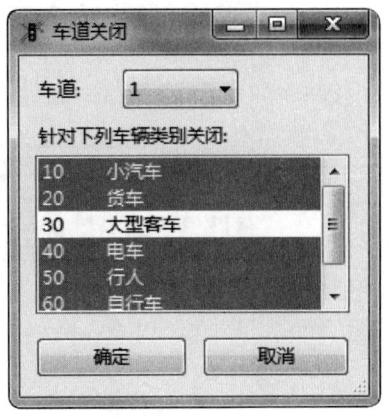

图 5-6-3　车道关闭对话框

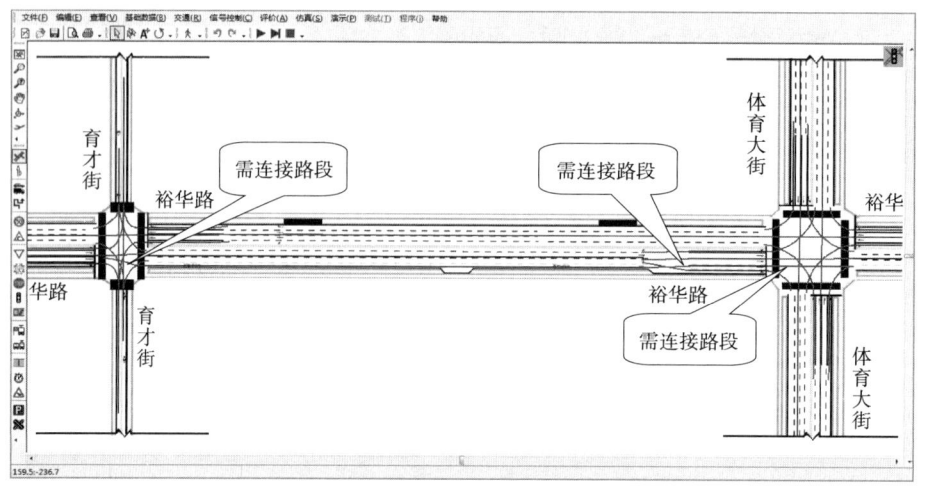

图 5-6-4　公交专用道连接完成

④在"公交专用道进口道"路段上添加信号灯。单击左侧工具栏中的"信号灯"按钮,切换到信号灯设置状态。选中"公交专用道进口道"路段,在停车线上右击,弹出"信号灯"对话框,"编号"中填写 27,"信号控制机"选择"2","信号灯组"选择"1",点击"确定"。

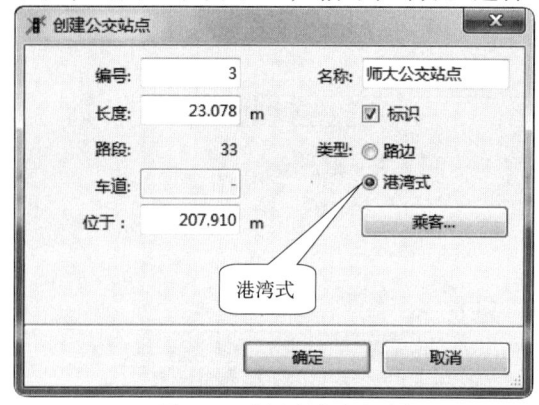

图 5-6-5　创建师大公交站点

⑤运行仿真,查看仿真效果。

(2)创建公交站点

单击左侧工具栏中的"公交站点"按钮,切换到公交站点编辑状态。单击选中"公交专用道"路段,在公交车站车道底图港湾式停靠站点附近按住鼠标右键从左至右画一直线,松开鼠标弹出"创建公交站点"对话框,在"名称"中输入"师大公交站点","类型"选择"港湾式",如图 5-6-5 所示,点击"确定",结果如图 5-6-6 所示。

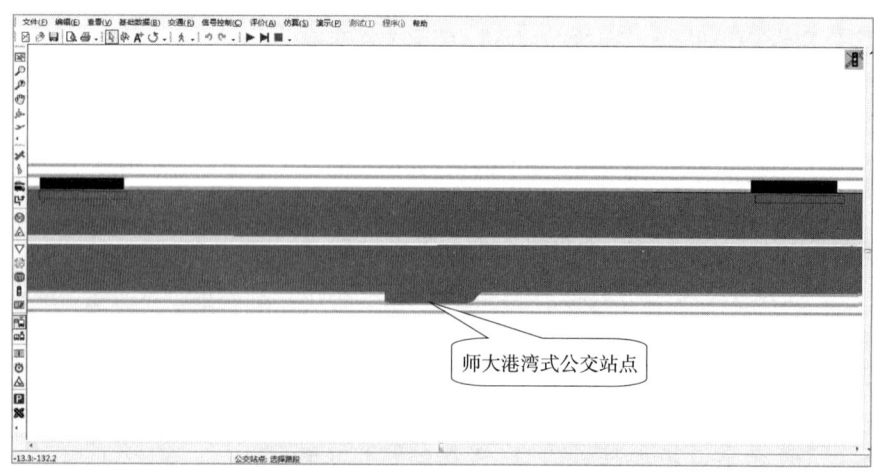

图 5-6-6　创建师大港湾式公交站点完成

(3)创建公交专用线路

①生成公交线路。单击左侧工具栏中的"公交线路"按钮,切换到公交线路设置状态。单击选中"1 西进可变"路段,右击鼠标创建公交线路的起点,单击选中"2 东出口"路段,右击鼠标创建公交线路的终点。此时弹出"公交线路"对话框,在"名称"中填入"3 路","期望车速分布"一栏下选择"30:30km/h(30.0,35.0)",并设置发车时间表,"频率"设置为120,"占有率"为40,如图5-6-7所示,点击"确定"。

提示: 此时默认生成的公交线路不在(1)中所设置的公交专用道路上,而是在社会车辆运行的车道上。

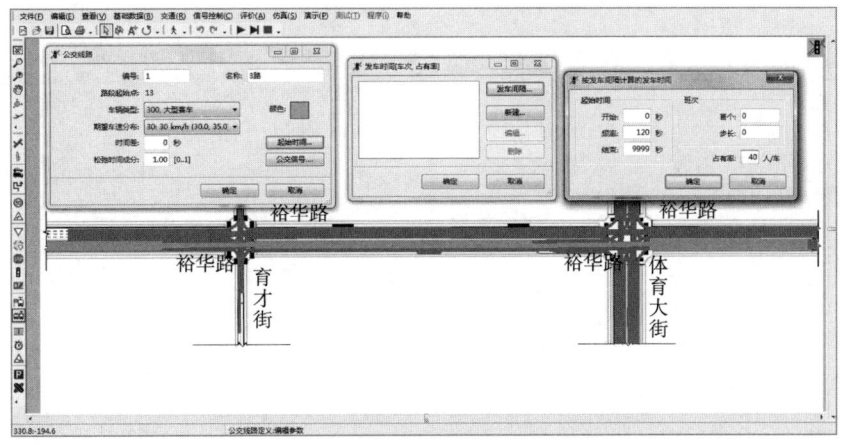

图 5-6-7　公交线路 3 路创建完成

②将港湾式公交站点加入到"3 路"的线路中。在港湾式公交站点上方的黄色线路上,单击鼠标右键,创建1个"控制点",左键拖拽"控制点"至港湾式停车站内,改变公交线路,如图5-6-8所示。

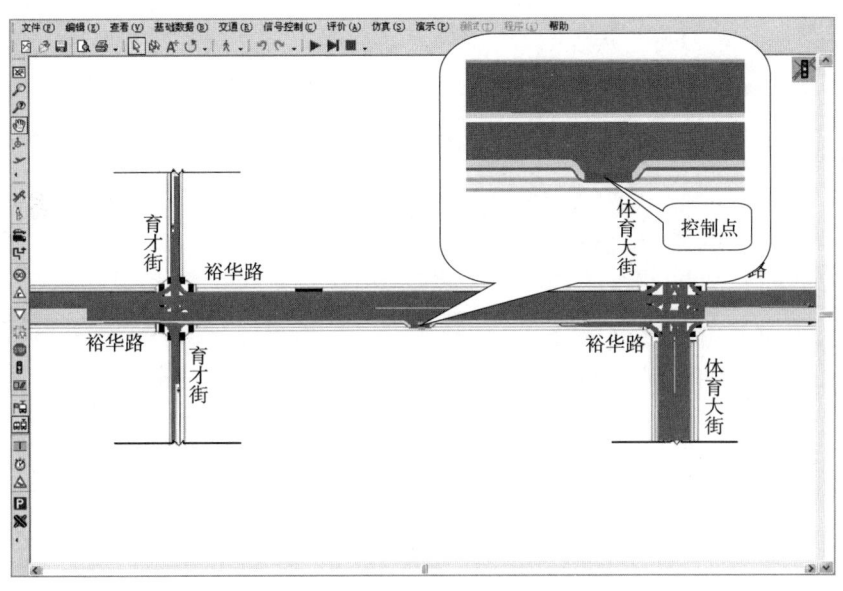

图 5-6-8　经过师大公交站点的公交线路

提示①:此操作让"3 路"的路径通过"师大公交站点",系统自动将线路调整到(1)中所设置的公交专用道路上。

提示②:"港湾式"公交站默认不包含在任何公交线路内。

③运行仿真,查看仿真效果。

提示:公交专用道设置后,若公交汽车在行驶途中停止,可在公交站点编辑状态下双击公交线路经过的公交站点,在弹出的"编辑公交电/汽车站点"对话框中,将"标识"复选框中的选中状态取消。

第6章 立 交 桥

辅助视频

【实验目的】 掌握应用交通仿真系统 VISSIM 进行立交桥仿真的方法。

【实验原理】 立交桥是在重要的交通交汇点上建立的上下分层、多方向行驶且互不干扰的陆地桥。本章以裕华路东二环立交桥为例,完成立交桥的交通仿真。主要涉及道路的起终点高度和道路厚度的设置,对路段控制点的设置,主路利用匝道进行分流的路径决策设置,从而体现立交桥立体交叉和多方向行驶等特性。主要步骤包括:(1)了解熟悉基础数据。(2)新建文件与导入底图。(3)设置立交桥主路。(4)设置立交桥匝道。

【新增知识点】 (1)控制点选取。(2)道路的起终点高度设置。(3)道路的厚度设置。

【难点提示】 (1)控制点选取。(2)匝道分流路径决策设置。

6.1 了解熟悉基础数据

①立交桥整体情况如图 6-1-1 所示。东西方向主路中间部分高度为 6m,南北方向主路高度全程为 0m,从而形成立体交叉,各方向转弯采用匝道连接。

为了仿真操作方便,本章在立交桥上设置了多处控制点,各控制点如图 6-1-2 所示,将立交桥北进口至南出口路段分为 AB、BC、CD 三个路段,将南进口至北出口路段分为 EF、FG、GH 三个路段,将东进口至西出口路段分为 IJ、JK、KL、LM、MN、NO、OP 七个路段,将西进口至东出口分为 QR、RS、ST、TU、UV、VW、WX 七个路段。各路段的参数值如表 6-1-1 所示。

提示:本章中主路各路段均是有方向的,即都是矢量路段。例如,某主路 AB 路段表示从起点 A 到终点 B 的路段。

同样,在设置匝道时,如图 6-1-3 所示,将由北至西右转匝道分为 ab、bc 两个路段,将由南至东右转匝道定义为 de、ef 两个路段,将由东至北右转匝

图 6-1-1 底图

道分为 gh、hi 两个路段,将由西至南右转匝道定义为 jk、kl 两个路段,将由北至东左转匝道分为 mn、no 两个路段,将由南至西左转匝道定义为 pq、qr 两个路段,将由东至南左转匝道定义为 st、tu 两个路段,将由西至北左转匝道分为 vw、wx 两个路段。各匝道的参数值如表 6-1-2 所示。

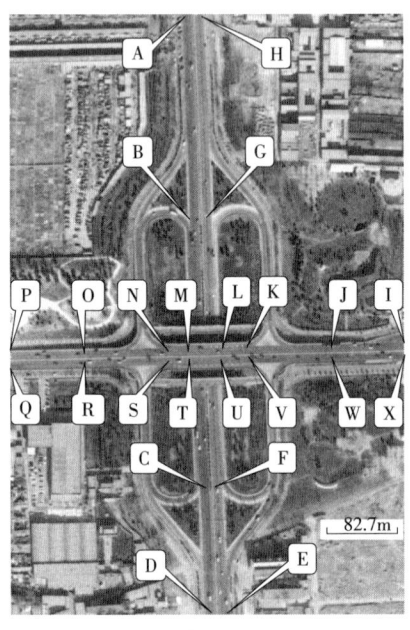

图 6-1-2 主路控制点分布

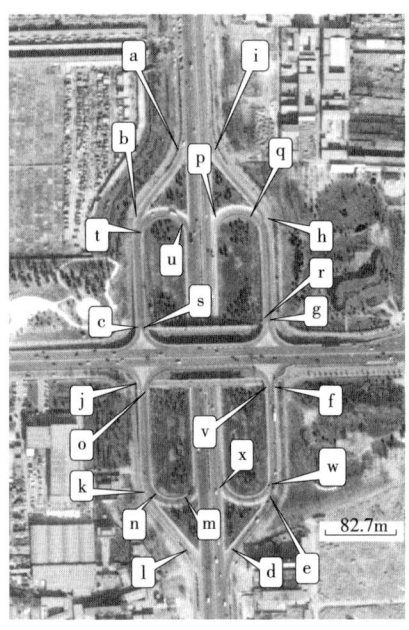

图 6-1-3 匝道控制点分布

提示①:本章中匝道各路段均是有方向的,例如,某匝道 ab 路段表示从起点 a 到终点 b 的路段。

提示②:本章中主路控制点用大写字母表示,匝道控制点用小写字母表示。

提示③:在只做交通流技术层面分析,不需进行三维演示时,也可以不考虑道路的高层问题(这样就可以有效减少控制点的设置,从而简化仿真操作),做一个二维平面立交也可以满足相应的车流运动特性分析。本章是希望将所有问题尽量讲解详细,大多数情况下立交设置较简单,操作过程不复杂。

②立交桥主路数据表、匝道数据表、交通流量数据表分别见表 6-1-1~表 6-1-3。

立交桥主路数据表　　　　　　表 6-1-1

方向 \ 属性	路段名称	起点高度(m)	终点高度(m)	厚度(m)	车道数
北进口至南出口路段	AB	0.0	0.0	0.0	3
	BC	0.0	0.0	0.0	4
	CD	0.0	0.0	0.0	3
南进口至北出口路段	EF	0.0	0.0	0.0	3
	FG	0.0	0.0	0.0	4
	GH	0.0	0.0	0.0	3

续上表

方向\属性	路段名称	起点高度(m)	终点高度(m)	厚 度(m)	车 道 数
东进口至西出口路段	IJ	0.0	6.0	6.0	3
	JK	6.0	6.0	6.0	3
	KL	6.0	6.0	6.0	4
	LM	6.0	6.0	0.5	4
	MN	6.0	6.0	6.0	4
	NO	6.0	6.0	6.0	3
	OP	6.0	0.0	6.0	3
西进口至东出口路段	QR	0.0	6.0	6.0	3
	RS	6.0	6.0	6.0	3
	ST	6.0	6.0	6.0	4
	TU	6.0	6.0	0.5	4
	UV	6.0	6.0	6.0	4
	VW	6.0	6.0	6.0	3
	WX	6.0	0.0	6.0	3

立交桥匝道数据表   表6-1-2

方向\属性	路段名称	起点高度(m)	终点高度(m)	厚 度(m)	车 道 数
由北至西右转匝道	ab	0.0	0.0	0.0	1
	bc	0.0	6.0	6.0	1
由南至东右转匝道	de	0.0	0.0	0.0	1
	ef	0.0	6.0	6.0	1
由东至北右转匝道	gh	6.0	0.0	6.0	1
	hi	0.0	0.0	0.0	1
由西至南右转匝道	jk	6.0	0.0	6.0	1
	kl	0.0	0.0	0.0	1
由北至东左转匝道	mn	0.0	0.0	0.0	1
	no	0.0	6.0	6.0	1
由南至西左转匝道	pq	0.0	0.0	0.0	1
	qr	0.0	6.0	6.0	1
由东至南左转匝道	st	6.0	0.0	6.0	1
	tu	0.0	0.0	0.0	1
由西至北左转匝道	vw	6.0	0.0	6.0	1
	wx	0.0	0.0	0.0	1

立交桥流量数据表（单位：v/h）　　　　表 6-1-3

方向 名称	左　转	直　行	右　转	合　计
立交桥北进口	300	1200	300	1800
立交桥南进口	300	1200	300	1800
立交桥东进口	300	1200	300	1800
立交桥西进口	300	1200	300	1800

6.2 新建文件与导入底图

（1）新建文件

①建立"D:\VISSIM\06"文件夹。

②将需要导入的底图文件"06.JPG"，拷贝到①中新建的"06"文件夹内。

③通过开始"菜单"→"程序"→"PTV_Uni"（或直接从桌面图标打开），选择 VISSIM 打开交通仿真系统。

（2）导入底图

①在菜单栏中依次选择"查看"→"背景"→"编辑"，弹出"背景选择"对话框，点击"读取"，选择"D:\VISSIM\06"路径下的目标底图文件"06.JPG"，点击"关闭"。

②单击左侧工具栏中"显示整个路网"按钮，将底图满布于视图区。

③设置底图比例。再次打开背景选择窗口（在菜单栏中依次选择"查看"→"背景"→"编辑"），在"背景文件"对话框中选择需要设置比例的文件，然后点击"比例"按钮，此时鼠标指针变成一把尺，尺的左上角为"热点"，表示此时可以进行比例的设置。这里选择的参考点为南北两条纵向路段的边缘点 X 和 Y。由于是 8 个车道，每个车道宽度是 3.5m，所以输入 X 和 Y 之间的实际长度为 28m（导入底图详细步骤参见第 2 章 2.2 节）。设置完成后效果如图 6-2-1 所示。

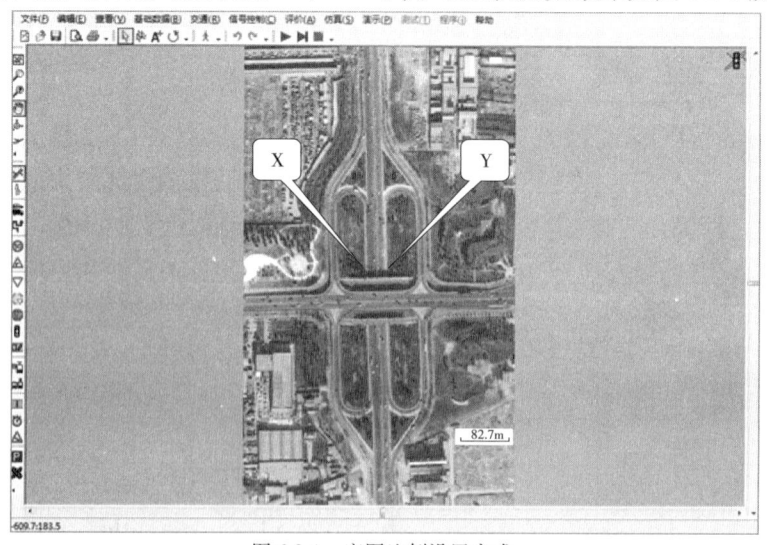

图 6-2-1　底图比例设置完成

提示：这里也可以选择底图右下角的比例尺来设置底图比例，重复上述步骤通过菜单栏调出比例尺，使鼠标指针变成一把尺，选择的参考点为右下角比例尺的左端到右端，输入实际长度为 82.7m 即可。

④导入底图完成后,点击"保存"按钮。

提示:完成底图后务必保存工程文件和底图,否则在仿真时会出现车辆无法进入路网的现象。

6.3 设置立交桥主路

(1)设置北进口至南出口路段

北进口至南出口路段纵断面如图 6-3-1 所示,其中 A、B、C、D 四点的平面位置参照图 6-1-2 所示。

提示:在具体仿真操作时,控制点处是一个小的连接器。例如,B 点表示路段 AB 和路段 BC 之间的连接器。

①设置路段颜色。在菜单栏中依次选择"基础数据"→"显示类型",将弹出"显示类型"对话框,如图 6-3-2 所示。在颜色的下拉列表中可选择不同的颜色,本章选择蓝色,同时选中"阴影墙",点击"确定"。

提示:由于立交桥的路段具有立体交叉特性,所以本章通过设置路段的颜色可以更加清晰地展现路段的位置。

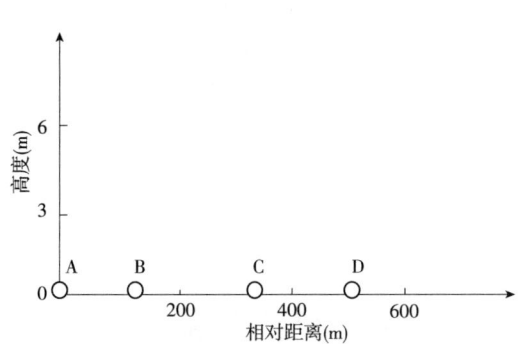

图 6-3-1 北进口至南出口路段纵断面示意图

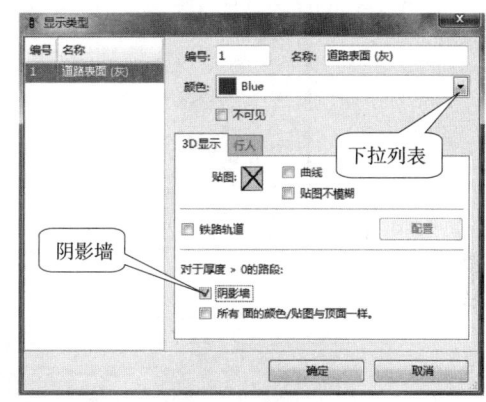

图 6-3-2 显示类型对话框

②单击左侧工具栏中"路段 & 连接器"按钮,切换到路段编辑状态。设置 AB 路段,起终点如图 6-1-2 所示。编辑"路段属性"时,如图 6-3-3 所示,"车道数"输入 3,"车道宽度"为默认值 3.50,然后点击"显示"按钮,得到如图 6-3-4 所示界面,在"高度(3D)"一栏中,"开始"输入 0,"结束"输入 0,"厚度(3D)"输入 0,并选中"重新计算划分点的高度"复选框,点击"确定",设置 AB 路段完成后如图 6-3-5 所示。

提示①:设置 AB 路段时,应画到离 B 点稍有一段距离处停止,以空出一定的距离为后面的道路连接做准备。

提示②:选中"重新计算划分点的高度"复选框是为了在后面进行道路连接时,保证两条路段之间连接器的"圆滑性"。

提示③:本步骤中"开始"、"结束"和"厚度(3D)"分别代表路段的起点高度、终点高度和厚度,此处采用了默认值,由于本章后面步骤会经常用到这些参数,所以特别指出。

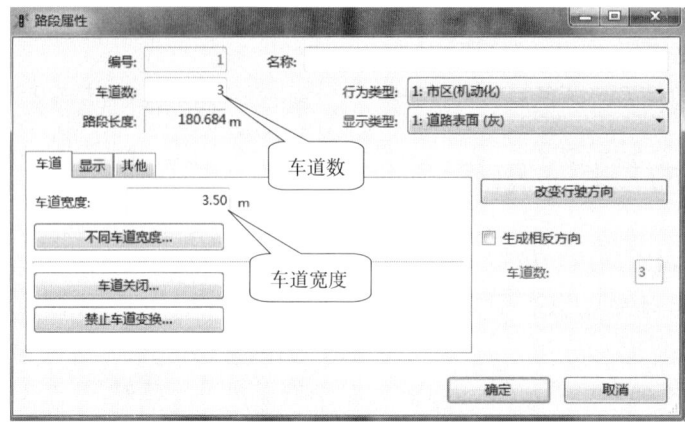

图 6-3-3 路段属性对话框

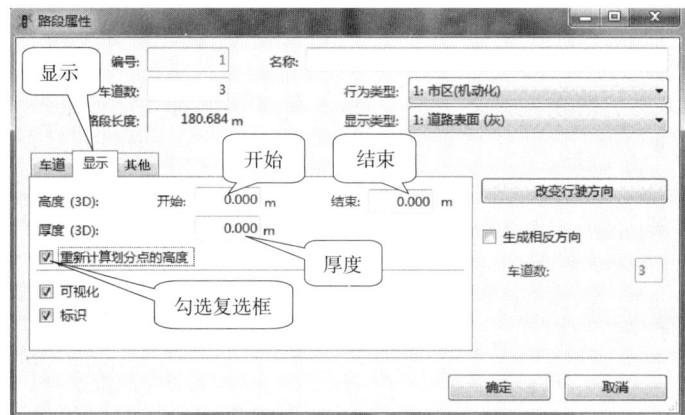

图 6-3-4 起终点高度设置

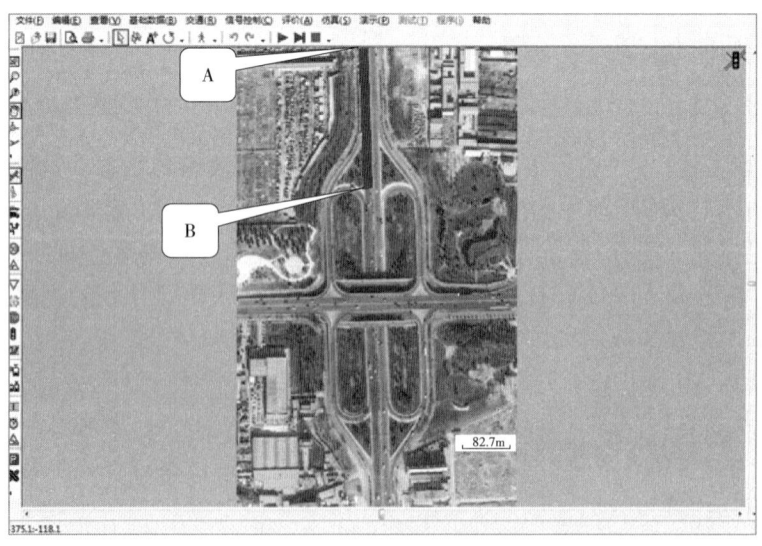

图 6-3-5 AB 路段设置完成

③设置 BC 路段,起终点如图 6-1-2 所示。编辑"路段属性"时,"车道数"输入 4,"车道宽度"为默认值 3.50,"开始"输入 0,"结束"输入 0,"厚度(3D)"输入 0,并选中"重新计算划分点的高度"复选框,点击"确定",设置完成后 BC 路段如图 6-3-6 所示。

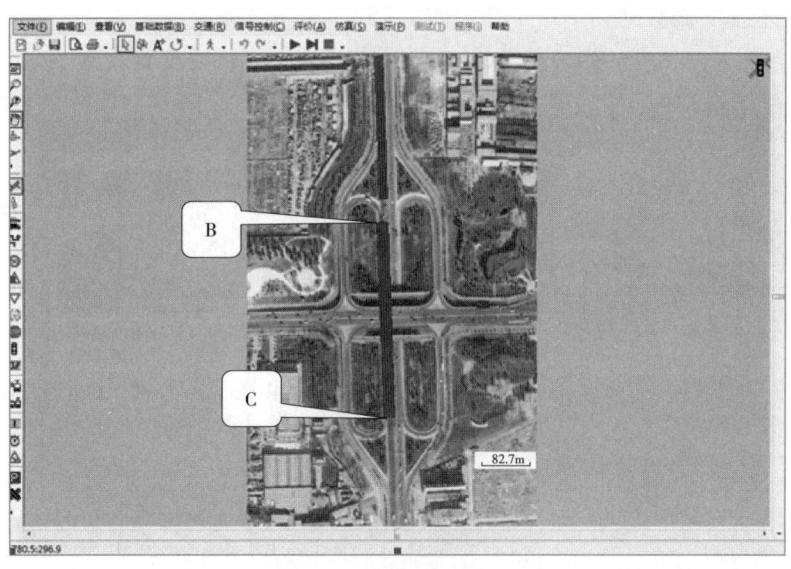

图 6-3-6　BC 路段设置完成

④连接 AB 和 BC 两个路段。单击选中 AB 路段后,在靠近 B 端处单击鼠标右键拖动至 BC 路段的 B 端,松开鼠标右键,弹出"连接器"对话框,在"从路段"选项中选择"车道 1"、"车道 2"和"车道 3",在"到路段"选项中选择"车道 2"、"车道 3"和"车道 4",同时点击"显示"按钮,"厚度(3D)"输入 0,如图 6-3-7 所示。然后点击"确定",连接完成后如图 6-3-8 所示。

提示:BC 路段为 4 车道,车道编号为沿车流方向由右至左依次递增,分别为 1、2、3、4、最右侧车道为配合东进口左转匝道车流设置,即承接匝道 tu 驶出的车流,故直行道路连接到 BC 路段的 2、3、4 车道。

⑤设置 CD 路段,起终点按图 6-1-2 所示。编辑"路段属性"时,"车道数"输入 3,"车道宽度"为默认值 3.50,"开始"输入 0,"结束"输入 0,"厚度(3D)"输入 0,并选中"重新计算划分点的高度"复选框,点击"确定"。

⑥连接 BC 和 CD 两个路段。参照步骤④中的方法连接 BC 路段和 CD 路段,在"从路段"选项中选择"车道 2"、"车道 3"和"车道 4",在"到路段"选项中选择"车道 1"、"车道 2"和"车道 3",同时点击"显示"按钮,"厚度(3D)"输入 0,点击"确定"。

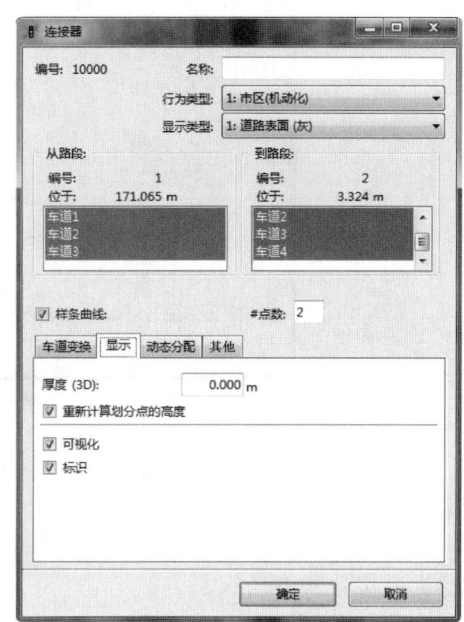

图 6-3-7　连接器对话框

(2)输入北进口流量及仿真测试

①单击左侧工具栏中的"车辆输入"按钮,切换到路段流量编辑状态,在北进口的起点处双击鼠标左键,弹出"车辆输入"对话框,如图6-3-9所示。将"车辆构成"选择"1:默认",流量输入1800[详细步骤参见第1章1.2节步骤(5)],点击"确定"。

提示:这里输入的流量1800,是北进口的左转、直行、右转的流量之和。

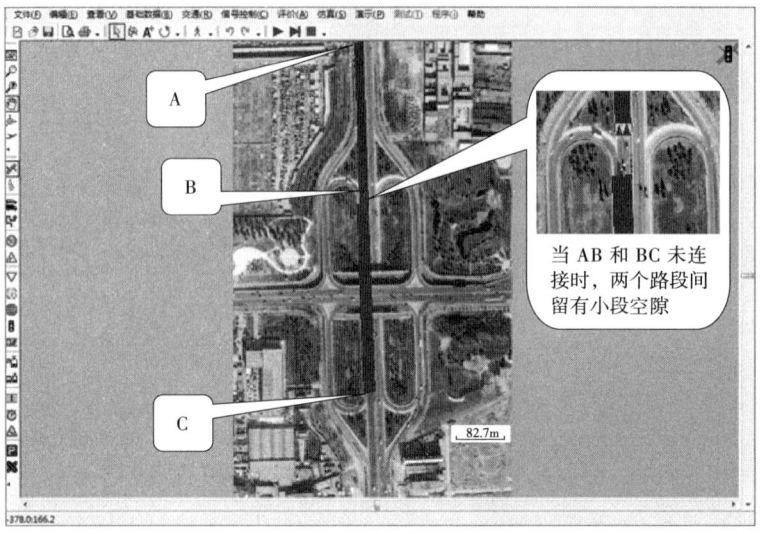

图6-3-8 AB路段和BC路段连接完成

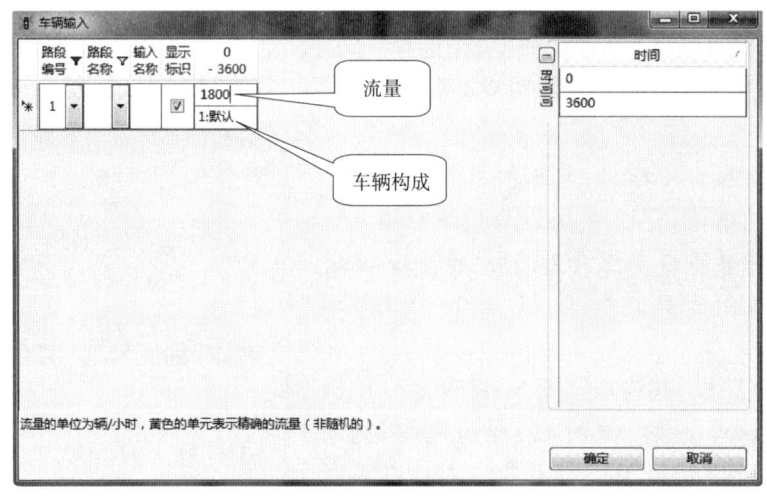

图6-3-9 车辆输入对话框

②运行仿真,查看效果。单击上部工具栏中的"连续仿真"按钮,仿真效果如图6-3-10所示。

提示:由于本实验底图是卫星拍摄所获得,所以底图上可能存在部分车辆,在观看平面仿真时应注意有所区别。

③运行仿真,并查看3D效果,单击上部工具栏中的"连续仿真"按钮,然后在菜单栏中依次选择"查看"→"3D模式",仿真效果如图6-3-11所示。

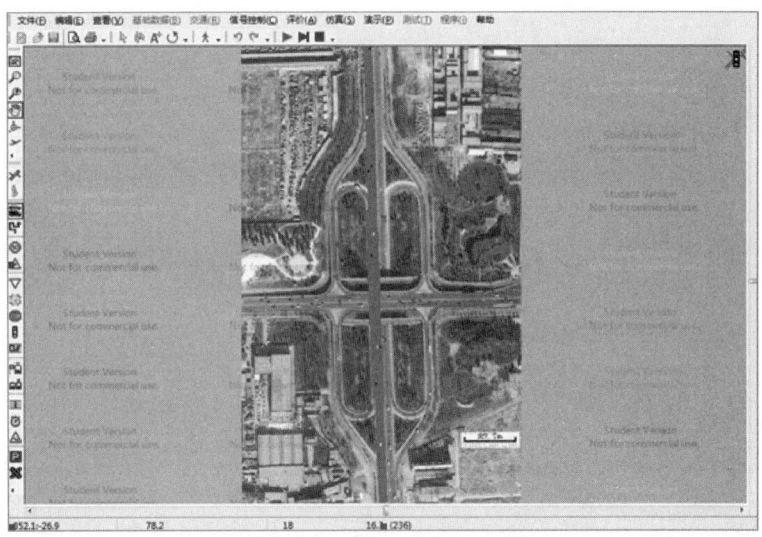

图 6-3-10　由北至南主路平面仿真

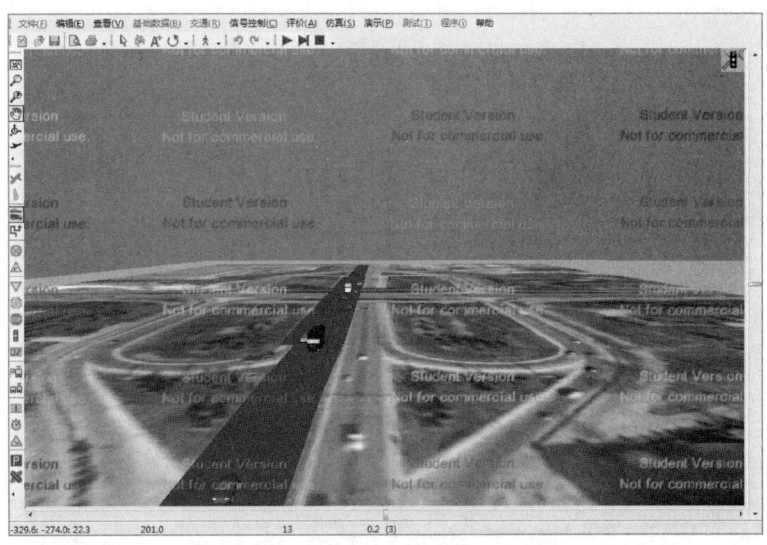

图 6-3-11　由北至南主路 3D 仿真

④单击上部工具栏中的"停止仿真"按钮,在菜单栏中依次选择"查看"→"3D 模式",将返回到平面仿真模式。

(3)设置南进口至北出口路段

南进口至北出口路段纵断面如图 6-3-12 所示,其中 E、F、G、H 四点的平面位置参照图 6-1-2 所示。

①设置 GH 路段。单击左侧工具栏中"路段 & 连接器"按钮,切换到路段编辑状态,双击 AB 路段,在弹出的"路段属性"对话框中,选中"生成相反方向"的复选框,如图 6-3-13 所示,点击"确定",这样就生成了与 AB 相反的路段,即 GH 路段,生成后如

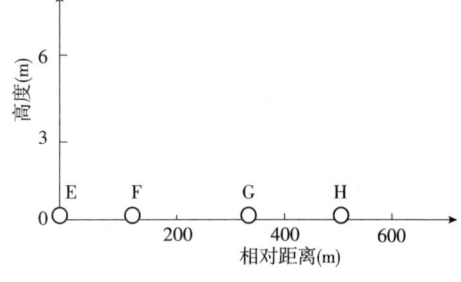

图 6-3-12　南进口至北出口路段纵断面示意图

图 6-3-14 所示。

提示:在画路段时选中"生成相反方向"复选框,会自动生成与本路段属性完全相同的反方向路段。

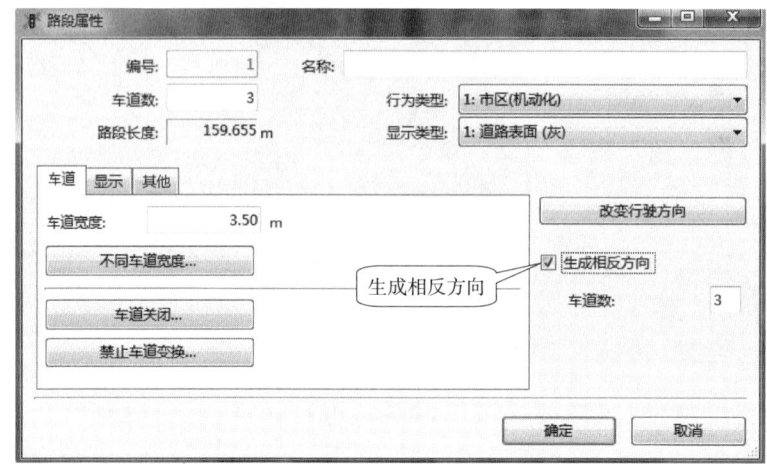

图 6-3-13 选中生成相反方向复选框

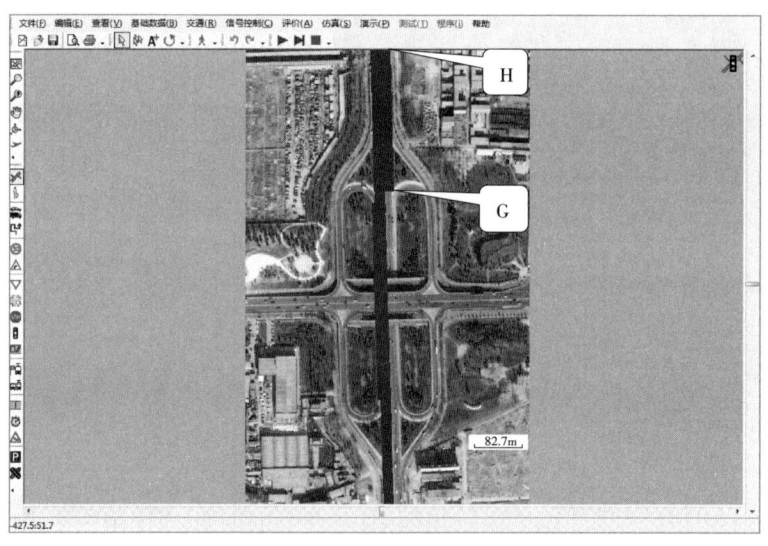

图 6-3-14 GH 路段设置完成

②参照步骤①中所示方法,分别生成 FG 路段和 EF 路段。

③连接 EF 路段和 FG 路段,在"从路段"选项中选择"车道 1"、"车道 2"和"车道 3",在"到路段"选项中选择"车道 2"、"车道 3"和"车道 4",同时点击"显示"按钮,"厚度(3D)"输入 0,点击"确定"。

④连接 FG 路段和 GH 路段,在"从路段"选项中选择"车道 2"、"车道 3"和"车道 4",在"到路段"选项中选择"车道 1"、"车道 2"和"车道 3",同时点击"显示"按钮,"厚度(3D)"输入 0,点击"确定"。

(4)输入南进口流量及仿真测试

①单击左侧工具栏中的"车辆输入"按钮,切换到路段流量编辑状态,在南进口的起点处双击鼠标左键,弹出"车辆输入"对话框,将"车辆构成"选择"1:默认",流量输入1800,点击"确定"。

②运行仿真,并查看3D效果。单击上部工具栏中的"连续仿真"按钮,然后在菜单栏中依次选择"查看"→"3D模式",仿真效果如图6-3-15所示。

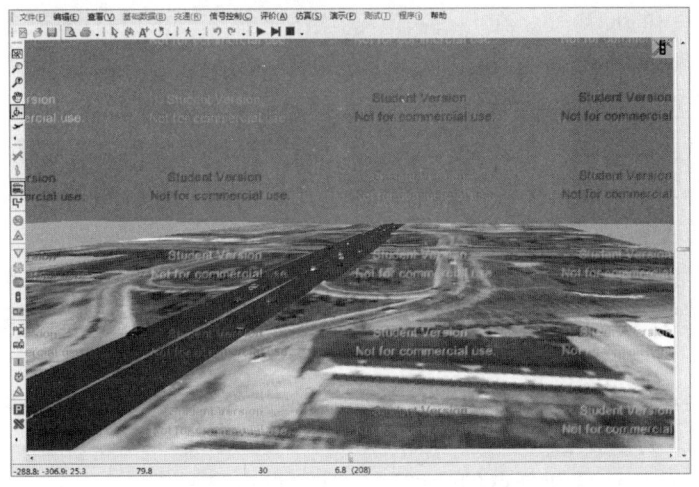

图6-3-15 由南至北主路3D仿真

③单击上部工具栏中的"停止仿真"按钮,在菜单栏中依次选择"查看"→"3D模式",将返回到平面仿真模式。

(5)设置东进口至西出口路段

东进口至西出口路段纵断面如图6-3-16所示,其中I、J、K、L、M、N、O、P八点的平面位置参照图6-1-2所示。

教学录像

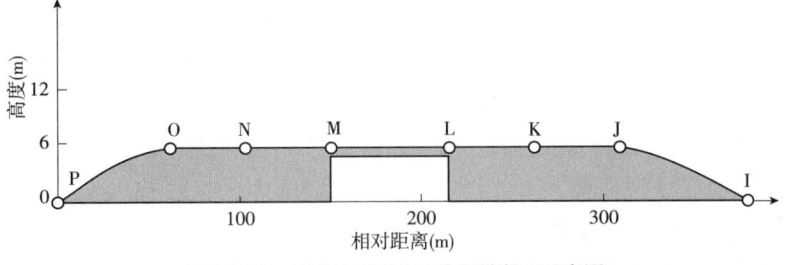

图6-3-16 东进口至西出口路段纵断面示意图

提示:路段控制点的选择直接影响立交桥的仿真效果,一般来说路段斜率、厚度、车道数量的变化点都应设置控制点。在本章中控制点J的设置是因为斜率产生变化(如图6-3-16所示),K点是车道数产生变化(由3变为4,如图6-1-2所示),L点是因为路段厚度产生变化(由6变化为0.5,LM之间有南北方向主路通过,所以上层道路厚度为0.5),M点是因为路段厚度产生变化(由0.5变化为6),N点是由于车道数量产生变化(由4变为3,如图6-1-2所示),O点是由于斜率产生变化(如图6-3-16所示)。

①单击左侧工具栏中"路段&连接器"按钮,切换到路段编辑状态。设置IJ路段,起终

点如图6-1-2所示。编辑"路段属性"时,"车道数"输入3,"车道宽度"为默认值3.50,点击"显示"按钮,在"高度(3D)"一栏中,"开始"输入0,"结束"输入6,"厚度(3D)"输入6,并选中"重新计算划分点的高度"复选框,点击"确定"。

②设置JK路段。起终点如图6-1-2所示。编辑"路段属性"时,"车道数"输入3,"车道宽度"为默认值3.50,"开始"输入6,"结束"输入6,"厚度(3D)"输入6,并选中"重新计算划分点的高度",点击"确定"。

③连接IJ路段和JK路段。在"从路段"选项中选择"车道1"、"车道2"和"车道3",在"到路段"选项中选择"车道1"、"车道2"和"车道3",同时点击"显示"按钮,"厚度(3D)"输入6,点击"确定"。

④设置KL路段。起终点如图6-1-2所示。编辑"路段属性"时,"车道数"输入4,"车道宽度"为默认值3.50,"开始"输入6,"结束"输入6,"厚度(3D)"输入6,并选中"重新计算划分点的高度"复选框,点击"确定"。

⑤连接JK路段和KL路段,在"从路段"选项中选择"车道1"、"车道2"和"车道3",在"到路段"选项中选择"车道2"、"车道3"和"车道4",同时点击"显示"按钮,"厚度(3D)"输入6,点击"确定"。

⑥设置LM路段。起终点如图6-1-2所示。编辑"路段属性"时,"车道数"输入4,"车道宽度"为默认值3.50,"开始"输入6,"结束"输入6,"厚度(3D)"输入0.5,并选中"重新计算划分点的高度"复选框,点击"确定"。

教学录像

⑦连接KL路段和LM路段,在"从路段"选项中选择"车道1"、"车道2"、"车道3"和"车道4",在"到路段"选项中选择"车道1"、"车道2"、"车道3"和"车道4",同时点击"显示"按钮,"厚度(3D)"输入6,点击"确定"。

⑧设置MN路段。起终点如图6-1-2所示。编辑"路段属性"时,"车道数"输入4,"车道宽度"为默认值3.50,"开始"输入6,"结束"输入6,"厚度(3D)"输入6,并选中"重新计算划分点的高度"复选框,点击"确定"。

⑨连接LM路段和MN路段,在"从路段"选项中选择"车道1"、"车道2"、"车道3"和"车道4",在"到路段"选项中选择"车道1"、"车道2"、"车道3"和"车道4",同时点击"显示"按钮,"厚度(3D)"输入6,点击"确定"。

⑩设置NO路段。起终点如图6-1-2所示。编辑"路段属性"时,"车道数"输入3,"车道宽度"为默认值3.50,"开始"输入6,"结束"输入6,"厚度(3D)"输入6,并选中"重新计算划分点的高度"复选框,点击"确定"。

⑪连接MN路段和NO路段,在"从路段"选项中选择"车道2"、"车道3"和"车道4",在"到路段"选项中选择"车道1"、"车道2"和"车道3",同时点击"显示"按钮,"厚度(3D)"输入6,点击"确定"。

⑫设置OP路段。起终点如图6-1-2所示。编辑"路段属性"时,"车道数"输入3,"车道宽度"为默认值3.50,"开始"输入6,"结束"输入0,"厚度(3D)"输入6,并选中"重新计算划分点的高度"复选框,点击"确定"。

⑬连接NO路段和OP路段。在"从路段"选项中选择"车道1"、"车道2"和"车道3",在"到路段"选项中选择"车道1"、"车道2"和"车道3",同时点击"显示"按钮,"厚度(3D)"

输入6,点击"确定"。

(6)输入东进口流量及仿真测试

①单击左侧工具栏中的"车辆输入"按钮,切换到路段流量编辑状态,在东进口的端口处双击鼠标左键,弹出"车辆输入"对话框,将"车辆构成"选择"1:默认",流量输入1800,点击"确定"。

②运行仿真,并查看3D效果。单击上部工具栏中的"连续仿真"按钮,然后在选择菜单栏中依次选择"查看"→"3D模式",仿真效果如图6-3-17所示。

提示: 图6-3-17中,可以看到I到P之间的路段是存在坡度变化的,这种坡度的变化是由每一个小路段的"起终点的高度"和"厚度(3D)"的属性值决定的。

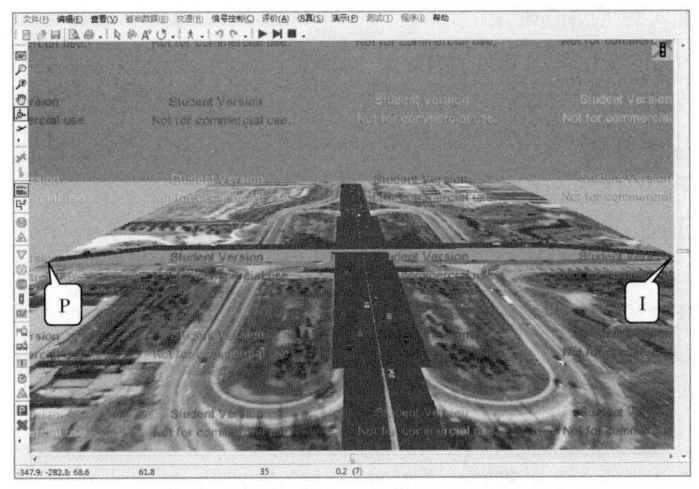

图6-3-17　东进口至西出口路段设置完成后3D仿真

③单击上部工具栏中的"停止仿真"按钮,在菜单栏中依次选择"查看"→"3D模式",将返回到平面仿真模式。

(7)设置西进口至东出口路段

西进口至东出口路段纵断面如图6-3-18所示,其中Q、R、S、T、U、V、W、X八点的平面位置参照图6-1-2所示。

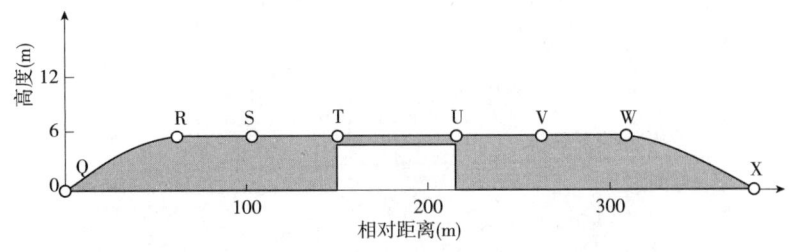

图6-3-18　西进口至东出口路段纵断面

①设置QR路段。单击左侧工具栏中"路段&连接器"按钮,切换到路段编辑状态,双击OP路段,在弹出的"路段属性"对话框中,选中"生成相反方向"复选框,点击"确定",则生成方向与OP路段相反的路段,即QR路段。

②参照步骤①中所示方法,分别生成RS路段、ST路段、TU路段、UV路段、VW路段和

WX 路段。

③连接 QR 路段和 RS 路段,在"从路段"选项中选择"车道 1"、"车道 2"和"车道 3",在"到路段"选项中选择"车道 1"、"车道 2"和"车道 3",同时点击"显示"按钮,"厚度(3D)"输入 6,点击"确定"。

④连接 RS 路段和 ST 路段,在"从路段"选项中选择"车道 1"、"车道 2"和"车道 3",在"到路段"选项中选择"车道 2"、"车道 3"和"车道 4",同时点击"显示"按钮,"厚度(3D)"输入 6,点击"确定"。

⑤连接 ST 路段和 TU 路段,在"从路段"选项中选择"车道 1"、"车道 2"、"车道 3"和"车道 4",在"到路段"选项中选择"车道 1"、"车道 2"、"车道 3"和"车道 4",同时点击"显示"按钮,"厚度(3D)"输入 6,点击"确定"。

⑥连接 TU 路段和 UV 路段,在"从路段"选项中选择"车道 1"、"车道 2"、"车道 3"和"车道 4",在"到路段"选项中选择"车道 1"、"车道 2"、"车道 3"和"车道 4",同时点击"显示"按钮,"厚度(3D)"输入 6,点击"确定"。

⑦连接 UV 和 VW 两个路段,在"从路段"选项中选择"车道 2"、"车道 3"和"车道 4",在"到路段"选项中选择"车道 1"、"车道 2"和"车道 3",同时点击"显示"按钮,"厚度(3D)"输入 6,点击"确定"。

⑧连接 VW 路段和 WX 路段,在"从路段"选项中选择"车道 1"、"车道 2"和"车道 3",在"到路段"选项中选择"车道 1"、"车道 2"和"车道 3",同时点击"显示"按钮,"厚度(3D)"输入 6,点击"确定"。

(8)输入西进口流量及仿真测试

①单击左侧工具栏中的"车辆输入"按钮,切换到路段流量编辑状态,在西进口的起点处双击鼠标左键,弹出"车辆输入"对话框,将"车辆构成"选择"1:默认",流量输入 1800,点击"确定"。

②运行仿真,并查看 3D 效果。单击上部工具栏中的"连续仿真"按钮,然后在菜单栏中依次选择"查看"→"3D 模式",仿真效果如图 6-3-19 所示。

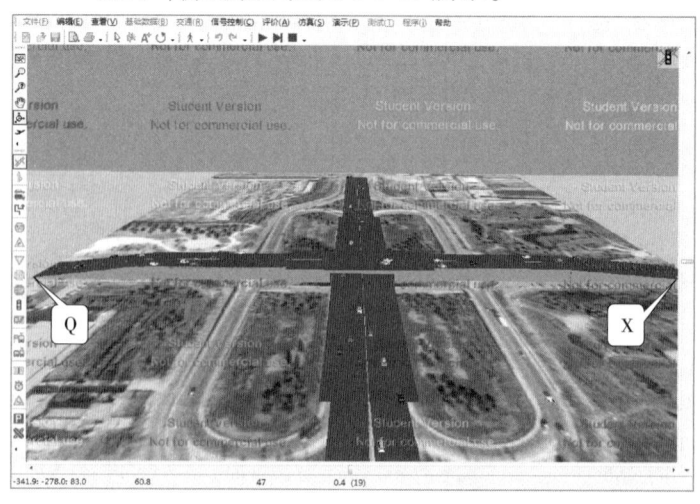

图 6-3-19　西进口至东出口路段设置完成后 3D 仿真

③单击上部工具栏中的"停止仿真"按钮,在菜单栏中依次选择"查看"→"3D 模式",将返回到平面仿真模式。

6.4 设置立交桥匝道

(1)设置由北至西右转匝道

由北至西右转匝道路段纵断面如图 6-4-1 所示,其中 a、b、c 三点的平面位置参照图 6-1-3 所示。

①单击左侧工具栏中"路段&连接器"按钮,切换到路段编辑状态。设置 ab 路段,起终点如图 6-1-3 所示。编辑"路段属性"时,"车道数"输入 1,"车道宽度"为默认值 3.50,点击"显示"按钮,在"高度(3D)"一栏中,"开始"输入 0,"结束"输入 0,"厚度(3D)"输入 0,并选中"重新计算划分点的高度",点击"确定"。

②连接 AB 与 ab 路段。使 AB 路段的 1 车道与右转匝道的 ab 路段的 1 车道相连,在"从路段"选项中选择"车道 1",在"到路段"选项中选择"车道 1",其他保持默认设置。

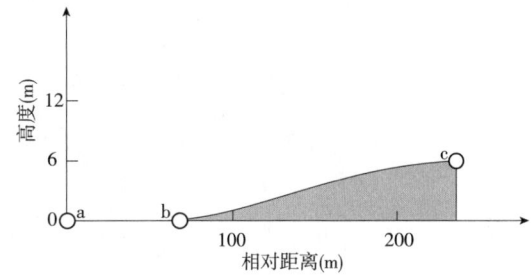

图 6-4-1 由北至西右转匝道路段纵断面示意图

提示: 设置匝道过程中,如果 ab 为直线路段,则不可能完全与底图相符,这时可以对路段加以调整,将所要调整的路段先放大,然后点击鼠标左键选中路段,在路段上单击鼠标右键设置可以拖动的点(可以多次点击鼠标右键设置多个点),用鼠标左键拖动这些新增的点达到与底图相符的目的,如图 6-4-2 所示。

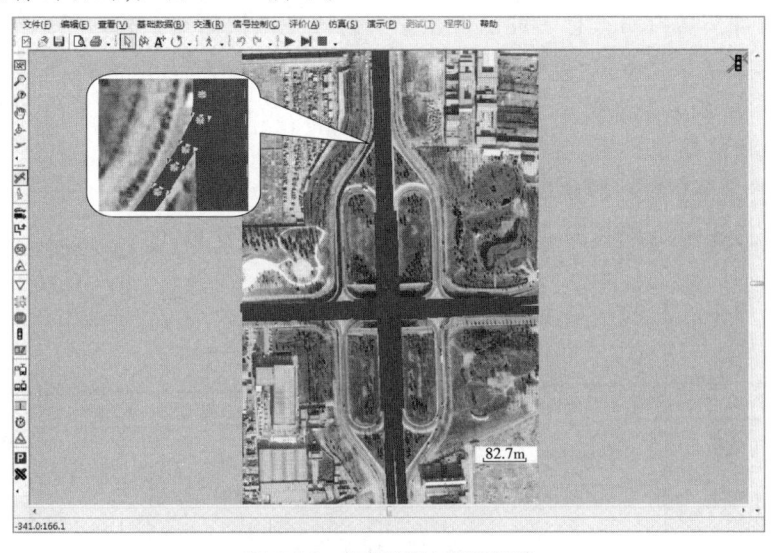

图 6-4-2 修饰路段与底图相符

③设置 bc 路段。起终点如图 6-1-3 所示,编辑"路段属性"时,"车道数"输入 1,"车道宽度"为默认值 3.50,"开始"输入 0,"结束"输入 6,"厚度(3D)"输入 6,并选中"重新计算划

分点的高度"复选框,点击"确定"。

④连接 ab 和 bc 两个路段。使两个路段的 1 车道相连,同时点击"显示"按钮,"厚度(3D)"输入 0,点击"确定"。

⑤连接 bc 和 NO 两个路段。在"从路段"选项中选择"车道 1",在"到路段"选项中选择"车道 1",同时点击"显示"按钮,"厚度(3D)"输入 6,点击"确定"。

⑥冲突区设置。单击左侧工具栏中的"冲突区域集"按钮,切换到冲突区编辑状态,单击 bc 路段和 NO 路段的交汇处,选中后单击鼠标右键设置冲突区让行规则。选择 bc 路段(路段显红色)为 NO 路段(路段显绿色)让行,如图 6-4-3 所示[详细步骤参见第 2 章 2.5 节步骤(6)]。

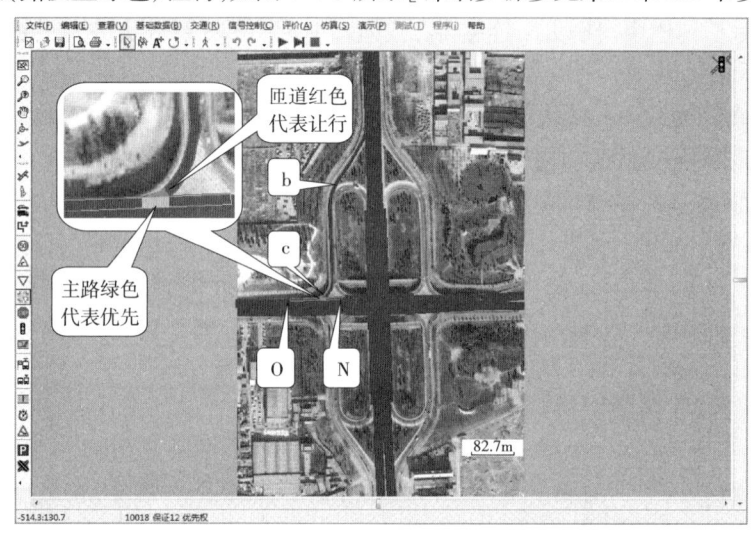

图 6-4-3 设置北至西右转匝道与主路的冲突区

提示:设置冲突区时用鼠标左键点击相冲突的两个路段的交汇处,此时冲突的两个路段均显示为黄色,单击鼠标右键切换不同的状态,使主路显示绿色,匝道显示红色。本章中共有 4 个冲突区,其他 3 个冲突区分别是 ef 路段和 VW 路段交汇处,hi 路段和 GH 路段交汇处,kl 路段和 CD 路段交汇处。

(2)设置由北至东左转匝道

由北至东左转匝道路段纵断面如图 6-4-4 所示,其中 m、n、o 三点的平面位置参照图 6-1-3 所示。

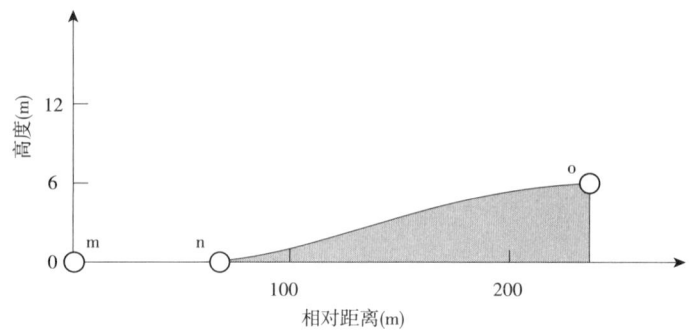

图 6-4-4 由北至东左转匝道路段纵断面示意图

①单击左侧工具栏中"路段&连接器"按钮,切换到路段编辑状态。设置 mn 路段,起终点如图 6-1-3 所示。编辑"路段属性"时,"车道数"输入 1,"车道宽度"为默认值 3.50,点击"显示"按钮,在"高度(3D)"一栏中,"开始"输入 0,"结束"输入 0,"厚度(3D)"输入 0,并选中"重新计算划分点的高度"复选框,点击"确定"。

②连接 BC 和 mn 两个路段,在"从路段"选项中选择"车道 1",在"到路段"选项中选择"车道 1",同时点击"显示"按钮,"厚度(3D)"输入 0,点击"确定"。

③设置 no 路段,起终点如图 6-1-3 所示。编辑"路段属性"时"车道数"输入 1,"车道宽度"为默认值 3.50,"开始"输入 0,"结束"输入 6,"厚度(3D)"输入 6,并选中"重新计算划分点的高度"复选框,点击"确定"。

④连接 mn 和 no 两个路段,在"从路段"选项中选择"车道 1",在"到路段"选项中选择"车道 1",同时点击"显示"按钮,"厚度(3D)"输入 6,点击"确定"。

⑤连接 no 和 ST 两个路段,在"从路段"选项中选择"车道 1",在"到路段"选项中选择"车道 1",同时点击"显示"按钮,"厚度(3D)"输入 6,点击"确定"。

(3)北进口交通流路径决策设置

①单击左侧工具栏中的"路径"按钮,切换到路径决策编辑状态。然后单击选中该路段进口端,再单击鼠标右键,弹出"创建路径决策点"的对话框,将"名称"输入"主路北至南"点击"确定"按钮,完成路径决策点的设置。此时在路径决策点的位置出现红色线段,如图 6-4-5 所示。

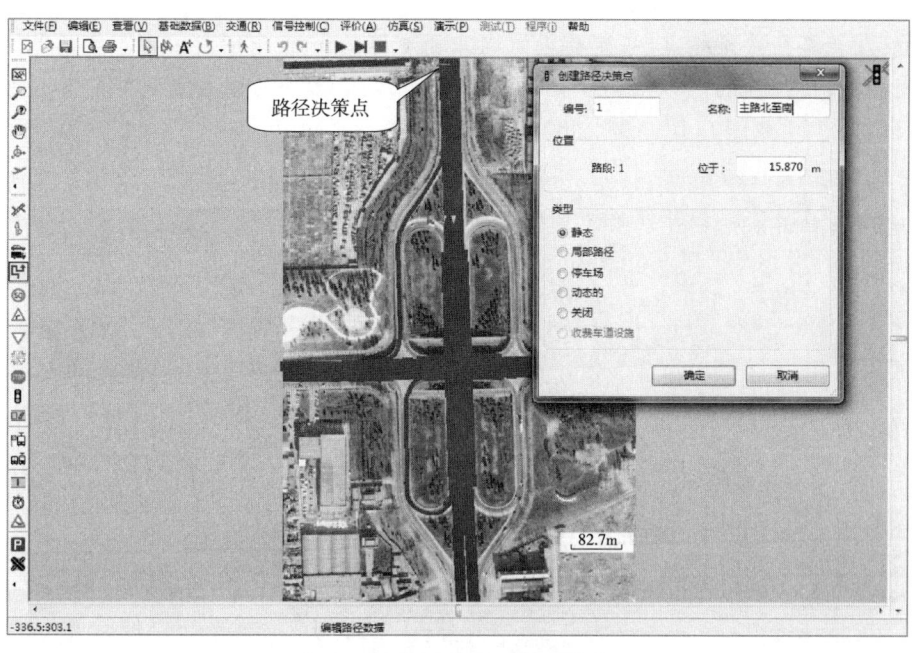

图 6-4-5 设置北进口路径决策点

②设置直行路段路径决策终点。首先单击选中该路段出口端,然后单击鼠标右键,此时会在设置点处出现绿色线段,即为路径决策终点,同时决策点与决策终点之间会出现黄色路段,如图 6-4-6 所示。

③参照以上步骤分别设置东、西出口的路径决策终点,设置完成后如图6-4-7和图6-4-8所示。

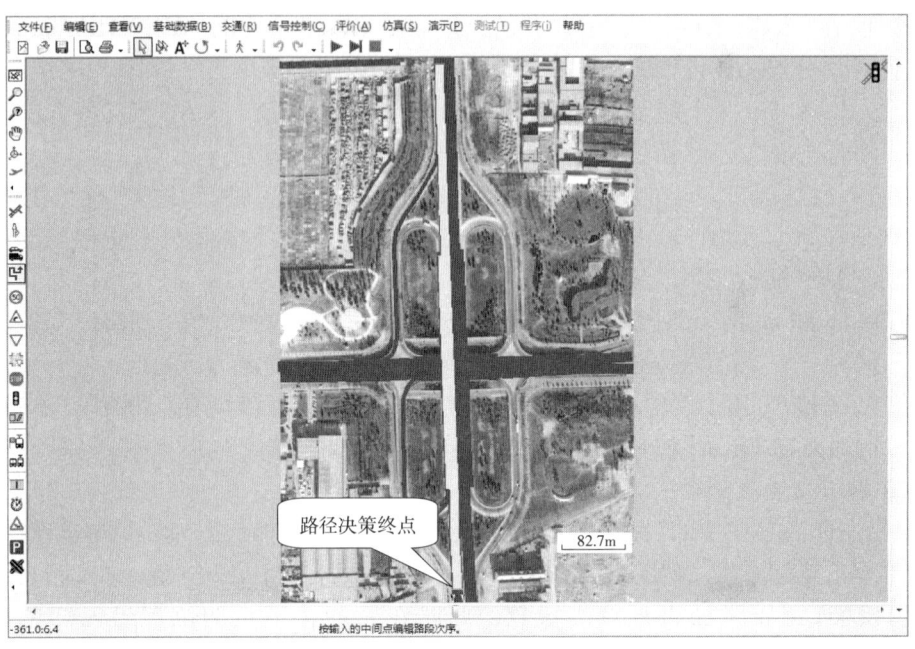

图6-4-6 设置北进口直行路段路径决策终点

提示:左转路径决策终点,一定要设置在东西主路的V点东侧。因为车辆离开路径决策终点后是在路网内随机行驶的,如设置在V点西侧,则车辆有可能沿西进口左转至北出口匝道运动(即进入vw匝道),最终由北出口离开路网。

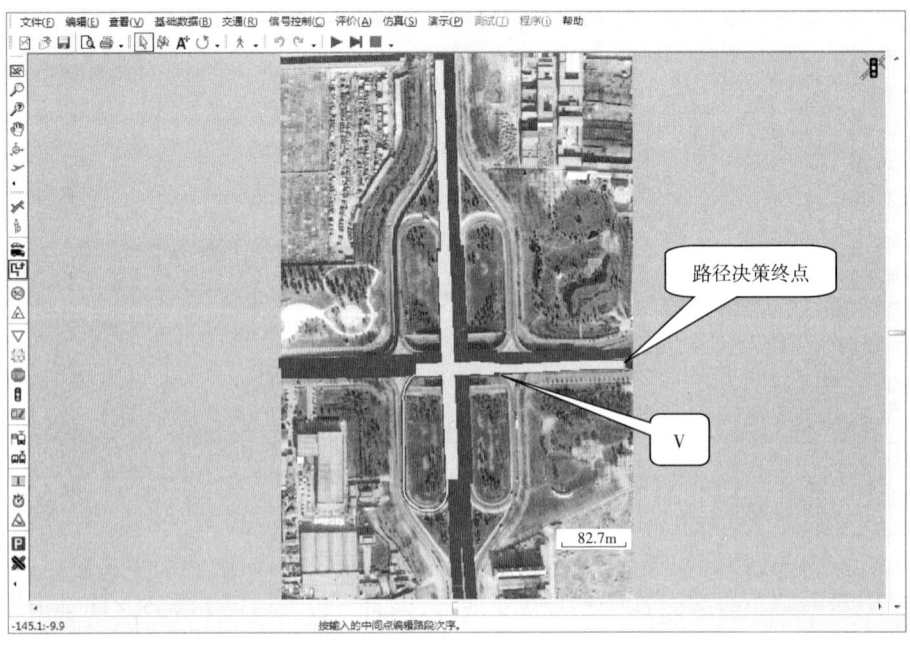

图6-4-7 设置北进口左转路段路径决策终点

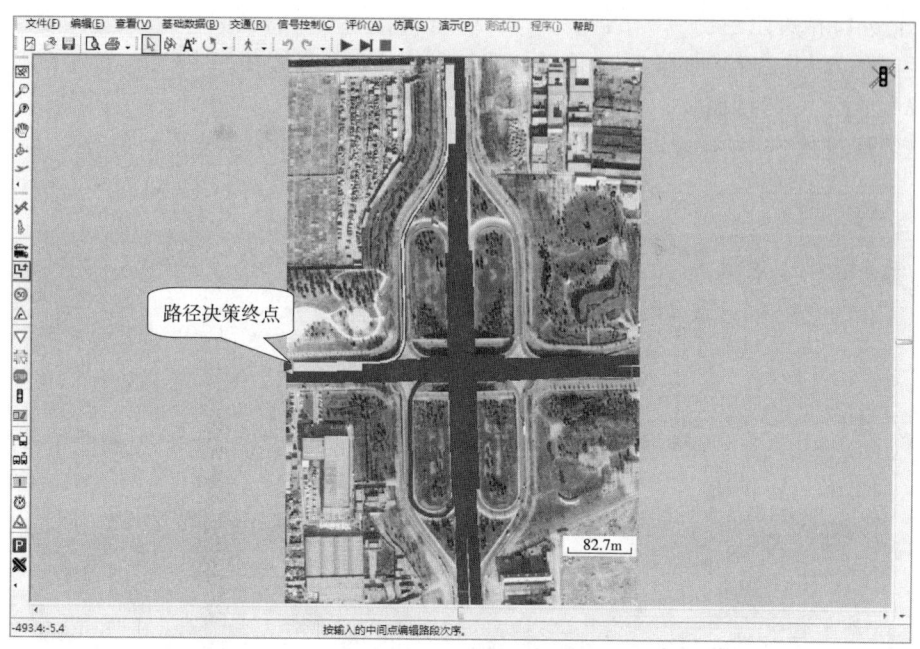

图 6-4-8　设置北进口右转路段路径决策终点

④设置北进口交通流量分配。在视图区空白处点击鼠标右键,弹出"路径"对话框,依据表 6-1-3 基础数据,分别设置北进口道相对应的各方向流量比例,按照左转、直行、右转的顺序设置比例为 300∶1200∶300,如图 6-4-9 所示,点击"确定"[路径决策设置与流量分配设置详细步骤参见第 2 章 2.4 节步骤(5)]。

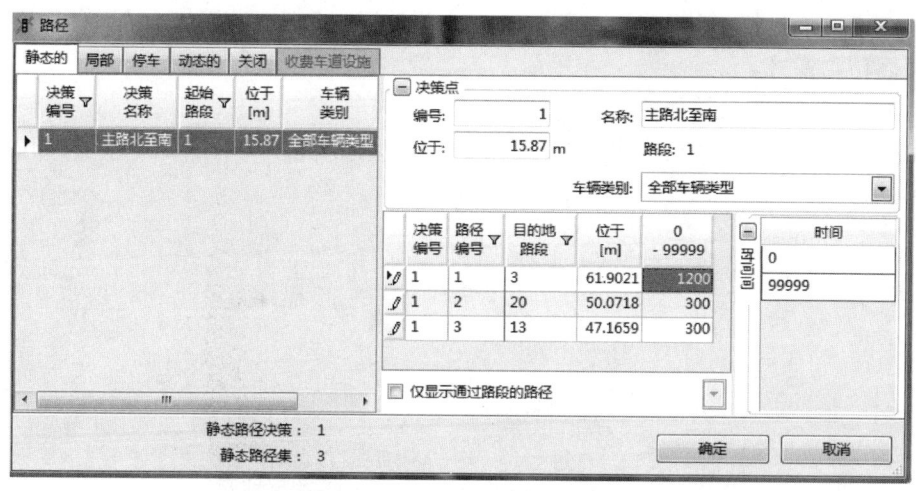

图 6-4-9　设置北进口各方向路段流量

提示①:路径决策点应尽量远离交通流分流处,否则车流会因得到分配命令后没有时间变道而出现仿真与现实不符的现象。

提示②:在进行路径决策设置时,如果由于鼠标误操作造成路径决策设置过程终止,可左键点击激活"决策点",使其变成鲜红色,方可继续进行决策终点设置。

(4) 北进口相关匝道仿真测试

①运行仿真,并查看 3D 效果。单击上部工具栏中的"连续仿真"按钮,然后在菜单栏中依次选择"查看"→"3D 模式",仿真效果如图 6-4-10 所示。

提示:3D 模式下,可观察到北进口车辆将按照已设定的路径决策比例进行分流。

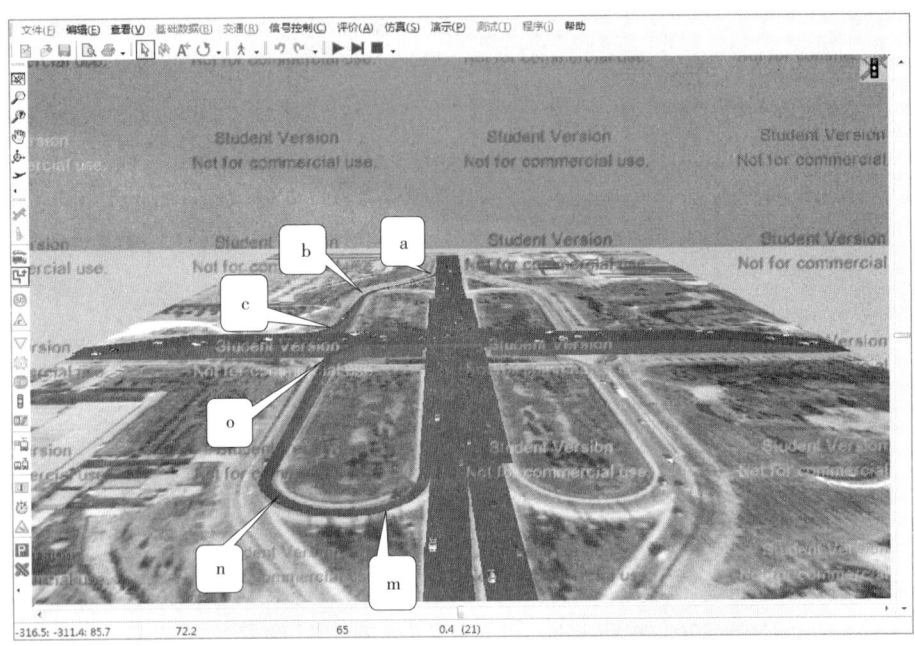

图 6-4-10　北进口路径决策设置完成后 3D 仿真

②单击上部工具栏中的"停止仿真"按钮,在菜单栏中依次选择"查看"→"3D 模式",将返回到平面仿真模式。

(5) 设置由南至东右转匝道

由南至东右转匝道路段纵断面如图 6-4-11 所示,其中 d、e、f 三点的平面位置参照图 6-1-3 所示。

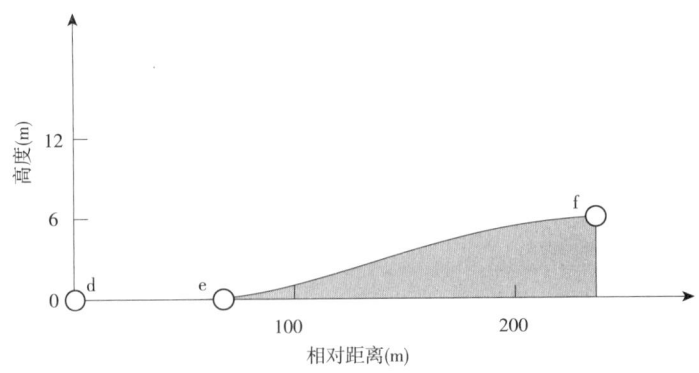

图 6-4-11　由南至东右转匝道路段纵断面示意图

①单击左侧工具栏中"路段 & 连接器"按钮,切换到路段编辑状态。设置 de 路段,起终点如图 6-1-3 所示。编辑"路段属性"时,"车道数"输入 1,"车道宽度"为默认值 3.50,点击

"显示"按钮,在"高度(3D)"一栏中,"开始"输入0,"结束"输入0,"厚度(3D)"输入0,并选中"重新计算划分点的高度"复选框,点击"确定"。

②连接 EF 和 de 两个路段,在"从路段"选项中选择"车道1",在"到路段"选项中选择"车道1",同时点击"显示"按钮,"厚度(3D)"输入0,点击"确定"。

③设置 ef 路段,起终点如图6-1-3所示。编辑"路段属性"时,"车道数"输入1,"车道宽度"为默认值3.50,"开始"输入0,"结束"输入6,"厚度(3D)"输入6,并选中"重新计算划分点的高度"复选框,点击"确定"。

④连接 de 和 ef 两个路段,在"从路段"选项中选择"车道1",在"到路段"选项中选择"车道1",同时点击"显示"按钮,"厚度(3D)"输入0,点击"确定"。

⑤连接 ef 和 VW 两个路段,在"从路段"选项中选择"车道1",在"到路段"选项中选择"车道1",同时点击"显示"按钮,"厚度(3D)"输入6,点击"确定"。

⑥参照6.4节(1)中步骤⑥所示方法,进行冲突区设置,设置完成后如图6-4-12所示。

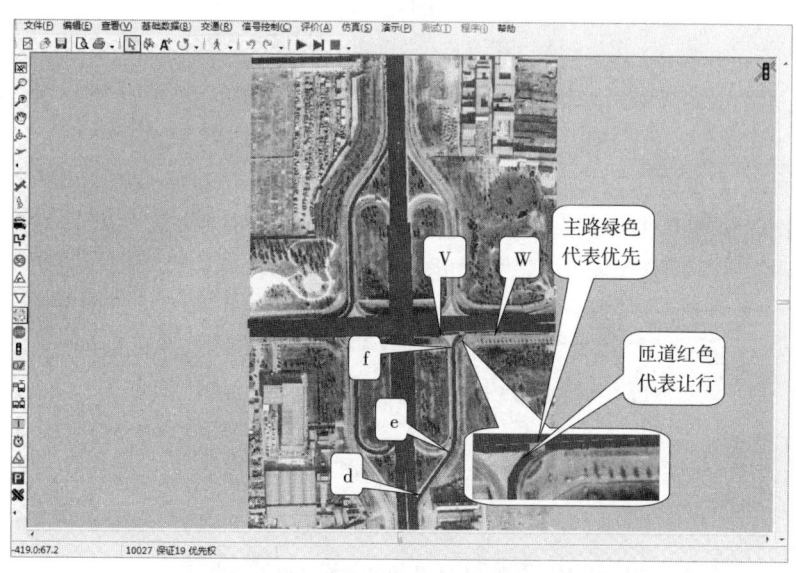

图6-4-12 设置南至东右转匝道与主路冲突区

(6)设置由南至西左转匝道

由南至西左转匝道路段纵断面如图6-4-13所示,其中 p、q、r 三点的平面位置参照图6-1-3所示。

①单击左侧工具栏中"路段&连接器"按钮,切换到路段编辑状态。设置 pq 路段,起终点如图6-1-3所示。编辑"路段属性"时,"车道数"输入1,"车道宽度"为默认值3.50,点击"显示"按钮,在"高度(3D)"一栏中,"开始"输入0,"结束"输入0,"厚度(3D)"输入0,并选中"重新计算划分点的高度"复选框,点击"确定"。

②连接 FG 和 pq 两个路段,在"从路段"选项中选择"车道1",在"到路段"选项中选择"车道1",同时点击"显示"按钮,"厚度(3D)"输入0,点击"确定"。

③设置 qr 路段,起终点如图6-1-3所示。编辑"路段属性"时,"车道数"输入1,"车道宽度"为默认值3.50,"开始"输入0,"结束"输入6,"厚度(3D)"输入6,并选中"重新计算划

分点的高度"复选框,点击"确定"。

④连接 pq 和 qr 两个路段,在"从路段"选项中选择"车道 1",在"到路段"选项中选择"车道 1",同时点击"显示"按钮,"厚度(3D)"输入 0,点击"确定"。

⑤连接 qr 和 KL 两个路段,在"从路段"选项中选择"车道 1",在"到路段"选项中选择"车道 1",同时点击"显示"按钮,"厚度(3D)"输入 6,点击"确定"。

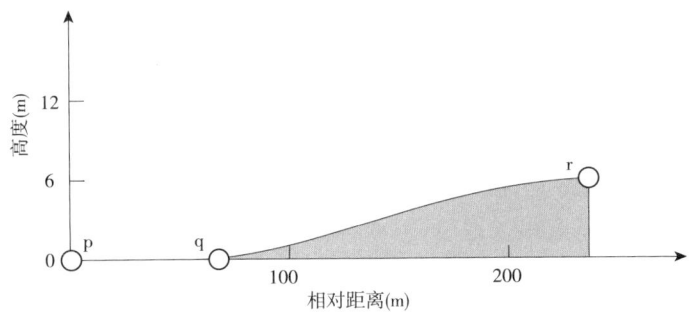

图 6-4-13　由南至西左转匝道路段纵断面示意图

⑥参照 6.4 节步骤(3)中所示方法,进行南进口交通流路径决策设置,参考数据如表 6-1-3 所示。

(7)南进口相关匝道仿真测试

①运行仿真,并查看 3D 效果。单击上部工具栏中的"连续仿真"按钮,然后在菜单栏中依次选择"查看"→"3D 模式",仿真效果如图 6-4-14 所示。

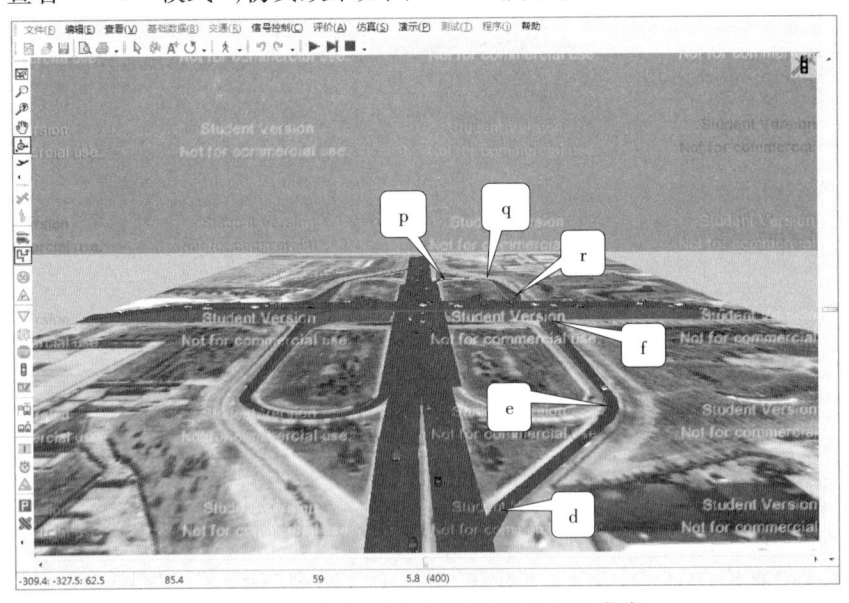

图 6-4-14　南进口路径决策设置完成后 3D 仿真

②单击上部工具栏中的"停止仿真"按钮,在菜单栏中依次选择"查看"→"3D 模式",将返回到平面仿真模式。

(8)设置由东至北右转匝道

由东至北右转匝道路段纵断面如图 6-4-15 所示,其中 g、h、i 三点的平面位置参照

图 6-1-3 所示。

①单击左侧工具栏中"路段 & 连接器"按钮,切换到路段编辑状态。设置 gh 路段,起终点如图 6-1-3 所示。编辑"路段属性"时,"车道数"输入 1,"车道宽度"为默认值 3.50,点击"显示"按钮,在"高度(3D)"一栏中,"开始"输入 6,"结束"输入 0,"厚度(3D)"输入 6,并选中"重新计算划分点的高度"复选框,点击"确定"。

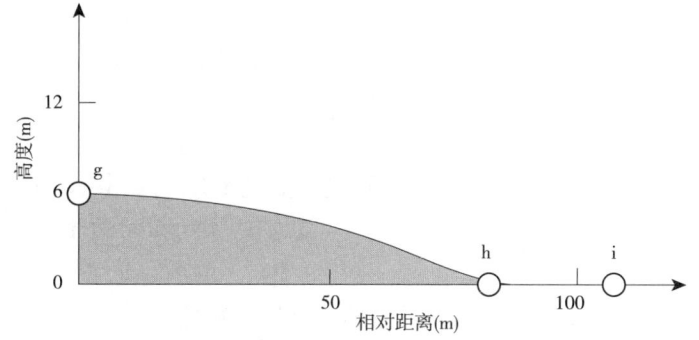

图 6-4-15 由东至北右转匝道路段纵断面示意图

②连接 JK 和 gh 两个路段,在"从路段"选项中选择"车道 1",在"到路段"选项中选择"车道 1",同时点击"显示"按钮,"厚度(3D)"输入 6,点击"确定"。

③设置 hi 路段,起终点如图 6-1-3 所示。编辑"路段属性"时,"车道数"输入 1,"车道宽度"为默认值 3.50,"开始"输入 0,"结束"输入 0,"厚度(3D)"输入 0,并选中"重新计算划分点的高度"复选框,点击"确定"。

④连接 gh 和 hi 两个路段,在"从路段"选项中选择"车道 1",在"到路段"选项中选择"车道 1",同时点击"显示"按钮,"厚度(3D)"输入 0,点击"确定"。

⑤连接 hi 和 GH 两个路段,在"从路段"选项中选择"车道 1",在"到路段"选项中选择"车道 1",同时点击"显示"按钮,"厚度(3D)"输入 0,点击"确定"。

⑥参照 6.4 节(1)中步骤⑥所示方法,进行冲突区设置,设置完成后如图 6-4-16 所示。

图 6-4-16 设置东至北右转匝道与主路冲突区

（9）设置由东至南左转匝道

由东至南左转匝道路段纵断面如图 6-4-17 所示,其中 s、t、u 三点的平面位置参照图 6-1-3 所示。

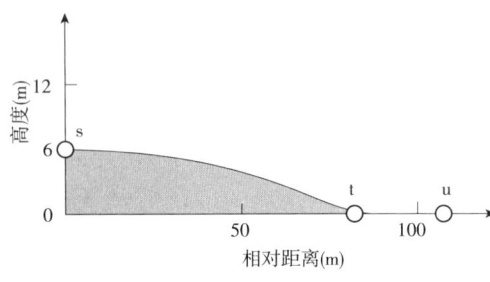

图 6-4-17　由东至南左转匝道路段纵断面示意图

①单击左侧工具栏中"路段 & 连接器"按钮,切换到路段编辑状态。设置 st 路段,起终点如图 6-1-3 所示。编辑"路段属性"时,"车道数"输入 1,"车道宽度"为默认值 3.50,点击"显示"按钮,在"高度(3D)"一栏中,"开始"输入 6,"结束"输入 0,"厚度(3D)"输入 6,并选中"重新计算划分点的高度",点击"确定"。

②连接 MN 和 st 两个路段,在"从路段"选项中选择"车道 1",在"到路段"选项中选择"车道 1",同时点击"显示"按钮,"厚度(3D)"输入 6,点击"确定"。

③设置 tu 路段,起终点如图 6-1-3 所示。编辑"路段属性"时,"车道数"输入 1,"车道宽度"为默认值 3.50,"开始"输入 0,"结束"输入 0,"厚度(3D)"输入 0,并选中"重新计算划分点的高度",点击"确定"。

④连接 st 和 tu 两个路段,在"从路段"选项中选择"车道 1",在"到路段"选项中选择"车道 1",同时点击"显示"按钮,"厚度(3D)"输入 0,点击"确定"。

⑤连接 tu 和 BC 两个路段,在"从路段"选项中选择"车道 1",在"到路段"选项中选择"车道 1",同时点击"显示"按钮,"厚度(3D)"输入 0,点击"确定"。

⑥参照步骤 6.4 节(3)中所示方法,进行东进口交通流路径决策设置,参考数据如表 6-1-3 所示。

（10）东进口相关匝道仿真测试

①运行仿真,并查看 3D 效果。单击上部工具栏中的"连续仿真"按钮,然后在菜单栏中依次选择"查看"→"3D 模式",仿真效果如图 6-4-18 所示。

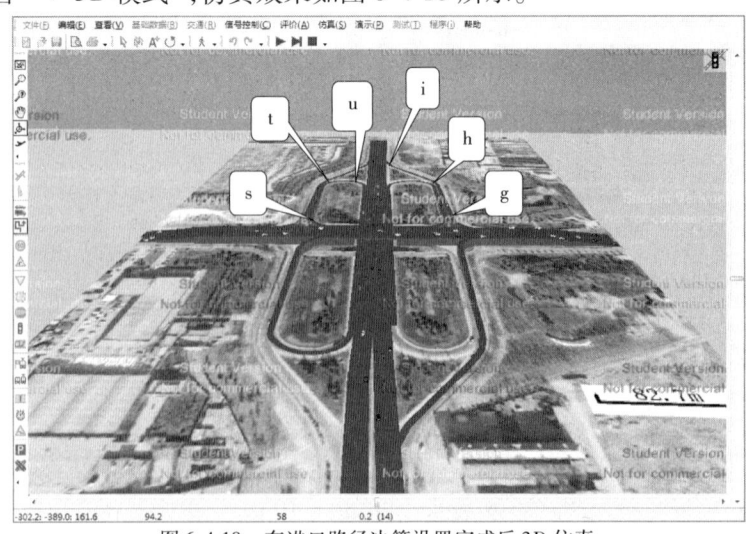

图 6-4-18　东进口路径决策设置完成后 3D 仿真

②单击上部工具栏中的"停止仿真"按钮,在菜单栏中依次选择"查看"→"3D 模式",将返回到平面仿真模式。

(11)设置由西至南右转匝道

由西至南右转匝道路段纵断面如图 6-4-19 所示,其中 j、k、l 三点的平面位置参照图 6-1-3 所示。

①单击左侧工具栏中"路段 & 连接器"按钮,切换到路段编辑状态。设置 jk 路段,起终点如图 6-1-3 所示。编辑"路段属性"时,"车道数"输入 1,"车道宽度"为默认值 3.50,点击"显示"按钮,在"高度(3D)"一栏中,"开始"输入 6,"结束"输入 0,"厚度(3D)"输入 6,并选中"重新计算划分点的高度"复选框,点击"确定"。

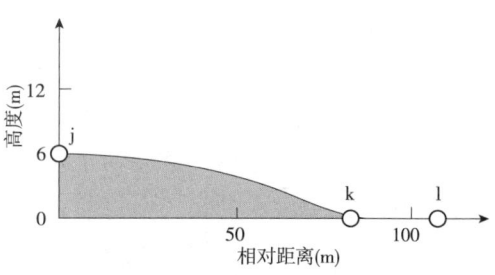

图 6-4-19　由西至南右转匝道路段纵断面示意图

②连接 RS 和 jk 两个路段,在"从路段"选项中选择"车道 1",在"到路段"选项中选择"车道 1",同时点击"显示"按钮,"厚度(3D)"输入 6,点击"确定"。

③设置 kl 路段,起终点如图 6-1-3 所示。编辑"路段属性"时,"车道数"输入 1,"车道宽度"为默认值 3.50,"开始"输入 0,"结束"输入 0,"厚度(3D)"输入 0,并选中"重新计算划分点的高度"复选框,点击"确定"。

④连接 jk 和 kl 两个路段,在"从路段"选项中选择"车道 1",在"到路段"选项中选择"车道 1",同时点击"显示"按钮,"厚度(3D)"输入 0,点击"确定"。

⑤连接 kl 和 CD 两个路段,在"从路段"选项中选择"车道 1",在"到路段"选项中选择"车道 1",同时点击"显示"按钮,"厚度(3D)"输入 0,点击"确定"。

⑥参照 6.4 节(1)中步骤⑥所示方法,进行冲突区设置,设置完成后如图 6-4-20 所示。

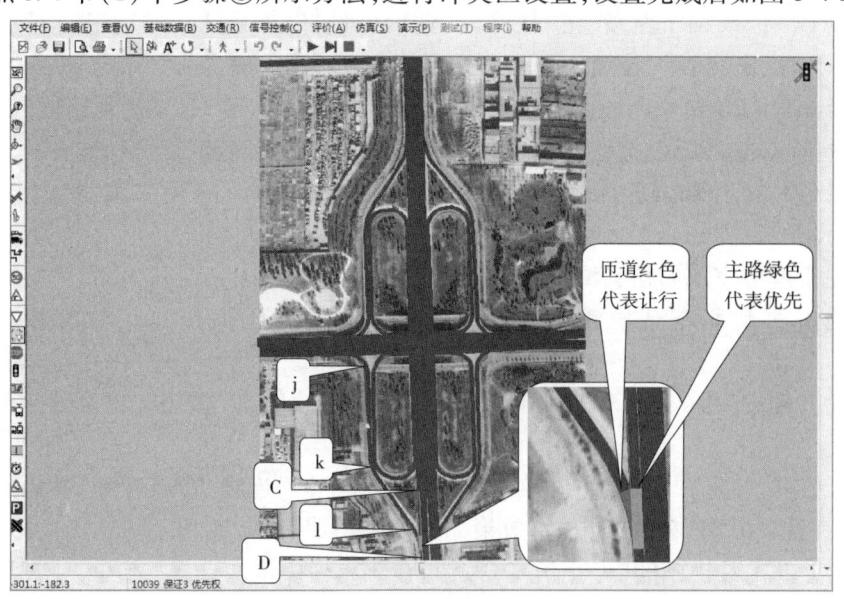

图 6-4-20　设置西至南右转匝道与主路设置冲突区

（12）设置由西至北左转匝道

由西至北左转匝道路段纵断面如图 6-4-21 所示，其中 v、w、x 三点的平面位置参照图 6-1-3 所示。

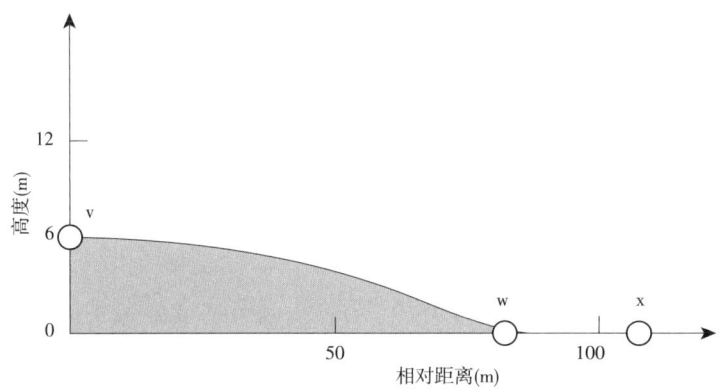

图 6-4-21　由西至北左转匝道路段纵断面示意图

①单击左侧工具栏中"路段 & 连接器"按钮，切换到路段编辑状态。设置 vw 路段，起终点如图 6-1-3 所示。编辑"路段属性"时，"车道数"输入 1，"车道宽度"为默认值 3.50，点击"显示"按钮，在"高度(3D)"一栏中，"开始"输入 6，"结束"输入 0，"厚度(3D)"输入 6，并选中"重新计算划分点的高度"复选框，点击"确定"。

②连接 UV 和 vw 两个路段，在"从路段"选项中选择"车道 1"，在"到路段"选项中选择"车道 1"，同时点击"显示"按钮，"厚度(3D)"输入 6，点击"确定"。

③设置 wx 路段，起终点如图 6-1-3 所示。编辑"路段属性"时，"车道数"输入 1，"车道宽度"为默认值 3.50，"开始"输入 0，"结束"输入 0，"厚度(3D)"输入 0，并选中"重新计算划分点的高度"复选框，点击"确定"。

④连接 vw 和 wx 两个路段，在"从路段"选项中选择"车道 1"，在"到路段"选项中选择"车道 1"，同时点击"显示"按钮，"厚度(3D)"输入 0，点击"确定"。

⑤连接 wx 和 FG 两个路段，在"从路段"选项中选择"车道 1"，在"到路段"选项中选择"车道 1"，同时点击"显示"按钮，"厚度(3D)"输入 0，点击"确定"。

⑥参照 6.4 节步骤（3）中所示方法，进行西进口交通流路径决策设置，参考数据如表 6-1-3 所示。

（13）立交设置完成后仿真测试

设置完由西至北左转匝道后，立交桥全部主路和匝道仿真设置完成，进行仿真测试。

①运行仿真，查看效果。单击上部工具栏中的"连续仿真"按钮。仿真效果如图 6-4-22 所示。

②运行仿真，并查看 3D 效果。单击上部工具栏中的"连续仿真"按钮，然后在菜单栏中依次选择"查看"→"3D 模式"。仿真效果如图 6-4-23 所示。

③单击上部工具栏中的"停止仿真"按钮，在菜单栏中依次选择"查看"→"3D 模式"，将返回到平面仿真模式。

图 6-4-22　立交总体平面仿真

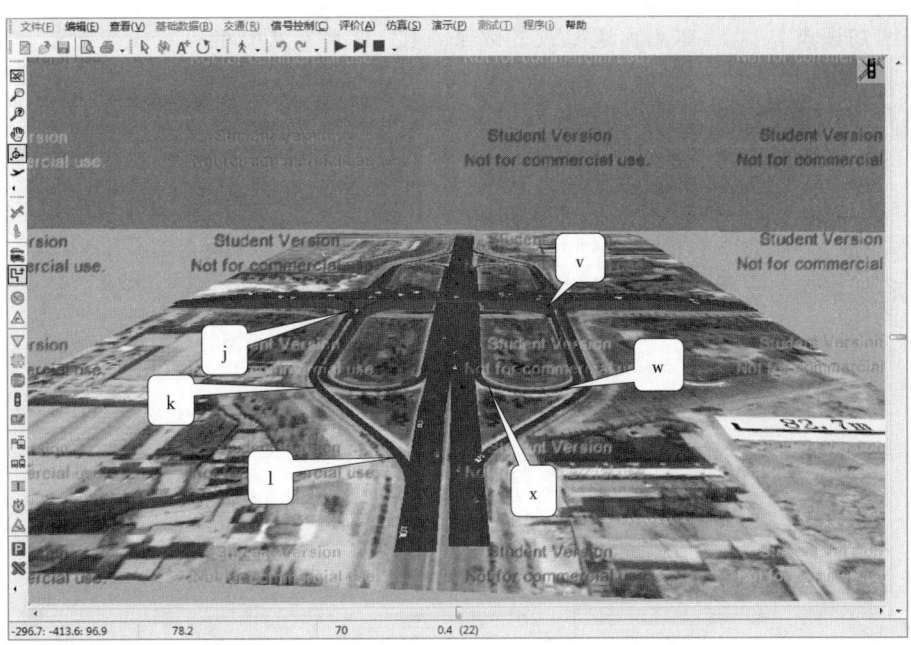

图 6-4-23　立交总体 3D 仿真

辅助视频

第 7 章 环形交叉口

【实验目的】 掌握环形交叉口处车道组设置、流量输入、交通流路径决策和冲突区设置等仿真操作的方法和技巧。

【实验原理】 环形交叉口,即交叉口中央设置成圆岛或带圆弧状的岛,进入交叉口的所有车辆均以逆时针方向绕岛行驶,其运行过程一般为在入口处合流,在交叉口内交织,在离开交叉口处分流。环形交叉口可避免直接交叉、冲突和大角度碰撞。本章在分析环形交叉口特性的基础上,进行环形交叉口仿真。本章主要步骤包括:(1)创建环形交叉口相关路段。(2)添加交通流量并设置运行规则。

【新增知识点】 (1)环岛内道路设置方法。(2)环形交叉口的让行设置方法。

7.1 了解熟悉基础数据

本章涉及某一常规环形交叉口,环岛直径为 70m,交织区宽度为 22m,如图 7-1-1 所示。各方向交通流量,如表 7-1-1 所示。

提示:本章环形交叉口的设置方法为作者多年经验得到,并非唯一方式,多种方式都可以设置环形交叉口仿真。

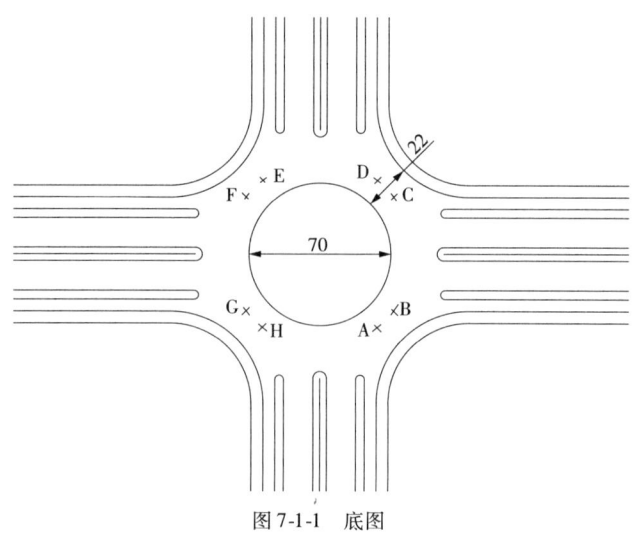

图 7-1-1 底图

环形交叉口交通流量表（单位：v/h）　　　　　　表 7-1-1

出口方向 \ 进口方向	东	南	西	北	合　计
东	—	200	1100	200	1500
南	240	—	150	1080	1470
西	1100	100	—	112	1312
北	121	853	122	—	1096
合计	1461	1153	1372	1392	5378

7.2 新建文件与导入底图

（1）新建文件

①建立"D:\VISSIM\07"文件夹。

②将需要的底图文件"07.JPG"，拷贝到①中新建的"07"文件夹内。

③通过开始"菜单"→"程序"→"PTV_Uni"（或直接从桌面图标打开），选择 VISSIM 打开交通仿真系统。

（2）导入底图

①加载底图。在菜单栏中依次选择"查看"→"背景"→"编辑"，弹出"背景选择"对话框，点击"读取"，然后依次选择"D:\VISSIM\07"路径下的"07.JPG"，点击"关闭"，将底图"07.JPG"导入仿真系统。在左侧工具栏中单击"显示整个路网"按钮，将底图满布于视图区 [具体操作可参考第 2 章 2.2 节步骤（2）]。

②调整比例。参照第 2 章 2.2 节步骤（3）调整底图比例，如图 7-2-1 所示，环形交叉口环岛直径为 70m，可据此将图中所示两点作为调整设置的起点和终点，在弹出的"比例"对话框中填入 70，点击"确定"，完成底图的比例设置。

提示：底图中环岛中心圆的直径为 70m，在设定底图比例时参照中心圆设置即可。

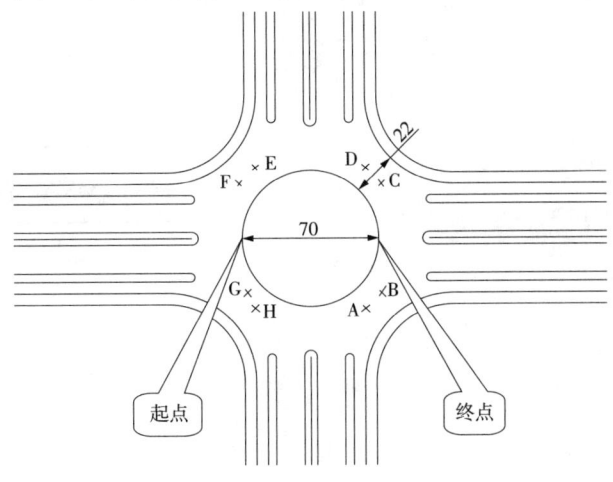

图 7-2-1　底图调整起终点

③保存工程文件和底图配置文件。参照第 2 章 2.2 节步骤(4),保存工程文件和底图配置文件,将工程文件命名为"07"。

7.3 创建进出口车道

(1) 创建进口车道

①如图 7-3-1 所示,添加东进口车道,方向为自东向西。"名称"为"东进口","车道数"为 4,其他保持默认设置。

提示: VISSIM 系统中道路是有方向的,须按实际车流方向设置环形交叉口进出口车道的方向。

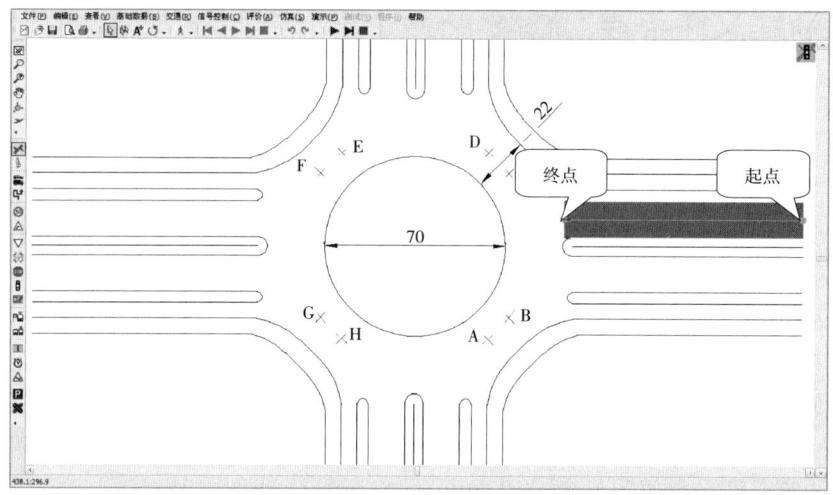

图 7-3-1　东进口车道

②如图 7-3-2 所示,参照步骤①内容,分别添加南进口车道"南进口"、西进口车道"西进口"、北进口车道"北进口","车道数"都为 4。

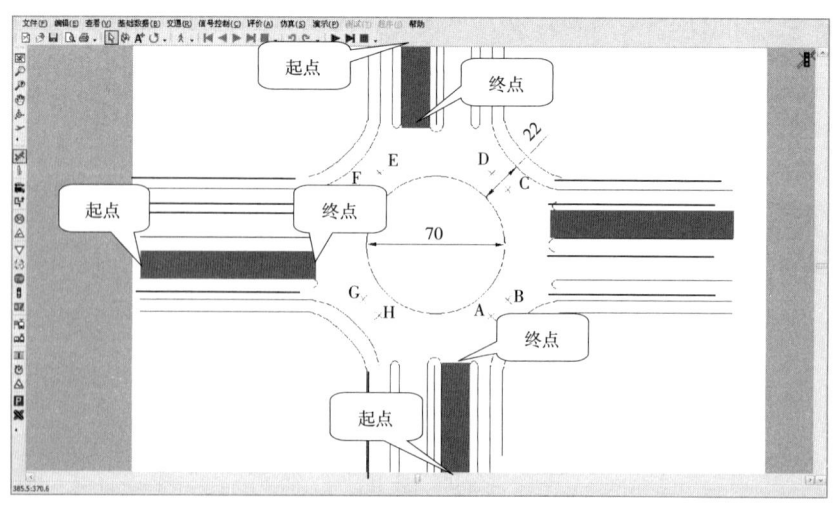

图 7-3-2　环形交叉口进口道

(2)创建出口车道

参照步骤(1)中进口车道的设置方法,为环形交叉口设置东南西北 4 个方向的出口车道"东出口"、"南出口"、"西出口"、"北出口","车道数"都为 4,其他不做修改,完成后如图 7-3-3 所示。

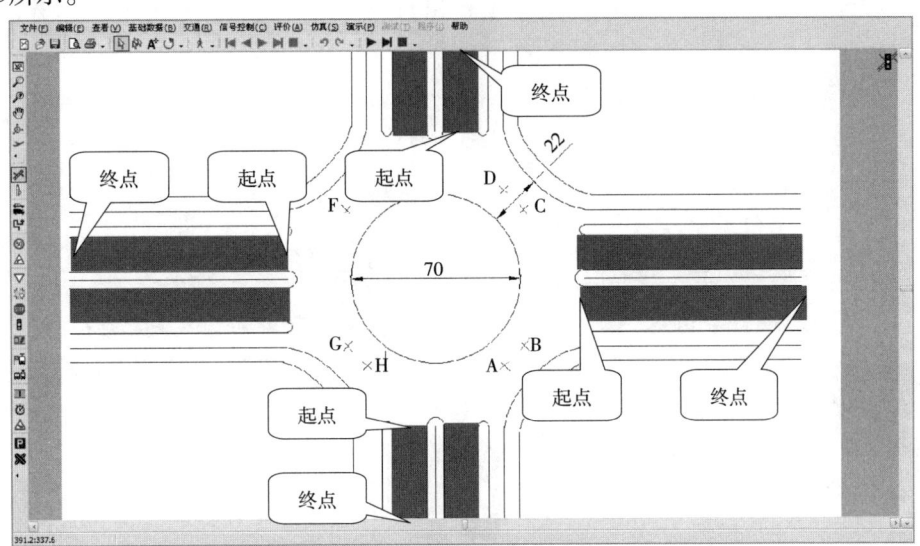

图 7-3-3　环形交叉口进出口车道

7.4　环岛内路段设置

教学录像

(1)创建环岛内基本路段

①如图 7-4-1 所示,根据底图中标注的关键点,添加环岛内的从点"A"到点"B"的基本路段"AB","车道数"为 5,其他不做改变。

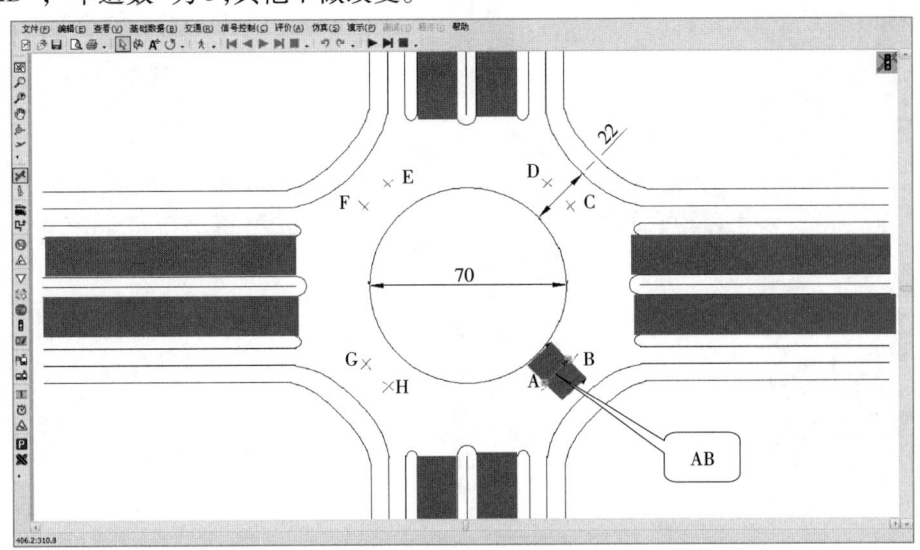

图 7-4-1　基本路段 AB

②向前拉动 B 点,拉长 AB,如图 7-4-2 所示,在 AB 路段内多次右击鼠标,增加多个节点,调整节点,使 AB 与环形交叉口底图吻合。

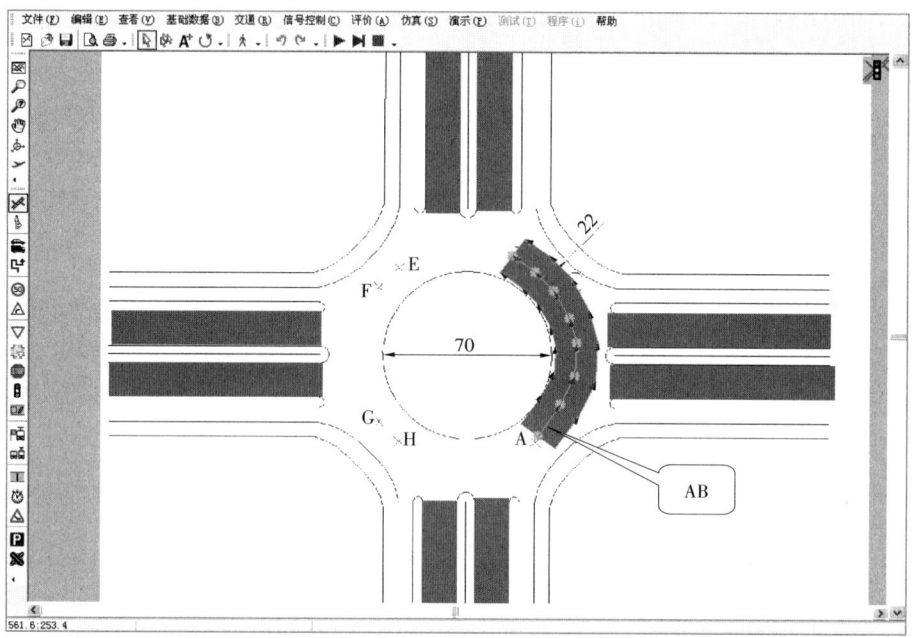

图 7-4-2　拉动 AB

③不断重复步骤②,得到 AB 路段如图 7-4-3 所示。

提示:此步骤,在中心线模式下更有利于操作。

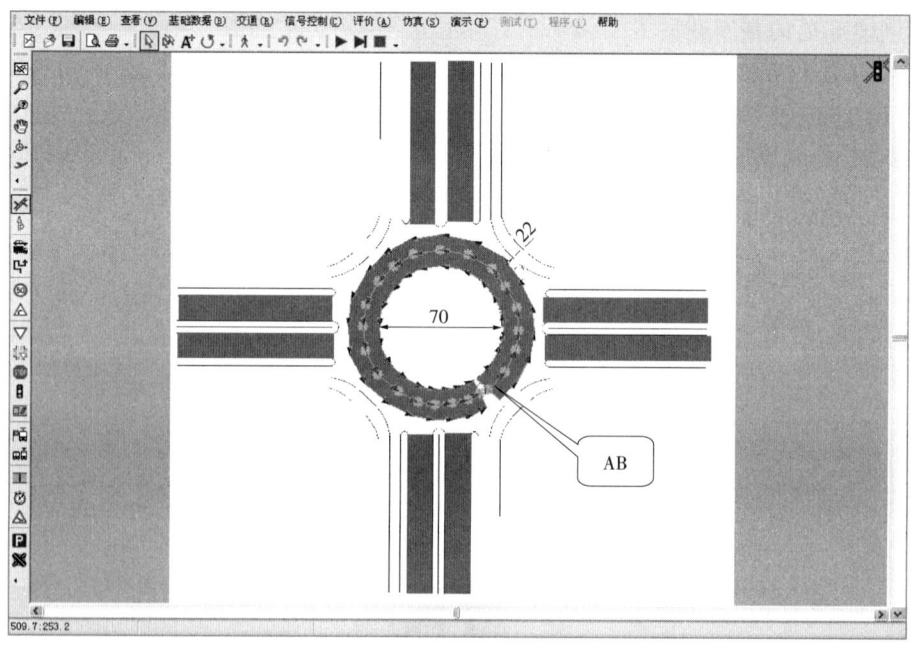

图 7-4-3　继续拉动 AB

(2)完成环岛内基本路段间的连接

如图 7-4-4 所示,用连接器连接路段"AB"。在弹出的"连接器"对话框中,"从路段"选择"车道 1"至"车道 5","到路段"选择"车道 1"至"车道 5",选中样条曲线复选框,"点数"设置为 2。

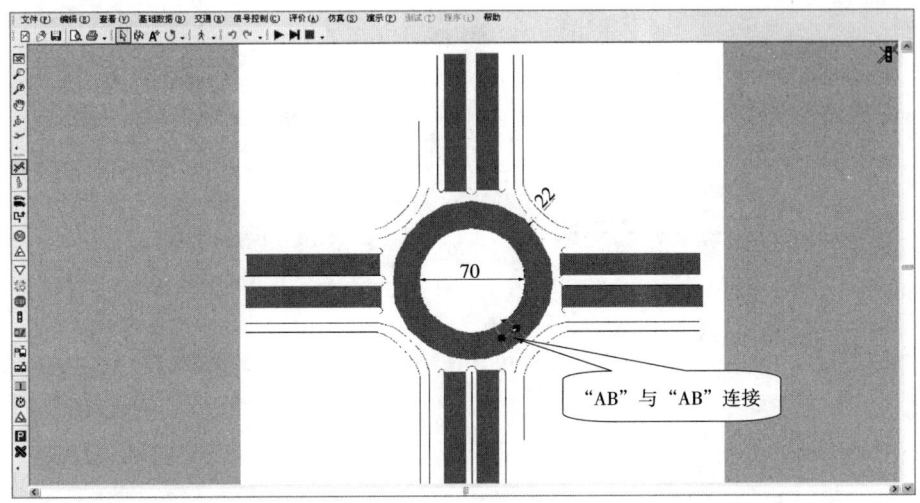

图 7-4-4　连接路段 AB

(3)连接各方向进出口路段与环形交叉口内部路段

①如图 7-4-5 所示,连接路段"南进口"与路段"AB",在弹出的"连接器"对话框中,"从路段"选择"车道 1"至"车道 4","到路段"选择"车道 1"至"车道 4",选中样条曲线复选框,"点数"设置为 8。

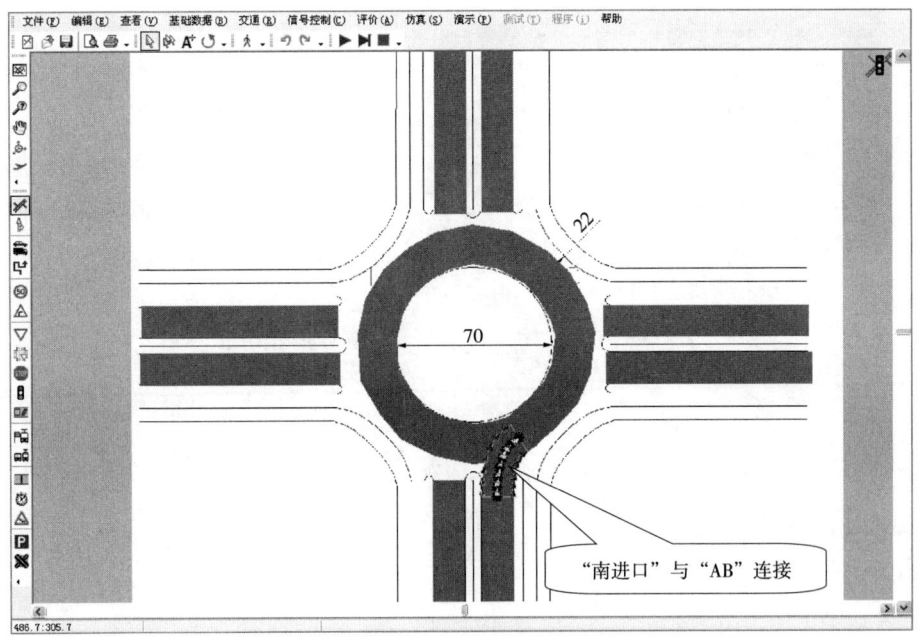

图 7-4-5　南进口与 AB 连接

②如图7-4-6所示,参照①中所述方法,连接"东进口"与"AB","北进口"与"AB","西进口"与"AB",其连接器设置与①连接器设置相同。

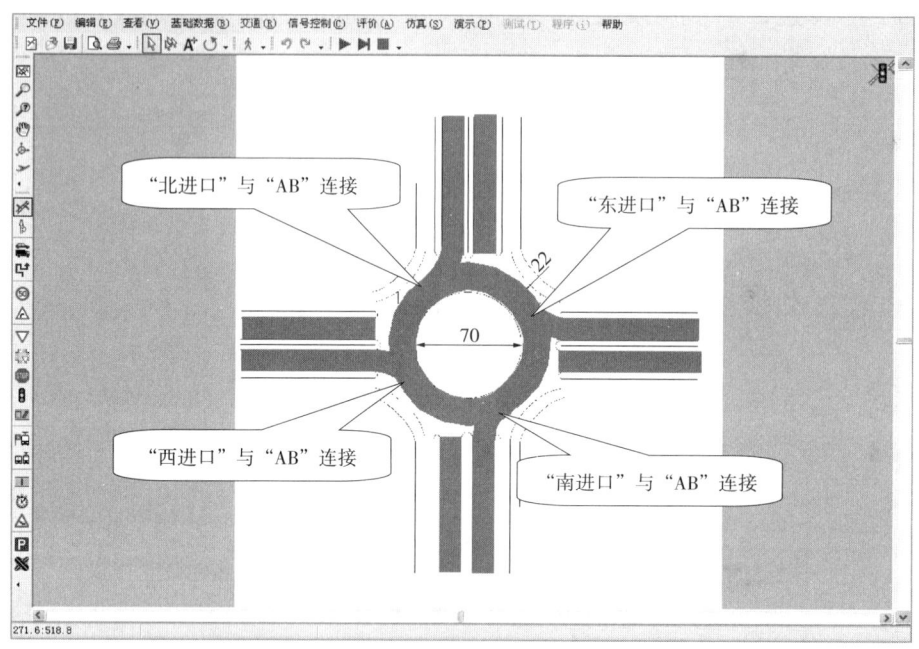

图7-4-6　各个进口道与交叉口内连接路段的连接完成

③如图7-4-7所示,添加路段"AB"与"南出口"的连接。在弹出的"连接器"对话框中,"从路段"选择"车道1"至"车道4","到路段"选择"车道1"至"车道4",选中"样条曲线"复选框,"点数"设置为8。

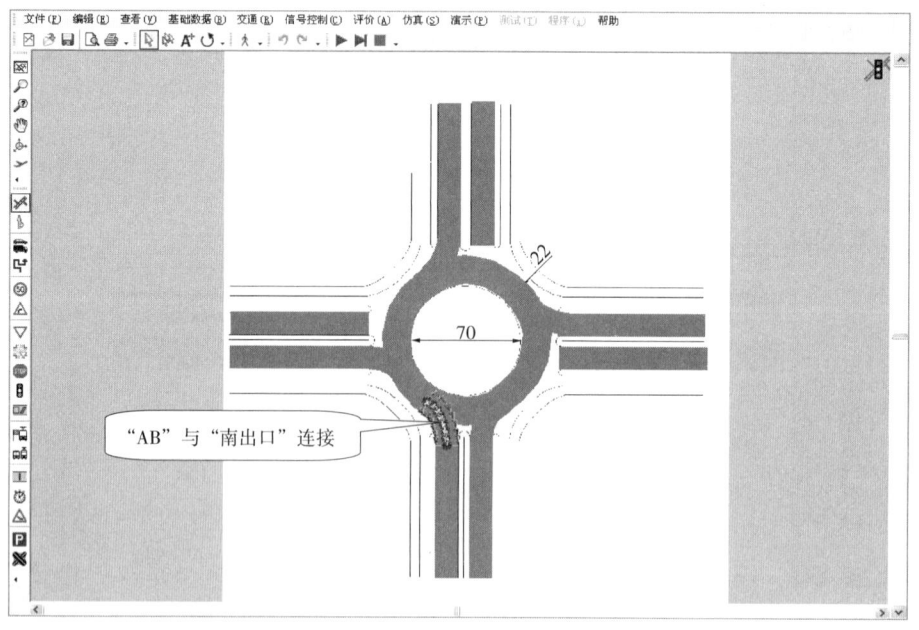

图7-4-7　路段AB与南出口的连接

④如图 7-4-8 所示,添加路段"AB"与"东出口"、"北出口"、"西出口"的连接,"连接器"对话框的设置与③中设置相同。

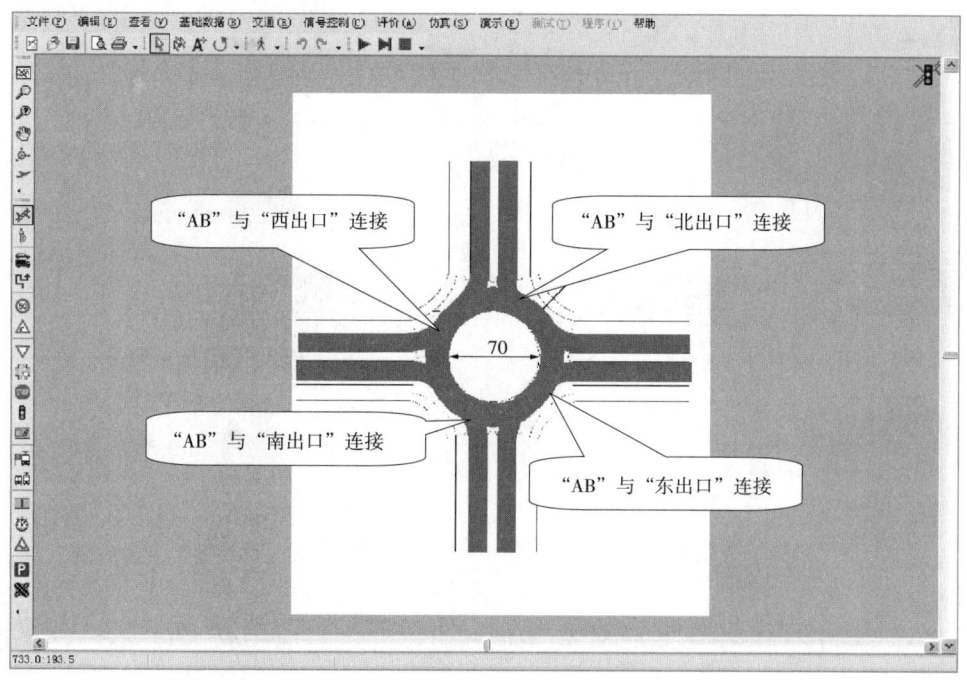

图 7-4-8　环岛路段设置完成

7.5　添加流量并设置车流运行规则

(1) 添加流量

①单击左侧工具栏中的"车辆输入"按钮,切换到路段流量编辑状态,鼠标左键双击东进口车道,在弹出的"车辆输入"对话框中,将"0～3600"一栏中的流量改为"1461","车辆构成"一栏选择"1:默认",其他不变,点击"确定"按钮完成对路段的车流量输入。

②参照①操作,依据表 7-1-1 为北、西和南 3 个进口方向添加交通流量。

(2) 进行路径决策

①单击左侧工具栏中的"路径"按钮,切换到路径决策设置状态,单击选中路段"东进口",选中后在"东进口"上靠近起点处右击鼠标,此时路段上出现红色线段,弹出"创建路径决策点"对话框,将"名称"改为"东进口",点击"确定"。然后单击选中"北出口",在"北出口"上单击右键,此时会在"北出口"上右键点击处出现绿色线段,此为北出口的路径决策终点,同时决策点和决策终点间出现黄色路段,即完成了东进口方向右转车流路径决策的设置。参照"北出口"路径决策终点设置方法,设置东进口车流的直行和左转的决策终点,结果如图 7-5-1 所示。

②在视图区空白处单击鼠标右键,弹出"路径"对话框,根据表 7-1-1 中东进口车流左

转、直行和右转的比例分别设置对应各方向出口道的流量比例,如图7-5-1所示。

③参照①和②中操作,设置其他进口方向车流路径决策。

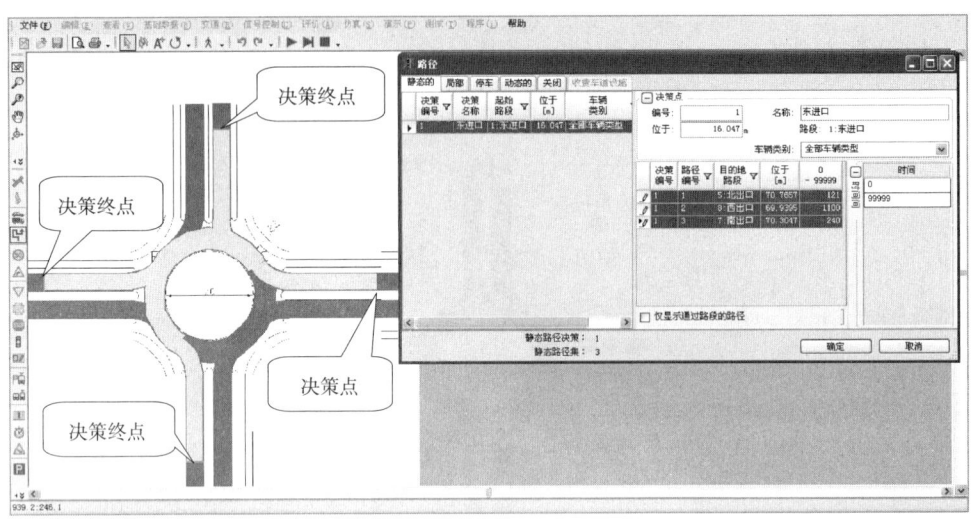

图7-5-1 东进口车流路径决策

(3)冲突区设置

环形交叉口中存在两类冲突,一是车流在进入交叉口时与交叉口内环行车流之间的冲突;二是交叉口内环行车流与驶出的车流之间的冲突。本步骤将分别设置这两类冲突。

教学录像

①分别设置4个进口车道上的车流与交叉口内的环行车流间的冲突,其中环行车流具有优先权,如图7-5-2所示。

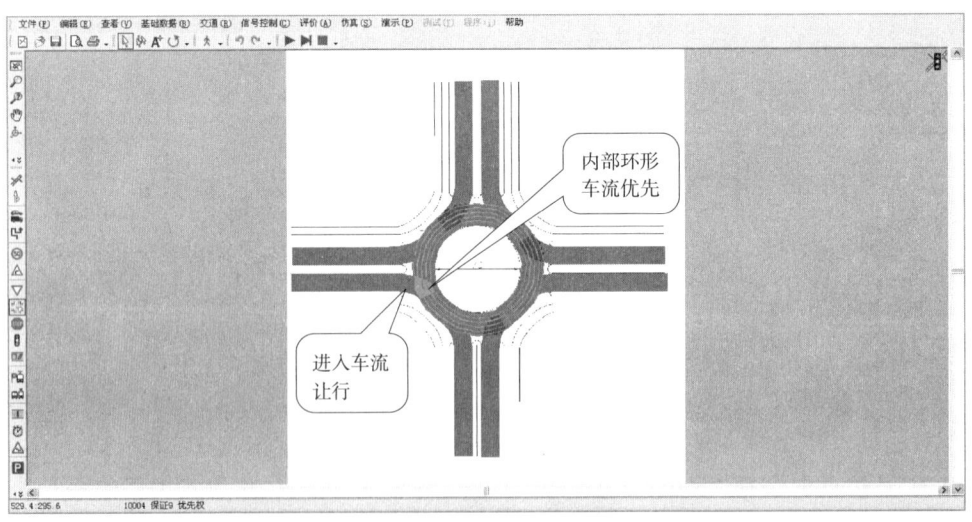

图7-5-2 设置驶入车流与内部车流冲突区

②分别设置4个方向上的驶出车流与环岛内的行驶车流间的冲突,其中驶出车流具有优先权,如图7-5-3所示。

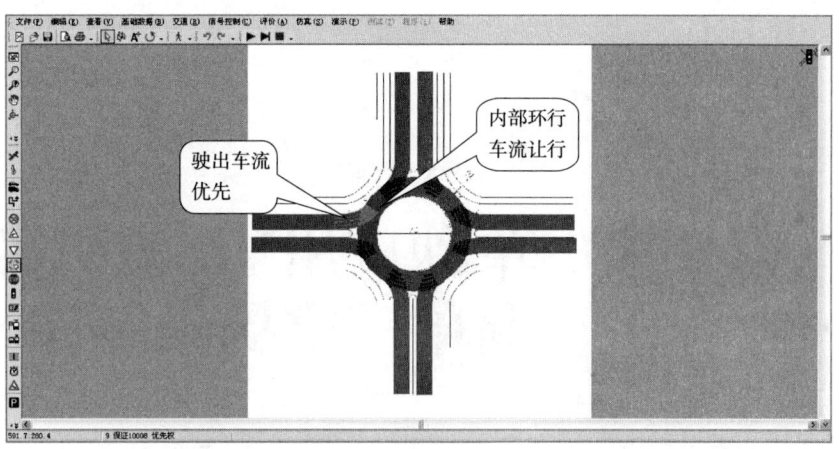

图 7-5-3 设置驶出车流与内部车流冲突区

第8章 单独应用VISSIM实现简单三维场景制作

辅助视频

【实验目的】 掌握单独应用 VISSIM 实现简单三维场景制作的方法。

【实验原理】 三维仿真效果制作是交通仿真的重要组成部分,本章学习在十字交叉口基础仿真的基础上,单独应用 VISSIM 进行三维场景的制作。主要步骤包括:(1)路网基本显示效果属性设置。(2)路网基本显示效果设置。(3)设置基本标线及分隔带。(4)设置导向箭头及人行横道。(5)设置 3D 信号灯模型。

【难点提示】 (1)设置基本标线及分隔带。(2)设置 3D 信号灯。

本章介绍单独应用 VISSIM 实现简单三维场景制作的方法。以第 2 章工程文件为依托,通过在 VISSIM 中细化美化路段,以设置路段的技术方法来体现标线,应用 VISSIM 自身带有的三维静态模型,创建较简单的三维场景。该方法只应用到 VISSIM 一种软件,对使用者软件技能要求低,逻辑较为简单,较为容易理解。由于该方法利用的资源有限,因此制作时间长,效果较好。

8.1 三维场景创建方法特点比较

在 VISSIM 中创建三维场景有多种方法,每种方法各有优缺点。具体工作时,使用者可根据任务的缓急、精度的要求、拥有软件平台的情况和对其他软件平台的熟悉程度进行选用。这 3 种方法将在第 8、9、10 章分别介绍,第 8 章介绍单独应用 VISSIM 平台,第 9 章介绍应用 VISSIM 和 CAD 平台,第 10 章介绍应用 VISSIM、CAD、3DMAX 和 V3DM 平台。本书介绍的 3 种方法的特点如表 8-1-1 所示。

3 种方法特点的比较 表 8-1-1

序号	应用平台	工作量	逻辑	耗时	效果
1	VISSIM	较大	简单	较长	较好
2	VISSIM、CAD	较小	中等	较短	一般
3	VISSIM、CAD、3DMAX、V3DM	中等	较复杂	中等	好

8.2 新建文件与导入底图

（1）新建文件
①建立"D:\VISSIM\08"文件夹。
②将"02"文件夹下的所有文件、本书提供的黄色标线贴图图片"黄色标线.bmp"和"标线 CAD 参考图"拷贝到①中新建的"08"文件夹内。

提示：在后续操作中，应将第 8 章建立的文件都放在同一目录下，即"08"文件夹内，避免在以后的操作中因为"绝对路径"问题而出现打不开或文件缺失的现象。

（2）打开工程文件并导入底图
①打开"D:\VISSIM\08"路径下的"02.inp"工程文件。
②导入底图。在菜单栏中依次选择"查看"→"背景"→"编辑"，弹出"背景选择"对话框，点击"读取"按钮，打开"D:\VISSIM\08"文件夹内的"01.JPG"，点击"关闭"按钮（详细操作参见第 2 章 2.2 节）。

8.3 路网基本显示效果属性设置

本小节将分别设置天空、陆地和路段的基本显示效果属性，对其进行贴图能实现较好的 3D 显示效果。

（1）添加天空贴图
点击"查看"→"选项"，弹出"图形显示选项"对话框，在对话框中点击"3D"选项卡，鼠标单击"天空"后面的"叉号"，如图 8-3-1 所示；弹出对话框，点击"添加"按钮，如图 8-3-2 所示；弹出对话框，找到 VISSIM 的安装目录，依次打开"Exe"→"3DModels"→"Textures"文件夹，找到并选中"Sky_bright01"图片，点击"打开"，如图 8-3-3 所示，系统回到图 8-3-2 所示界面后再点击"确定"。

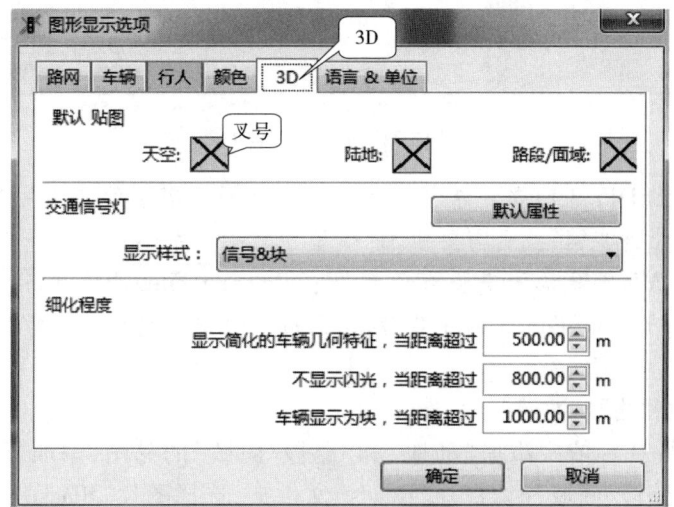

图 8-3-1　"图形显示选项"3D 选项卡

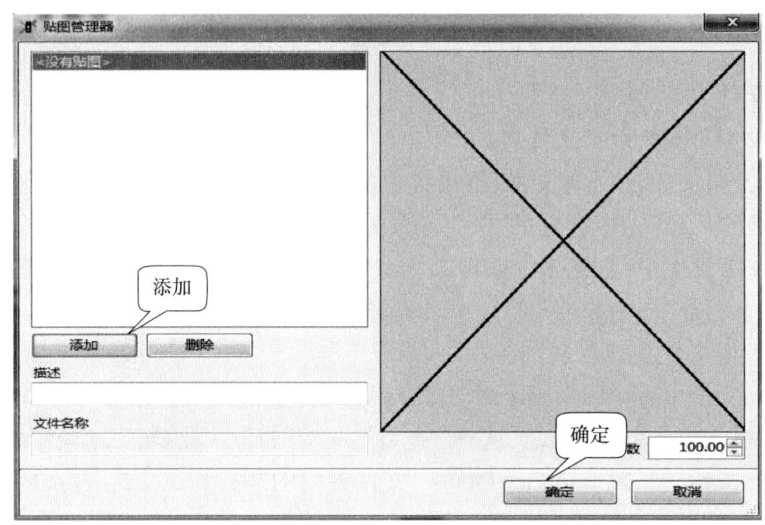

图 8-3-2 天空贴图管理器

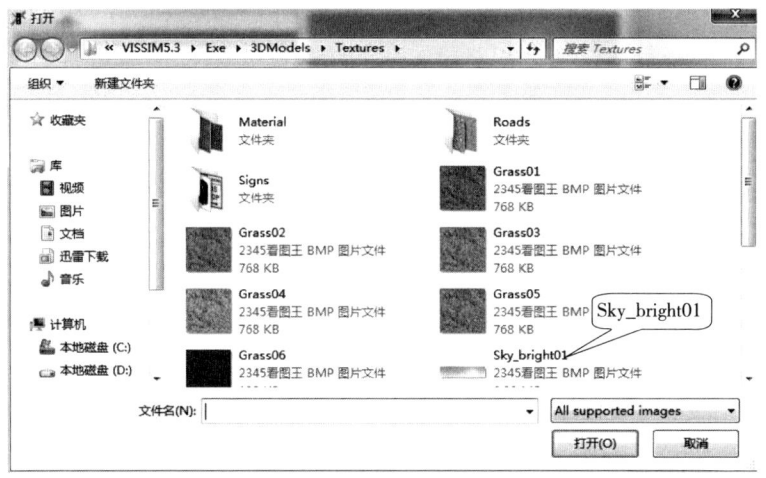

图 8-3-3 添加天空背景

提示①：在 VISSIM5.3 的安装包中会提供制作路网所需要的基本的 3D 模型和贴图图片，读者可以通过上述步骤，找到需要的 3D 模型和贴图图片。

提示②：VISSIM5.3 默认的安装路径为"C:\Program Files\PTV-Uni\VISSIM530\Exe"。如安装时读者更改过 VISSIM5.3 的安装目录，则应根据更改情况找到 VISSIM5.3 的安装目录进行相应操作。

(2) 添加陆地和路段/面域贴图

参照上述步骤(1)，依次添加"陆地"和"路段/面域"的贴图，添加"陆地"时选择图片"Grass01"，选择"路段/面域"时，打开"Roads"文件夹，选择图片"Black01"，添加完成后，切换到 3D 模式，效果如图 8-3-4 所示。

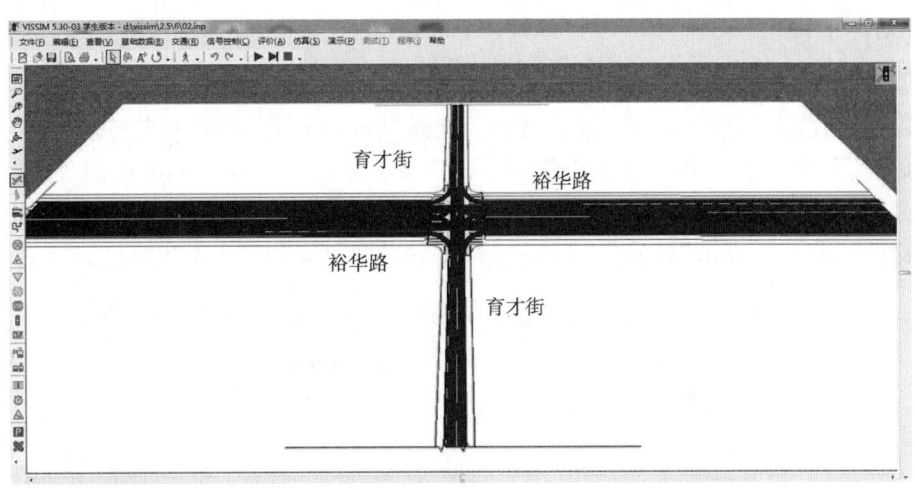

图 8-3-4　天空、陆地和道路设置完成后的 3D 效果

(3) 添加显示类型

① 添加人行道的显示类型。点击菜单栏的"基础数据"→"显示类型",弹出"显示类型"对话框,在左面的空白区域单击右键,在弹出的选项中,选择"新",再单击右侧"名称"后的文本框,在"名称"栏填写"人行道",如图 8-3-5 所示。点击"贴图"后面的"叉号",弹出对话框,点击"添加"按钮,在弹出对话框中选择"Roads"文件夹中的"Brown01"图片,点击"确定",勾选"所有面的颜色/贴图与顶面一样",点击"确定",如图 8-3-5 所示,完成人行道显示效果的贴图设置。

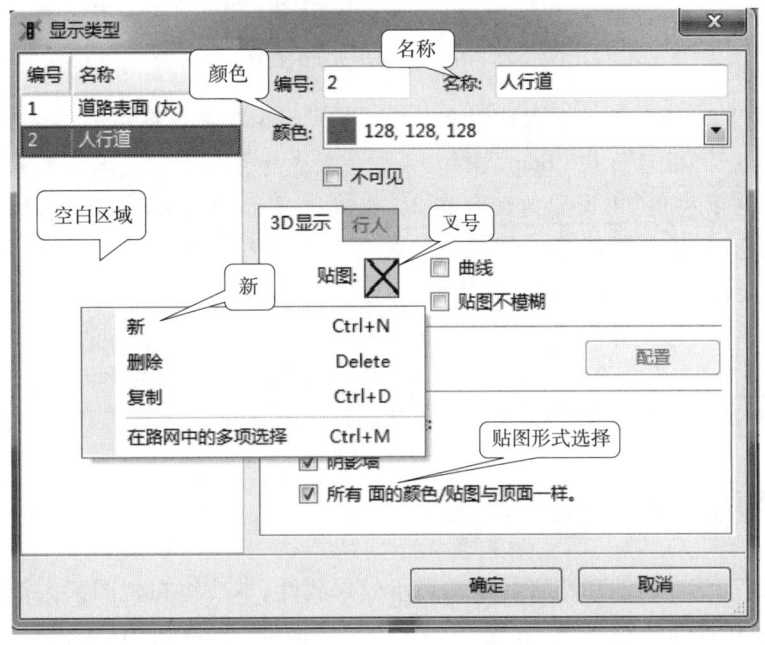

图 8-3-5　增加人行道的显示类型

提示：添加人行道的路段颜色时，可按照实际情况进行添加，本书选择"Roads"文件夹中的"Brown01"图片。

②添加其他显示类型。参照上述步骤①，添加"白色标线"的"显示类型"，选择"Gray02"图片；添加"分隔带"的"显示类型"，选择"Beige01"图片；添加"人行横道"的"显示类型"，选择"颜色"为"黄色"；添加"路缘石"的"显示类型"，选择"Gray04"图片；添加"黄色标线"的"显示类型"，点击"贴图"后面的"叉号"，弹出对话框，选择"D:\VISSIM\08"文件夹内"黄色标线.bmp"，点击"确定"，完成添加"显示类型"后，如图8-3-6所示。

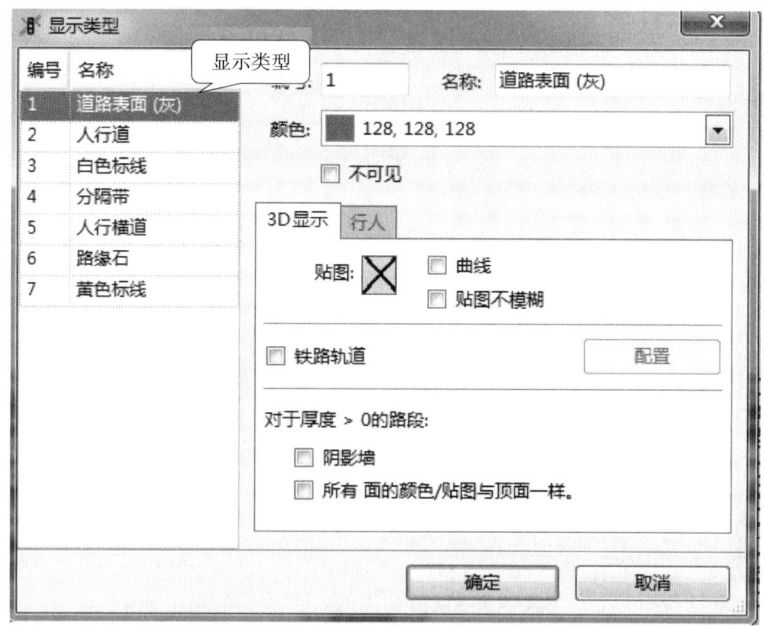

图 8-3-6　添加其他显示类型

提示①：在VISSIM5.3自带的贴图文件中，并不具备与黄色标线对应的黄色图片，此时我们为读者准备了"黄色标线.bmp"图片，可以使黄色标线较为接近真实路段的情况。

提示②："显示类型"中设置的颜色在2D模式下显示。在3D模式下，如无贴图则继续显示设置的颜色，如有贴图则显示贴图的效果。后期设置人行横道时，需要依托具体路段，这时将人行横道路段设置为黄色，可以在2D显示时与其他路段显著区别开来，便于相关操作。

提示③：不勾选"所有面的颜色/贴图与顶面一样"时，贴图只在物体上面显示；勾选"所有面的颜色/贴图与顶面一样"时，贴图在物体的所有面显示。

8.4　路网基本显示效果设置

上节添加了天空、陆地和路段的基本显示效果属性，本节将在视图区内依托具体物体来显示这些效果，包括非机动车道、分隔带、人行道内侧路缘石、人行道、人行道外侧路缘石，形成3D显示的基础效果。各元素的相对位置如图8-4-1所示。

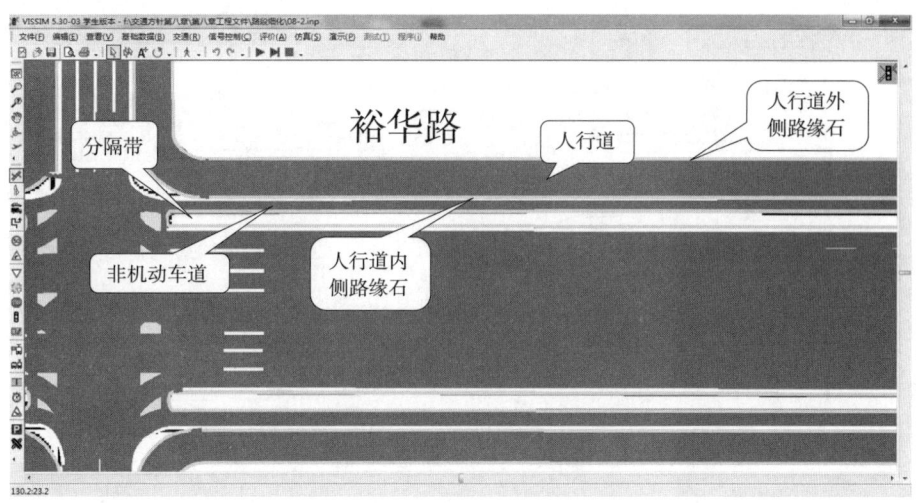

图 8-4-1　各元素相对位置示意图

(1) 设置非机动车道

① 设置东进口非机动车道和北出口非机动车道。设东进口非机动车道的最东端为 A 点，东进口非机动车道与停车线的交点处为 B 点，北出口非机动车道与北进口非机动车道的停车线平行的位置处为 C 点，北出口非机动车道的最北端为 D 点。单击左侧工具栏中"路段 & 连接器"按钮，切换到路段编辑状态。在 A 点按住鼠标右键，确定道路起点，不要放开，平行向西移动鼠标至 B 点，放开鼠标右键，如图 8-4-2 所示。此时弹出"路段属性"对话框，如图 8-4-3 所示，"车道宽度"改为 2.5，其他保持默认设置，然后点击"显示"选项卡，得到如图 8-4-4 所示界面，在"高度(3D)"一栏中，"开始"输入 0，"结束"输入 0，"厚度(3D)"输入 0，并选中"重新计算划分点的高度"复选框，点击"确定"按钮，完成东进口非机动车道 AB 的设置，如图 8-4-2 所示。参照上述步骤，设置如图 8-4-2 所示的北出口非机动车道 CD。

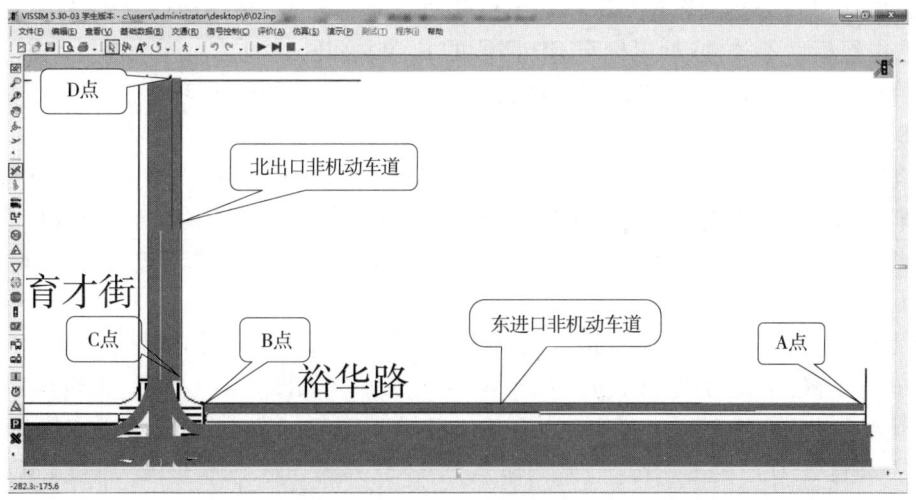

图 8-4-2　设置东进口非机动车道 AB 和北出口非机动车道 CD

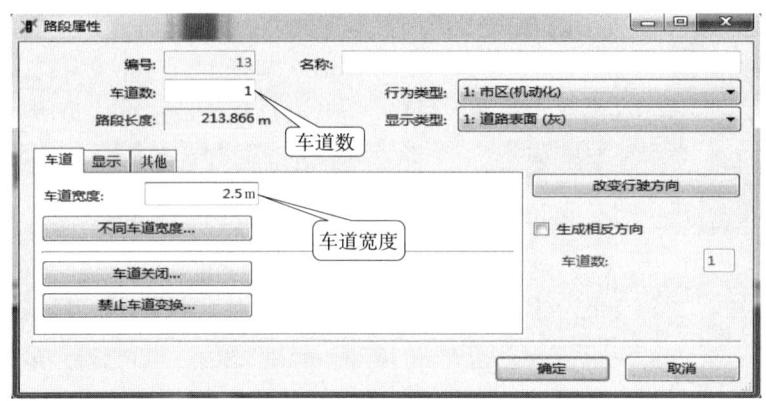

图 8-4-3 路段属性对话框

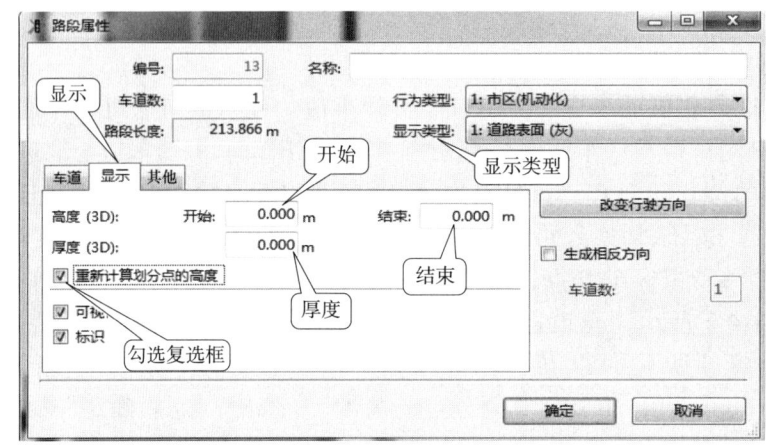

图 8-4-4 起终点高度设置

②连接东进口非机动车道 AB 和北出口非机动车道 CD。单击选中 AB 路段后,在靠近 B 端处右击鼠标后不放,拖动鼠标至 CD 路段的 C 端,松开鼠标右键,弹出"连接器"对话框,如图 8-4-5 所示,"点数"输入 20,其他默认设置,然后点击"显示"选项卡,"厚度(3D)"输入 0,如图 8-4-6 所示,然后点击"确定",连接完成后,如图 8-4-7 所示。

③设置并连接其他非机动车道。参照上述步骤①、②所述方法,分别设置并连接北进口非机动车道和西出口非机动车道、西进口非机动车道和南出口非机动车道、南进口非机动车道和东出口非机动车道,设置并连接完成后,如图 8-4-8 所示。

(2)设置人行道内侧路缘石

①设置东进口人行道内侧的路缘石 AB。参照本节步骤(1)中①所示方法,在东进口非机动车道北侧,设置路段 AB,位置如图 8-4-11 所示。如图 8-4-9 所示,编辑"路段属性"时,"车道数"输入 1,"车道宽度"输入 0.5,"显示类型"选择路缘石,然后点击"显示"选项卡,在"高度(3D)"一栏中,"开始"输入 0.15,"结束"输入 0.15,"厚度(3D)"输入 0.15,点击"确定"。

单独应用VISSIM实现简单三维场景制作 第8章

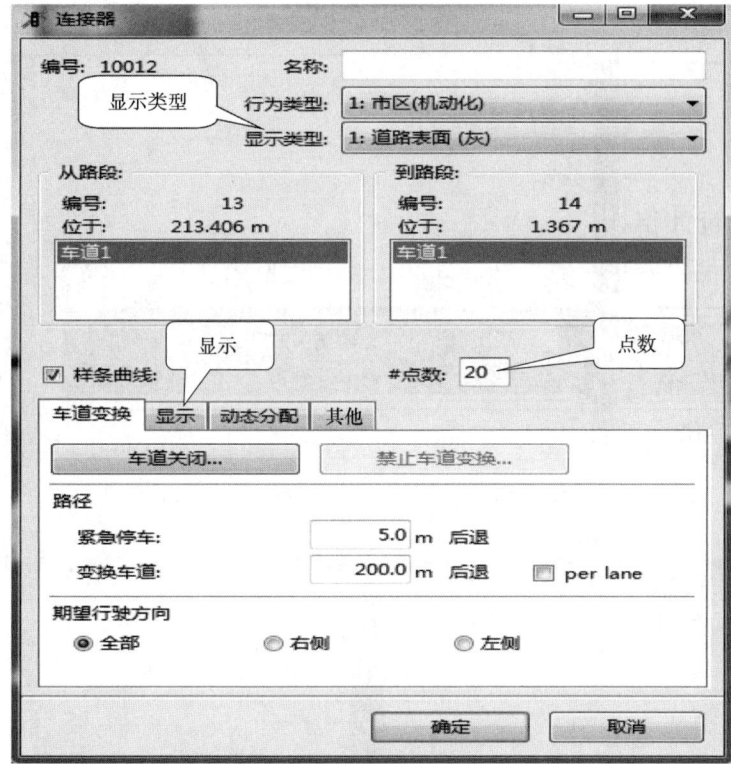

图 8-4-5　连接器对话框

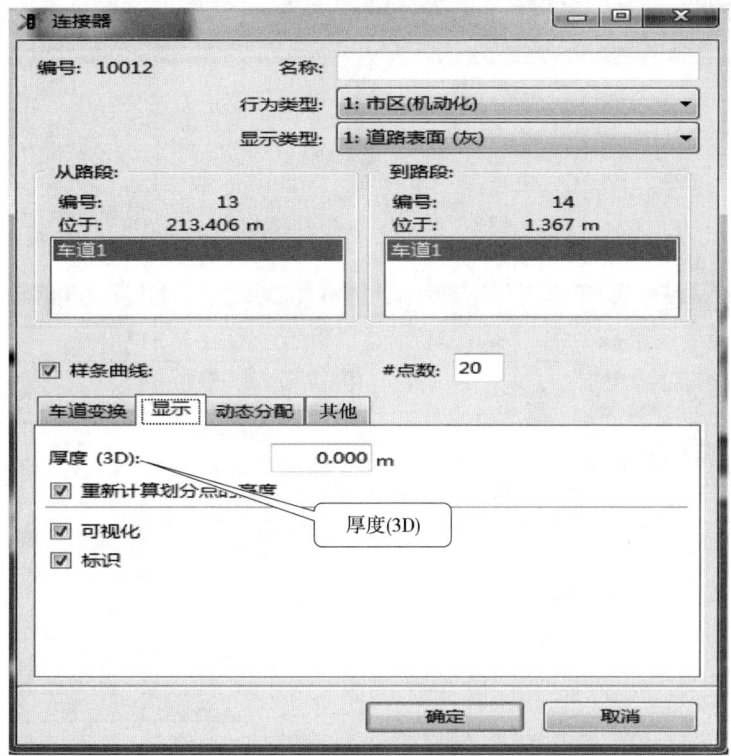

图 8-4-6　连接器厚度设置

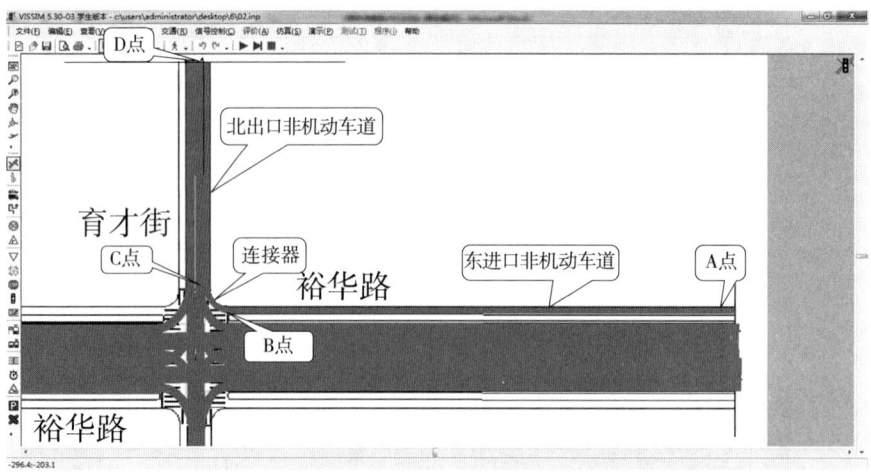

图 8-4-7　连接东进口非机动车道和北出口非机动车道

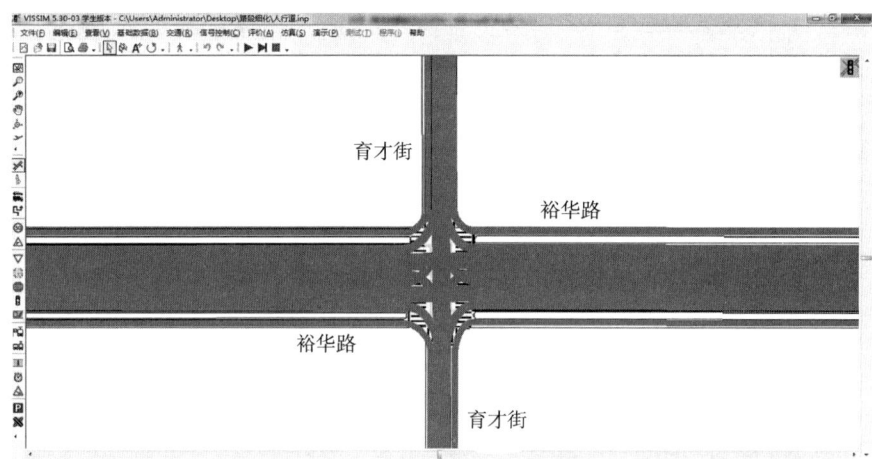

图 8-4-8　非机动车道设置完成

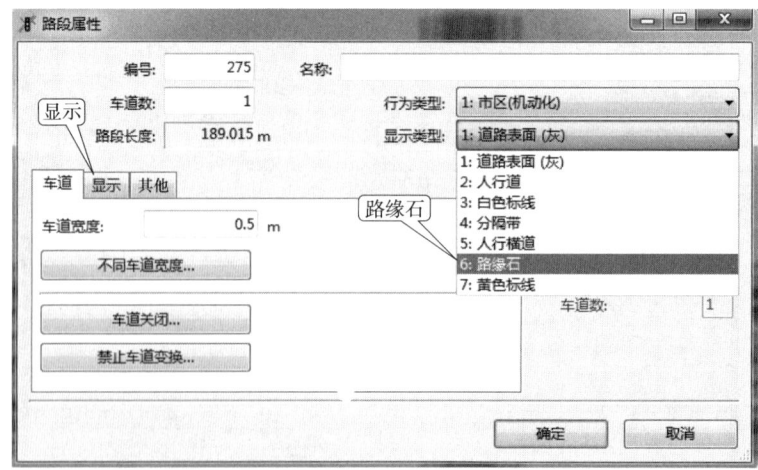

图 8-4-9　路段属性对话框

②设置北出口人行道内侧的路缘石CD。参照步骤①所示方法,设置北出口人行道内侧的路缘石CD。

③连接东进口人行道内侧的路缘石AB和北出口人行道内侧路缘石CD。参照本节步骤(1)中②所示方法,"点数"输入20,"显示类型"选择路缘石,如图8-4-10所示,然后点击"显示"选项卡,"厚度(3D)"输入0.15,点击"确定"。连接完成后,如图8-4-11所示。

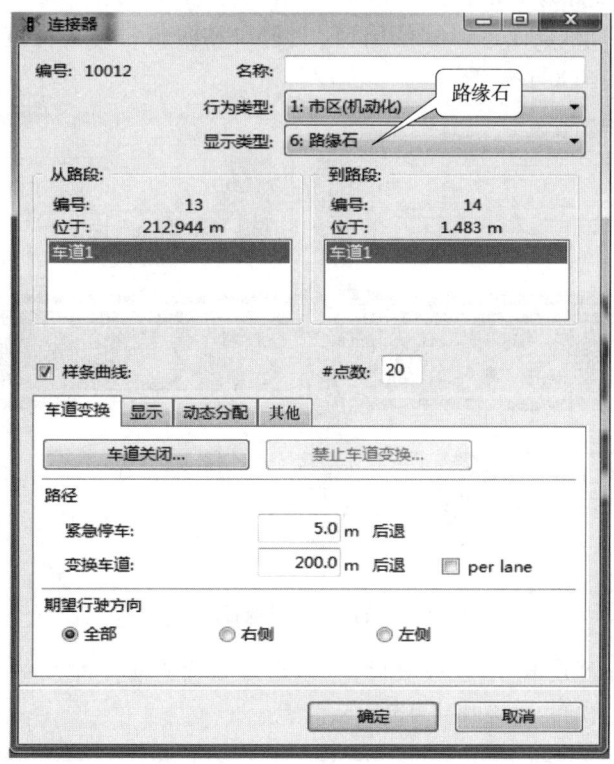

图8-4-10　连接器对话框

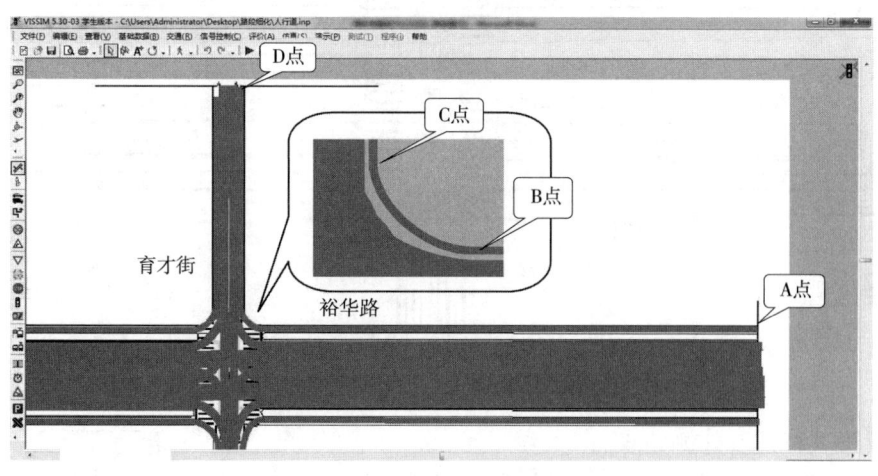

图8-4-11　添加人行道内侧路缘石

提示①：单击选中人行道内侧路缘石连接器，连接器出现节点，通过拉动节点，可调整人行道内侧路缘石连接器的形状。

提示②：使人行道内侧路缘石与非机动车道边缘线之间留有一点空隙，以避免路缘石将非机动车道边缘线掩盖。

提示③：在设置连接器时，将"点数"设为20，可以使连接处较为圆滑。

④其他人行道内侧路缘石的添加、连接以及显示类型的设置。参照步骤①、②、③所示方法，设置南进口和东出口、西进口和南出口、北进口和西出口的人行道内侧路缘石并进行连接。操作完成后，如图8-4-12所示。

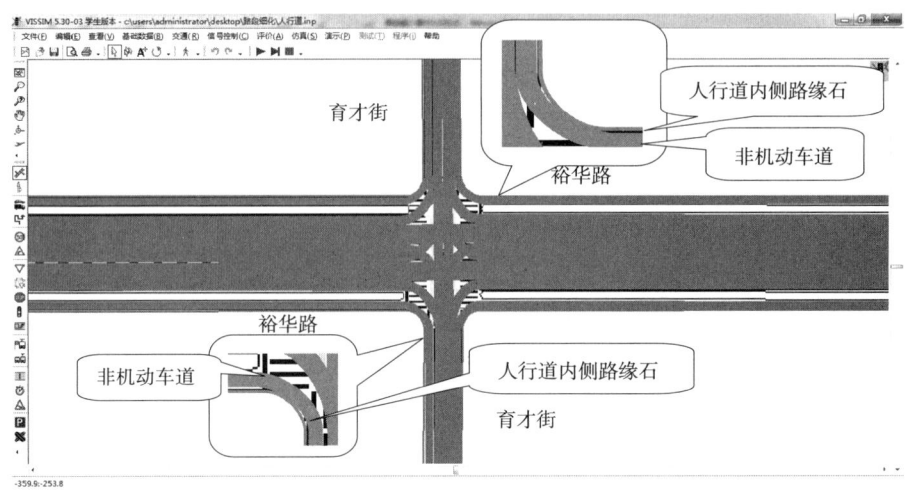

图8-4-12 人行道内侧路缘石设置完成

提示：由于路缘石宽度较小，在设置时，可以通过依次点击菜单栏的"查看"→"中心线"切换到中心线模式下进行。如图8-4-13所示。

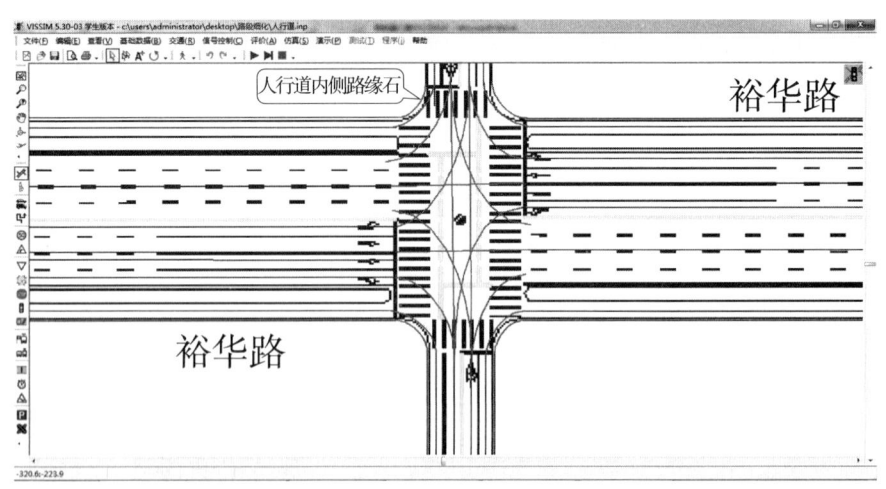

图8-4-13 中心线模式下的人行道内侧路缘石

（3）设置人行道及外侧路缘石

①设置东进口人行道。参照本节步骤（1）中①所示方法，编辑"路段属性"时，"车道数"

输入1,"车道宽度"输入6,"显示类型"选择人行道,"开始"输入0.14,"结束"输入0.14,"厚度(3D)"输入0.14,点击"确定"。

②设置北出口人行道。参照上述步骤①所示方法,设置北出口人行道。

③连接东进口和北出口人行道。参照本节步骤(1)中②所示方法,连接东进口和北出口人行道,"点数"输入20,"显示类型"选择人行道,然后点击"显示"选项卡,"厚度(3D)"输入0.15,点击"确定"。连接完成后,如图8-4-14所示。

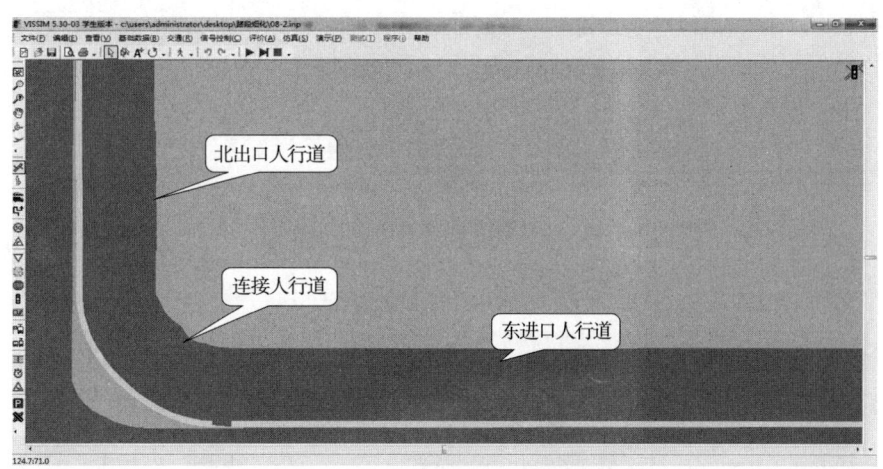

图8-4-14 东进口和北出口人行道连接完成

④设置其他人行道并连接。参照上述步骤①、②、③所示方法,分别设置南进口和东出口、西进口和南出口、北进口和西出口的人行道并连接。连接完成后如图8-4-15所示。

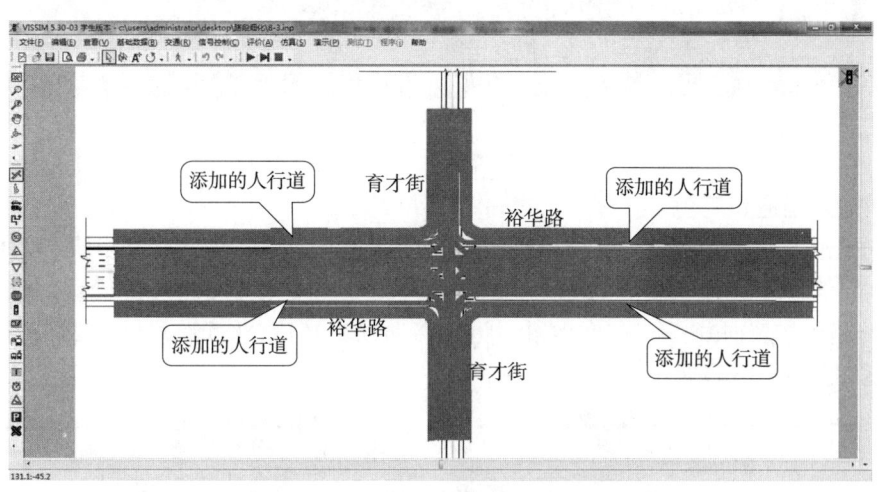

图8-4-15 设置完成全部人行道

⑤设置人行道外侧路缘石并连接。参照本节步骤(2)所示方法,设置并连接人行道外侧路缘石。包括南进口和东出口、西进口和南出口、北进口和西出口、东进口和北出口,设置并连接完成后,如图8-4-16所示。

⑥运行仿真,在3D状态下查看效果,如图8-4-17所示。

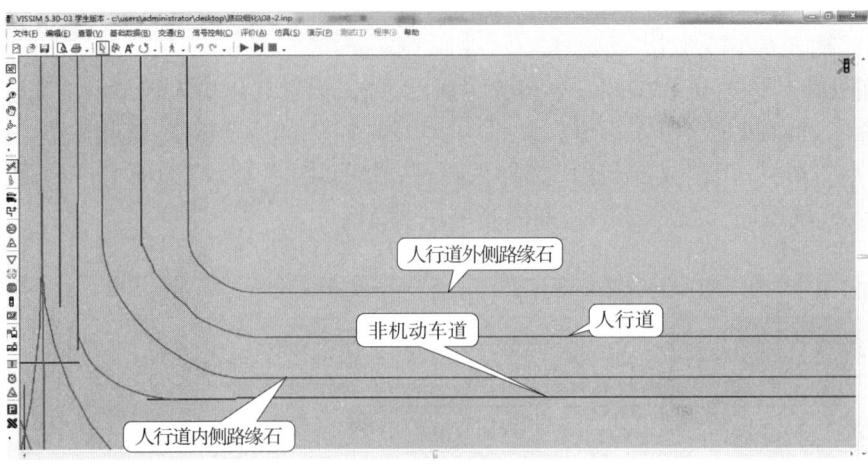

图 8-4-16　人行道外侧路缘石添加完成后二维中心线效果

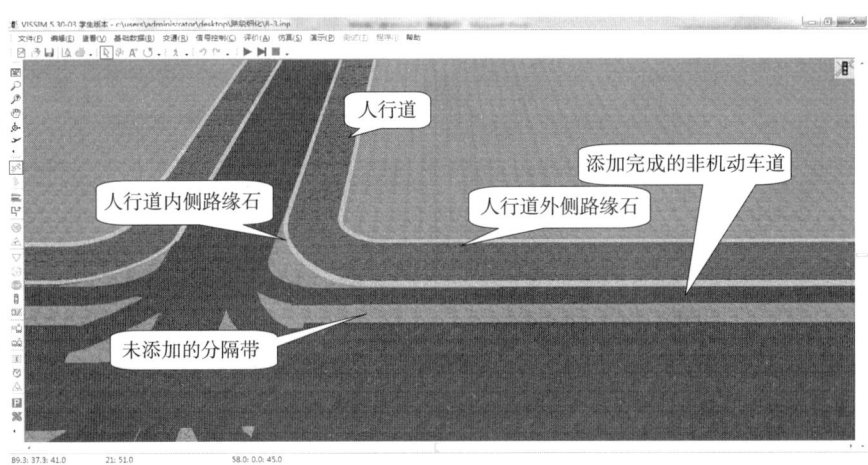

图 8-4-17　人行道外侧路缘石添加完成后的三维效果

(4) 补充路网道路底色

底色补充前的情况如图 8-4-18a) 所示,在视图区空白区域,参照本节步骤(1)中①所示方法,画一条车道数为 1,长度为 33m,车道宽度为 24m 的路段,按住"Shift"键,单击选中刚才所设置的路段,按住鼠标不放,拖动鼠标将其移动到交叉口,对无路段的区域进行遮挡,遮挡完成后,如图 8-4-18b) 所示。

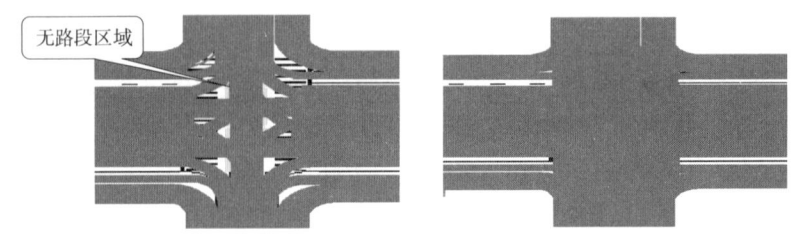

a) 补充前　　　　　　　　　　　　b) 补充后
图 8-4-18　交叉口道路底色补充前后对比

提示：由于在本章中，使用 VISSIM 系统自带的路段颜色为道路底色，如图 8-4-18a）所示，路段并没有满布于交叉口，所以要设置一个较大的路段，在交叉口处对无路段区域进行遮挡，以达到较好的显示效果。如果 VISSIM 路网的其他部分出现缝隙，则可先在 2D 模式下通过添加路段对无路段区域进行遮挡，在 3D 模式下查看遮挡效果，需反复在 2D 和 3D 模式间进行切换，通过添加遮挡路段，调整遮挡路段的长度、宽度和位置，不断对 VISSIM 路网进行调试。遮挡完成后，整体路网二维显示效果如图 8-4-19 所示。

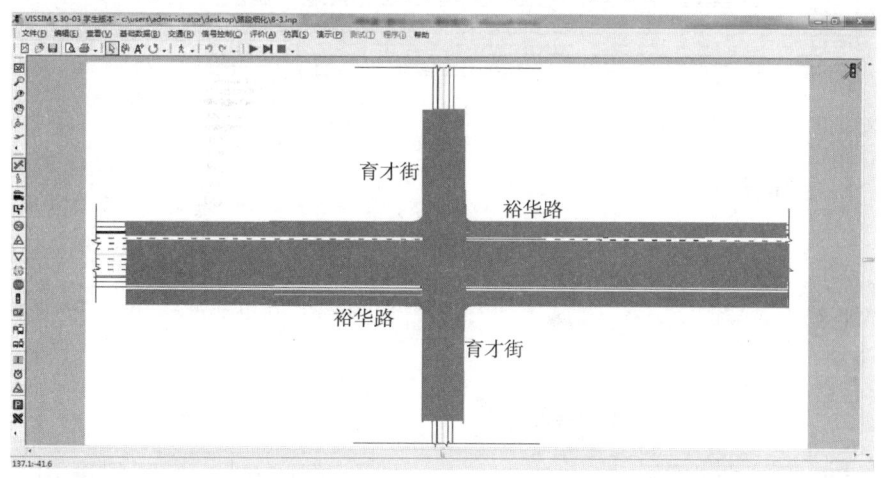

图 8-4-19　补充完成后整体路网效果

8.5　设置基本标线及分隔带

本部分将采用与设置路段相同的技术方法，设置底图中的标线和分隔带。分别设置底图中的双黄线、白色标线（包括停车线、不可变车道线、可变车道线）、分隔带。

（1）设置东进口双黄线

①绘制东进口双黄线。在菜单栏中依次选择"查看"→"中心线"（或者"查看"→"选项"→"路网"→"中心线"），将路网切换到中心线显示状态。参照本章中第 8.4 节步骤（1）中①所示方法，对照底图中东进口双黄线，设置如图 8-5-1 所示路段 AB，"车道数"输入 1，"宽度"输入 0.15，勾选"生成相反车道"复选框，"显示类型"选择为"黄色标线"，然后点击"显示"选项卡，在"高度（3D）"一栏中，"开始"输入 0.015，"结束"输入 0.015，"厚度（3D）"输入 0.015，完成东进口双黄线的绘制。

②调整双黄线间距。按住"Shift"键，同时用鼠标左键拖动双黄线中南侧的一条线，使该线的下边缘与底图中黄线的下边缘重合。同理使双黄线中北侧的一条线的上边缘与底图中黄线的上边缘重合，如图 8-5-2 所示。

（2）设置东进口白色标线

①设置东进口不可变车道标线 AB。参照本章中第 8.4 节步骤（1）中①所示方法，设置东进口如图 8-5-3 所示的标线 AB，编辑"路段属性"时，"车道数"输入 1，"宽度"输入 0.15，"显示类型"选择白色标线，然后点击"显示"选项卡，在"高度（3D）"一栏中，"开始"输入 0.015，"结束"输入 0.015，"厚度（3D）"输入 0.015，并选中"重新计算划分点的高度"，点击"确定"，完成东进口不可变车道标线 AB 的设置。

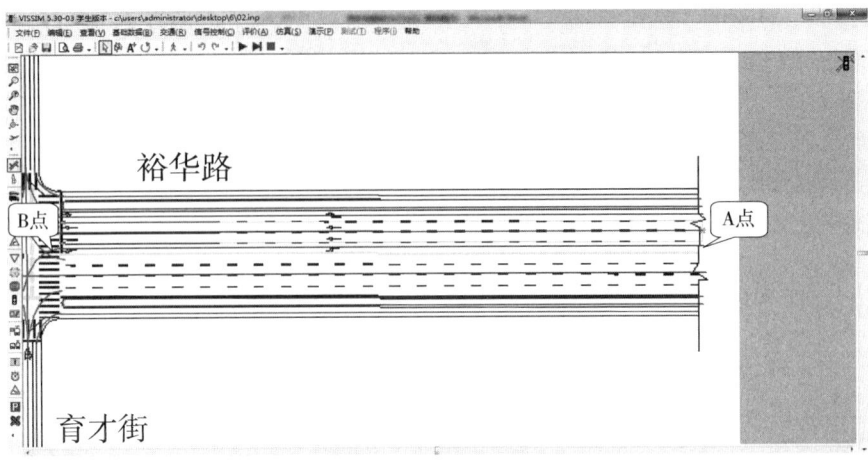

图 8-5-1 设置双黄线

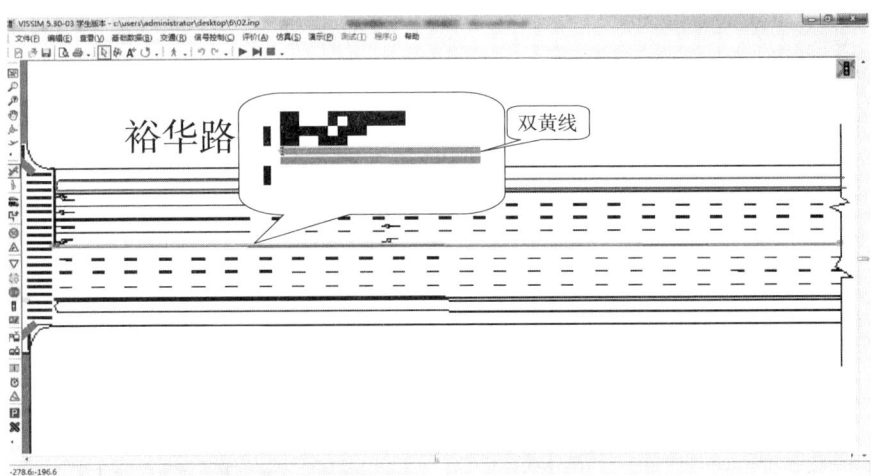

图 8-5-2 调整双黄线间距

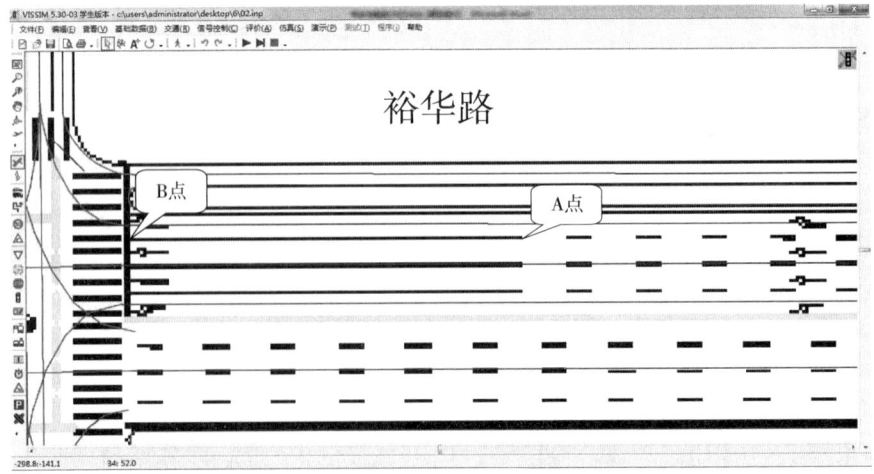

图 8-5-3 设置东进口不可变车道标线 AB

②绘制东进口全部白色标线。包括停车线、不可变车道线、可变车道线，如图 8-5-4 所示。其中不可变车道线的设置同操作步骤①。停车线设置基本步骤也同操作步骤①，只是标线方向变换了 90°。可变车道线的绘制是通过设置多个间隔的短实线，组成一条长虚线实现的。

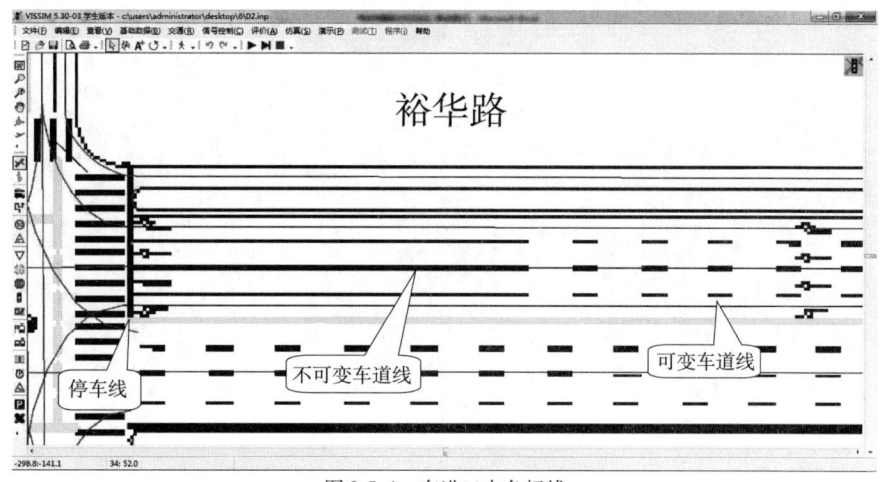

图 8-5-4　东进口白色标线

(3) 设置东进口分隔带

①绘制东进口分隔带的上边缘和下边缘。参照本章中第 8.4 节步骤(1)中①所示方法，绘制分隔带上边缘 AB，如图 8-5-5 所示，编辑"路段属性"时，"车道数"输入 1，"车道宽度"输入 0.3，"显示类型"选择"分隔带"，并选中"生成相反车道"的复选框，然后点击"显示"选项卡，在"高度(3D)"一栏中，"开始"输入 0.3，"结束"输入 0.3，"厚度(3D)"输入 0.3，并选中"重新计算划分点高度"，点击"确定"。拖动生成的相反路段，按住"Shift"键，同时用鼠标左键拖动生成的反向路段 CD 至分隔带的下边缘。

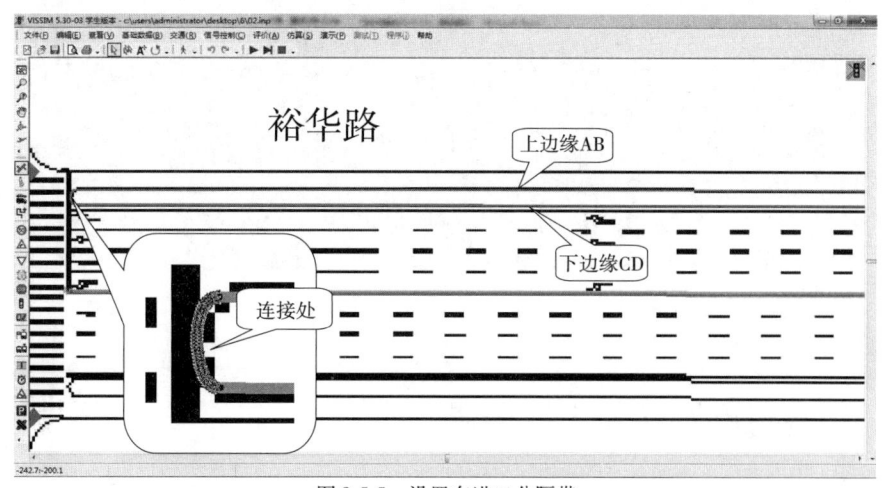

图 8-5-5　设置东进口分隔带

②连接分隔带的上边缘和下边缘。参照本章中第 8.4 节步骤(1)中②所示方法，连接如图 8-5-5 所示的分隔带的上边缘 AB 和下边缘 CD，"点数"输入 50，"显示类型"选择"分隔带"，然后点击"显示"选项卡，"厚度(3D)"输入 0.3，连接完成后，三维效果如图 8-5-6 所示。

提示：单击选中连接处路段，路段出现节点，通过拉动节点，可调整路段的形状，使路段尽量与底图中分隔带的转角处贴合。

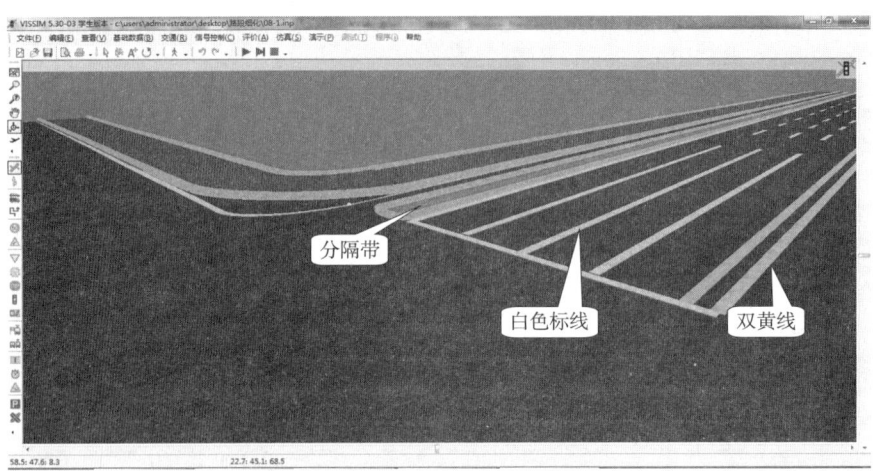

图 8-5-6　分隔带与基本标线三维效果图

（4）设置其他进出口标线及分隔带

参照本章本节步骤（1）、（2）、（3）所示方法，设置其他进出口标线及分隔带。包括东出口标线及分隔带、西进口标线及分隔带、西出口标线及分隔带、南进口标线、南出口标线、北进口标线、北出口标线。运行仿真，查看3D效果，如图8-5-7所示。

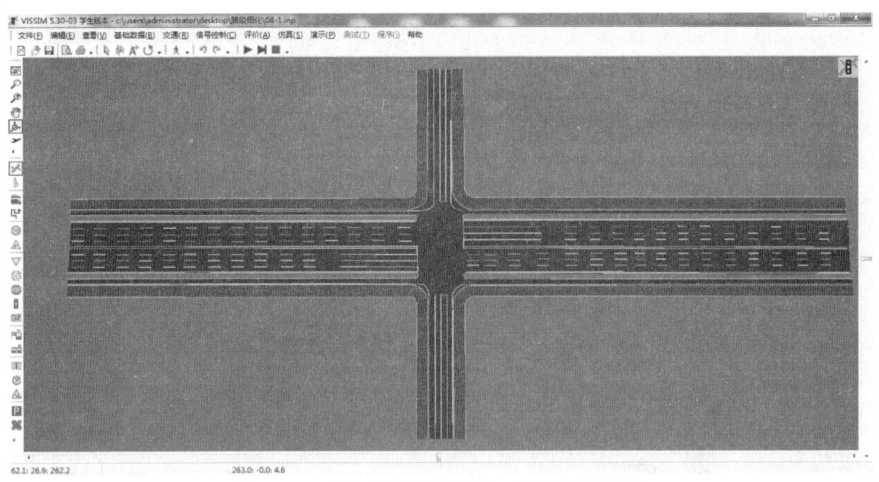

图 8-5-7　基本标线及分隔带三维俯视效果图

8.6　设置导向箭头及人行横道

由于VISSIM自身带有导向箭头和人行横道标线，本节将不再使用路段细化的方式来制作路网中的导向箭头标线和人行横道标线。本节我们将在2D模式下，在需要设置导向箭头的路段上设置相应的导向箭头；在需要设置人行横道的位置上添加新的路段，依托新的路段，设置相应的人行横道。

(1)设置导向箭头

①设置东进口右转车道导向箭头。切换到中心线模式,点击如图8-6-1所示的左侧工具栏中的"车道方向标志"按钮,单击选中东进口的右转车道,在相同位置点击右键,弹出"创建车道方向标志"对话框,如图8-6-2所示,在"类型"一栏中选择"箭头标志",在"方向"一栏中选择"右侧",点击"确定"按钮。移动右转车道的导向箭头到指定位置,单击刚才设置的右转导向箭头,拖动鼠标将右转导向箭头移动至底图中指定位置,如图8-6-1所示。即可完成对东进口右转车道方向标志的设置。

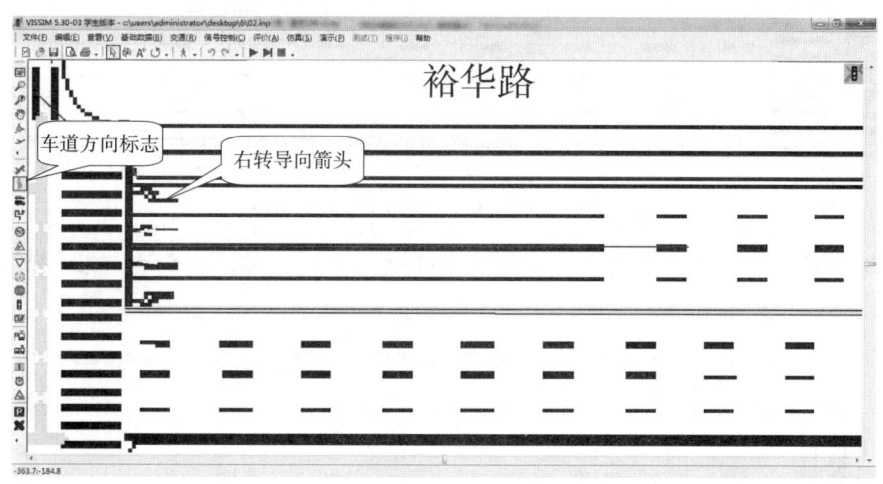

图8-6-1 设置东进口右转车道导向箭头

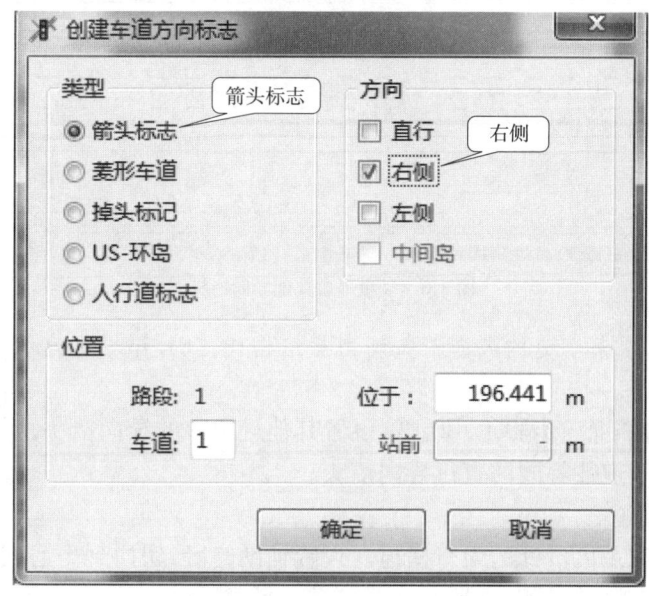

图8-6-2 设置车道方向标志

②参照上述步骤①,设置东进口其他车道的导向箭头。包括左转导向箭头和直行导向箭头,如图8-6-3所示。

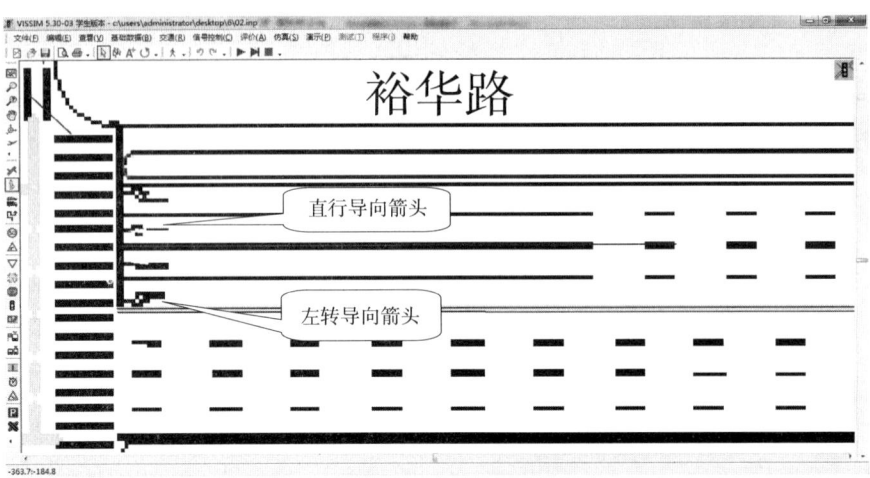

图 8-6-3 设置东进口其他车道的导向箭头

③添加东进口其他导向箭头。在如图 8-6-4 所示位置添加两组与上述步骤②中相同的导向箭头。

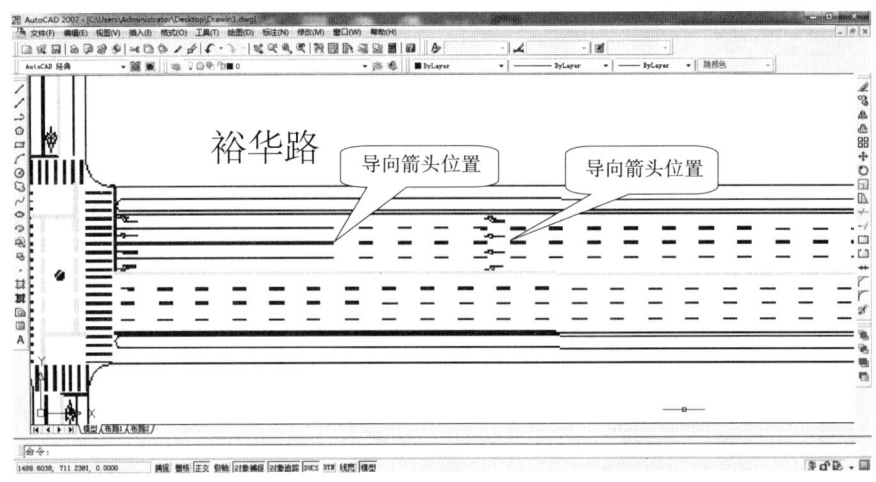

图 8-6-4 东进口其他导向箭头

提示:多数路口每条车道的导向箭头均由三组构成,"01.jpg"作为示意图只表现出了其中靠近停车线的一组。

④对照底图,参照上述步骤①、②、③,设置其他进出口的导向箭头。出口的导向箭头在出口起点处设置与车道数等同的直行导向箭头。

(2)设置人行横道

①设置东进口和东出口处的人行横道。设置辅助路段,切换到中心线状态,在底图人行横道处,设置一条车道,车道数设置为 1,车道宽度设置为 6m,长度与底图人行横道长度相等,显示类型为"人行横道"的路段,拖动该路段,使路段与底图人行横道位置重合。设置人行横道模型,点击左侧工具栏的"车道方向标志"按钮,单击选中刚才所设置的辅助路段,再单击右键,弹出如图 8-6-5 所示的对话框,在类型对应的选框中选择"人行道标志",在车道

对应的选框中填"1",在长度对应的选框中填"9",点击"确定",人行横道标志即出现在相应路段上。重复4次此操作,将刚才设置的路段填满,设置完成后如图8-6-6所示。

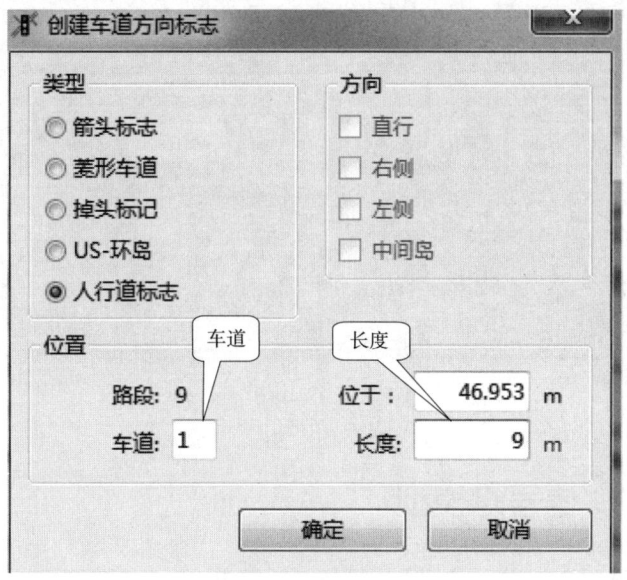

图8-6-5 设置人行道标志

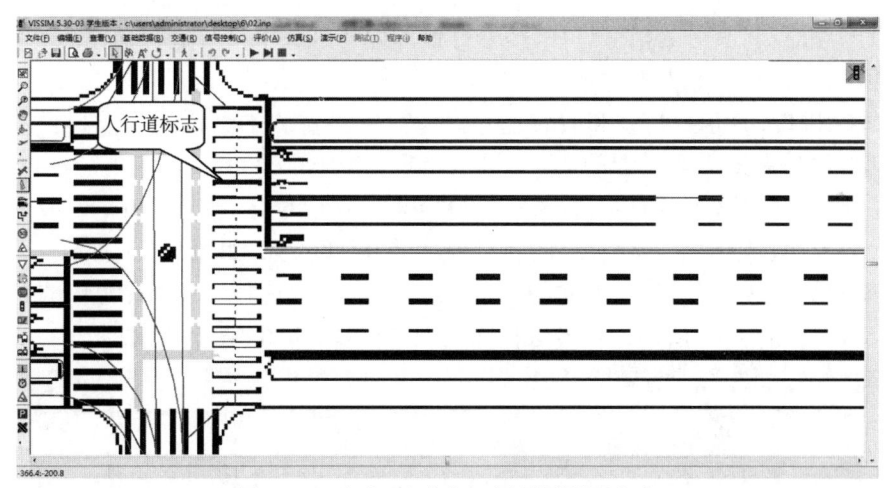

图8-6-6 东进口和东出口人行横道设置完成

②设置其他进出口的人行横道。参照上述步骤①,设置其他人行横道,包括南进口和南出口处的人行横道,北进口和北出口处的人行横道,西进口和西出口处的人行横道。

提示:可通过鼠标左键选中人行横道,拖动鼠标使人行横道在路段上进行上下移动。长度框中的数字"9"代表的是人行横道白线的条数。根据路段长度的不同,人行横道白线条数的最大值也不同,在长度为37m的路段上,人行横道每次最多设置9条,所以要经过4次设置才能把人行横道充分填在所绘路段上。

(3)查看

运行仿真,查看3D效果,如图8-6-7所示。

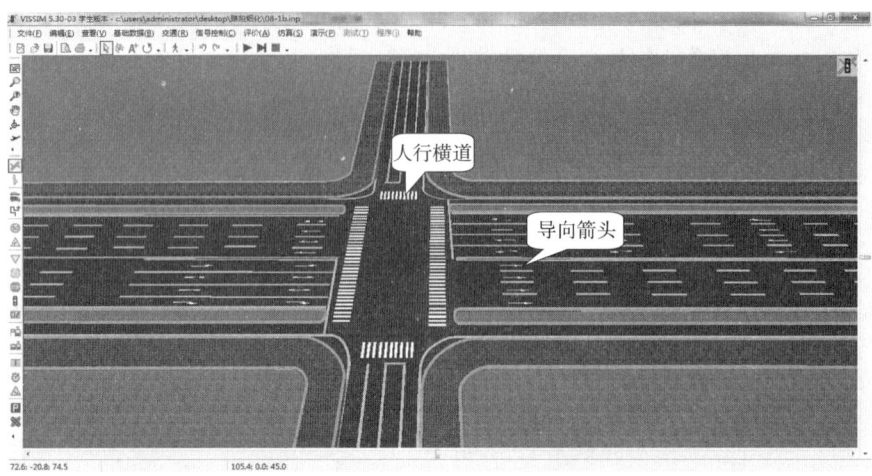

图 8-6-7　导向箭头及人行横道设置三维效果图

8.7　设置 3D 信号灯模型

本节将依托常见的 2D 交通信号灯,设置 3D 交通信号灯模型,使信号灯能在 3D 模式下,更加接近真实信号灯的情况,并且使 2D 信号灯在 3D 显示时处于隐藏状态。本节描述信号灯 3D 模型时,将其分为信号灯柱、信号灯臂和信号灯头三部分进行描述。

(1)设置东进口 3D 信号灯模型

①设置东进口 3D 信号灯柱和右转信号灯头。单击左侧工具栏的"信号灯"按钮,切换到信号灯编辑状态,第 2 章设置的 2D 信号灯出现,如图 8-7-1 所示。双击东进口右转车道 2D 信号灯,弹出"信号灯"界面,点击选框中的"新的 3D 信号灯"按钮,如图 8-7-2 所示,弹出 "3D 信号灯"界面,选择"在新灯柱上的新灯臂",点击"确定",如图 8-7-3 所示。弹出"标志属性"界面,在方向选项中选择"纵向的",在"式样"选项中选择"3-Lens:循环的",点击"确定"完成设置,如图 8-7-4 所示。信号灯柱在视图区出现,如图 8-7-5 所示。

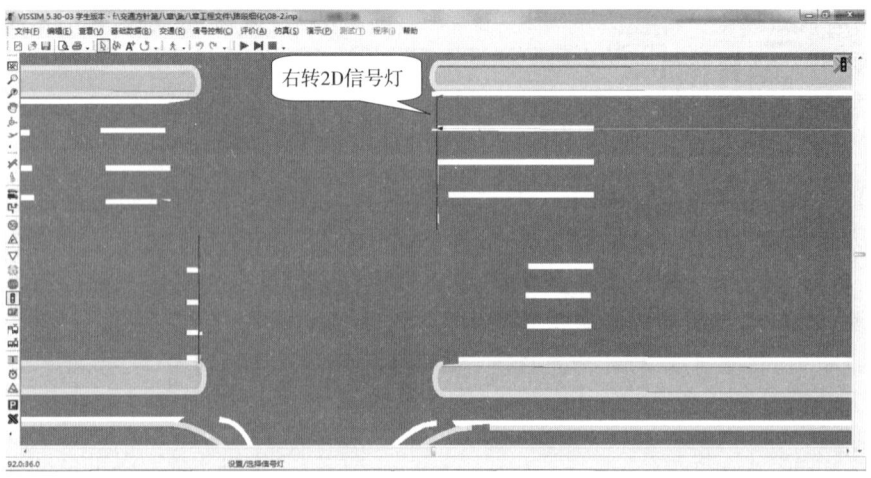

图 8-7-1　2D 信号灯位置

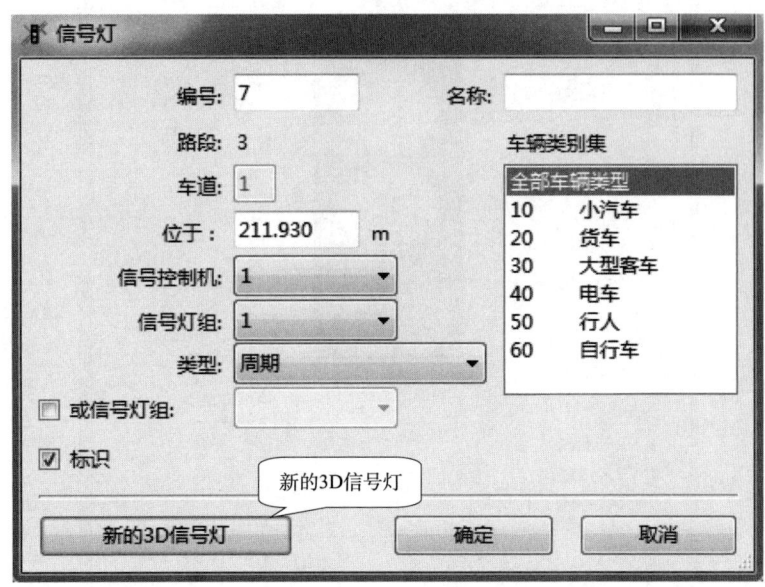

图 8-7-2　3D 信号灯设置界面

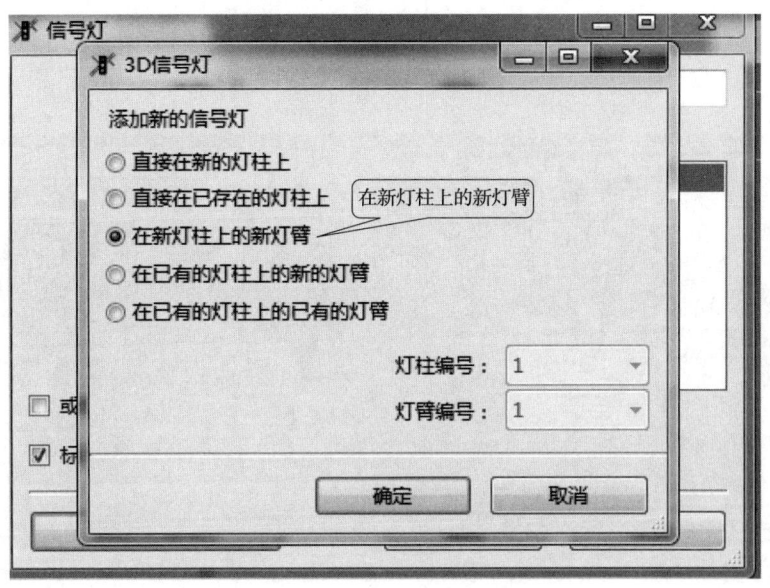

图 8-7-3　3D 信号灯设置界面

提示：注意设置的灯柱编号，由于本书中不涉及两个灯臂的问题，所以灯臂编号不需特别注意。

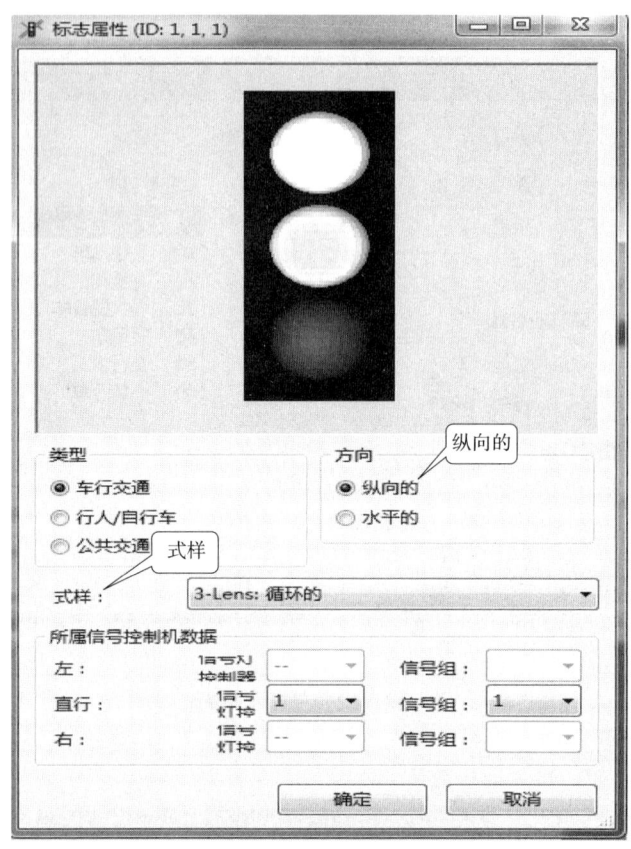

图 8-7-4　标志属性界面

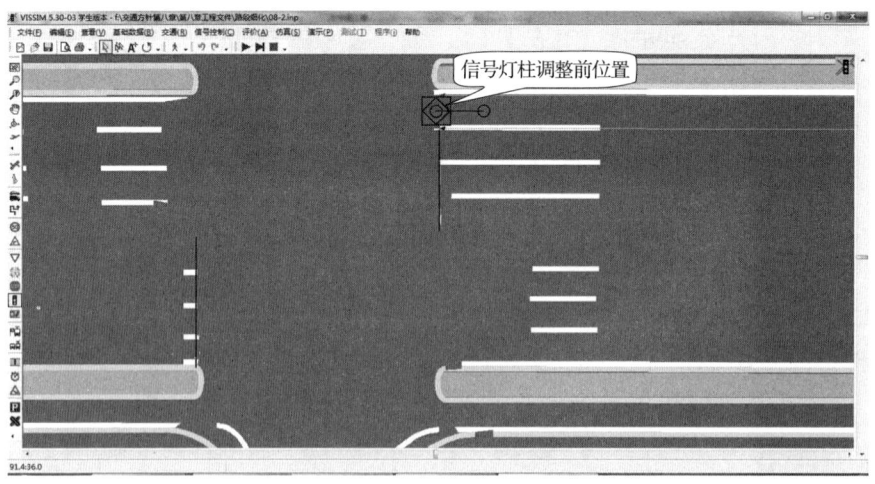

图 8-7-5　信号灯柱调整前位置

提示：本书中第 2 章提到的信号灯为 2D 信号灯，本节将设置 3D 信号灯模型。我们将 3D 信号灯模型分为灯柱、灯头和灯臂三个部分，三维场景中的 3D 信号灯模型如图 8-7-6 所示，2D 模式下的 3D 信号灯模型如图 8-7-7 所示。

图 8-7-6　三维场景中的 3D 信号灯模型

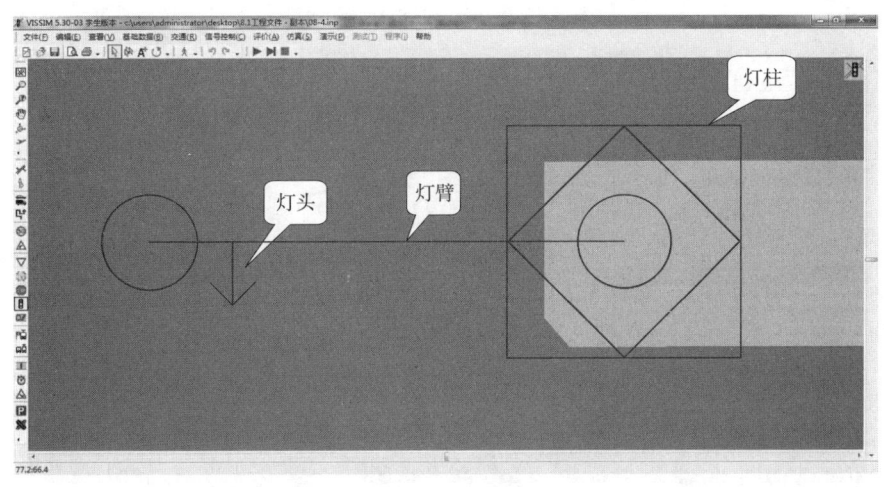

图 8-7-7　2D 模式下的 3D 信号灯模型

②调整东进口 3D 信号灯模型。调整 3D 信号灯柱位置。单击选中 3D 信号灯柱,按住鼠标不要放开,拖动鼠标至西出口分隔带的端点,放置东进口信号灯柱,如图 8-7-8 所示。调整 3D 信号灯臂的位置。左键按住信号灯臂的端点,不要放开,旋转信号灯的灯臂方向,使灯臂旋转到与东进口停车线平行的位置,然后向南移动鼠标,拉伸灯臂至双黄线处。调整 3D 信号灯头的位置。鼠标左键点击信号灯头,不要放开,移动鼠标,使信号灯头在信号灯臂上调整位置至东进口右转车道对应的位置,如图 8-7-9 所示。

提示:信号灯模型中的箭头表示信号灯的灯头,尽量使信号灯模型的灯头与所对应的车道位置对应。信号灯模型中的直线段代表信号灯的灯臂,可通过鼠标点击灯臂,不要放开,移动鼠标使灯臂围绕灯柱进行旋转和拉伸,如图 8-7-8 所示。

③设置东进口直行信号灯头。双击东进口北侧直行车道的 2D 信号灯,弹出"信号灯"界面,点击界面中的"在已有的灯柱上的已有灯臂",在"灯柱编号"的选框中选择东进口灯柱的编号即"1",点击"确定",弹出"标志属性"对话框,在"方向"选项中选择"纵向的",在"式样"选项

中选择"3-Lens:循环的",点击"确定"完成设置,在之前设置的信号灯灯臂上出现蓝色箭头即信号灯头,按上述提示操作移动信号灯头至两个直行车道中间位置,如图8-7-10所示。

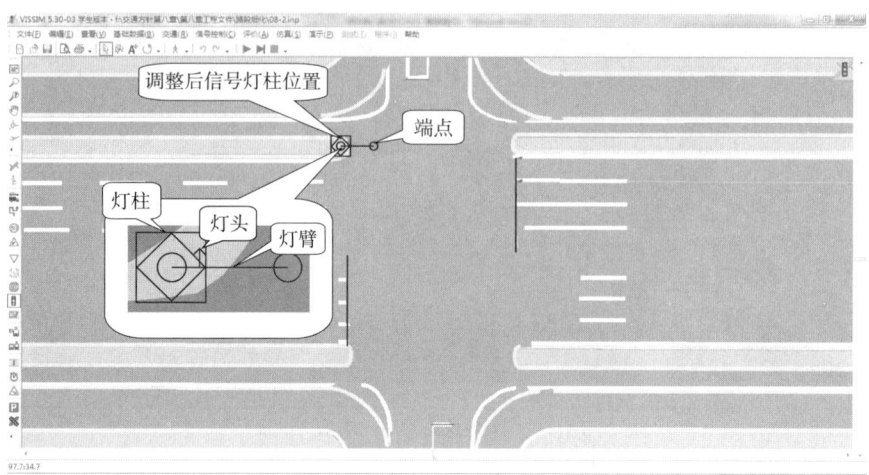

图 8-7-8　信号灯柱调整后位置

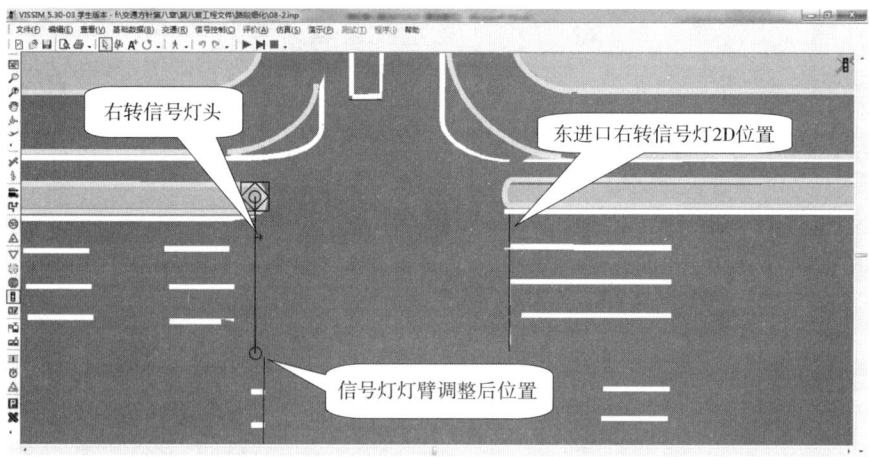

图 8-7-9　调整信号灯头和信号灯臂的位置

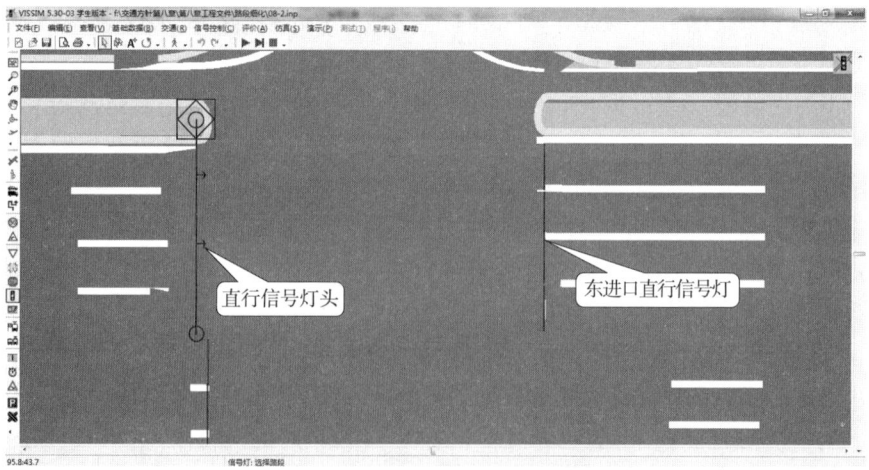

图 8-7-10　设置东进口直行信号灯头

提示：由于直行车道两个信号灯显示内容一样，所以在设置信号灯模型时可以设置一个信号灯头，放在两个直行车道中间，以达到既控制车辆又美观的效果。

④设置东进口左转信号灯头。参照步骤③对东进口左转信号灯头进行设置，设置完成后，即完成东进口3D信号灯模型。

⑤参照上述步骤①、②、③、④所述方法，设置西进口、北进口、南进口车道的3D信号灯模型。设置完成后如图8-7-11所示。

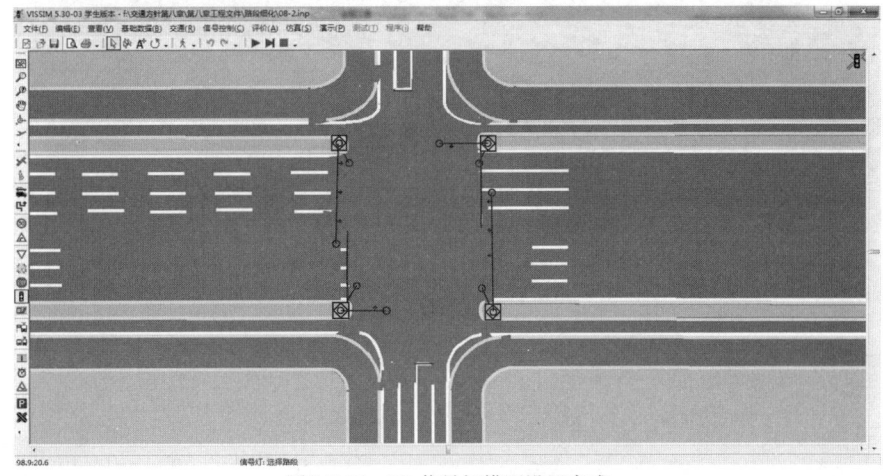

图8-7-11　3D信号灯模型设置完成

（2）设置交通信号显示样式

鼠标左键依次点击上方菜单栏中的"查看"→"选项"，弹出"图形显示选项"对话框，点击对话框中的"3D"选项卡，在"交通信号灯"对应的"显示样式"选框中选择"仅仅信号"选项，点击"确定"，完成设置，如图8-7-12所示。切换到3D模式，运行仿真，查看效果，如图8-7-13所示。

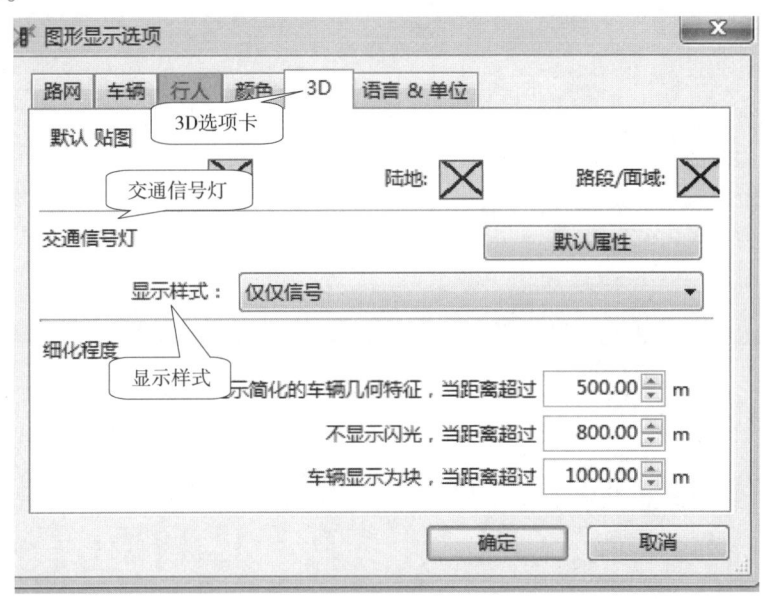

图8-7-12　调整交通信号显示样式

图 8-7-13　3D 信号灯完成后效果图

第9章 快速实现简单三维场景制作

辅助视频

【实验目的】 掌握应用 VISSIM 及 CAD 实现简单三维场景制作的方法。

【实验原理】 三维仿真效果制作是交通仿真的重要组成部分,本章以一个实际的十字信号交叉口为例,练习利用 VISSIM 及 CAD 这两种软件来实现简单三维场景制作的方法。主要步骤包括:(1)CAD 基础图的绘制。(2)CAD 基础图的美化。(3)简单的三维场景的实现。

【难点提示】 CAD 基础图的美化。

本章介绍应用 VISSIM 及 CAD 快速实现简单三维场景制作的方法。以第 2 章工程文件为依托,将 CAD 软件绘制并美化的基础图作为底图,导入到 VISSIM 中,应用其自身带有的三维静态模型,快速实现简单的三维场景的制作。此方法应用到 VISSIM 和 CAD 两种软件,其中标线、绿地和分隔带的显示效果主要靠 CAD 绘图实现,交通流、信号灯和房屋模型等的显示效果主要靠 VISSIM 实现。由于 CAD 是大众化软件平台,界面友好,所以操作较为简单,但效果一般。

9.1 新建文件

①建立"D:\VISSIM\09"文件夹。

②将"02"文件夹下的所有文件和本章需要的"标线 CAD 参考图"拷贝到①中新建的"09"文件夹内。

提示①:在后续操作中,应将第 9 章建立的文件都放在同一目录下,即"09"文件夹内,避免在以后的操作中因为"绝对路径"问题而出现打不开或文件缺失的现象。

提示②:本书将为读者提供"标线 CAD 参考图",读者可根据需要为 CAD 基础图添加标线。

9.2 CAD 基础图的绘制

本节将绘制 CAD 基础图,主要内容包括双黄线、不可变车道线、分隔带、道路边缘线、停车线和可变车道线的绘制,具体位置如图 9-2-1 所示。绘制完成后的基础图,既可以通过着色美化成与实际道路网情况较一致的图片,直接作为仿真底图使用,也可以作为第 10 章中制作三维路网模型的基础。

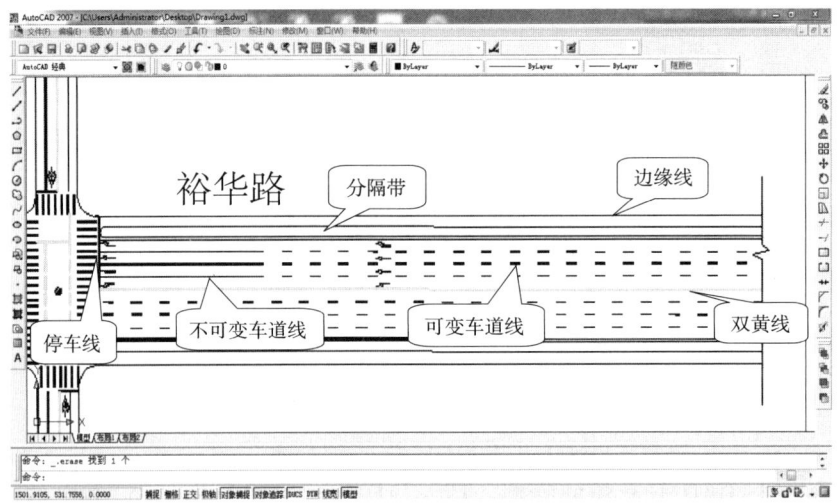

图 9-2-1　CAD 基础图

(1)CAD 中加载底图

①载入底图。打开 CAD2007 软件,依次点击菜单栏中的"插入"→"光栅图像参照",弹出对话框,打开"D:\VISSIM\09"文件夹内的"01.JPG",在弹出的对话框单击"确定"按钮,再在视图区大概中间位置单击鼠标左键,然后按回车键,完成底图的加载,如图 9-2-2 所示。

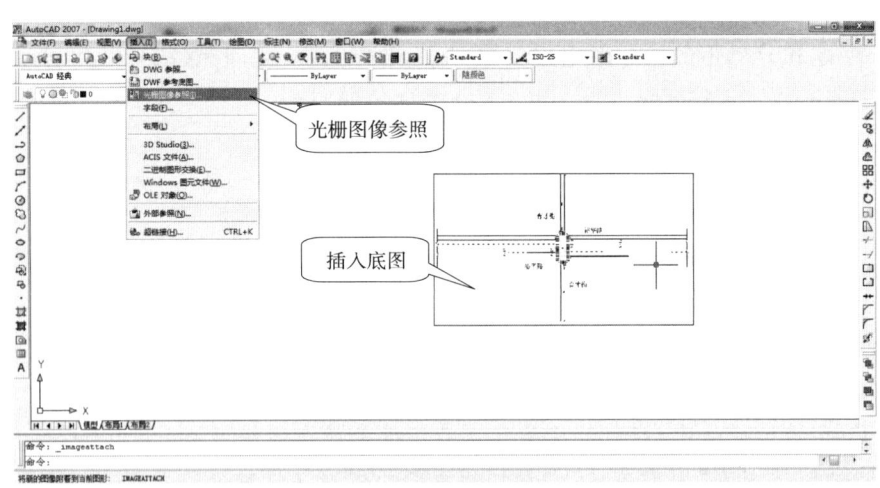

图 9-2-2　载入底图

②设置单位。依次点击菜单栏中的"格式"→"单位",弹出对话框,在"插入比例"对应的选框中选择"米",单击"确定"按钮,完成单位的设置。

③设置比例。如图 9-2-3、图 9-2-4 所示,测量 CD 点距离,以东进口为参考,设底图上东进口机动车道的南侧与停车线的交点处为起点 C,设停车线与机动车道边缘线交点处为终点 D,依次单击上方菜单栏中的"工具"→"查询"→"距离",然后单击 C 点,移动鼠标至 D

点,单击鼠标,在命令框中查看"Y 增量",如图 9-2-3 所示。一般应为 12 左右。计算比例,此处以 14m 为进行缩放的基准,再手工计算出 14 与 12 的比例,此处约为 1.17。底图缩放,单击右侧工具栏的"缩放"按钮,然后单击底图外边框,选中底图,单击鼠标右键,然后单击底图中的 C 点,再在命令框中输入 1.17,最后按回车键。查看全图,在命令框中输入"Z",按回车键,再输入"E",按回车键,全图即显示在视图区内。

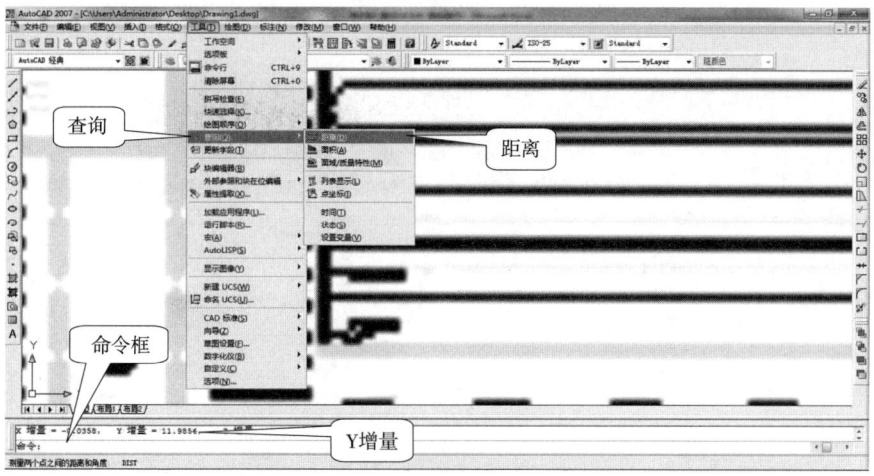

图 9-2-3　测量距离

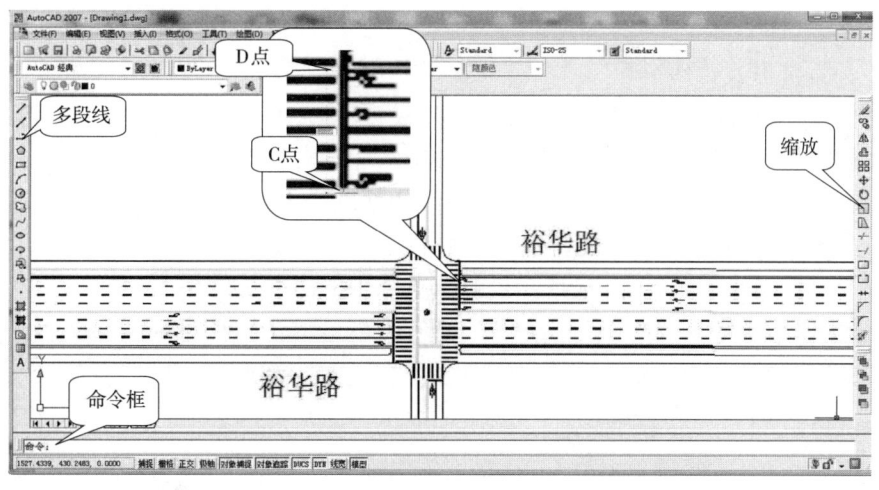

图 9-2-4　底图缩放

提示①:为了保证标定的精确性,在选择标定距离时尽量选择较大的距离,尽量选择特征明显的起终点。

提示②:测距时,单击下侧状态栏的"正交"按钮使其呈凹陷状态,以保证线段垂直。

提示③:滑动鼠标滚轮可将底图放大或缩小,可按住鼠标滚轮不放,此时鼠标变为小手,移动鼠标调整底图位置。

提示④:以 14m 为基准求缩放比例,是根据每车道宽 3.5m,东进口有 4 条车道,所以合计宽度为 14m。

（2）新建图层

设置"不可变车道"图层,依次点击菜单栏中的"格式"→"图层",弹出对话框,在"图层特性管理器"右侧的空白区域单击鼠标右键,在弹出的菜单里选择"新建图层",即新建"图层1",此时"图层1"为可编辑状态,将其改为"不可变车道",即设置完成"不可变车道"图层,如图9-2-5所示。依据设置"不可变车道"图层方法,再分别设置"可变车道"、"分隔带"、"双黄线"和"美化"4个图层。最后单击"图层特性管理器"右下方的"确定"按钮,完成新建图层操作。

图9-2-5 设置"不可变车道"图层

（3）绘制东进口双黄线

①绘制东进口双黄线中的南侧线。切换到"双黄线"图层,单击工具栏上方的"图层"下拉菜单,单击选中"双黄线",将图层切换至"双黄线"图层,如图9-2-6所示。设双黄线中的南侧线的东端为A点,东进口双黄线中的南侧线的西端为B点,如图9-2-7所示。在左侧工具栏选择"多段线"按钮,单击A点,按照底图沿东西方向的双黄线,移动至B点,单击鼠标左键,按"Esc"键,退出编辑状态,完成东进口双黄线中的南侧线的绘制。

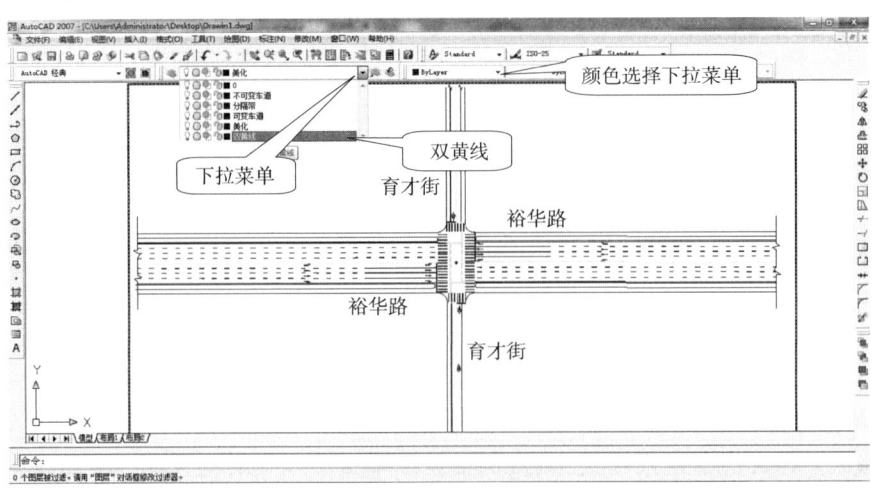

图9-2-6 切换至双黄线图层

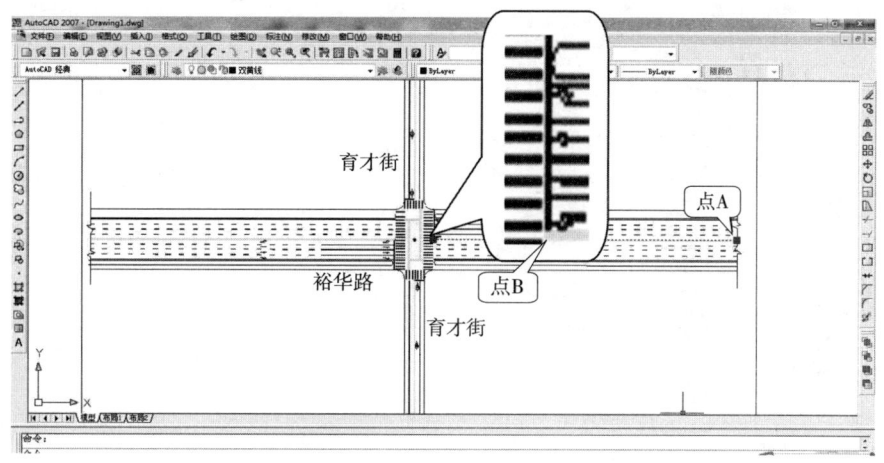

图 9-2-7　绘制东进口双黄线中南侧的一条

提示:在本例中直线编辑和多段线编辑产生的效果相同,但在其他案例中用多段线编辑可以产生多个节点,可应对标线为曲线的情况,更具有普遍适用性,用直线编辑时则无法产生这个效果。

②设置东进口双黄线中的南侧线的颜色。单击选中东进口双黄线南侧的一条,单击工具栏上方的"颜色"下拉菜单,如图 9-2-6 所示,在弹出的菜单栏中选择"黄色",完成东进口双黄线中的南侧线的颜色的设置。

③设置东进口双黄线中的南侧线的宽度。鼠标单击底图中东进口双黄线中的南侧线,将其选中,再单击鼠标右键,在弹出的菜单栏里选择"特性",弹出对话框,在"全局宽度"对应的文本框中填写数值 0.15,再关闭"特性"对话框,如图 9-2-8 所示。

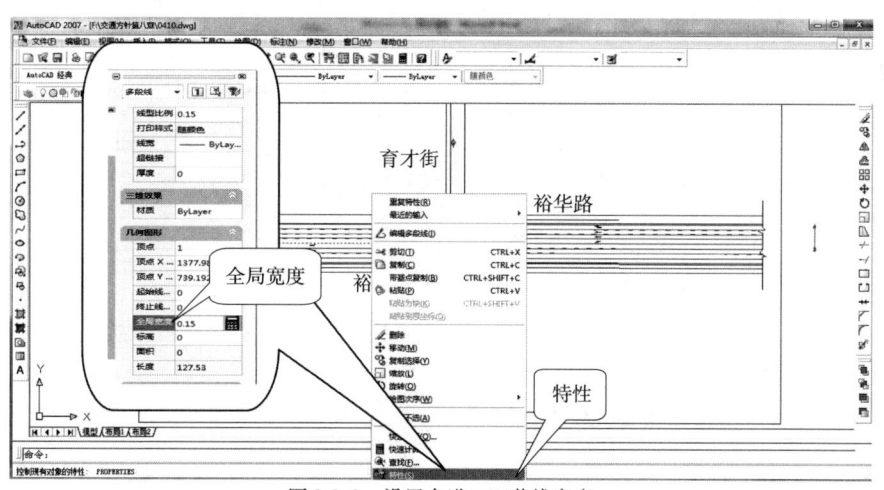

图 9-2-8　设置东进口双黄线宽度

提示:根据《城市道路工程设计规范》(CJJ 37—2012),双黄线的线型宽度为 0.15m。

④绘制东进口双黄线中的北侧线。单击右侧工具栏的"偏移"按钮,然后在命令框输入 0.2,按回车键,单击选中双黄线中的南侧线,再将鼠标移动至该线北侧,单击鼠标,按"Esc"键退出编辑状态,即绘制完成东进口双黄线中的北侧线,如图 9-2-9 所示。

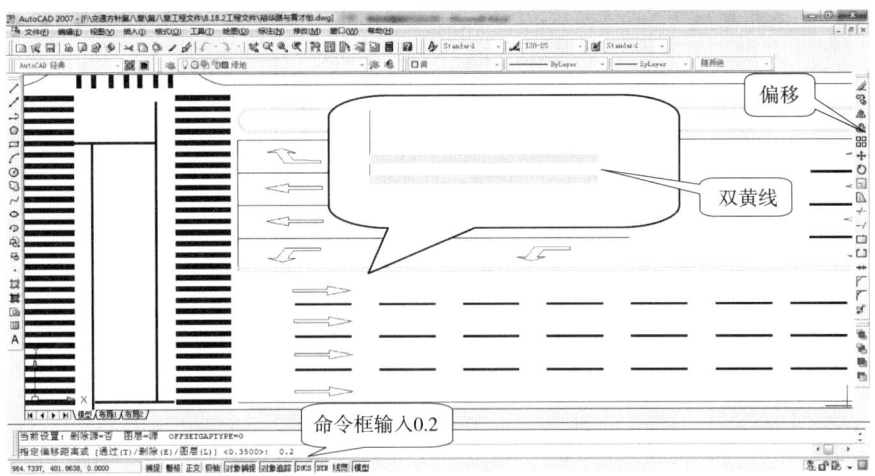

图 9-2-9 东进口双黄线绘制完成

提示：根据《城市道路工程设计规范》(CJJ 37—2012)，双黄线的间距为 0.2m。

(4) 绘制东进口的不可变车道线和机动车道边缘线

①绘制东进口不可变车道线中的"线1"。切换到"不可变车道"图层，鼠标单击左侧工具栏的"多段线"按钮，设东进口的不可变车道线中"线1"的东端为 A 点，设不可变车道线中的"线1"的西端与停车线交点处 B 点，然后单击 A 点，移动鼠标至 B 点，单击鼠标左键，按"Esc"退出多段线编辑状态，完成不可变车道线中"线1"的绘制。

②参照上述步骤，绘制不可变车道线中的"线2"、"线3"、机动车道边缘线"线4"，如图9-2-10所示。

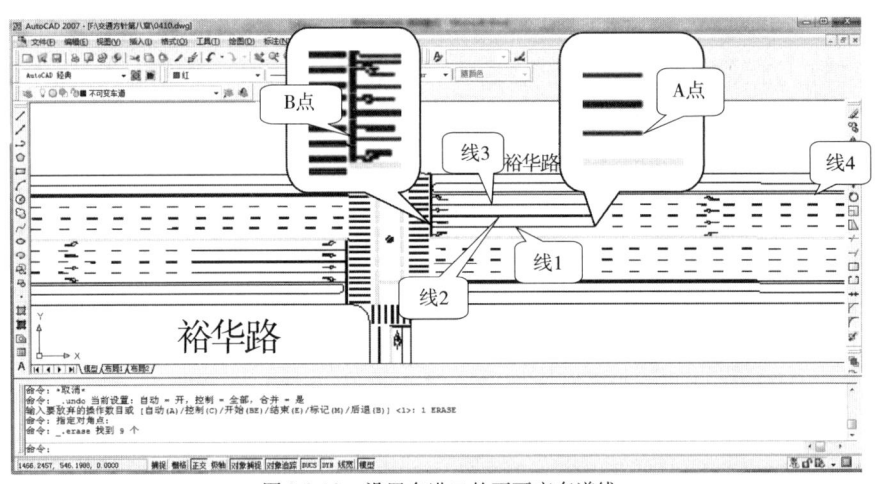

图 9-2-10 设置东进口的不可变车道线

③设置不可变车道线的宽度。参照本章本节步骤(3)中③所述方法，分别将不可变车道"线1"、不可变车道"线2"、不可变车道"线3"、机动车道边缘线"线4"的宽度设置为 0.15。

(5) 绘制东进口分隔带

①绘制分隔带基本形状。如图 9-2-11 所示，设 A 点在东进口分隔带北边缘的最东端，B 点在东进口分隔带北边缘的最西端，C 点在东进口分隔带南边缘的最西端，D 在东进口分隔

带南边缘的最东端。切换至"分隔带"图层,单击左侧工具栏的"多段线"按钮,然后单击分隔带的 A 点,移动鼠标至分隔带的 B 点,单击鼠标左键,在下方命令框中输入"A",按回车键,单击分隔带的 C 点,然后在下方命令框中输入"L",按回车键,移动鼠标至 D 点,单击鼠标左键。细化 BC 弧线形状,选中 BC 弧线中的 E 点,拉动 E 点使弧线与底图分隔带弧线重合,完成东进口分隔带的绘制。

②设置分隔带的线型宽度。参照步骤(3)中③所述方法,将所绘制的多段线选中,单击鼠标右键,选择"特性",在"全局宽度"中填写 0.3,即分隔带线型宽度,完成一个分隔带的绘制,如图 9-2-11 所示。

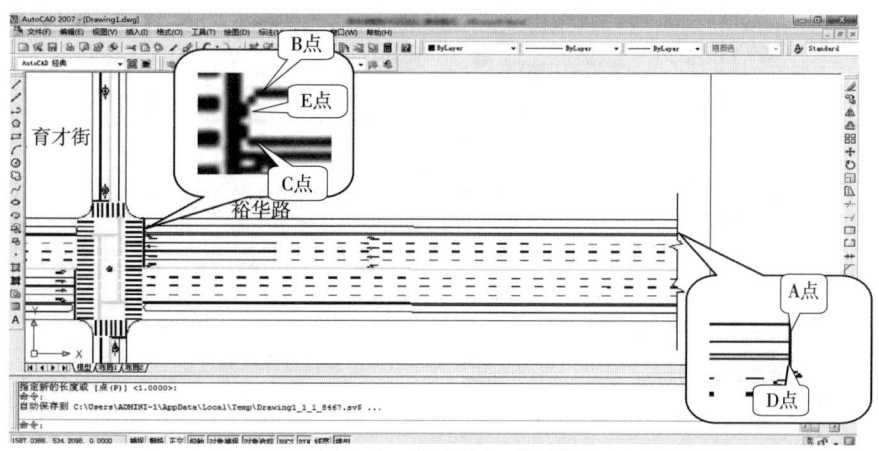

图 9-2-11　绘制东进口分隔带

提示:命令框中输入"A",表示即将绘制曲线,命令框中输入"L",表示即将绘制直线。

(6)绘制东进口北侧和北出口东侧道路边缘线

①绘制东进口北侧道路边缘线。如图 9-2-12 所示,设东进口北侧道路边缘线最东端为 A 点,底图中道路边缘线圆弧起点为 B 点。切换至"不可变车道"图层,单击工具栏左侧的"多段线",对照底图,单击 A 点,放开鼠标向西移动至 B 点,单击鼠标左键,按"Esc"键退出,完成东进口北侧道路边缘线的绘制。参照上述步骤,绘制北出口东侧道路边缘线 CD。

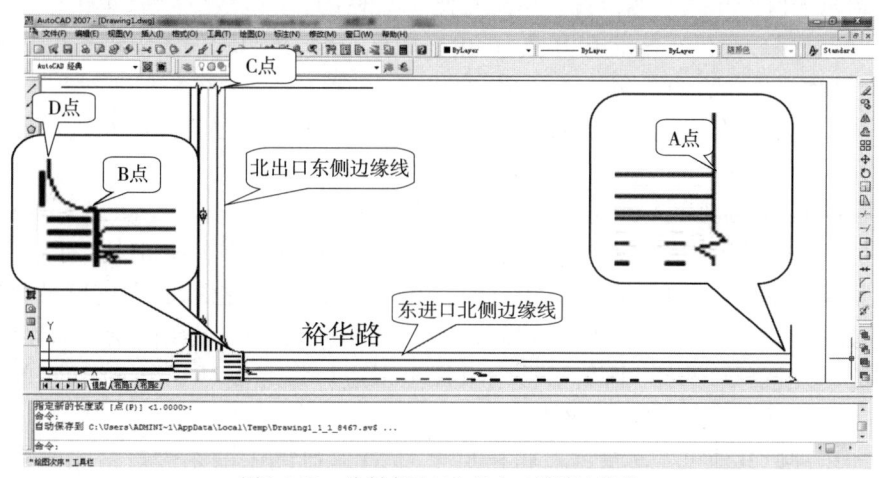

图 9-2-12　绘制东进口和北出口道路边缘线

②绘制东进口北侧道路边缘线和北出口东侧道路边缘线的连接线。单击工具栏左侧的"多段线"按钮,如图 9-2-13 所示单击东进口北侧道路边缘线的西端 B 点,输入"A",按回车键,再单击北出口东侧道路边缘线的南端 D 点,按"Esc"键退出。BD 形状调整,单击新画的多段线 BD,再单击左键选中其中间点,拉动 BD 中间点 E,使其和底图一致,按"Esc"键退出,完成转角处连接线的绘制。

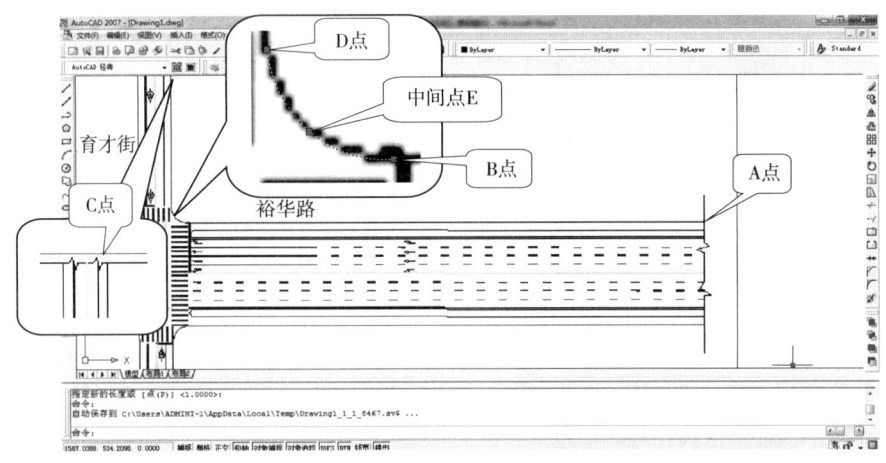

图 9-2-13 北出口道路边缘线和东进口道路边缘线的连接

提示:绘制边缘线时也可采用另一方法,即单击左侧工具栏的"多段线"按钮,然后单击 A 点,向西移动鼠标至 B 点处,单击鼠标左键,在下方命令框中输入"A",按回车键,移动鼠标至 D 点,单击鼠标左键,在命令框中输入"L",按回车键,移动鼠标至北出口道路边缘线的 C 点,单击鼠标左键,完成北出口道路边缘线和东进口道路边缘线的绘制与连接。

③设置东进口北侧道路边缘线、北出口东侧道路边缘线和连接线的全局宽度。参照本章本节步骤(3)中③所述方法,东进口北侧道路边缘线、北出口东侧道路边缘线和连接线的全局宽度设置为 0.15。

(7)绘制东进口停车线

①绘制东进口停车线基本位置。单击左侧工具栏的"多段线"按钮,单击东进口停车线南端 A 点,移动鼠标至停车线北端 B 点,再单击鼠标左键,按"Esc"键退出多段线编辑状态,东进口停车线绘制完成,如图 9-2-14 所示。

②设置东进口停车线宽度。参照本章本节步骤(3)中③所述方法将东进口停车线全局宽度设置为 0.15。

(8)简单方法添加东进口和东出口可变车道线

①添加东进口北侧可变车道线。打开"D:\VISSIM\09"文件夹中的"标线 CAD 参考图",单击如图 9-2-15 所示的 A 点,移动鼠标至 B 点,单击鼠标左键,将东进口最北侧可变车道线选中,然后单击右键,弹出菜单,选择"复制",再切换至 CAD 基础图绘制的界面,在视图区单击右键,弹出菜单,选择"粘贴",移动鼠标至东进口最北侧可变车道线处,单击鼠标左键,完成东进口北侧可变车道线的添加。

②添加东进口其他可变车道线。将拷贝至 CAD 基础图中的东进口最北侧可变车道线选中,然后单击右键,弹出菜单,选择"复制"按钮,粘贴到东进口其他可变车道线处。

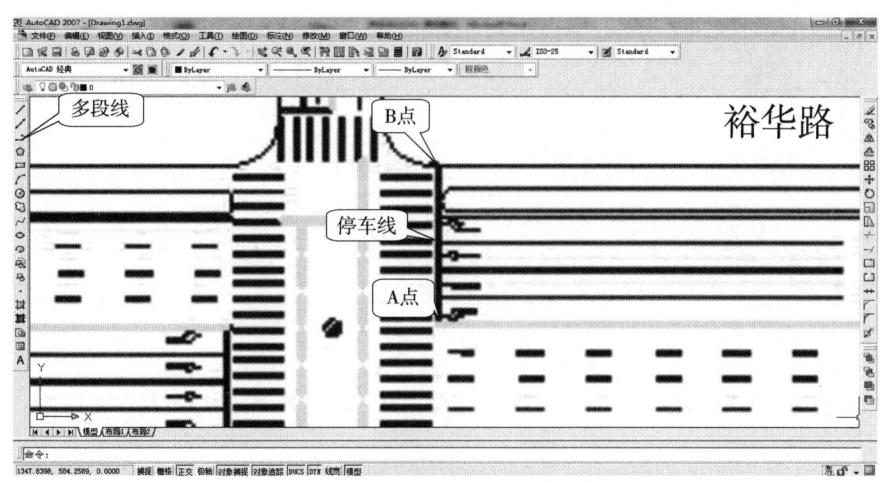

图 9-2-14　绘制东进口停车线

③添加东出口可变车道线。参照上述步骤②添加东出口可变车道线。

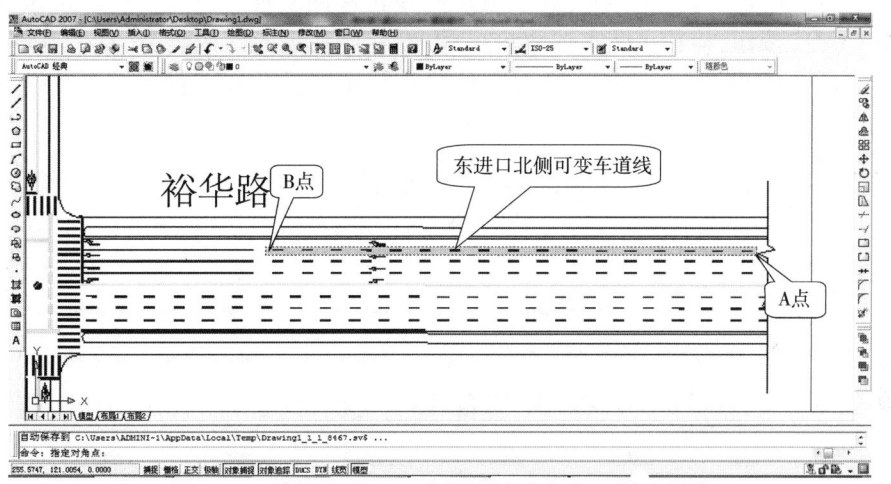

图 9-2-15　拷贝"标线 CAD 参考图"中的东进口可变车道线

提示①：简单方法添加东进口可变车道线的方法不适用于弯曲线形的标线。

提示②：将东进口的可变车道线复制到东出口时，由于东进口的可变车道线长度短，可设东出口西侧为起点，依次复制两条东进口可变车道线，再删除东侧多余部分。

（9）较复杂方法添加东进口和东出口可变车道线（可选）

该方法通过做块、定距等分等绘制可变车道线，此操作较为复杂，但可应用于弯曲线形等多种情况，普遍适用性较强。

①绘制东进口可变车道线北侧的"位置指示线 1"。参照本章本节步骤（3）中①，绘制东进口的"位置指示线 1"AB。将底图中的最北侧的可变车道线全部覆盖，即完成"位置指示线 1"的绘制，如图 9-2-16 所示。

提示①：A 点位于东进口北侧的可变车道线最东端一点，B 点位于东进口北侧的可变车道线最西端一点。

提示②：位置指示线的绘制是为后续做定距等分时做的准备。

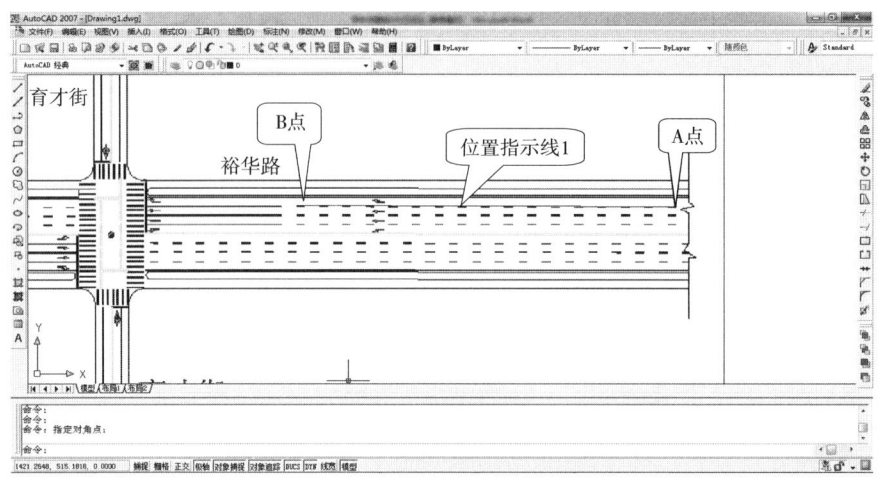

图 9-2-16　绘制东进口"位置指示线 1"

②绘制 2m 线段。切换至"可变车道"图层,单击左侧工具栏的"多段线"按钮,然后单击状态栏的"正交"按钮,使其呈凹陷选中状态,将光标放在视图区内,在任意一点单击鼠标左键,横向向右移动鼠标,在命令框中输入长度 2,按回车键,按"Esc"键退出多段线编辑状态,如图 9-2-17 所示。

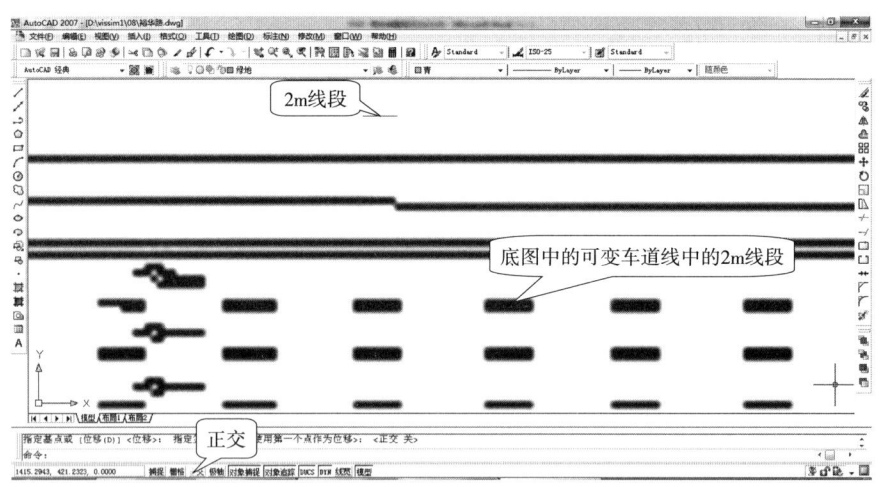

图 9-2-17　绘制 2m 线段

提示①:2m 线段即为真实路段中可变车道线中的白色线段,通过绘制出可变车道线中的一条白色线段,即可在后期通过定距等分操作,绘制出整个可变车道线。

提示②:在底图中的所有标线为黑色,但在真实路段中所有的标线为白色,本书中的"白色线段"即为底图中黑色的可变车道线。

③设置 2m 线段宽度。参照步骤(3)中③所述方法,将上述 2m 白色线段的宽度设置为 0.5。

提示:根据《城市道路工程设计规范》(CJJ 37—2012),可变车道线的全局宽度应该为 0.15,但是根据多次试验,当其全局宽度为 0.15 时,在后期制作 CAD 美化图并以" *.JPG"格式导出的过程中会出现丢线的情况,因此将其全局宽度设置为0.5,可以达到较好的显示效果。

④将2m线段设置为块模型。通过单击上述2m线段,在视图区下方的"命令"窗口输入"b",按回车键,弹出对话框,在名称选框中填入"kb",单击"拾取点",对话框消失,单击2m线段的一端,弹出对话框,单击"确定",如图9-2-18所示。

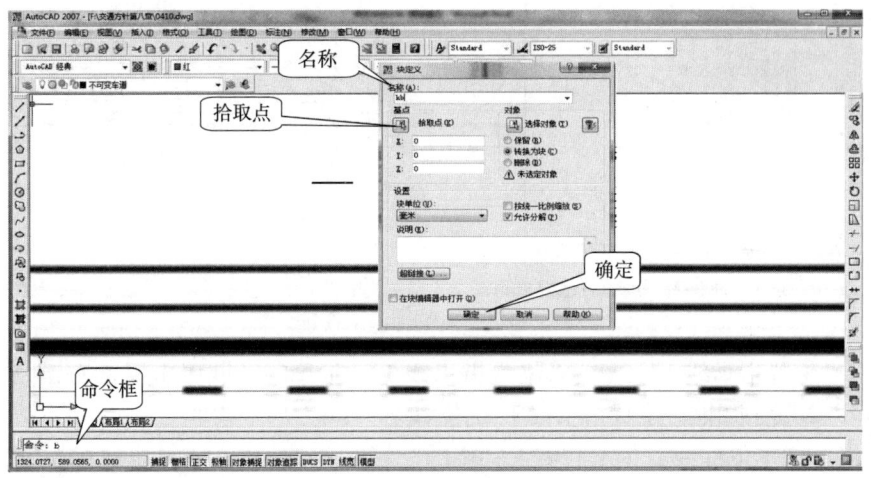

图9-2-18 设置2m线段块模型

提示:本步骤中的"kb"为"可变车道线"中"可变"的首字母。

⑤绘制东进口北侧可变车道线。如图9-2-19所示,绘制"位置指示线1"处的可变车道线,依次单击菜单栏上的"绘图"→"点"→"定距等分",然后单击"位置指示线1";在下面的命令框输入"b",按回车键,然后输入"kb"即可变车道线模型的名称,按回车键,再输入"y",按回车键,最后输入指定的线段长度6,按回车键,如图9-2-20所示,即完成东进口北侧可变车道线的绘制。

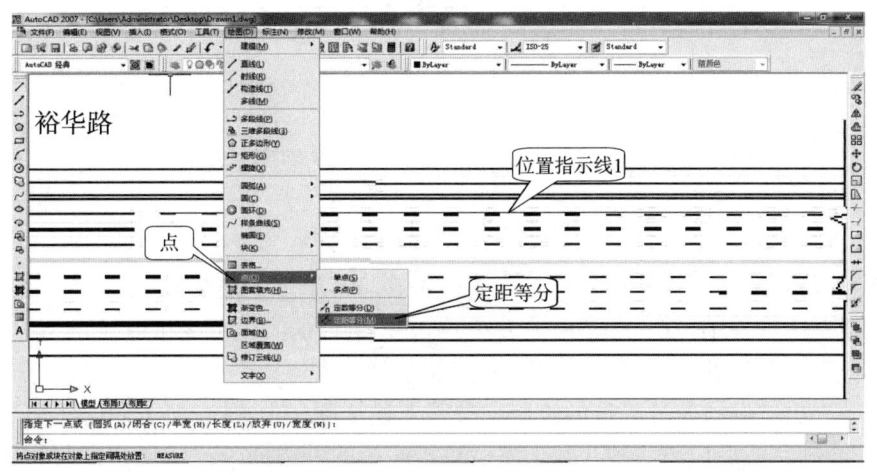

图9-2-19 定距等分

提示:根据《城市道路工程设计规范》(CJJ 37—2012),城市道路的可变车道线一般为"2-4"线,即白线长度为2m,白线间隔为4m,合计6m。

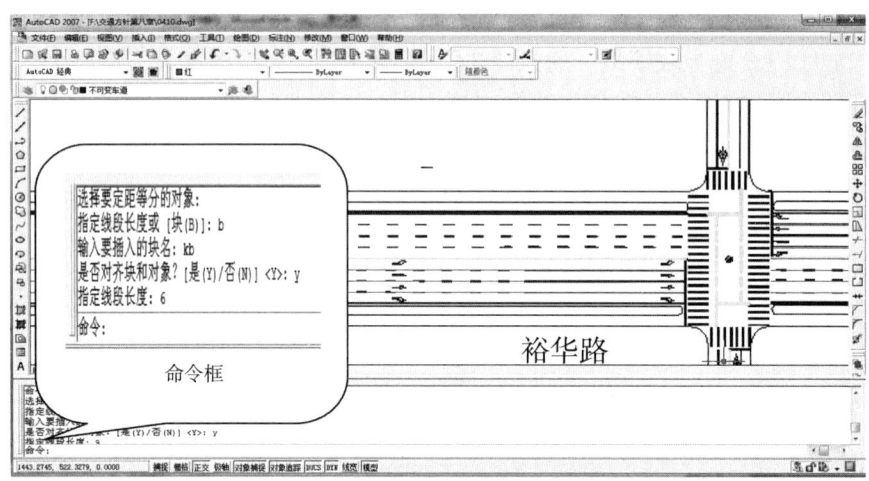

图 9-2-20　完成定距等分操作

⑥删除"位置指示线1"。选中"位置指示线1",在空白区域单击鼠标右键,弹出菜单,选择"删除",即完成删除"位置指示线1"的操作。

⑦分解可变车道标线。单击右侧工具栏的"分解"按钮,在A点单击鼠标左键,移动至B点处,单击鼠标左键,将AB段的可变车道线全部选中,如图9-2-21所示,单击鼠标右键,完成分解。

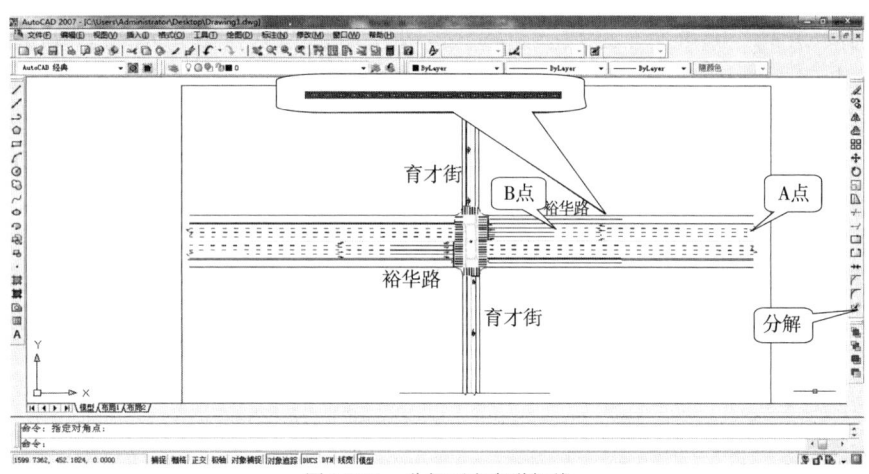

图 9-2-21　分解可变车道标线

提示:分解可变车道线可以使可变车道线在后期操作时变换颜色。

⑧参照上述步骤①、⑤、⑥、⑦所述方法,绘制东进口的其他可变车道线。

(10)绘制其他进出口标线及分隔带并存储基础图

①其他进出口标线及分隔带的绘制。参照上述步骤(3)、(4)、(5)、(6)、(7)、(8)、(9)所述方法,绘制完成后应与底图一致。然后单击底图的外边框,按"Delete"键将其删除,删除完成后,绘制的CAD基础图如图9-2-22所示。

②存储基础图。依次点击"文件"→"另存为",弹出"图形另存为"对话框,将"文件名"处改为"较复杂三维场景基础图",保存至"D:\VISSIM\09"文件夹内。

快速实现简单三维场景制作 第9章

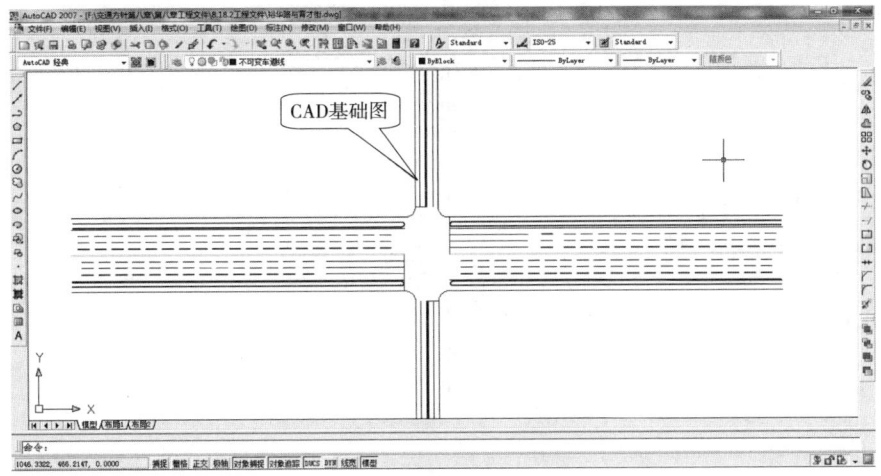

图 9-2-22　CAD 基础图绘制完成

9.3　CAD 基础图的美化

基础图完成后,也可以导出成 JPG 图片作为底图使用,但只能作为示意图展示,与实际情况相差较大。为了获得较好的三维显示效果,应对基础图进行美化,使其尽量与实际情况相符,美化主要是通过绘制路面,对人行道、绿地和分隔带进行封闭和填充的方法来实现。

（1）路段的美化

①绘制路面。参照本章第 9.2 节中的步骤（3）中①所述方法,切换至"美化"图层。改变颜色,依次单击菜单中"格式"→"颜色",在"选择颜色"对话框中选择灰色,如图 9-3-1 所示。绘制东西方向路面基准线,设西侧双黄线的最西端为 A 点,东侧双黄线的最东端为 B 点,单击左侧的"多段线"按钮,然后单击如图 9-3-2 中的 A 点,移动鼠标至 B 点,单击鼠标左键,按"Esc"键退出多段线编辑状态,完成东西方向路面基准线的绘制,如图 9-3-2 所示。参照上述步骤,绘制南北方向路面基准线。调整路面基准线宽度,参照本章第 9.2 节中的步骤（3）中③所述方法,将东西路面的"全局宽度"调整为 42,南北方向路面的"全局宽度"调整为 13,绘制路面完成后,如图 9-3-3 所示。

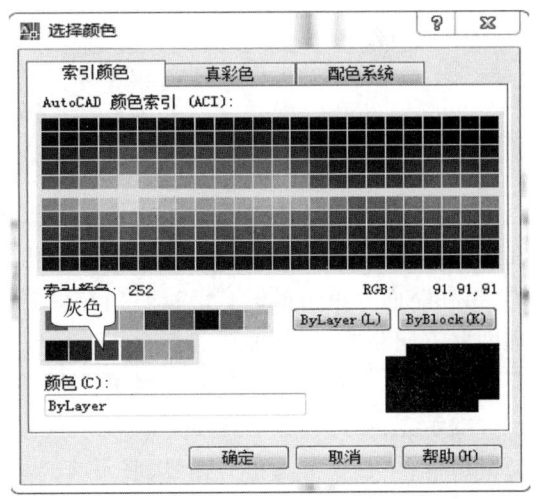

图 9-3-1　颜色选择对话框

提示：其中更改的全局宽度 42 为东西方向车道的总宽度,更改的全局宽度 13 为南北方向车道的总宽度。

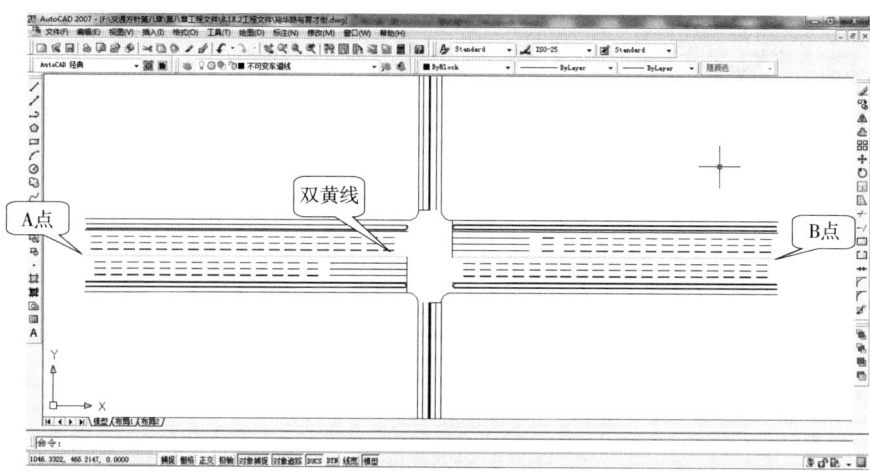

图 9-3-2　绘制东西方向路面基准线

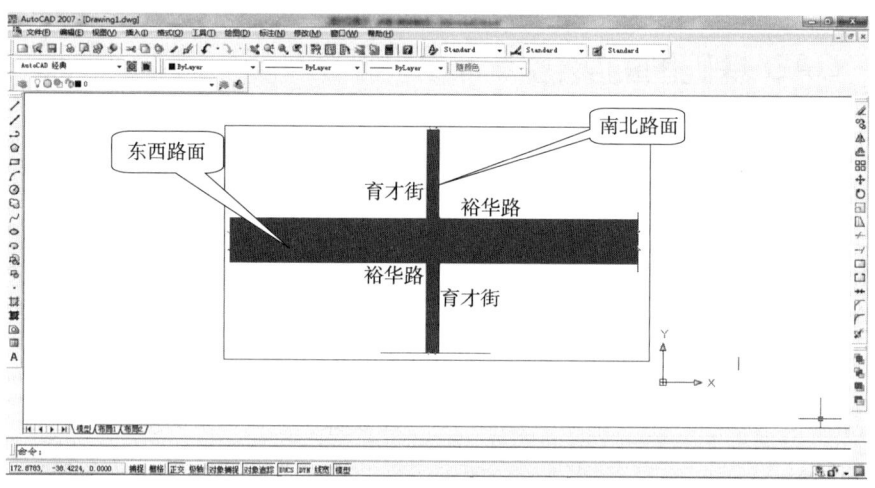

图 9-3-3　完成调整路面基准线宽度

②将标线前置。如图 9-3-4 所示,将绘制完成的道路标线置于路面前端显示,在空白处点击鼠标左键,使底图中所有元素处于不被选中的状态。单击右侧工具栏中的"前置"按钮,在东西路面的右下方 A 点处单击鼠标左键,移动鼠标至路面左上方的 B 点处,单击鼠标左键,再在路面上单击鼠标右键,即可将标线置于路面上方,标线即显示出来。用同样方法处理南北方向路段,将其标线前置。

提示①:在将标线前置的过程中,应使路面始终处于不被选中状态。

提示②:在对标线框选时,如果没有将标线全部选中,可再次单击"前置"按钮,按住"Shift"键,单击没有选中的标线,将没有选中的标线全部选中,松开"Shift"键,单击右键结束设置,即可将标线全部显示出来。

提示③:有些版本的 CAD 中"后置"按钮不能用,所以我们这里以介绍"前置"的操作方法为主。如果使用"后置"按钮进行操作,可通过单击右侧工具栏的"后置"按钮,然后单击选中之前绘制的路面,即可将路面置后,达到与标线前置相同的效果。

提示④：如果读者使用的 CAD 版本中没有"前置"按钮，可通过鼠标右键点击右侧工具栏，弹出菜单，点击"绘图次序"使"前置"按钮在工具栏显示。

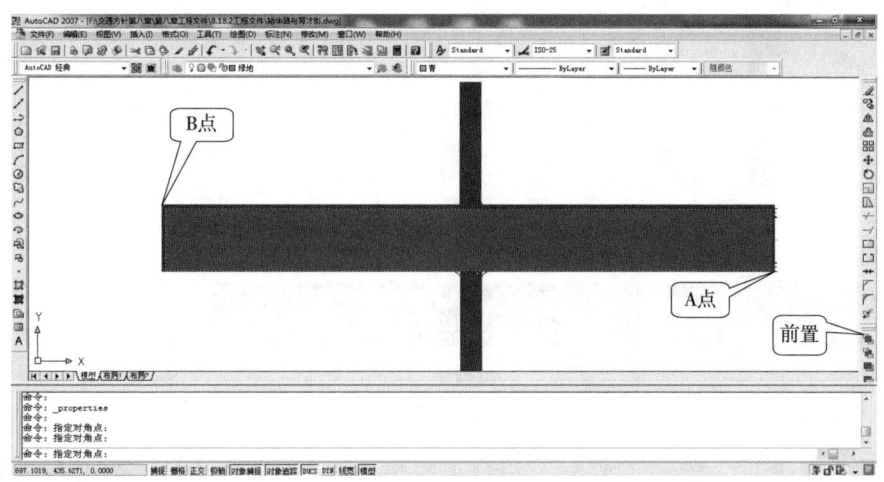

图 9-3-4　标线前置

③修改标线颜色。东进口标线颜色修改，将东进口可变车道线全部选中，单击鼠标右键，在弹出的菜单中选择"特性"，弹出"特性"对话框，在颜色对应的选框中选择白色，如图 9-3-5 所示，即可完成颜色的修改。按此操作将 CAD 文件中其余可变车道线的颜色全部变为白色。按住"Shift"键，将不可变车道线和停车线全部选中，并将颜色选择为白色。

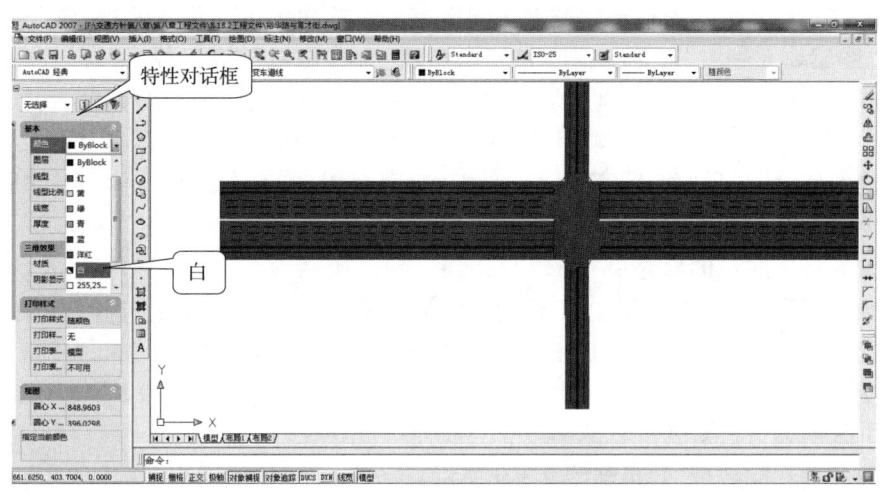

图 9-3-5　在特性窗口中修改可变车道标线颜色

(2) 绘制并美化人行道

①绘制东进口人行道边界。设东进口边缘线东端为 A 点，单击工具栏左侧的"多段线"按钮，单击下方状态栏的"正交"和"对象捕捉"按钮，使其呈凹陷状态，将鼠标移动至 A 点附近，将 A 点捕捉，单击 A 点，向上移动鼠标，在命令框内输入多段线长度 6 到达 B 点，再向西移动鼠标至如图 9-3-6 所示 C 点位置，单击鼠标左键，按"Esc"键退出，完成东进口人行道边界的绘制。参照上述步骤，绘制北出口人行道边界，如图 9-3-6 中 DEF 所示。

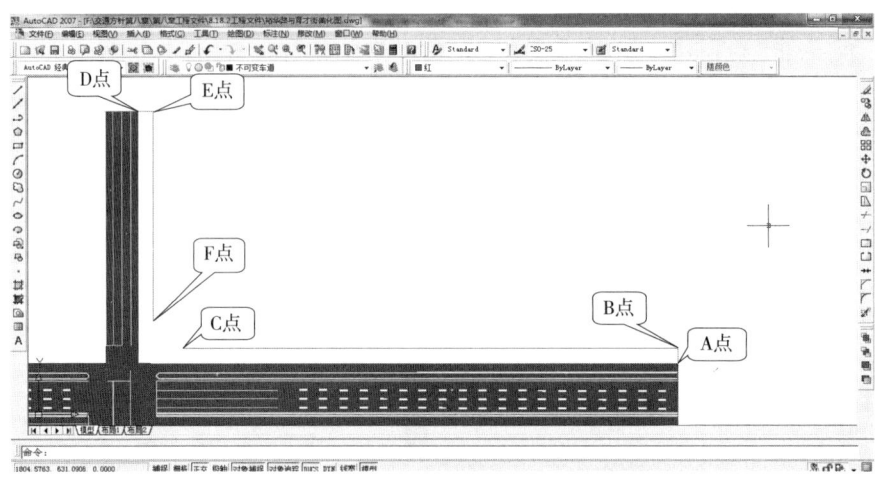

图 9-3-6　绘制东进口和北出口人行道

②绘制东进口人行道边界 BC 和北出口人行道边界 EF 的连接线。单击左侧工具栏的"多段线",单击北出口人行道的南端 D 点,输入"A",按回车键,再单击东进口人行道边界的西端 B 点,按"Esc"键退出。调整 BC 和 EF 的连接,参照本章第 9.2 节步骤(6)中②所述方法,对 BC 和 EF 连接处进行调整。

提示:绘制人行道边界时,一定要与原来道路边缘线形成闭合区域,因为对于闭合区域才能进行颜色填充。

③对东进口和北出口人行道区域进行图案填充。依次单击菜单栏的"绘图"→"图案填充",弹出"图案填充编辑"对话框,如图 9-3-7 所示。在"图案"选框后的带有"三个点"图形的按钮中选择"SOLID"。在"样例"的下拉框中选择"选择颜色",弹出对话框,切换至"真彩色"选项卡,在左下方"颜色(C)"文本框内填写"163,155,92",单击"确定"按钮,完成颜色设置。单击右侧"边界"一栏中"拾取点"图标,返回视图区,在东进口北侧人行道内部的任意一点处单击,按回车键,再次弹出"图案填充编辑"对话框,单击"确定"按钮,完成东进口和北出口处人行道颜色的填充。

④参照上述步骤①、②、③所述方法,分别对东出口和南进口、南出口和西进口、西出口和北进口处的人行道边界进行绘制和连接,并完成它们的图案填充。

⑤对交叉口处人行道和路面的中间空白区域进行图案填充。如图 9-3-8 所示,参照上述步骤①、②、③所述方法对其进行图案填充,并将颜色填充成灰色。

⑥人行道美化完成后,效果如图 9-3-9 所示。

(3)绿地和分隔带的美化

①作辅助线完成绿地的封闭操作。绘制东进口北侧绿地的边界,勾画多段线,使其与已存在人行道边缘线形成封闭图形。单击工具栏左侧的"多段线"按钮,单击下方状态栏的"对象捕捉"和"正交"按钮,使其呈凹陷状态,绘制如图 9-3-10 所示的线段 AB 和线段 CD,AB 和 CD 的交点为 E,此时填充区域 ACE 为封闭的区域,如图 9-3-10 所示。参照上述步骤对东出口和南进口、南出口和西进口、西出口和北进口处绿地部分分别进行封闭操作。

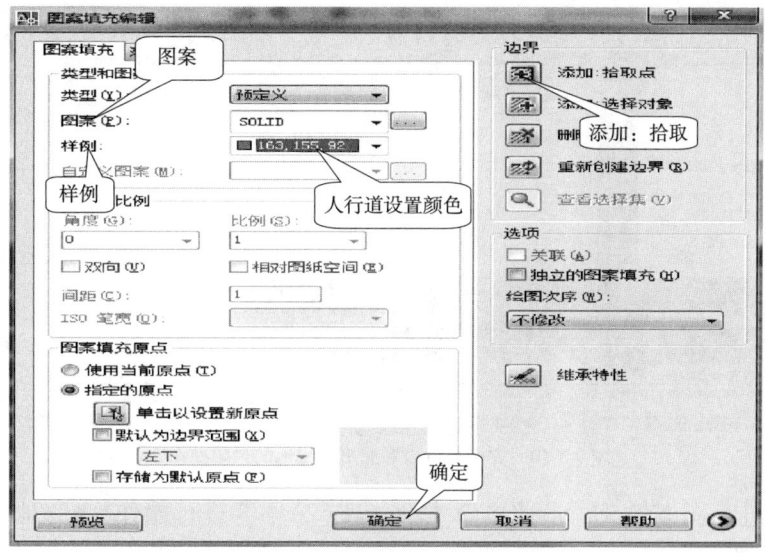

图 9-3-7　图案填充对话框

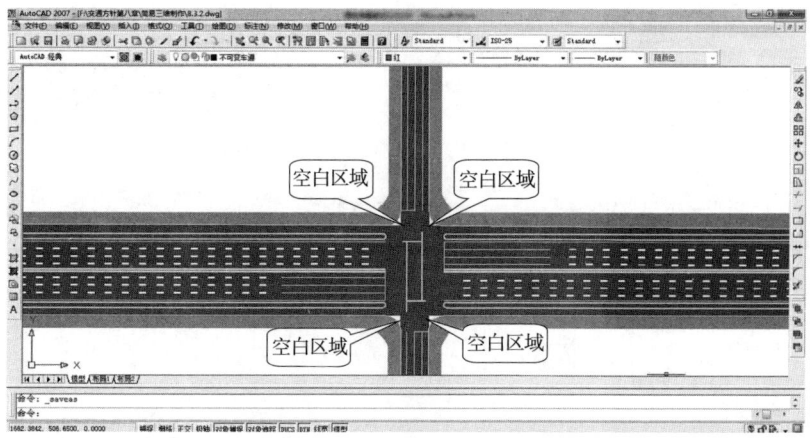

图 9-3-8　人行道和路面的中间空白区域

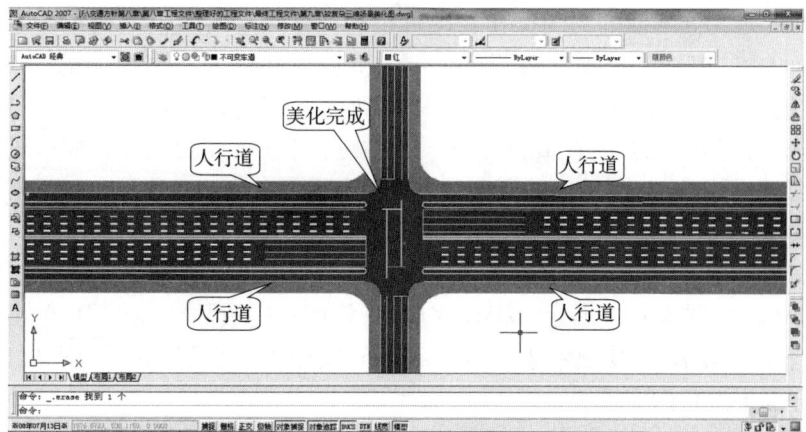

图 9-3-9　设置并美化人行道完成后效果图

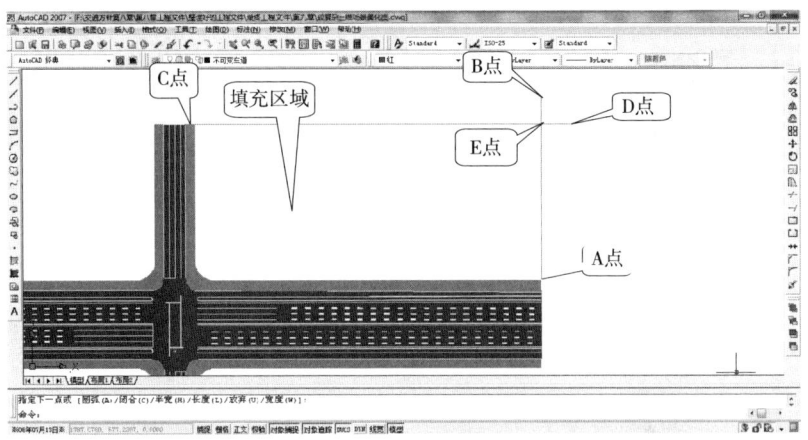

图 9-3-10　完成东进口和北出口绿地的封闭操作

②对绿地进行图案填充。参照本章本节步骤（2）中③进行操作，将绿地的颜色填为绿色，如图 9-3-11 所示。

图 9-3-11　绿地图案填充对话

③作辅助线完成分隔带的封闭操作。设置东进口分隔带封闭辅助线。设东进口分隔带北侧最东端为 A 点，东进口分隔带南侧最东端为 B 点。单击工具栏左侧的"多段线"按钮，单击"对象捕捉"按钮使其呈凹陷状态，鼠标移动到 A 点附近，将 A 点捕捉，单击 A 点，移动鼠标至 B 点附近，将 B 点捕捉，在 B 点单击鼠标左键，按"Esc"键退出，完成东进口分隔带区域的封闭工作，如图 9-3-12 所示。参照上述步骤，分别对东出口、西进口和西出口处的分隔带进行封闭操作。

④对分隔带进行图案填充。参照本章本节步骤（2）中③所述方法，在"图案"下拉菜单中选择"ANSI36"，如图 9-3-13 所示。操作完成后，将填充完成的图案选中，单击上方工具栏的"颜色"选择下拉菜单，将其颜色选择为"绿色"。参照上述步骤，分别对东出口、西进口和西出口处的分隔带进行图案填充。

⑤美化完成。通过上述操作完成了 CAD 基础图的美化，如图 9-3-14 所示。

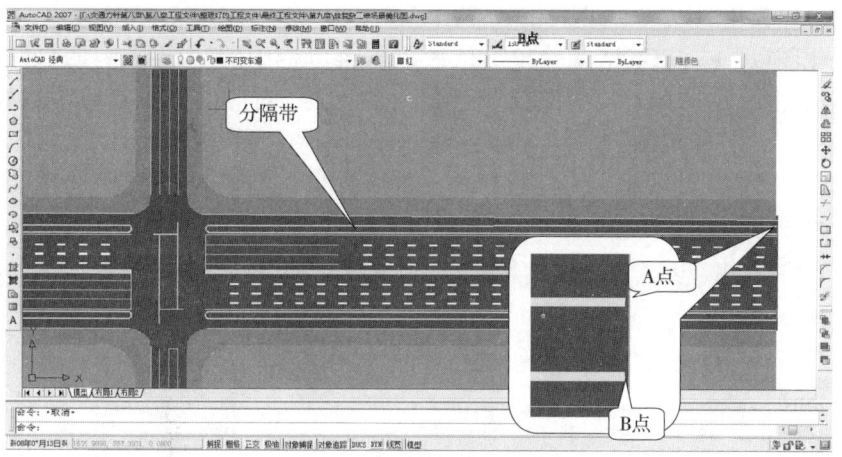

图 9-3-12　封闭东进口分隔带

图 9-3-13　分隔带图案填充对话框

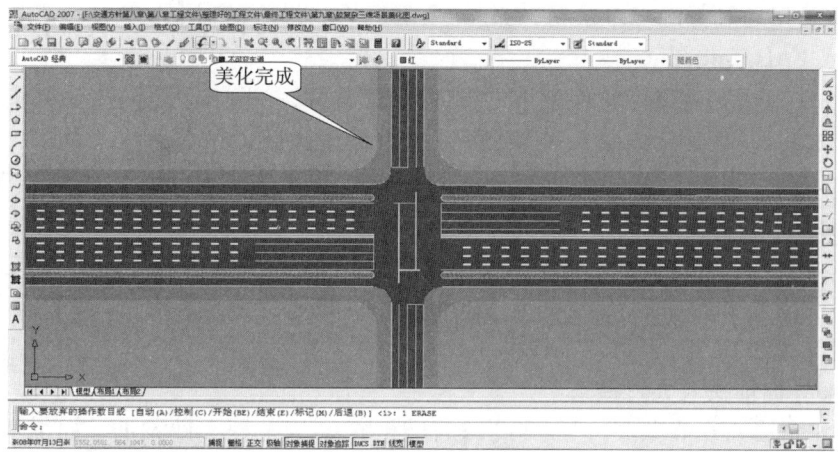

图 9-3-14　美化完成

(4)将CAD美化图以"*.JPG"格式输出

CAD美化图以"*.JPG"格式输出。依次点击菜单栏中的"文件"→"打印",弹出"打印—模型"对话框。在"打印机/绘图仪"区域下的"名称"对应的下拉菜单中选择"PublishToWeb JPG. pc3","打印范围"选择"窗口",随即返回视图区窗口,将CAD美化图全部选中,返回到"打印—模型"对话框,在右侧栏中"图形方向"选择"横向"。选项设置结果如图9-3-15所示,单击"确定"按钮,即可保存"*.JPG"底图文件。

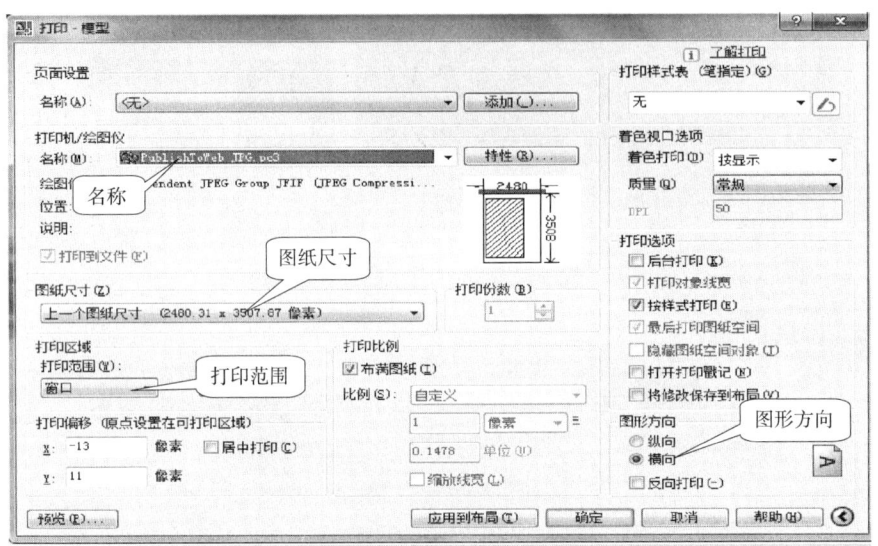

图9-3-15 CAD美化图以"*.JPG"格式输出

提示:此类美化图,也可通过百度地图或者谷歌地图进行分块截取,再导入到photoshop中进行拼接和美化处理。

9.4 添加简单的三维场景

本节将把CAD美化图导入到VISSIM中作为底图,通过添加VISSIM5.3中自身带有的导向箭头、人行横道和静态三维模型,构建简单的三维场景。

(1)导入CAD美化图

①打开"D:\VISSIM\09"文件夹下的"02"工程文件,参照第2章第2.2节中步骤(2)、(3)所述方法,将CAD美化图导入到VISSIM中,并调整比例。

②调整CAD美化图位置。在菜单栏中依次点击"查看"→"背景"→"编辑",弹出"背景选择"对话框,单击"背景选择"对话框中的"起点"按钮,对话框消失,单击CAD美化图,拖动鼠标,使CAD美化图的东西方向车道线边界与VISSIM路网的东西方向车道线边界重合,CAD美化图的南北方向车道线边界与VISSIM路网的南北方向车道线边界重合,即说明CAD美化图与VISSIM路网匹配,如图9-4-1所示。

(2)添加导向箭头及人行横道

参照第8章第8.6节步骤(1)、(2)、(3)所述方法,为工程文件添加导向箭头标线和人行横道标线。添加完成后,效果与第8章第8.6节中的图8-6-5和图8-6-6类似。

快速实现简单三维场景制作 第9章

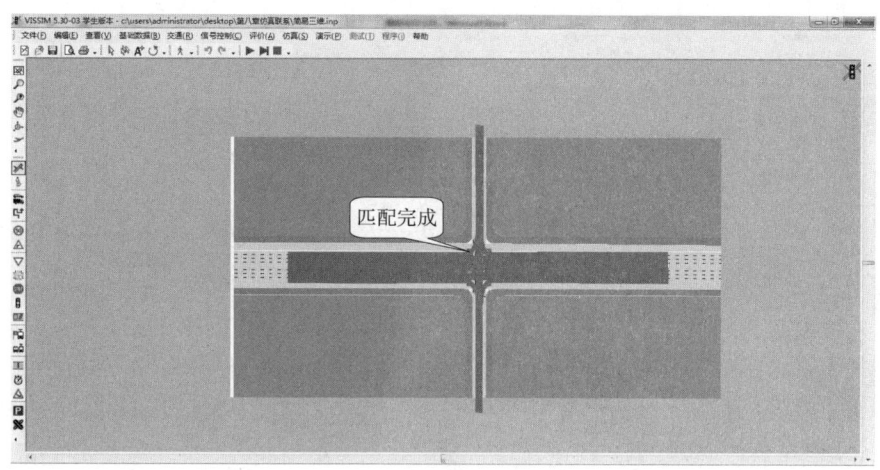

图 9-4-1　调整 CAD 美化图位置

（3）实现基本 3D 视图场景

①将 VISSIM 中的路网设置为不可见。可通过菜单栏的"查看"→"3D 模式"，切换到 3D 模式，在菜单栏中依次选择"查看"→"选项"，弹出对话框，在弹出的对话框中选择"路网"选项卡，使其呈凹陷状态，将"路网"下面的"不可见"选中，并将"每次步长全部刷新"前面的选框打上对号，点击"确定"，将路网切换到不可见状态，如图 9-4-2 所示。

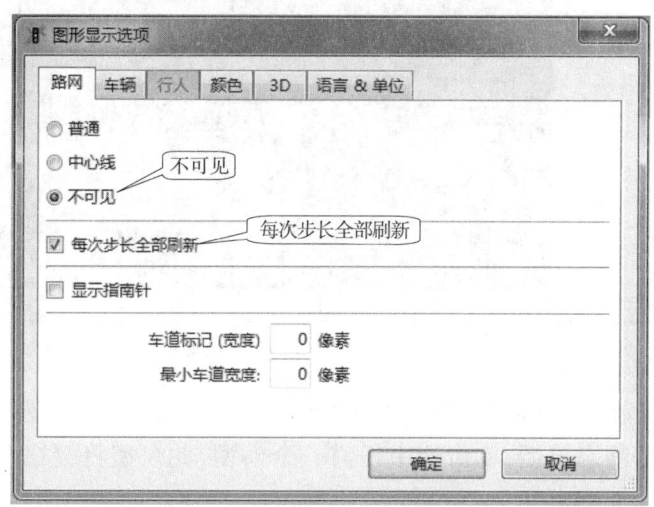

图 9-4-2　将 VISSIM 中的路网设置为不可见

提示：如果不选中"每次步长全部刷新"，车辆仿真中擦除的道路将不会恢复。

②运行仿真，即可看到基本 3D 视图场景，如图 9-4-3 所示。

（4）信号灯

参照第 8 章第 8.7 节步骤（1）、（2）所述方法，为道路网添加 3D 信号灯。

（5）添加天空背景

①选择"查看"→"3D 模式"进入 3D 观察模式。在视图区单击鼠标右键，弹出如图 9-4-4 所示的"选择 3D-模型"对话框。

235

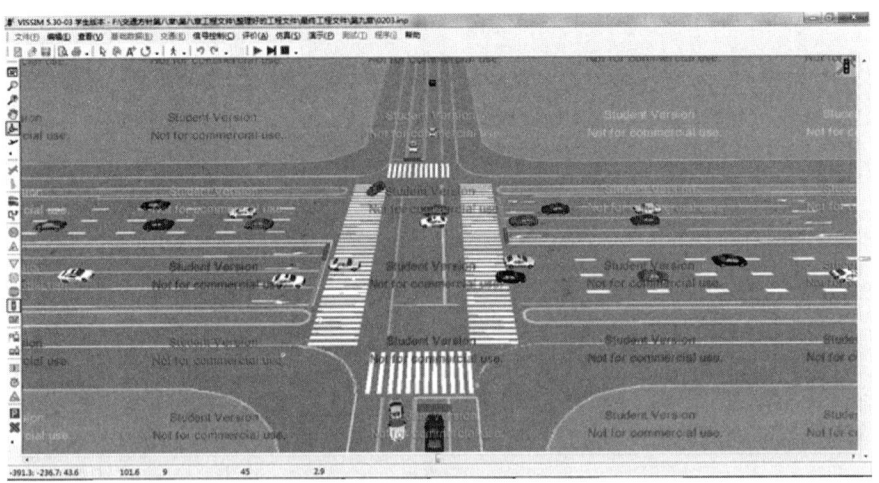

图 9-4-3　基本 3D 视图场景

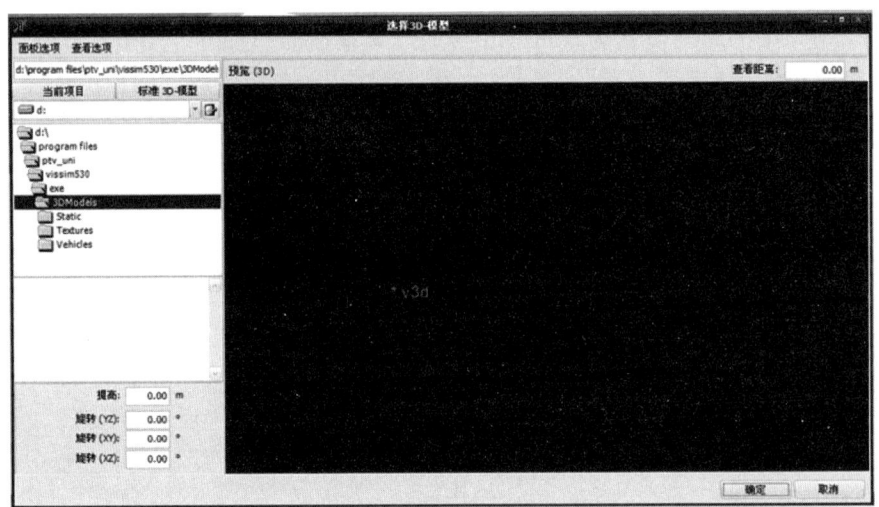

图 9-4-4　"选择 3D-模型"对话框

②如图 9-4-5 所示,双击左侧模型树中的"Static"文件夹,在模型列表框中将列出系统模型库中所含有的全部静态模型,单击选中任何一个模型,此模型将会在对话框视图区显示出来。

提示①:当模型复杂时,读取模型需要一定时间,在读图过程中对话框视图区会出现短暂的黑暗,此时只需稍等即可。

提示②:可通过改变右上角的"查看距离"一栏的数值,来调整对话框视图区所显示的模型的查看距离。

提示③:可通过改变左下角的旋转角度,来改变对话框视图区所显示的模型的角度。

③在模型列表框中选中"Skyring.v3d",单击"确定",在软件视图区将出现天空背景贴图。调整后如图 9-4-6 所示。

提示①:通过滑动鼠标滚轮可以改变整个视图区的大小。

提示②：单击选中背景贴图后，同时按住"Shift"、"Ctrl"和鼠标左键并拖动鼠标可改变背景贴图的大小，其他 3D 模型的修改类似。

提示③：选中模型后，按住"Shift"和鼠标左键并拖动鼠标可改变模型的水平位置。

提示④：选中模型后，按住"Ctrl"和鼠标左键并拖动鼠标可旋转模型。

提示⑤：此处天空背景的添加方法与第 8 章中的添加方法不同，此方法是加载一个较大的静态三维模型，将路网包围，比较适合于小型路网三维场景的构建。而第 8 章中则是通过对天空进行贴图来实现天空背景的添加，比较适合于大型路网三维场景的构建，同时小型路网也适用。由于本书中的路网较小，所以两种方法皆适用。读者在实际应用中，可根据具体情况选择使用。

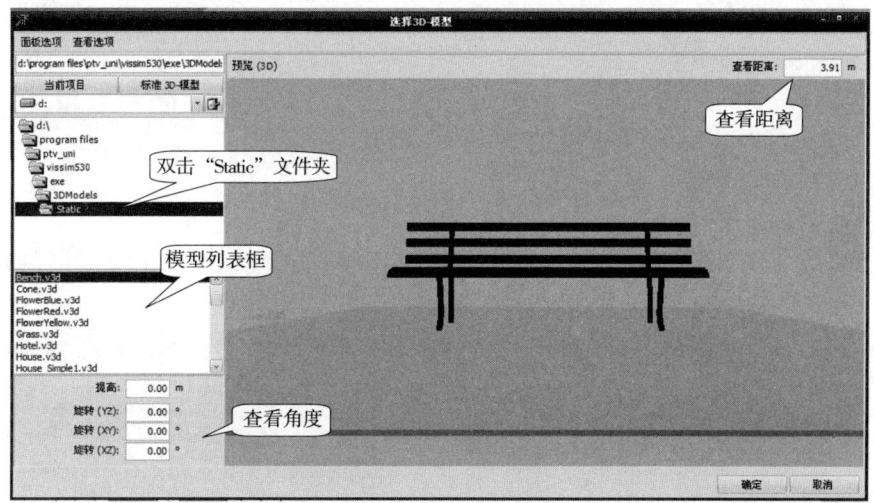

图 9-4-5　查看 3D 模型

图 9-4-6　添加背景

（6）添加其他 3D 模型

①参照本章第 9.4 节步骤（5）中③所述方法，添加"Static"文件夹中的"School.v3d"建筑

模型,如图9-4-7所示。然后添加"Hotel. v3d"模型。

提示:系统自带的模型库非常有限,可根据需要用3DMAX自建模型导入软件模型库。

图9-4-7　添加建筑模型

②参照本章第9.4节步骤(5)中③所述方法对新添加的模型进行调整,如图9-4-8所示。

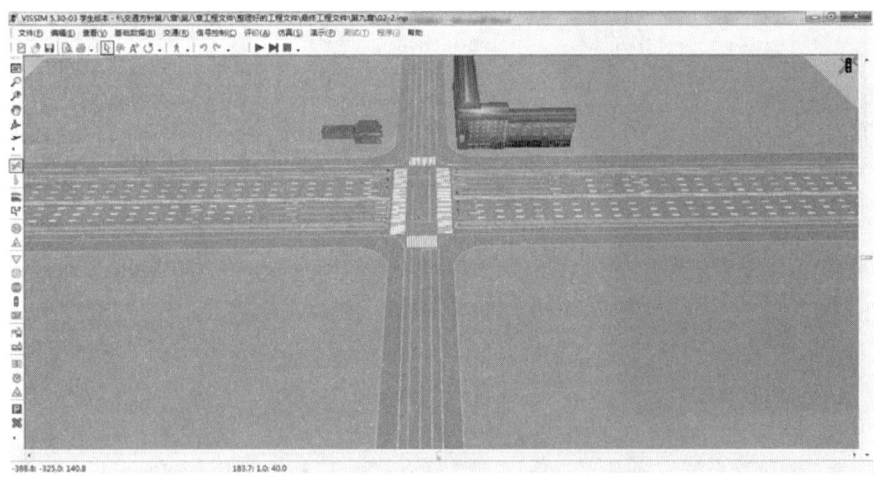

图9-4-8　调整静态三维模型

提示:至此,我们完成了简单的三维场景制作,一般可以适用于对3D效果要求不高的项目。但由于系统使用JPG底图和VISSIM自带模型相结合的方式,不免存在着一些缺陷,主要有两个方面:一是从CAD转化的JPG底图一般像素不高,放大时可能有些模糊,这个问题可以通过用CAD打印多张JPG局部图,然后采用拼接的方式适当解决;二是对分隔带、交通标志等设施,VISSIM没有自带的3D模型,存在无法展现的问题,可根据需要用3DMAX自建模型导入VISSIM软件模型库适当解决。

第 10 章 较复杂三维场景制作

辅助视频

【实验目的】 掌握应用 CAD、3DMAX、V3DM 和 VISSIM 实现较复杂三维场景制作的方法。

【实验原理】 本章以 3DMAX 为主,加工 3D 模型,并导入到 VISSIM 中,创建较真实的三维场景。主要步骤包括:(1)补充 CAD 工程文件。(2)3D 静态模型的加工。(3)颜色设置与格式转化。(4)构建较复杂的三维场景。(5)制作禁止停车标牌。(6)制作限速标牌。

【难点提示】 (1)3D 静态模型的加工。(2)制作禁止停车标牌。

本章介绍应用 CAD、3DMAX、V3DM 和 VISSIM 这 4 款软件实现较复杂三维场景制作的方法。以第 2 章工程文件和第 9 章第 9.2 节 CAD 基础图为依托,通过补充 CAD 文件,将 CAD 文件导入至 3DMAX 中加工成 3D 模型,通过 V3DM 将其转化成为 VISSIM 可识别的格式,在 VISSIM 中建立真实感较强的交通三维场景。该方法应用到 CAD、3DMAX、V3DM 和 VISSIM 这 4 款软件,对使用者软件技能要求较高,逻辑较为复杂,理解起来有一定难度。由于该方法利用的资源较多,因此与第 8 章和第 9 章的方法比较而言,制作时间中等,且效果好。

10.1 新建文件

①建立"D:\VISSIM\10"文件夹。

②将"02"文件夹下的所有文件、"09"文件夹下的"较复杂三维场景基础图"CAD 工程文件和"资料"文件夹下的"标线 CAD 参考图"拷贝到①中新建的"10"文件夹内。

提示:在后续操作中,应将第 10 章建立的文件都放在同一目录下,即"10"文件夹内,避免在以后的操作中因为"绝对路径"问题而出现打不开或文件缺失等现象。

10.2 补充 CAD 工程文件

①打开 CAD 图。打开"D:\VISSIM\10"文件夹内的"较复杂三维场景基础图"CAD 工程文件。

②添加东进口停车线后的右转导向箭头标线。参照第 9 章第 9.2 节步骤(2)所述方法,建立"导向箭头"和"人行横道"图层。添加导向箭头标线,切换至"导向箭头"图层,打开"标

线 CAD 参考图",单击东进口停车线后的右转导向箭头标线将其选中,再单击右键,弹出菜单,选择"复制",再切换到目前编辑的 CAD 图界面,在视图区单击右键,弹出菜单,选择"粘贴",单击鼠标左键,结束由"标线 CAD 参考图"向"较复杂三维场景基础图"的复制过程。移动刚才复制的东进口停车线后的右转导向箭头标线到指定位置,将刚才复制的右转导向箭头标线选中,单击右键,弹出菜单,在弹出的菜单中选择"移动",将鼠标放在选中的导向箭头标线上,单击鼠标左键,移动鼠标至如图 10-2-1 所示的导向箭头 1 位置,单击鼠标左键,完成东进口停车线后的右转导向箭头的添加。

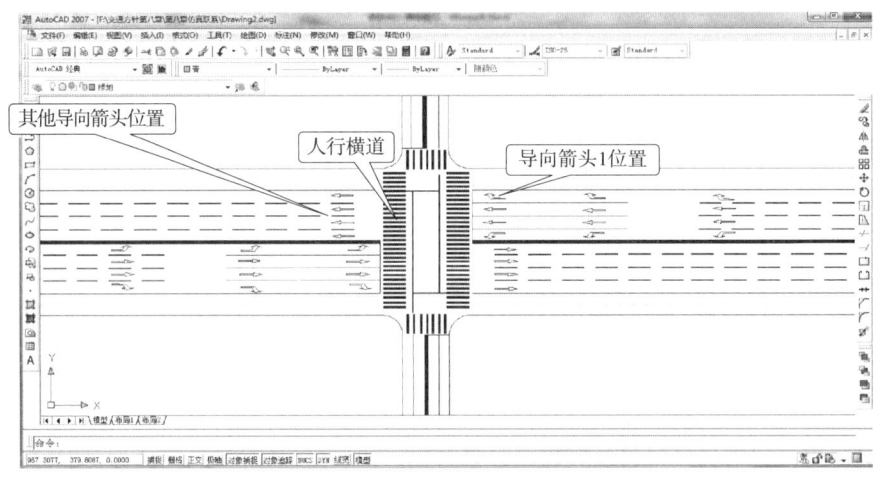

图 10-2-1　导向箭头标线及人行横道标线的添加

③添加其他导向箭头标线,参照上述步骤,完成其他导向箭头标线的添加。

④添加人行横道标线,参照上述步骤②所述方法,完成人行横道标线的添加,如图 10-2-1 所示。

⑤保存。依次选择菜单栏中的"文件"→"保存",完成 CAD 工程文件的补充。关闭 CAD 软件。

10.3　3D 静态模型加工

为了获得更好的三维显示效果,可在 3DMAX 中对"较复杂三维场景基础图"CAD 工程文件进行加工,将标线和分隔带等转化成显示效果良好的三维模型。这种模型通过格式转化后,再导入到 VISSIM 中,使交通仿真系统显示的 3D 效果更加接近实际情况。

(1)将 CAD 基础图导入到 3DMAX

①打开 3DMAX 并找到 CAD 工程文件。打开 3DMAX,依次选择菜单栏中的"文件"→"导入",弹出对话框,将"查找范围"定位到"D:\VISSIM\10"文件夹,选中"较复杂三维场景基础图"CAD 工程文件,点击"打开"按钮,如图 10-3-1 所示。

②导入 CAD 文件。在弹出的"导入选项"对话框中点击"确定"完成导入。

提示:可通过"环绕"和"平移视图"按钮将视图旋转和移动,还可以按住鼠标滑轮对导入的 CAD 图进行移动,通过滑动滚轮对 CAD 图进行放大或缩小。

较复杂三维场景制作 第10章

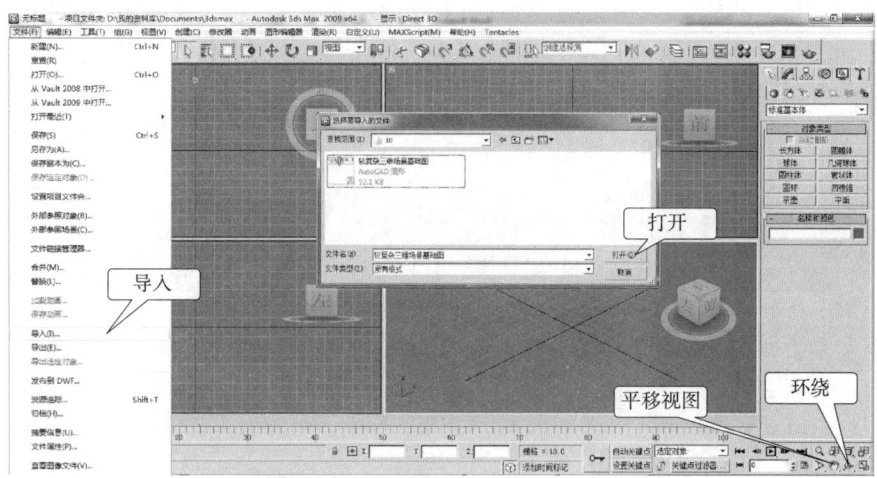

图 10-3-1　在 3DMAX 中导入 CAD 文件

（2）制作三维模型

①切换到"顶视图"窗口。如图 10-3-2 所示，单击选中"顶视图"窗口，然后单击界面右下角的"最大化视口切换"按钮，将"顶视图"窗口最大化。

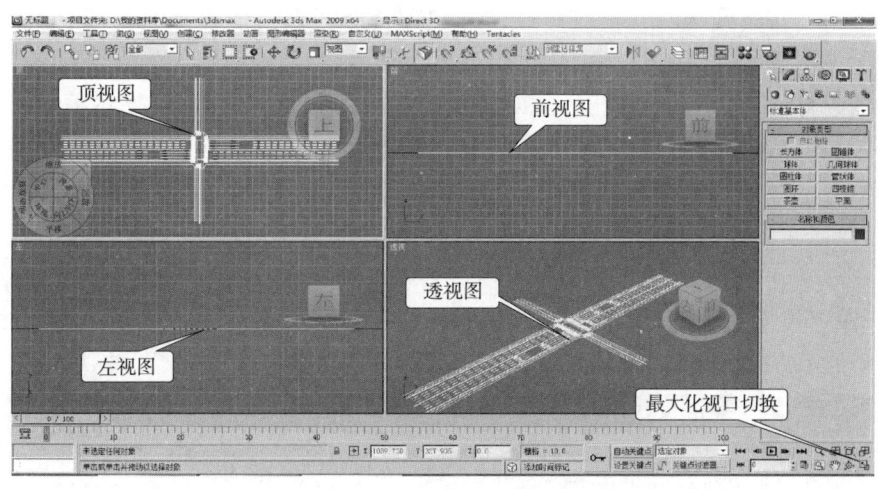

图 10-3-2　切换到"顶视图"窗口

提示①：如图 10-3-2 所示，3DMAX 中显示四个窗口，分别为"顶视图"、"前视图"、"左视图"、"透视图"4 个视图窗口，可通过选中某一视图窗口，再点击右下角的"最大化视口切换"，将其中一个视图窗口最大化。切换至某一视图窗口后，如需要切换至其他的视图窗口，可点击右下角的"最大化视口切换"，将视图调整至初始状态，然后参照上述步骤切换即可。

提示②：本节中的操作在"顶视图"界面进行，在"透视图"界面查看效果。

②选中可变车道线。单击选中某条可变车道标线，再单击鼠标右键，弹出菜单，单击"选择类似对象"，将可变车道线全部选中，如图 10-3-3 所示。

③挤出可变车道线。单击右侧工具栏的"修改"按钮，使其呈凸显状态，如图 10-3-4a）所示；工具栏变为"修改器列表"工具栏，单击"修改器列表"右侧的下拉三角块，如图 10-3-4b）

241

所示;展开"修改器列表",单击"挤出",如图 10-3-4c)所示;下面"参数"的设置栏中出现"数量"文本框,填写 0.05,如图 10-3-4d)所示。然后点击视图空白区域,再点击"最大化视口切换",切换到"透视图"窗口,查看效果。

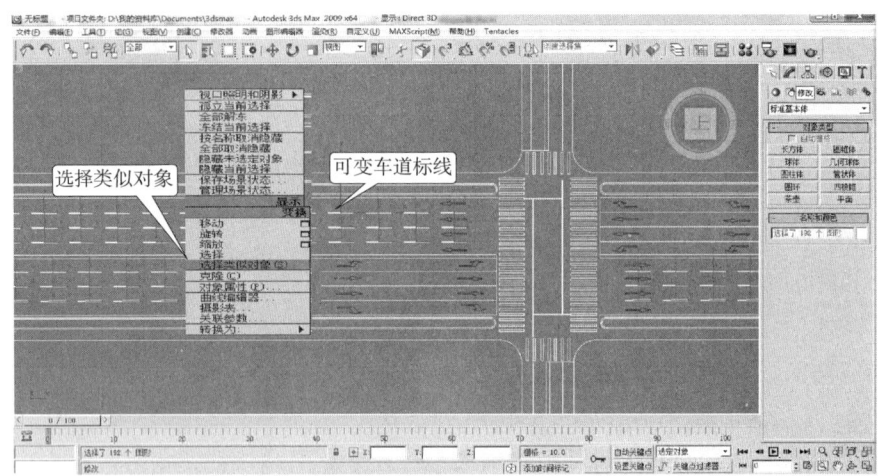

图 10-3-3 选中可变车道线

④对不可变车道线、停车线、双黄线、导向箭头标线、人行横道标线、分隔带分别进行挤出。参照上述步骤②、③所述方法,依次对不可变车道线、停车线、双黄线、导向箭头标线、人行横道标线、分隔带分别进行挤出。在对分隔带进行挤出时,在"数量"文本框中填 0.3。

提示①:给标线设置一定高度,即进行挤出的目的主要是让标线在 VISSIM 中显示时与车道本身颜色能体现层次关系。在 VISSIM 中,路段高度默认为 0,如果将标线高度设置为 0.05,则标线会显示在路段颜色之上,不会被路段颜色遮挡。分隔带高度是按实地测量值设置。

提示②:当道路有坡度时,路段各部分高度不一致,此时应以路段高度为参照,标线挤出高度应比路段高度高 0.05。路段高度设置参照第 8 章第 8.4 节步骤(3)中①所述方法。

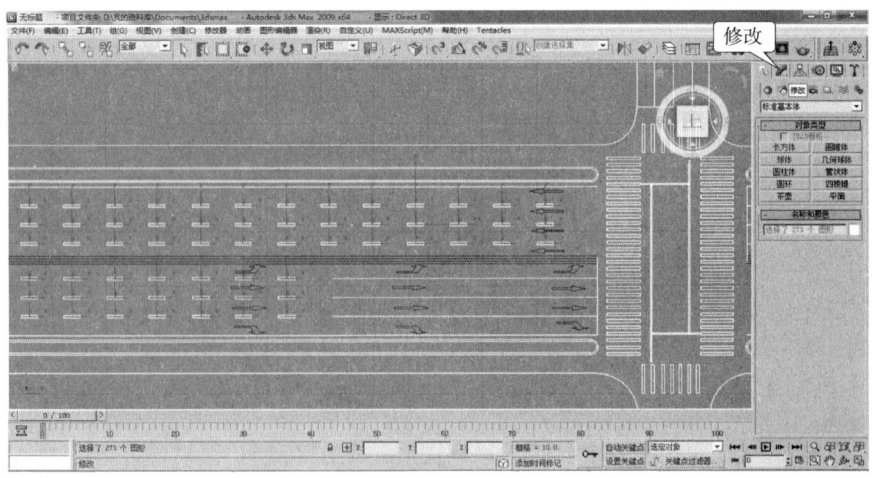

a)

图 10-3-4

第10章 较复杂三维场景制作

图10-3-4 挤出可变车道线

⑤将已挤出的标线转换成可编辑的面片。单击选中可变车道标线,单击右键,在弹出的菜单中选择"选择类似对象",再次单击右键,在出现的菜单中依次选择"转换为"→"转换为可编辑的面片",如图10-3-5所示。参照上述步骤对不可变车道线、停车线、双黄线、导向箭头标线、人行横道标线、分隔带分别进行转换。

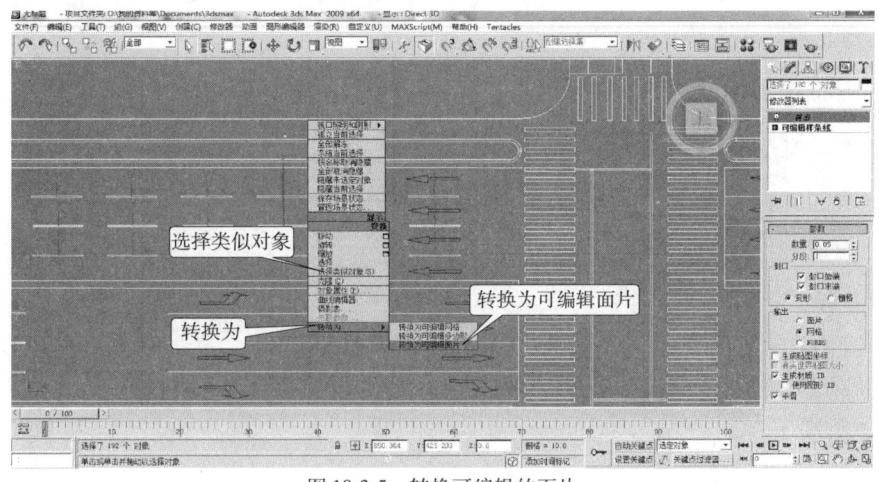

图10-3-5 转换可编辑的面片

243

提示①：如果 CAD 图中的线有线宽，那么导入至 3DMAX 中时，线会表现为闭合轮廓，此时可直接进行挤出操作，使表现为闭合轮廓的线成为立体的图形在平面上凸显出来。本书中所用线均属于此类情况。

提示②：在有些 CAD 文件中，如果 CAD 图中的线没有线宽，那么导入至 3DMAX 中时，线为没有宽度的单线，如果希望让此线成为立体的图形在平面上凸显出来，有两种方法：一是直接进行扫描使单线变成有线宽且有高度的线型；二是先使单线出现闭合轮廓然后进行挤出的操作。下面本书将为读者提供第二种方法的具体操作步骤。

提示③：先使单线出现闭合轮廓然后再进行挤出操作的具体步骤。使样条线处于可编辑状态，单击视图区单线将其选中，然后点击"修改"按钮，再鼠标左键单击"可编辑的样条线"左边的加号，弹出菜单栏，最后点击菜单栏中的"样条线"选项，所有的样条线就会处于可编辑状态，如图 10-3-6 所示。选中样条线，按住"Ctrl"键，依次单击出现的样条线，将样条线全部选中，样条线全部变成红色。使样条线出现轮廓，拉动右侧工具条，找到"轮廓"对话框，在对话框填写 0.15，再单击视图区，样条线出现轮廓，如图 10-3-7 所示。挤出样条线，在修改列表中找到"挤出"，参照步骤③操作，将标线挤出。再参照步骤⑤操作，将其转换成"可编辑的面片"。

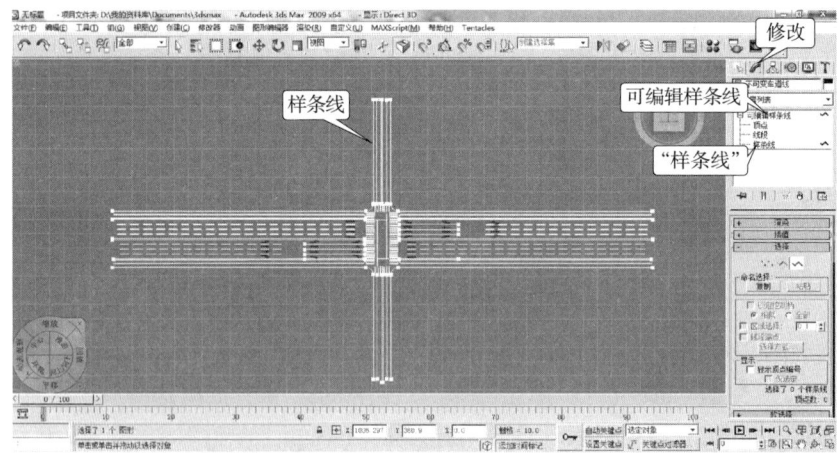

图 10-3-6　显示图中的样条线

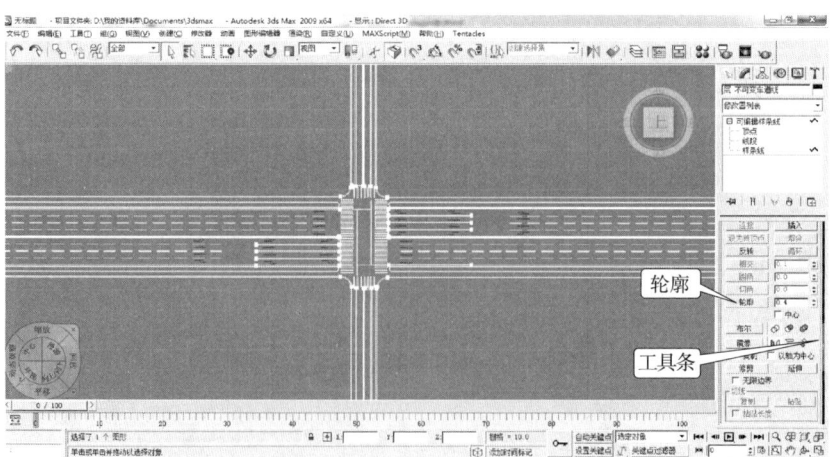

图 10-3-7　编辑样条线

⑥挤出效果图,如图10-3-8所示。

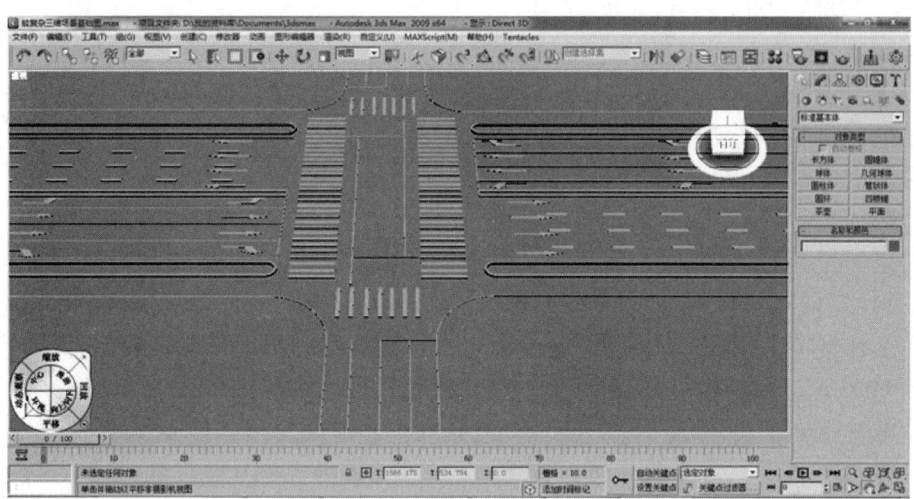

图10-3-8　挤出效果图

(3)导出

①导出"*.3DS"格式文件。依次选择菜单栏中的"文件"→"导出",在弹出对话框中的"保存类型"对应的选框中选择"*.3DS"格式,并在与"文件名"对应的下拉框中填写"较复杂三维场景基础图",点击"保存",如图10-3-9所示,这样就完成了"*.3DS"格式文件的导出。

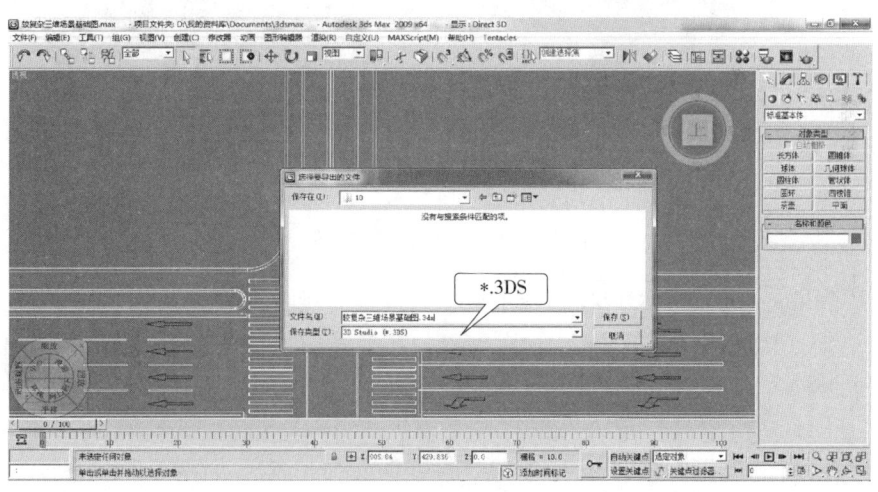

图10-3-9　导出文件

②保存"*.MAX"格式文件。在菜单栏中依次选择"文件"→"保存",在弹出的对话框中选择"*.MAX"格式,并在保存的名字后面加上后缀。

提示①:保存成"*.3DS"格式,该格式为不可编辑格式,是为了能够导入V3DM软件;保存成"*.MAX"格式,该格式为可编辑格式,是为了方便以后修改。

提示②:文件导出时应放入原来的文件夹内,方便以后查找。

10.4 颜色设置与格式转化

在 3DMAX 中我们虽然将 CAD 文件中的标线和分隔带转化成了 3D 模型,但是并没有设置模型颜色,而且 3DMAX 文件不能直接导入 VISSIM 中,所以需要经过 V3DM 进行颜色设置与格式转化。

(1)导入

①创建"*.VVP"文件。打开 V3DM 软件,在菜单栏中依次选择"File"(文件)→"New"(新建),弹出对话框,在"Project name"(项目名称)对应的文本框中填上需要保存的名字,即"较复杂三维场景基础图",点击"Browse"(浏览),弹出"打开"对话框,选择文件夹"D:\VISSIM\10",再在对话框文件名处输入"较复杂三维场景基础图",再点击"打开",然后选择"Project type"(项目类型)下的"Static Object"(静态对象)按钮,最后点击"OK",如图 10-4-1 所示。

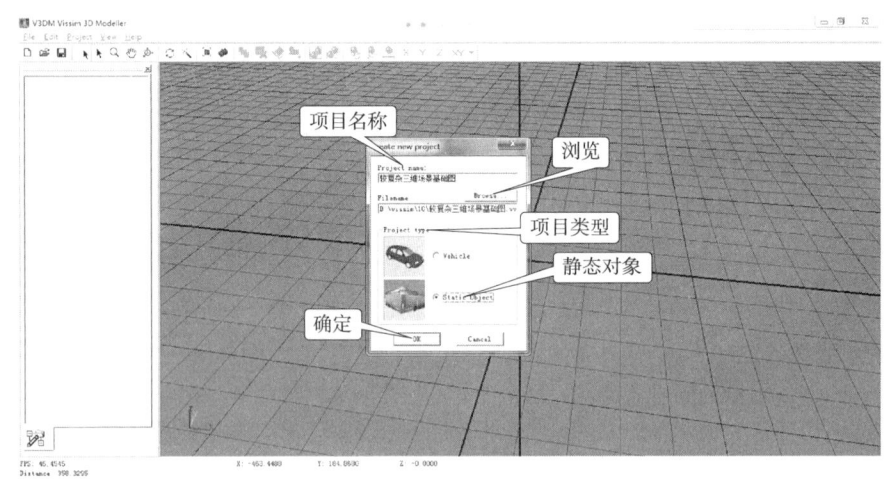

图 10-4-1 创建"*.VVP"文件

提示:在"Project name"(项目名称)下面输入的名字是打开文件后在 V3DM 中显示的项目名字,在选择文件夹"D:\VISSIM\10"后输入的名字是该文件在 WINDOWS 下存储时的文件名,两者在本书中设置为一致,但它们可以不一致。

②对"*.3DS"模型进行导入。鼠标左键双击"Model group-Standard"(标准模型组),将其列表打开,右键点击"Base model"(基础模型),弹出菜单,在菜单中选择"Add"(添加),弹出对话框,在"D:\VISSIM\10"目录下找到本章第 10.3 节步骤(3)中①导出的"较复杂三维场景基础图.3ds"文件,将其选中,点击"打开",如图 10-4-2 所示,将模型导入到 V3DM 中。

③调整视图。如图 10-4-3 所示,模型导入后,点击上方工具栏的"Center view position"(中心位置)按钮,找到模型,通过点击上方工具栏的"View mode ZOOM"(放大或缩小)和"View mode Translate"(移动模型)按钮,对模型进行拉近和移动以调整到合适位置。

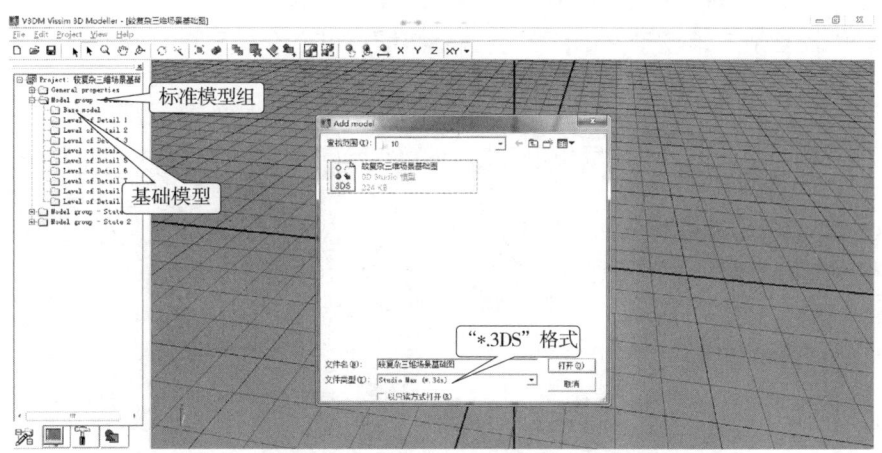

图 10-4-2　对"＊.3DS"模型进行导入

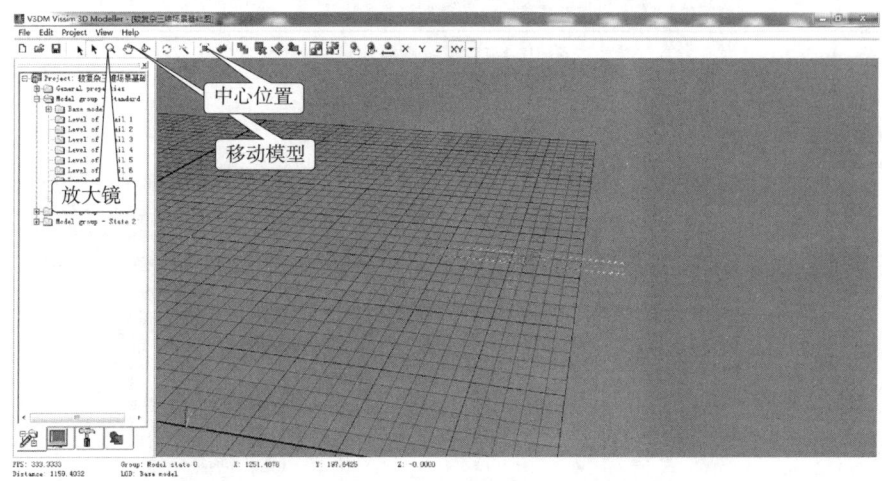

图 10-4-3　调整视图

(2) 设置图层颜色

点击上方工具栏的"Object list"(对象列表)按钮,弹出对话框,在对话框中点击"All"(全部)按钮,将图层全部选中,点击"Close"(关闭)将对话框关闭。设置全部图层颜色,点击左侧工具栏下方"小锤子"形状的按钮,出现颜色菜单栏,再鼠标左键点击"颜色"下拉菜单,弹出颜色选择窗口,选择白色,如图 10-4-4 所示。设置分隔带颜色,再次点击"Object list"(对象列表)按钮,在"Select"(选择)对话框中将名称包含"分隔带"的图层全部选中,点击"Close"(关闭),将分隔带图层颜色设置为灰色。参照上述步骤,将名称包含"双黄线"的图层颜色全部设置为黄色。

提示:图层颜色可以任意调整,上述操作是为了达到尽量与实际情况一致的效果。有时也可以为了美观对图层颜色进行调整,如将分隔带颜色设置为黄色可以使场景颜色比较亮丽。

(3) 导出

导出"＊.V3D"格式文件。依次选择菜单栏中的"File"(文件)→"Export"(导出),弹出对话框,找到"D:\VISSIM\10"目录,在"保存类型"对应的选框中选择"*.V3D"格式,在"文件名"中填写"较复杂三维场景基础图",点击"保存",如图10-4-5所示。

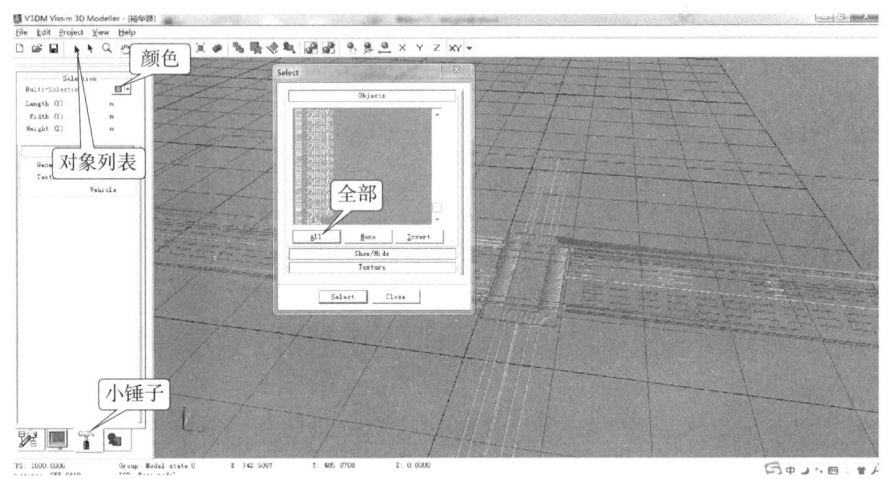

图10-4-4 设置图层颜色

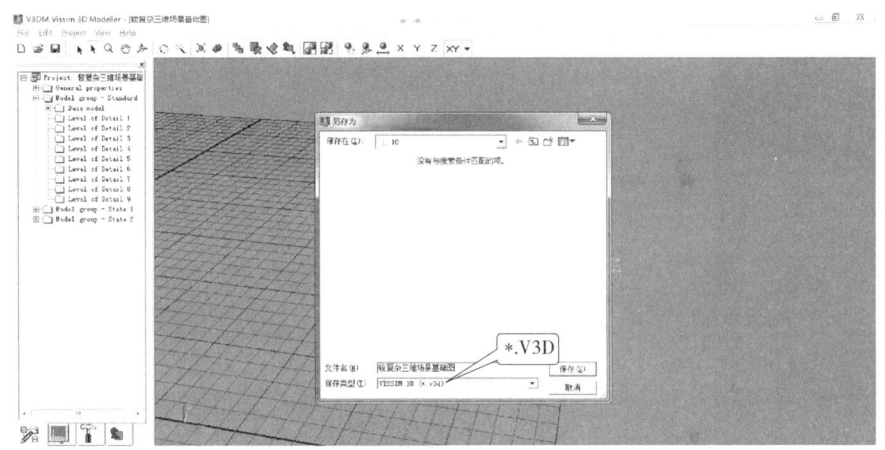

图10-4-5 导出"*.V3D"格式文件

10.5 构建较复杂的三维场景

本节将制作完成的3D路网模型导入到VISSIM中,在VISSIM中设置路网的基本背景效果并利用其自身带有的3D模型为路网添加周边景物,构建较复杂的三维场景。其中多数操作方法与第8章相似,读者可根据第8章所述方法进行操作。

(1)加载3D路网模型并进行调整

①加载3D路网模型。打开VISSIM,依次选择菜单栏中的"文件"→"打开",打开"D:\VISSIM\10"文件夹下的"02.inp"工程文件,依次选择菜单栏中的"查看"→"3D模式",切换到3D模式。在空白区域单击右键,弹出对话框,选中"D:\VISSIM\10"文件夹,

点击"较复杂三维场景基础图.v3d",再点击"确定",如图 10-5-1 所示,加载前面构建好的 3D 路网模型。

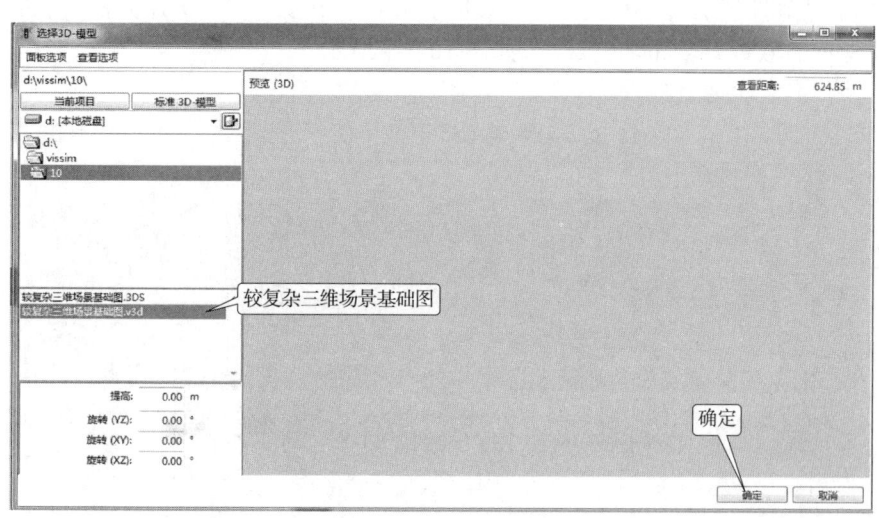

图 10-5-1　加载 3D 路网模

提示:2D 切换到 3D,可通过菜单栏的"查看"→"3D 模式"来实现,3D 切换到 2D 时,可通过菜单栏的"查看",再取消"3D 模式"前的"对勾"来实现。也可通过快捷键"Ctrl + D"来实现 2D 和 3D 的相互切换,由于频繁操作,后续操作中不再具体说明。

②调整 3D 模型位置。单击 3D 模型,使模型的外边框变成红色状态,按住"Shift"键,移动模型,使 3D 模型的东西方向车道线边界与 VISSIM 路网的东西方向车道线边界重合,3D 模型的南北方向车道线边界与 VISSIM 路网的南北方向车道线边界重合,即说明 3D 模型与 VISSIM 路网匹配,如图 10-5-2 所示。

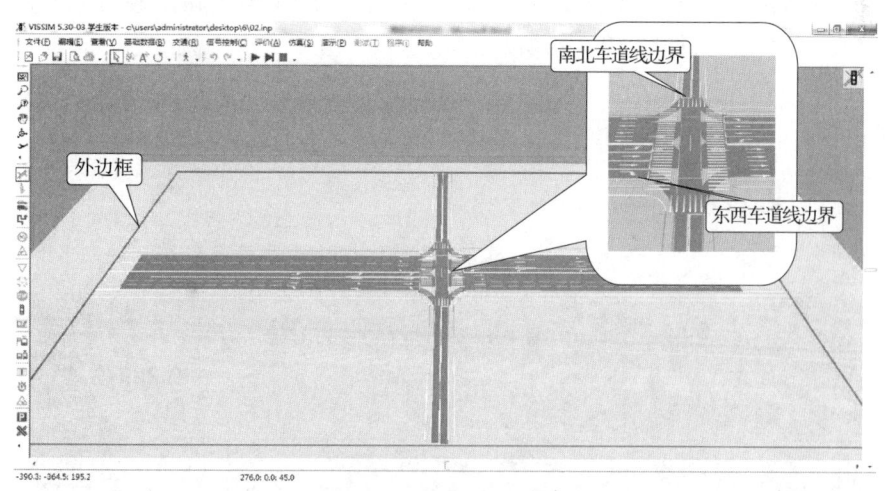

图 10-5-2　调整 3D 模型

提示:如果路网和模型不能很好地匹配,就同时按住"Shift"和"Ctrl",对模型进行放大和缩小,直至匹配为止。

（2）路网基本显示效果属性及具体设置

①添加天空背景。参照第8章第8.3节步骤（1）所述方法，为工程文件添加天空背景。

②添加陆地和路段/面域背景。参照第8章第8.3节步骤（2）所述方法，为工程文件添加陆地和路段/面域背景。添加完成后，如图10-5-3所示。

图10-5-3　基本背景效果

③添加显示类型。参照第8章第8.3节步骤（3）所述方法，为人行道和路缘石添加显示类型。

④路网基本显示效果设置。参照第8章第8.4节所述方法，完成添加非机动车道、补充交叉口底色、添加人行道内侧路缘石、添加人行道和添加人行道外侧路缘石的操作。

（3）设置3D信号灯

设置3D信号灯。参照第8章第8.7节所述方法，对VISSIM路网进行3D信号灯的设置。运行仿真，查看效果，如图10-5-4所示。

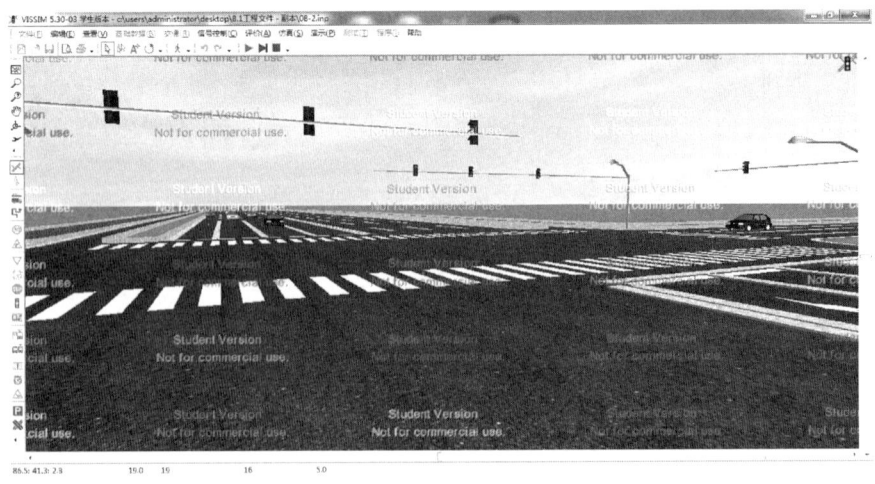

图10-5-4　仿真效果图

(4)添加周边景物

①参照第 9 章第 9.4 节步骤(5)中②所述方法,进行公交车站、藤椅、建筑物、电线杆的布置,如图 10-5-5 所示。

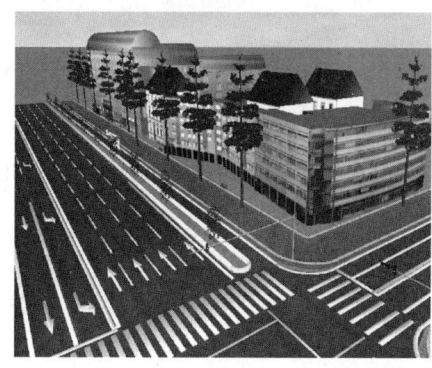

图 10-5-5　添加周边景物

提示:系统自带的模型库非常有限,可根据需要用 3DMAX 自建模型导入软件模型库。

②形成如图 10-5-6 所示的最终效果图、如图 10-5-7 所示的交叉口全景图。

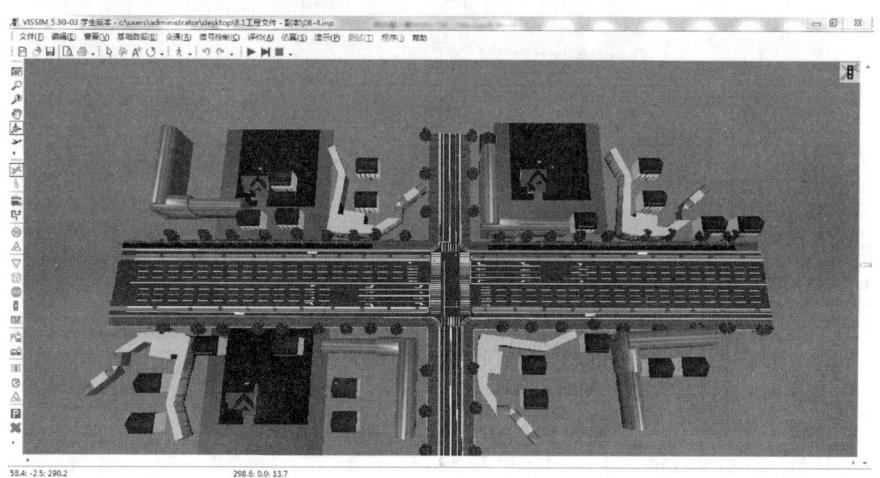

图 10-5-6　最终效果全景图

图 10-5-7　交叉口全景图

10.6　制作禁止停车标牌

本节我们将对禁止停车标牌 3D 模型进行制作。主要操作步骤为,首先在 CAD 中绘制标牌牌面,然后在 3DMAX 中完善标牌,再导入到 V3DM 中,调整标牌牌面、标牌底面和标牌牌柱的颜色,即完成禁止停车标牌模型的制作,可导入 VISSIM 中使用。

(1)禁止停车标牌的各组成部分

本部分将分别绘制禁止停车标牌牌面、标牌牌柱和标牌底面,禁止停车标牌的各组成部分如图 10-6-1 所示。

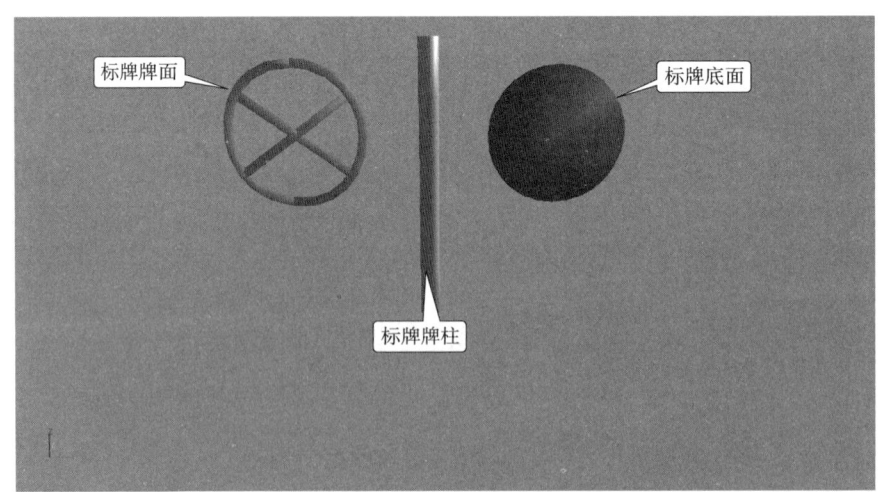

图 10-6-1　禁止停车标牌各部分示意图

(2)绘制标牌牌面 CAD 图

①在 CAD 中绘制圆边框。打开 CAD 软件,点击左侧工具栏的"多段线"按钮,在视图区大致中点的位置单击鼠标左键,在命令框中输入"A",按回车键,然后输入"R",按回车键,

再输入0.3,按回车键,向左拉动鼠标,再单击鼠标左键,点击状态栏下方的"对象捕捉"按钮,使"对象捕捉"处于开启状态,将鼠标拉动至多段线的起点,将其捕捉后,单击鼠标左键,按"Esc"键退出。参照第9章第9.2节步骤(2)中④所述方法,将其全局宽度设置为0.05。

②绘制"叉号"。绘制如图10-6-2所示的"叉号",将其全局宽度设置为0.03。绘制完成后,如图10-6-3所示。

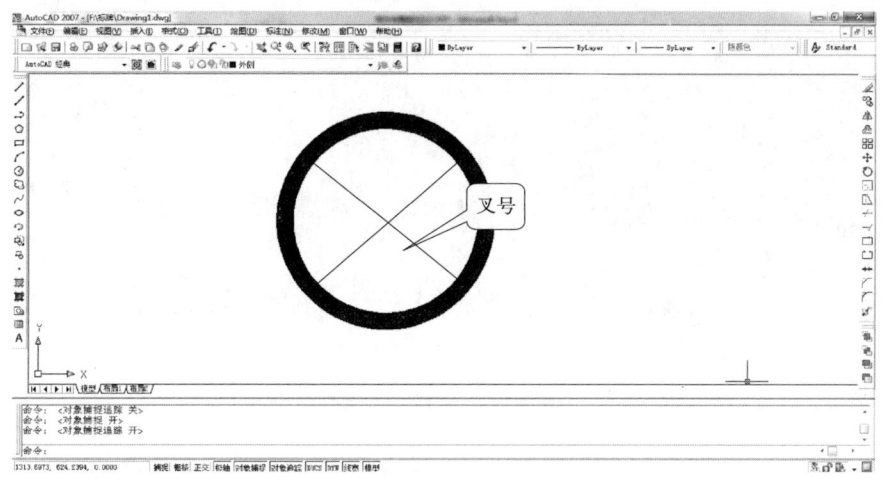

图10-6-2 绘制叉号

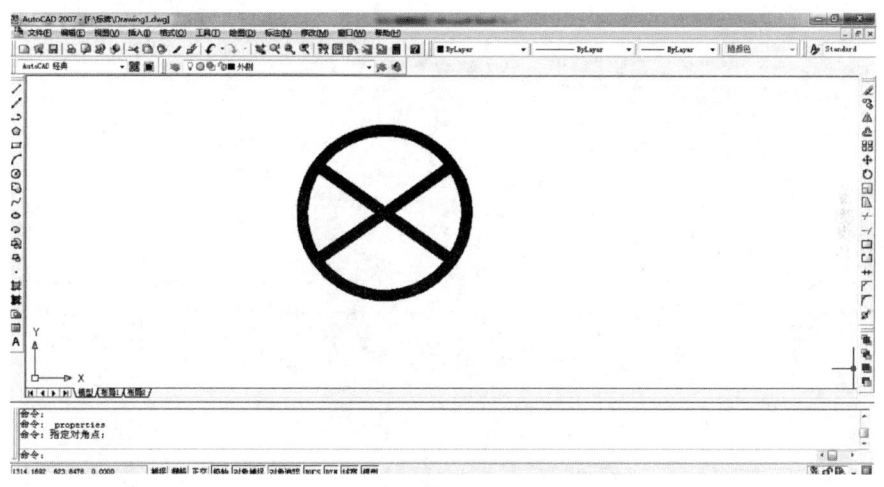

图10-6-3 完成绘制标牌牌面CAD图

提示①:命令框中输入的"A"代表即将绘制圆弧,输入的"R"代表即将绘制的圆弧半径。
提示②:绘制叉号时,要将叉号的两端绘制在圆边框的黑色区域内。

③保存禁止停车标牌牌面CAD图。将文件保存至"D:\VISSIM\10"文件夹下,命名为"禁止停车标牌"。

(3)在3DMAX中完善标牌

①在3DMAX中绘制标牌底面。打开3DMAX软件,参照本章第10.3节步骤(1)中①所述方法,将CAD图"禁止停车标牌"导入至3DMAX中。创建圆,点击右侧工具栏的"创建"

按钮,使其呈凸显状态,然后点击"创建"下方的"图形"按钮,再点击"圆"按钮,如图 10-6-4 所示。然后将鼠标移动至标牌牌面的中心位置,再单击鼠标左键,按住不放,拖动鼠标至圆的边界到达图 10-6-5 所示位置,放开鼠标,标牌底面绘制完成。

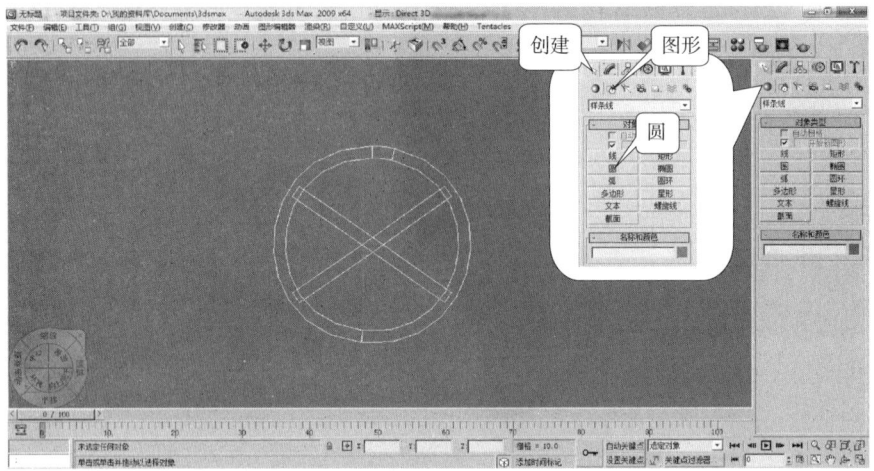

图 10-6-4 选择"圆"按钮

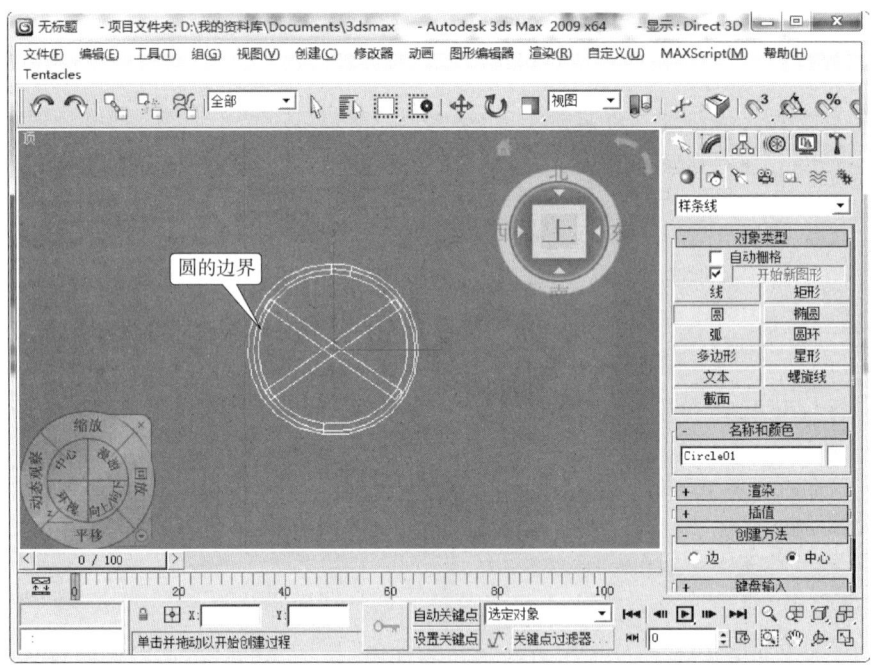

图 10-6-5 绘制标牌底面

②挤出标牌。参照本章第 10.3 节步骤(2)所述方法,将标牌底面挤出 0.015,将标牌牌面挤出 0.02。

③绘制标牌牌柱。切换至"顶视图"窗口,如图 10-6-6 所示,选择"几何体"按钮,然后点击"圆柱体"按钮,将鼠标放至标牌牌面的中心位置,再单击鼠标左键,按住不放,拖动鼠标,出现圆后放开鼠标。修改圆柱体尺寸,点击右侧工具栏的"修改"按钮,在下方"参数"对应

的"半径"文本框中输入 0.05,在"高度"对应的文本框中输入 1.5,然后点击视图区,标牌牌柱绘制完成,切换至"透视图"查看效果,如图 10-6-7 所示。

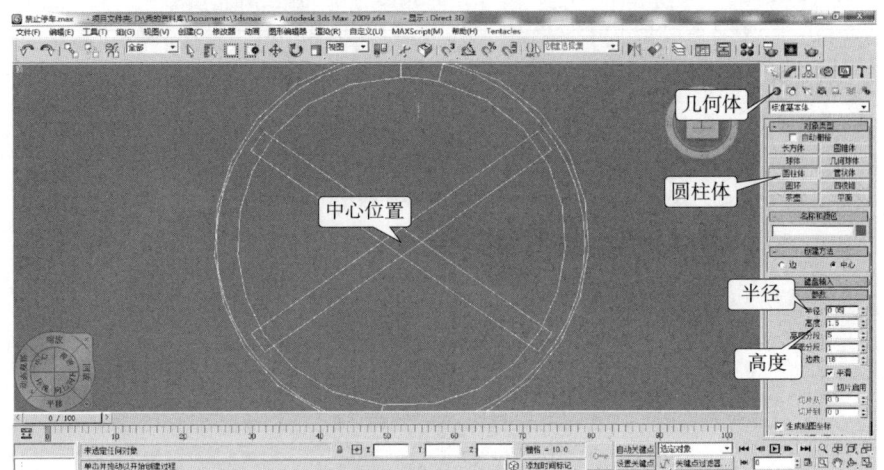

图 10-6-6　绘制标牌牌柱

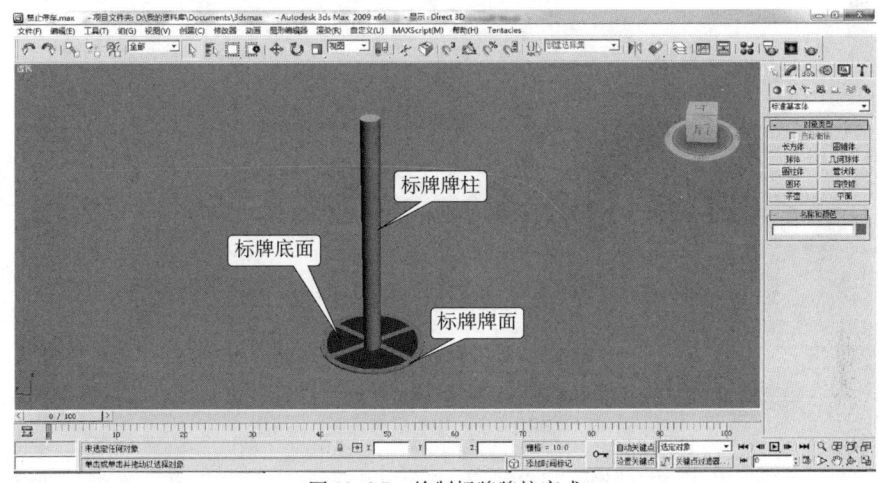

图 10-6-7　绘制标牌牌柱完成

④调整标牌底面位置。旋转标牌底面,切换至"透视图"窗口,点击上方工具栏的"旋转"按钮,单击标牌底面,出现三个圆环,将鼠标放在代表 xz 面的圆环上,移动鼠标,至上方出现的数字变为 90°时停止,使标牌底面与原位置呈 90°状态,如图 10-6-8 所示。移动标牌底面,点击上方工具栏的"移动"按钮,然后单击标牌底面,出现坐标控制,将鼠标放在 z 轴上按住鼠标不放,拖动鼠标向上移动,参照上述步骤分别调整 x 轴和 y 轴,将标牌底面移动至如图 10-6-9 所示位置。

⑤调整标牌牌面的位置。参照上述步骤④所述方法,将标牌牌面调整至如图 10-6-10 所示位置。

⑥导出。参照本章第 10.3 节步骤(3)所述方法将其进行导出和保存,导出"禁止停车标牌.3ds"格式文件和保存"禁止停车标牌.max"格式文件。并保存至"D:\VISSIM\10"目录下。

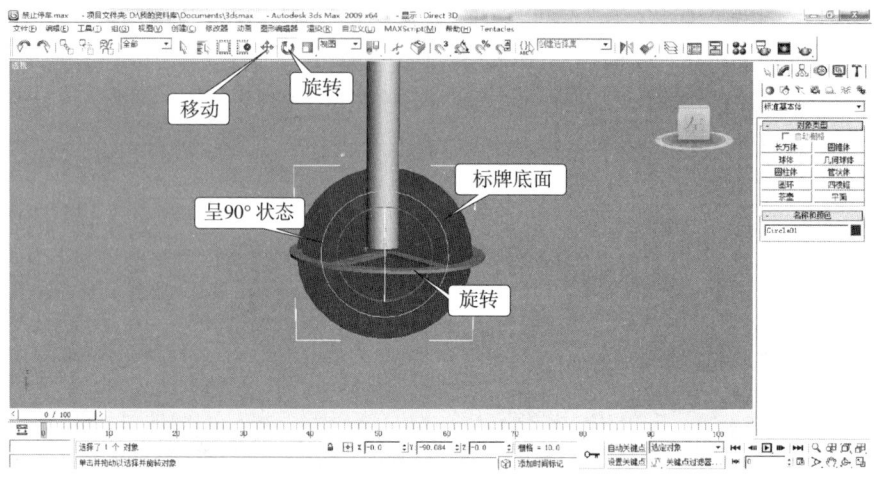

图 10-6-8　旋转标牌底面

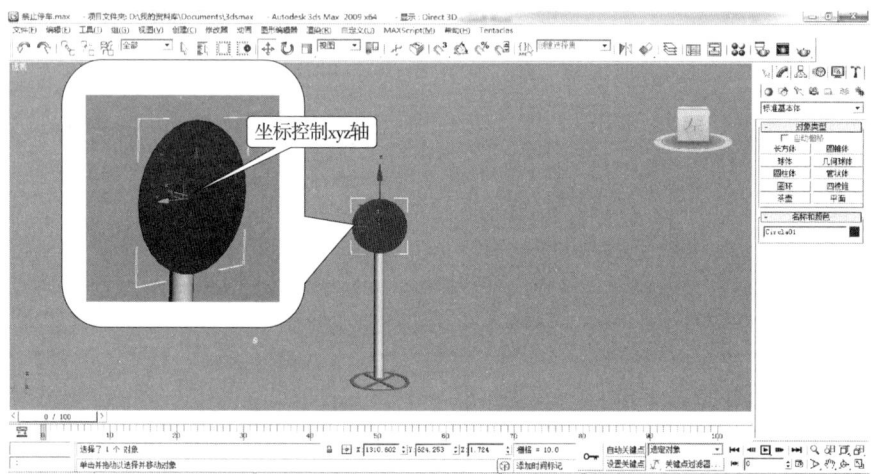

图 10-6-9　移动标牌底面

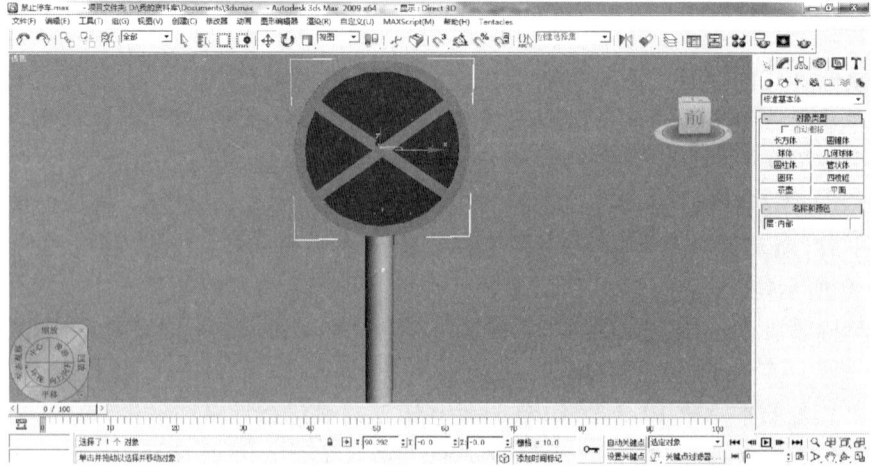

图 10-6-10　调整标牌牌面的位置

(4)设置禁止停车标牌颜色

①导入。参照本章第10.4节所述方法,将保存完成的"禁止停车标牌.3ds"文件导入至V3DM中。

②设置标牌底面的颜色,点击上方工具栏的"Mode select"(对象选择)按钮,然后鼠标左键选中标牌底面,再点击左侧工具栏下方"小锤子"形状的按钮,出现颜色菜单栏,再鼠标左键点击颜色菜单栏,弹出颜色选择窗口,选择蓝色,完成标牌底面颜色的设置。

③参照上述步骤②所述方法,将标牌牌面颜色设置为红色,标牌牌柱颜色设置为灰色,调整完成后,图10-6-11所示。

图10-6-11 设置标牌颜色

④导出。参照本章第10.4节步骤(3)所述方法,将文件进行导出。导出"禁止停车标牌.v3d"格式文件,并保存至"D:\VISSIM\10"目录下。

(5)在VISSIM中加载禁止停车标牌

切换至3D模式,在视图区单击鼠标右键,弹出"选择3D-模型"对话框,点击文件选择的下拉按钮,找到"D:\VISSIM\10"文件夹,如图10-6-12所示。在"D:\VISSIM\10"文件夹下,选择"禁止停车标牌.v3d"文件,点击"确定"按钮。将标牌移动至如图10-6-13所示位置。

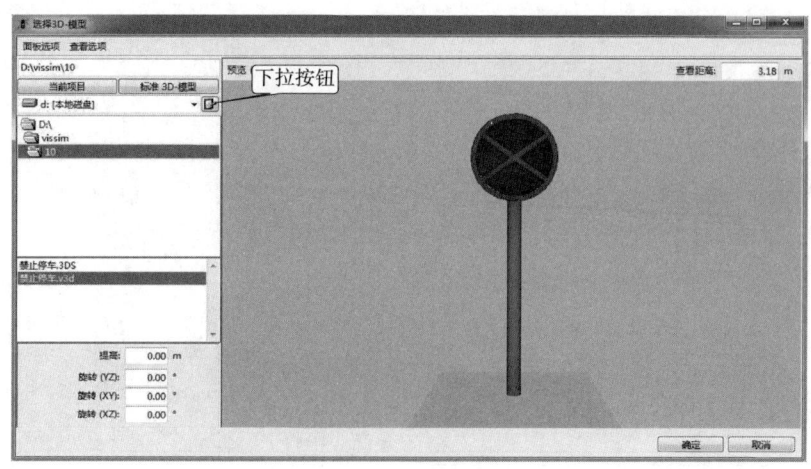

图10-6-12 "选择3D-模型"对话框

图 10-6-13　在 VISSIM 中加载禁止停车标牌

→ 10.7　制作限速标牌

本节我们将对限速标牌 3D 模型进行制作,由于该标牌结构简单,所以不必经过 CAD 的加工,可直接在 3DMAX 中进行操作。而且在本节制作标牌的过程中,将在标牌中添加文字,与 10.6 节中的标牌制作略有不同。

(1) 在 3DMAX 中绘制标牌

①绘制标牌底面。切换至"顶视图"窗口,点击右侧工具栏的"创建"按钮使其呈凸显状态,然后点击"创建"下方的"图形"按钮,再点击"圆"按钮,然后将鼠标移动至视图区的中心位置,再单击鼠标左键,按住不放,拖动鼠标至任意一点,放开鼠标。修改圆的半径,将右侧工具栏下方"参数"对应的"半径"中输入 0.3,点击视图区,完成标牌底面的绘制,如图 10-7-1 所示。

②绘制标牌牌面。参照上述步骤,绘制半径为 0.25 的标牌牌面,如图 10-7-2 所示。

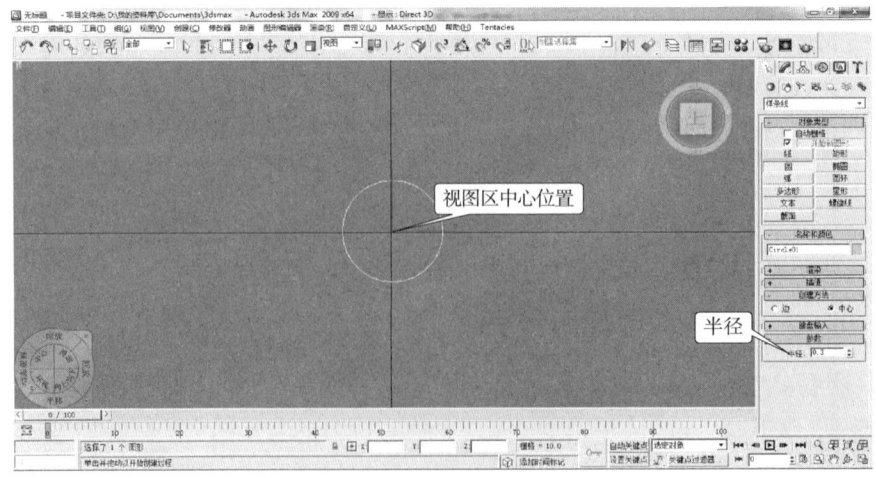

图 10-7-1　绘制标牌底面

提示：标牌底面为半径为 0.3 的圆，标牌牌面为半径为 0.25 的圆，两者进行同心叠加，半径小的圆在前，半径大的圆在后，显示时大圆只显示比小圆宽的部分。

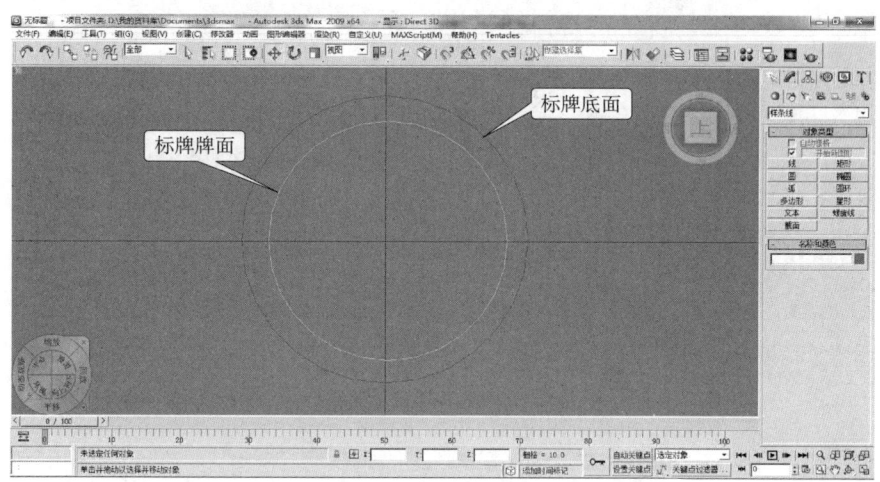

图 10-7-2　绘制标牌牌面

③创建文本。通过依次点击菜单栏的"创建"→"图形"→"文本"，在界面的右下方弹出文本编辑对话框，如图 10-7-3 所示。在"文本"栏中输入 40，然后点击视图区，文本即在视图区出现。

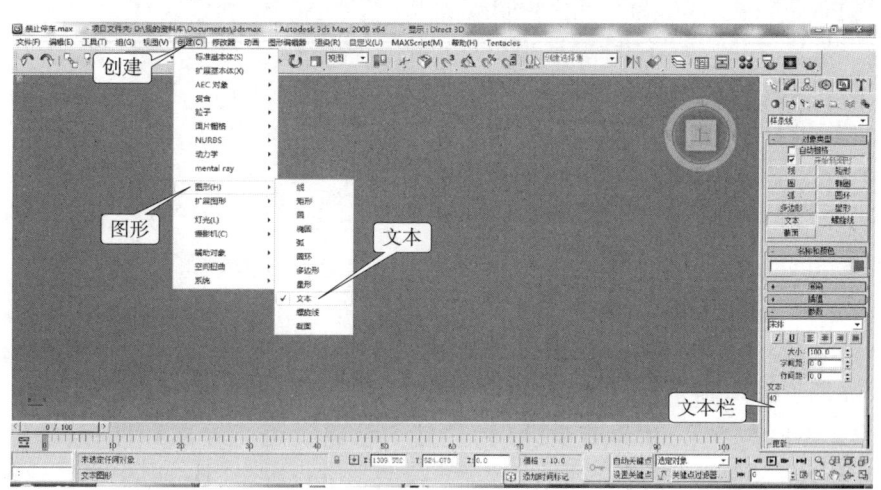

图 10-7-3　创建文本

提示：单击并选中文本，然后单击鼠标右键，在弹出的菜单中，选择"移动"、"旋转"或者"缩放"，对文本位置、角度和大小进行调整。

④挤出标牌。参照本章第 10.3 节步骤(2)所述方法，将标牌底面挤出 0.015，将标牌牌面挤出 0.02，将文本挤出 0.021。操作完成后，如图 10-7-4 所示。

提示：对标牌底面、标牌牌面和文本分别进行一定程度的挤出，主要是为了追求较好的显示效果。本书中所给的挤出数值均为经验值，读者在完成具体应用时，可根据需要自行掌握。

⑤绘制标牌牌柱。参照本章第 10.6 节步骤(2)中③所述方法，绘制半径为 0.05、高度为 1.5 的标牌牌柱。绘制完成后，切换到"透视图"窗口，查看效果，如图 10-7-5 所示。

259

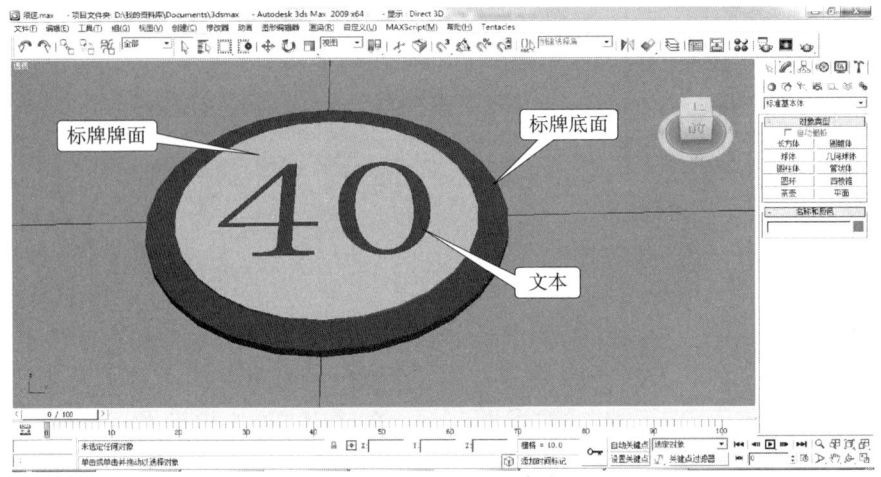

图 10-7-4　标牌挤出效果

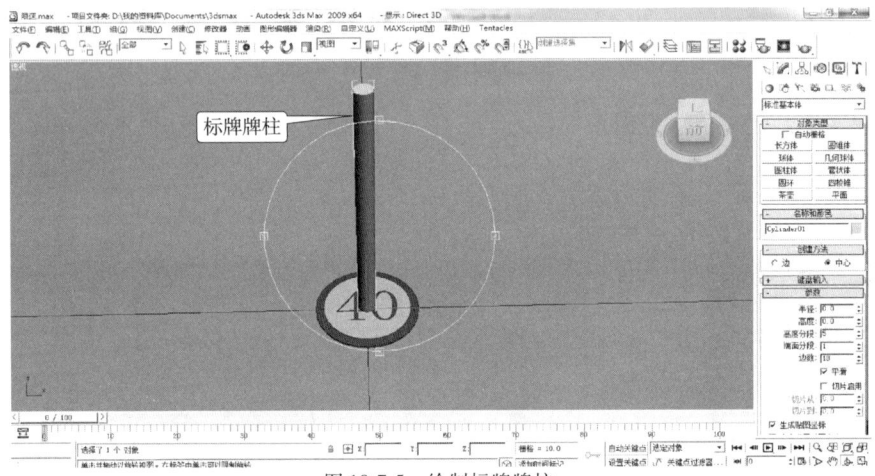

图 10-7-5　绘制标牌牌柱

⑥调整标牌位置。参照本章第 10.6 节步骤(2)中④和⑤所示操作,调整标牌位置。调整完成后,如图 10-7-6 所示。

⑦导出。参照本章第 10.3 节步骤(3)所述方法将其进行导出和保存,导出"限速标牌. 3ds"格式文件和保存"限速标牌. max"格式文件。并保存至"D:\VISSIM\10"目录下。

(2)调整限速标牌颜色

参照本章第 10.6 节步骤(3)所述方法,将限速标牌的标牌底面颜色设置为红色,将限速标牌的标牌牌面颜色设置为白色,将文字颜色设置为黑色。然后将其导出,并以"限速标牌. v3d"格式文件保存至"D:\VISSIM\10"目录下。

(3)在 VISSIM 中加载限速标牌

参照本章第 10.6 节步骤(4)所述方法,将限速标牌加载至 VISSIM 中,如图 10-7-7 所示。仿真进行时路段效果如图 10-7-8 所示。

提示:本节和 10.6 节所描述的制作标牌的方法是面向初学者的基本方法,VISSIM 专业版的用户可自行参考 PTV 公司的相关手册,使用更加高效快捷的方法进行标牌制作。

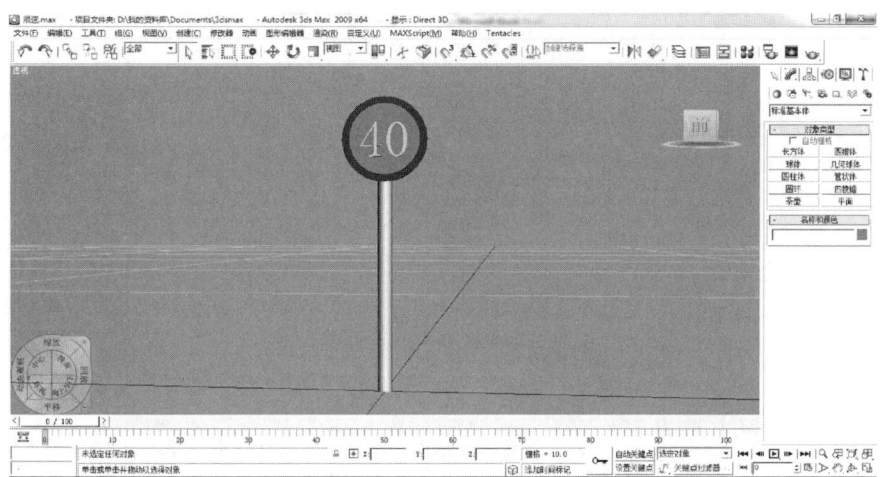

图 10-7-6　标牌位置调整完成

图 10-7-7　在 VISSIM 中加载限速标牌

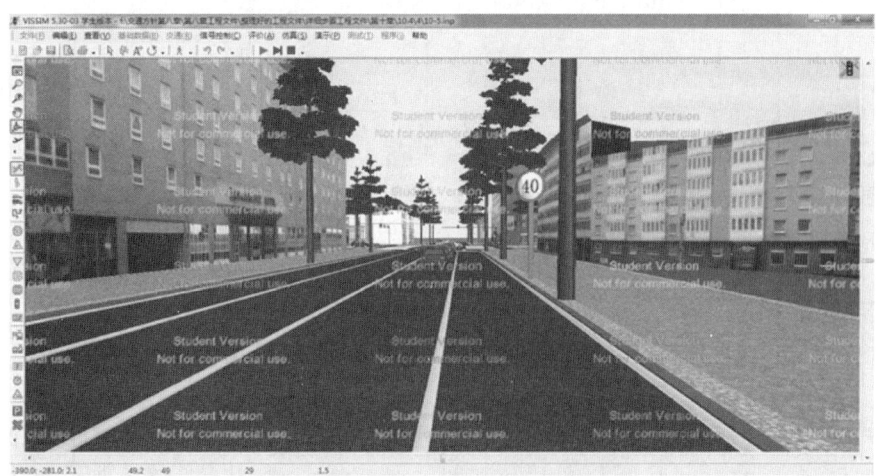

图 10-7-8　加载限速标牌后路段效果图

附录

本书配套数字教学资源

序号	资源类型	项目名称	学习目的	来源	时长	大小	对应页码
1	辅助视频	十字交叉口三维效果视频	了解十字交叉口交通仿真实际项目制作效果	原创制作	1:33	45.5MB	前言P1
2	资源地址	出版社网站地址	下载本书PPT和工程文件等电子资源	原创制作	—	—	前言P3
3	资源地址	作者个人网站地址	下载本书PPT和工程文件等电子资源	原创制作	—	—	前言P3
4	教学录像	交通仿真导言示范课	了解交通仿真的定义、特点等	原创制作	45:53	426MB	前言P3
5	资源地址	交通仿真实验教程群（261698548）	交通仿真学习实时交流	原创制作	—	—	前言P3
6	资源地址	高校交通仿真教师群（233876540）	高校交通仿真教师教学交流	原创制作	—	—	前言P3
7	PDF教程	TransCAD入门教程	了解TransCAD基本操作	原创制作	—	2.0MB	前言P4
8	辅助视频	公路交通三维效果视频	了解公路交通仿真实际项目制作效果	原创制作	1:02	25.3MB	前言P4
9	辅助视频	第1章效果	了解基础交通仿真运行效果	原创制作	0:29	3.56MB	P1
10	辅助视频	第2章效果	了解十字信号交叉口交通仿真运行效果	原创制作	0:34	8.80MB	P19
11	辅助视频	第3章效果	了解让行交叉口交通仿真运行效果	原创制作	1:13	20.0MB	P52
12	辅助视频	第4章效果	了解机非混行交通仿真运行效果	原创制作	1:14	22.3MB	P85
13	辅助视频	第5章效果	了解城市干道公交仿真运行效果	原创制作	1:30	25.1MB	P115
14	辅助视频	第6章效果	了解立交仿真运行效果	原创制作	1:28	22.5MB	P151
15	辅助视频	第7章效果	了解环岛交通仿真运行效果	原创制作	1:27	23.4MB	P178
16	辅助视频	第8章效果	了解简单交通三维运行效果	原创制作	1:08	26.7MB	P188

续上表

序号	资源类型	项目名称	章节	学习目的	来源	时长	大小	对应页码
17	辅助视频	第9章效果		了解较复杂交通仿真三维运行效果	原创制作	1:36	34.3MB	P215
18	辅助视频	第10章效果		了解复杂交通仿真三维运行效果	原创制作	1:33	45.5MB	P239
19	教学录像	第1章重点——简单交通仿真制作		了解基本交通仿真的制作过程	原创制作	13:58	26.1MB	P2
20	教学录像	第2章重点——信号交叉口设置		了解交通信号仿真的设置过程	原创制作	6:01	11.1MB	P42
21	教学录像	第3章重点——交通延误检测设置		了解交通仿真延误检测器的制作过程	原创制作	9:52	17.0MB	P62
22	教学录像	第4章重点——非机动车左转路径设置		了解机非混行交叉口非机动车左转的仿真原理	原创制作	3:11	5.3MB	P100
23	教学录像	第5章重点——两交叉口道路连接		了解两个仿真路口道路连接的操作步骤	原创制作	3:09	7.8MB	P130
24	教学录像	第5章重点——两交叉口连接中的路径决策		了解两个仿真路口连接中路径决策设置的操作步骤	原创制作	2:49	6.64MB	P132
25	教学录像	第6章重点——道路高度设置		了解立交仿真中高度设置的基本步骤	原创制作	3:30	9.49MB	P161
26	教学录像	第6章重点——道路车道数变化和道路厚度变化设置		了解立交仿真中道路车道数变化和道路厚度变化设置的基本步骤	原创制作	7:09	22.6MB	P162
27	教学录像	第7章重点——环形道路设置		了解环形交叉口中环形道路的设置步骤	原创制作	2:52	5.54MB	P181
28	教学录像	第7章重点——环形道路路径决策设置		了解环形交叉口中环形道路路径决策的设置步骤	原创制作	1:31	3.33MB	P186

注：1. 为帮助师生对《交通仿真实验教程》进行更加深入和立体的学习，我们针对本书中的重点、难点章节，制作了与之配套的数字教学资源（主要包括教学录像，辅助视频，PPT和工程文件等相关内容）。

2. 广大师生在使用过程中，可以通过扫描书中相应页码设置的二维码进行下载学习。

参 考 文 献

[1] 裴玉龙,张亚平. 道路交通系统仿真[M]. 北京:人民交通出版社,2004.
[2] 吴娇蓉. 交通系统仿真及应用[M]. 上海:同济大学出版社,2002.
[3] 刘运通,石建军,熊辉. 交通系统仿真技术[M]. 北京:人民交通出版社,2002.
[4] 惠晓钟. 3Ds Studio Max 新创意[M]. 西安:西安电子科技大学出版社,2000.
[5] 孙剑,杨晓光. 微观交通仿真模型系统参数校正研究——以 VISSIM 的应用为例[J]. 交通与计算机,2004,22(3):3-6.
[6] 张长春,牛学勤. 基于正交试验法的交叉口 VISSIM 模型参数标定[J]. 交通科技,2011(2):110-112.
[7] 李志明,闫小勇. 基于遗传算法的交通仿真模型参数校正方法研究[J]. 交通标准化,2006(4):21-23.
[8] 洪荣卿,查伟雄. 基于 VISSIM 的交叉口行人二次过街模拟[J]. 交通科技与经济,2011,13(2):41-44.
[9] 李喆,蔡铭. 微观交通仿真参数校正流程及应用[J]. 公路交通科技,2008,05:143-147.
[10] 王殿海,陶鹏飞,金盛,等. 跟驰模型参数标定及验证[J]. 吉林大学学报,2011,41(1):59-65.
[11] 关宏志,王明文,池红波. 混合交通中非机动车对路段交通流的影响[J]. 北京工业大学学报,2005,31(3):281-283.
[12] 马建明,荣建,任福田,等. 信号交叉口微观仿真模型研究[J]. 计算机仿真,2001,18(4):58-61.
[13] 章玉,于雷,赵娜乐,等. SPSA 算法在微观交通仿真模型 VISSIM 参数标定中的应用[J]. 交通运输系统工程与信息,2010,10(4):44-49.
[14] 盖春英. VISSIM 微观仿真系统及在道路交通中的应用[J]. 公路,2005(8):118-121.
[15] 柳祖鹏,许彩霞,张献峰. 基于 VISSIM 仿真系统构建 3D 交通环境[J]. 城市交通,2008,6(2):91-94.
[16] 张勇刚,熊坚,秦雅琴,等. AutoCAD 图像输出在交通流仿真软件 VISSIM 中的应用[J]. 昆明理工大学学报(理工版),2004,29(2):133-135.
[17] 张清华,阚宇衡,厉成义. 微观交通仿真 3D 建模研究——以 VISSIM 为例[J]. 交通与运输,2014(2):52-55.
[18] 李宝峰,邹志云,赵宪尧. 用 3Ds MAX 和 AutoCAD 进行平面交叉路口的 3D 设计[J]. 交通与计算机,2003,21(5):103-105.